KB267606

한눈에 기억하는
숏-츠 세계사

초판 1쇄 인쇄 2026년 3월 20일
초판 1쇄 발행 2026년 3월 30일

지 은 이   다나카 마사토
일러스트   다마이 마유코
감   수   이와타 슈젠

옮 긴 이   한호정
펴 낸 이   김연희

펴 낸 곳   그림씨
출판등록   2016년 10월 25일(제406-251002016000136호)
주   소   경기도 파주시 광인사길 217(파주출판도시)
전   화   (031)955-7525
팩   스   (031)955-7469
이 메 일   grimmsi@hanmail.net

ISBN 979-11-89231-81-1 03900

지은이 **다나카 마사토**

런던 예술 대학교, 런던 칼리지 오브 커뮤니케이션 졸업. 저서로 《철학 용어 도감》, 《사회학 용어 도감》, 《심리학 용어 대전》 등이 있다. 2011년 굿 디자인상 수상.

감수 **이와타 슈젠**

도쿄 외국어 대학교 아시아·아프리카 언어문화 연구소 연구원을 거쳐 성심 여자 대학교 문학부 역사사회학과 강사를 지냈다. 저서로 《도쿄대생이 지녀야 할 교양 세계사》, 《재미있고 깊이 있는 세계사》 등이 있다.

일러스트 **다마이 마유코**(Morning Garden Inc.)

옮긴이 **한호정**

1988년에 서울에서 태어나 도쿄 특파원이었던 아버지를 따라 일본에서 초등학교를 다녔다. 고려대학교 문예창작과를 중퇴하였으며, 〈한겨레 신문〉 일본어판 기사 번역에 참여했다. 《빈둥빈둥 당당하게 니트족으로 사는 법》을 번역했고, 《방과 후 3시간》을 공동 번역했다.

한눈에 기억하는 스포츠 세계사

지은이 **다나카 마사토**
일러스트 **다마이 마유코**
감수 **이와타 슈젠**
옮긴이 **한호정**

그림씨

차례

고대

중세

근세

근대

세계사의 3D 숏츠에 오신 것을 환영합니다!

이 책은 세계사의 중요한 사건들을 107개의 '숏츠'에 담고 있습니다.

오른쪽 페이지에 있는 'START'와 화살표를 따라가며 들여다보면,

세계사에서 분기점이 된 일들이 머릿속에 쏙쏙 들어옵니다.

첫 페이지부터 넘겨 가면, 고대부터 현대까지 역사의 큰 흐름을 파악할 수 있습니다.

또한 왼쪽 페이지 해설을 읽으면, 오른쪽 페이지의 '3D 숏츠'을 더 자세히 이해할 수 있습니다.

19세기 이후의 중국사와 중동 문제도 다루고 있기 때문에,

오늘날까지 이어지는 동양과 서양의 관계도 알 수 있습니다.

그럼 장대한 숏츠의 세계 여행을 떠나 볼까요?

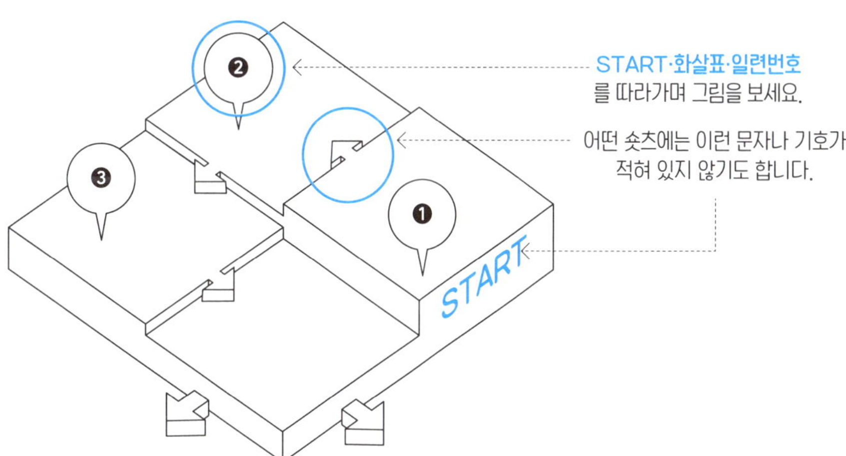

고대

001 인류의 탄생

수렵 생활에서 농경 생활로

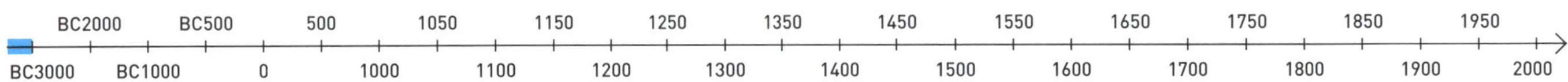

약 700만 년 전, 아프리카 대륙에서 **인류**의 조상인 **원인(猿人)** (오스트랄로피테쿠스 등)이 탄생했습니다. 이들은 두 다리로 서서 걷고, **뗀석기**를 사용했습니다.

약 240만 년 전에는, 불을 다루는 **원인(原人)**(자바 원인 등)이 나타났습니다. 이어서 약 60만 년 전, 죽은 자를 매장하는 문화를 가진 **구인(舊人)**(네안데르탈인 등)이 출현했죠.

그리고 약 20만 년 전, 마침내 지금의 인류가 포함된 **신인(新人)** (크로마뇽인 등)이 등장합니다.

신인은 **빙하기**가 한창일 때는 사냥에 의존한 생활을 했습니다. 하지만 빙하기가 끝나고 따뜻해지자, 정착하는 삶을 선택하고 농업과 목축을 시작했죠. 그러면서 이제 **뗀석기**로 수렵 생활을 꾸리던 **구석기 시대**가 끝나고, **간석기**로 농경 생활을 꾸리는 **신석기 시대**로 접어듭니다.

그 후 간석기가 청동기 같은 금속 도구로 변화하면서 **금속기 시대** (**청동기 시대**부터 **철기 시대**까지를 아우르는 총칭)를 맞이합니다.

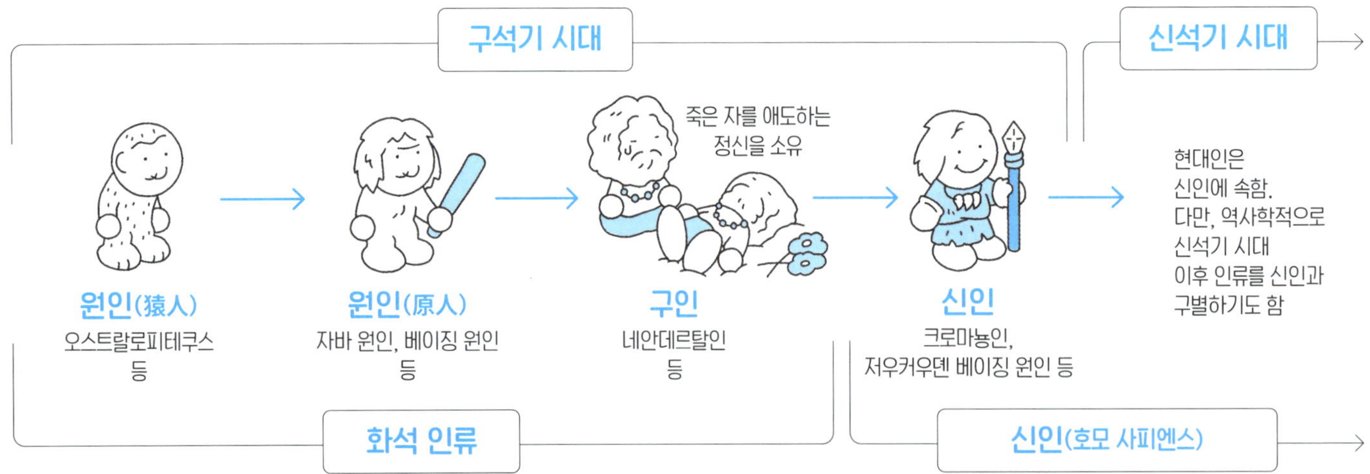

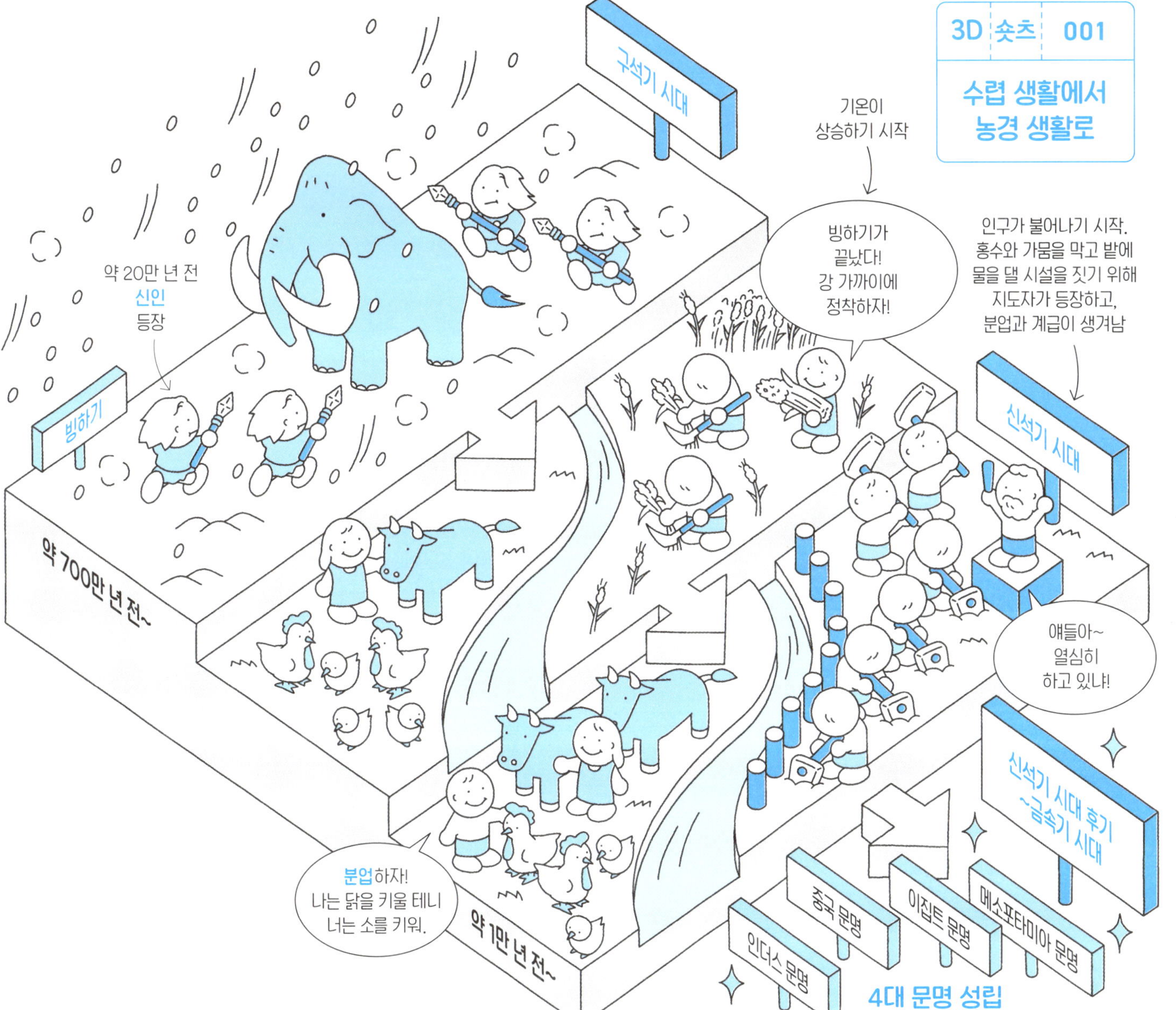

3D 숏츠 001
수렵 생활에서
농경 생활로

구석기 시대

기온이
상승하기 시작

빙하기가
끝났다!
강 가까이에
정착하자!

인구가 불어나기 시작.
홍수와 가뭄을 막고 밭에
물을 댈 시설을 짓기 위해
지도자가 등장하고,
분업과 계급이 생겨남

약 20만 년 전
신인
등장

빙하기

신석기 시대

약 700만 년 전~

얘들아~
열심히
하고 있냐!

분업하자!
나는 닭을 키울 테니
너는 소를 키워.

약 1만 년 전~

신석기 시대 후기
~금속기 시대

인더스 문명

중국 문명

이집트 문명

메소포타미아 문명

4대 문명 성립
(17쪽)

고 대

4대 문명

각지에서 번성하는 고대 문명

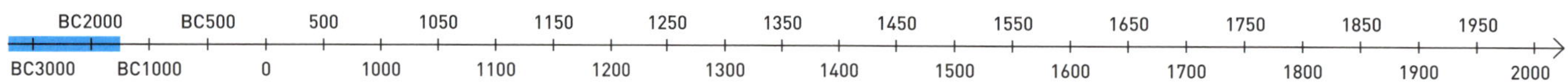

빙하기(14쪽)가 끝나자, 사람들은 집단을 이루어 농경이나 목축을 하게 되었습니다. 집단은 이윽고 **도시**와 **국가**가 되어 각지에 다양한 **문명**이 탄생했죠.

그중에서도 특히 오래되고 규모가 큰 문명을 **4대 문명**이라고 합니다. 이들은 **티그리스강**과 **유프라테스강** 기슭에서 태어난 **메소포타미아 문명**, **나일강** 기슭의 **이집트 문명**, **인더스강** 기슭의 **인더스 문명**, 중국의 **중국 문명**입니다. 기원전 5000~1500경

메소포타미아 문명과 **이집트 문명**은 '유럽의 동쪽(오리엔트)'에서 일어났다는 의미로 **오리엔트 문명**이라고도 부릅니다. 메소포타미아 문명의 주역은 아직도 수수께끼에 싸여 있는 **수메르인**이라는 민족인데, 내전과 이민족과의 전쟁으로 멸망했습니다. 이집트 문명이 번성한 고대 이집트는 태양신의 자식으로 여겨지던 **파라오**(왕)가 지배하고 있었지만, **로마 제국**(32쪽)에게 멸망했습니다.

중남미에서는 **메소아메리카 문명**(136쪽), **안데스 문명**(136쪽) 등의 고대 문명이 번영했습니다. **유럽**에는 **에게 문명**(18쪽)과, **스톤헨지**로 유명한 **거석 문명**이 존재했습니다.

4대 문명

메소포타미아 문명

기원전 3000년경 성립.
티그리스강과 유프라테스강
유역에서 번영.
수메르인들이 이룬 문명.
쐐기 문자, 태음력, 60진법
등을 발명

이집트 문명

기원전 3000년경 성립.
나일강 유역에서 번성.
지배자는 파라오(왕).
태양력, 신성 문자
등을 고안

인더스 문명

기원전 2500년경 성립.
인더스강 유역에서 번영.
드라비다족이 만든 것으로 추정.
모헨조다로, 하라파 등의
유적으로 유명.
기원전 1500년경 갑작스레 멸망

중국 문명

기원전 5000년경 성립.
창장강 유역에서 번영한 창장 문명과
황허강 유역의 황허 문명이 있음.
흑도, 회도, 채도 등의 토기와
허무두 유적이 유명

오리엔트 문명

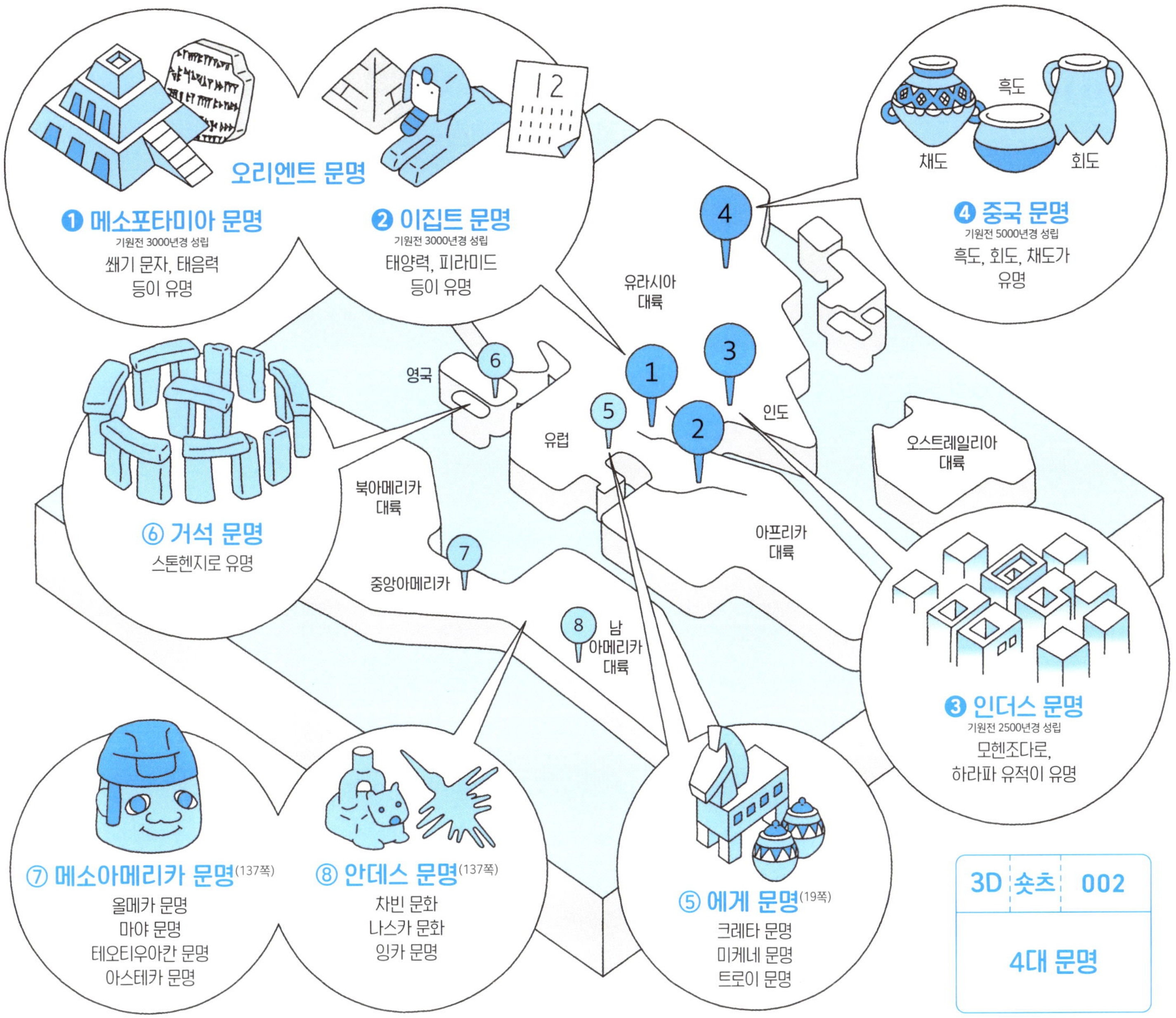

오리엔트 문명

❶ 메소포타미아 문명
기원전 3000년경 성립
쐐기 문자, 태음력
등이 유명

❷ 이집트 문명
기원전 3000년경 성립
태양력, 피라미드
등이 유명

❹ 중국 문명
기원전 5000년경 성립
흑도, 회도, 채도가
유명

⑥ 거석 문명
스톤헨지로 유명

❸ 인더스 문명
기원전 2500년경 성립
모헨조다로,
하라파 유적이 유명

⑦ 메소아메리카 문명 (137쪽)
올메카 문명
마야 문명
테오티우아칸 문명
아스테카 문명

⑧ 안데스 문명 (137쪽)
차빈 문화
나스카 문화
잉카 문명

⑤ 에게 문명 (19쪽)
크레타 문명
미케네 문명
트로이 문명

3D	숏츠	002
	4대 문명	

태동하는 그리스 세계

에게 문명과 그리스 문화

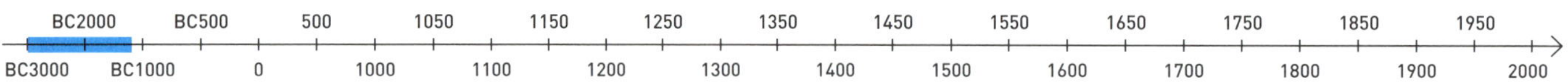

유럽 문화의 근원을 찾아서 거슬러 올라가다 보면 **그리스 문화**에 도달합니다. **그리스 문화**의 기원은 **크레타 문명(미노아 문명)**입니다 (민족 계통은 불분명). 기원전 2000~1400경 **크레타 문명**은 그리스 앞 에게해에 있는 크레타 섬에서 번영한 교역 중심의 개방적인 문명이었습니다.

하지만 크레타 문명은 유럽 대륙에서 침공해 온 **아카이아인**(그리스어가 모국어)에게 멸망하고 맙니다. 아카이아인은 그리스 본토에 **미케네 문명**을 세웠으며, 기원전 1600~1200경 이웃 나라 **트로이**(튀르키예 북서부에 **트로이 문명**을 세움)와 자주 다투는 등 호전적이었습니다.

크레타 문명, **미케네 문명**, **트로이 문명**, 이 세 문명을 합해 **에게 문명**이라고 부릅니다. 기원전 3000~1200경

이후 그리스는 약 400년간 내전이나 타국과의 전쟁을 반복하는 혼란기에 돌입하고 맙니다.

그리스 사람들은 **폴리스**라는 **도시 국가**들에 나뉘어 살게 되었습니다. 많은 폴리스 가운데 특히 유명한 것이 **아테네**와 **스파르타**입니다. **아테네**는 **민주주의**라는 개념을 처음으로 착안한 국가죠. 한편 **스파르타**는 시민들에게 엄격한 군사 훈련을 요구하는 **군사 국가**였습니다.

각 폴리스는 각자 다른 정책과 사상을 가지며 서로 독립한 채로 지냈습니다. 하지만 폴리스의 시민들은 모두 **그리스어**를 사용했기 때문에 **올림피아 제전** 등을 통해 **그리스인**들 간의 협력 관계도 소중히 지켜 나갔습니다.

아테네	스파르타
민주주의	군국주의
시민은 이오니아인	시민은 도리아인
무역 중심, 개방적	농업 중심, 폐쇄적
시민 : 노예 = 1 : 1	시민 : 노예 = 1 : 14
토지나 집 등을 시민이 소유	토지나 집 등을 폴리스(국가)가 소유

그리스인은 사용하는 그리스어 방언에 따라 도리아인, 이오니아인, 아카이아인 등으로 나뉨

3D 숏츠 003
에게 문명과 그리스 문화

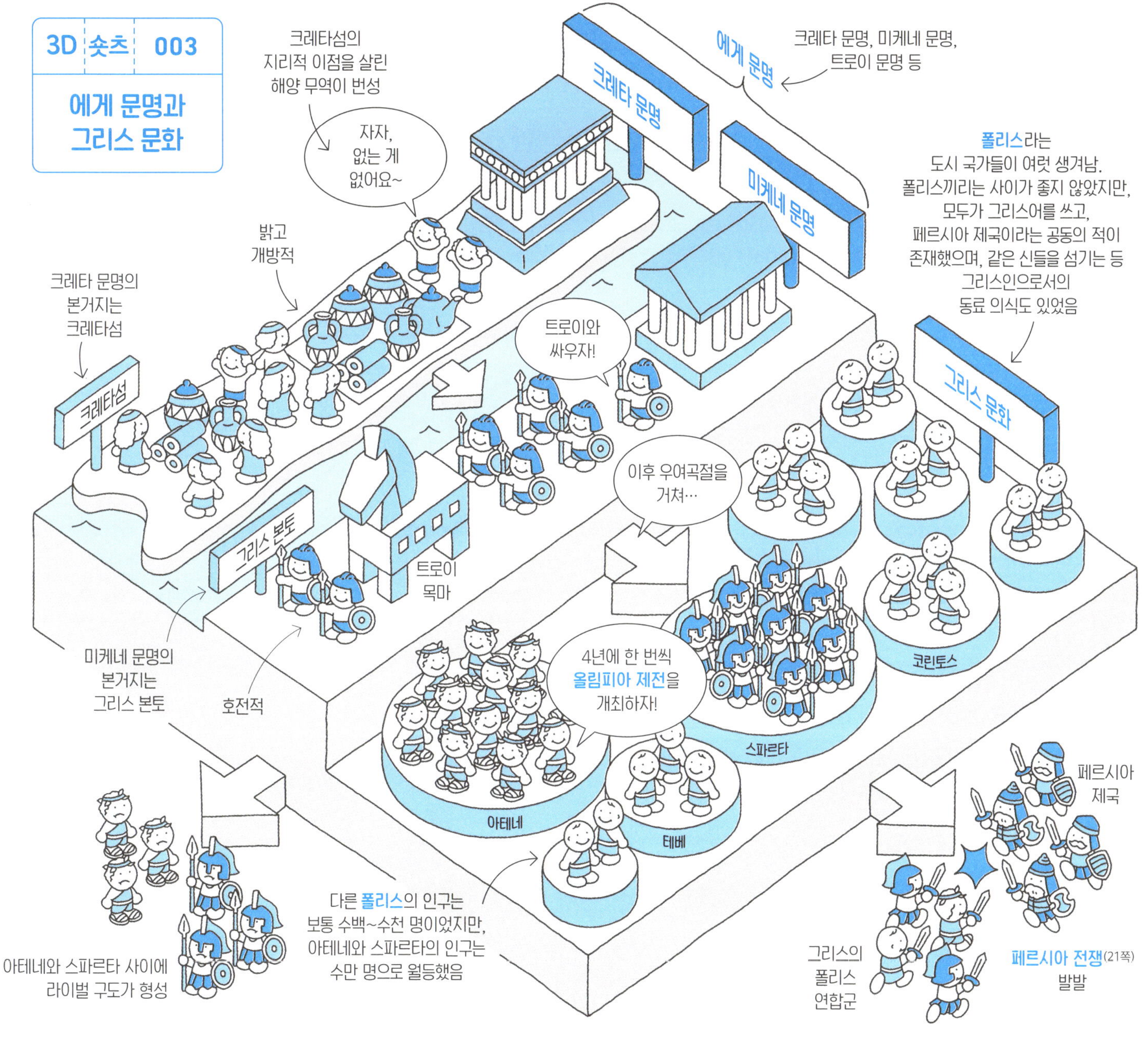

크레타섬의 지리적 이점을 살린 해양 무역이 번성
자자, 없는 게 없어요~
밝고 개방적
크레타 문명의 본거지는 크레타섬
크레타섬
미케네 문명의 본거지는 그리스 본토
그리스 본토
호전적
트로이 목마
트로이와 싸우자!
에게 문명
크레타 문명
미케네 문명
크레타 문명, 미케네 문명, 트로이 문명 등
폴리스라는 도시 국가들이 여럿 생겨남. 폴리스끼리는 사이가 좋지 않았지만, 모두가 그리스어를 쓰고, 페르시아 제국이라는 공동의 적이 존재했으며, 같은 신들을 섬기는 등 그리스인으로서의 동료 의식도 있었음
그리스 문화
이후 우여곡절을 거쳐…
4년에 한 번씩 올림피아 제전을 개최하자!
아테네
테베
스파르타
코린토스
아테네와 스파르타 사이에 라이벌 구도가 형성
다른 폴리스의 인구는 보통 수백~수천 명이었지만, 아테네와 스파르타의 인구는 수만 명으로 월등했음
그리스의 폴리스 연합군
페르시아 제국
페르시아 전쟁(21쪽) 발발

성숙하는 그리스 세계

페르시아 전쟁과 아테네의 민주정

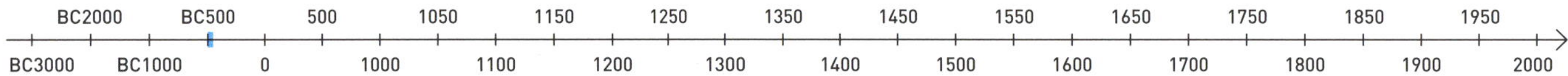

20

폴리스 가운데 특히 유명한 건 **아테네**와 **스파르타**입니다(18쪽). 곡식이 풍부하지 않았던 **아테네**는 적극적으로 교역을 했습니다. 그런데 교역이 증가할수록 부유한 시민이 늘어났고, 시민들은 정치를 독점하는 귀족들에게 불만을 품게 되었죠. 그래서 시민 모두가 정치에 참여할 수 있도록 민회라는 의회를 설치하고 직접 민주정을 도입했습니다.

그즈음 이웃 나라인 페르시아 제국(아케메네스 왕조)(지금의 이란)이 그리스를 침공해 옵니다. 이에 아테네는 스파르타와 폴리스 연합군을 결성하여, 페르시아 제국을 격퇴하는 데 성공했습니다(페르시아 전쟁). 기원전 500~449 이때 중장 보병으로 활약한 시민의 의견이 더욱 무게를 얻게 되면서 아테네의 민주정은 더욱 성숙했습니다.

한편 **스파르타**는 시민들에게 힘든 군사 훈련을 요구하는 **군국주의**를 밀고 나갑니다. 곡식이 풍부한 농업 국가였던 스파르타는 수많은 **예속 농민**(헤일로테스)을 소수의 시민으로 엄격하게 관리할 필요가 있었던 거죠.

이 같은 아테네와 스파르타 사이의 골은 점점 깊어만 갔습니다.

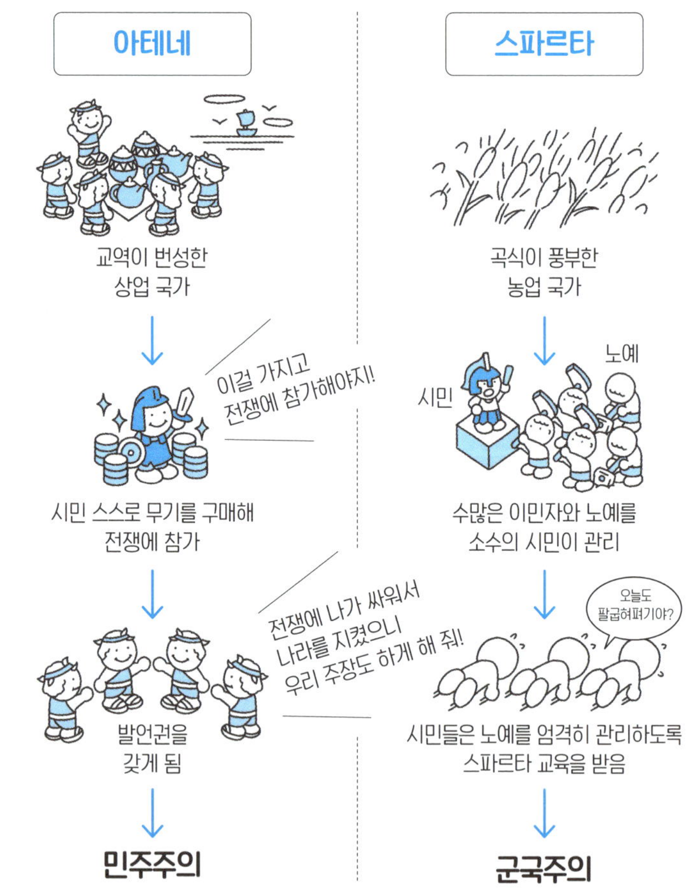

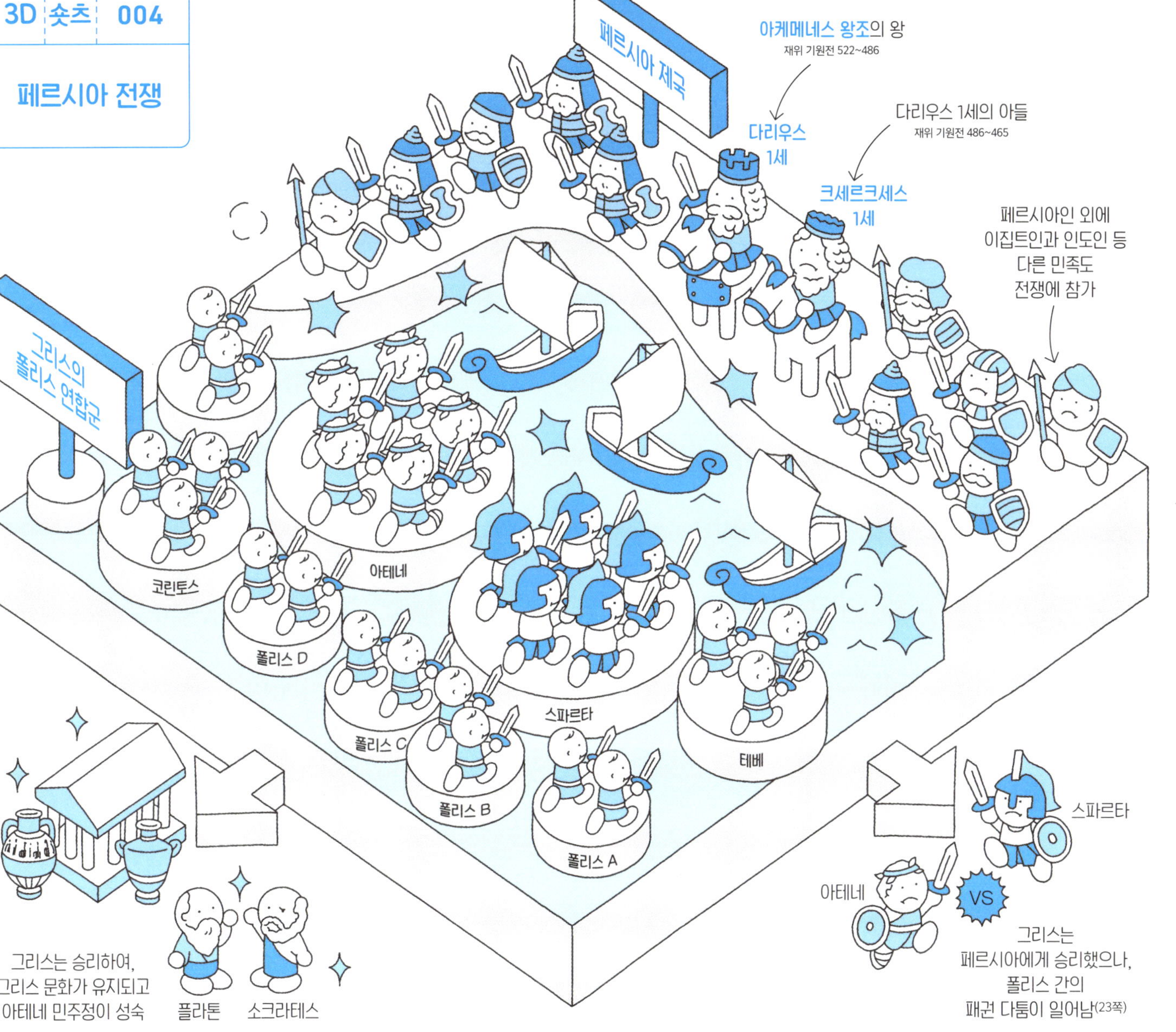

3D 숏츠 004
페르시아 전쟁

페르시아 제국
아케메네스 왕조의 왕
재위 기원전 522~486
다리우스 1세

다리우스 1세의 아들
재위 기원전 486~465
크세르크세스 1세

페르시아인 외에 이집트인과 인도인 등 다른 민족도 전쟁에 참가

그리스의 폴리스 연합군

코린토스
폴리스 D
아테네
폴리스 C
스파르타
폴리스 B
테베
폴리스 A

그리스는 승리하여, 그리스 문화가 유지되고 아테네 민주정이 성숙
플라톤
소크라테스

아테네
VS
스파르타
그리스는 페르시아에게 승리했으나, 폴리스 간의 패권 다툼이 일어남(23쪽)

쇠퇴하는 그리스 세계

펠로폰네소스 전쟁과 폴리스의 쇠퇴

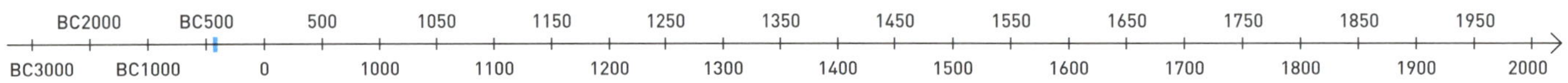

고
대

22

그리스는 **페르시아 전쟁**에서 승리했습니다(20쪽). 이후 여러 폴리스가 페르시아 제국의 재침공에 대비해 **델로스 동맹**을 결성합니다. 기원전 478경 델로스 동맹의 중심에 있던 **아테네**는 그리스에서 영향력을 더욱 키워 나갔습니다.

이러한 아테네의 세력을 경계한 것이 **스파르타**였습니다. 스파르타는 펠로폰네소스반도 내의 폴리스들과 결성한 **펠로폰네소스 동맹**을 이끌며 델로스 동맹에 대항했습니다. 스파르타와 아테네의 대립은 더욱 심해졌고, 결국 **펠로폰네소스 전쟁**이 발발합니다. 기원전 431~404 스파르타는 한때 적이었던 이웃 나라 **페르시아 제국**(20쪽)의 지원을 받아 승리했습니다. 하지만 이후에도 폴리스 간의 패권 다툼은 계속되었죠. 폴리스들은 **용병**을 고용하기 시작했고, '내 폴리스는 내가 지킨다'는 원칙이 붕괴하기 시작했습니다. 자기가 사는 폴리스에 대한 자긍심이나, 폴리스 내부의 단결력 또한 사라지게 되었죠. 그에 호응하듯 민중의 공포, 편견, 무지에 호소하여 권력을 쥐는 **선동적 민중 지도자**(데마고그)도 등장하기 시작했습니다.

최종적으로 그리스의 패권을 쥐게 된 폴리스는 **테베**였습니다. 하지만 이것도 오래가지는 못했죠. 계속된 다툼으로 피폐해진 그리스의 폴리스는 쇠퇴해 갔습니다.

이를 틈타 나타난 것이 그리스 북방에 위치한 **마케도니아**라는 나라였습니다. 마케도니아 왕 **필리포스 2세**(24쪽)는 그리스를 제압했습니다. 그리고 그 아들인 **알렉산드로스**는 **동방 원정**(24쪽)을 개시합니다.

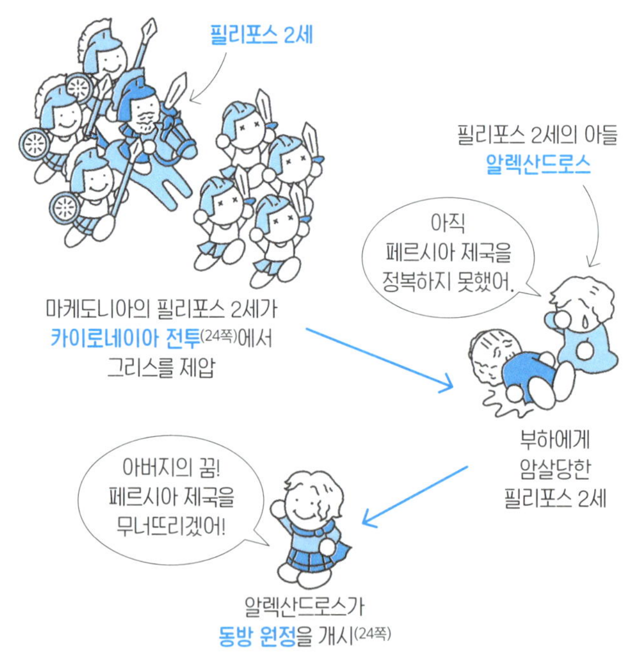

펠로폰네소스 전쟁

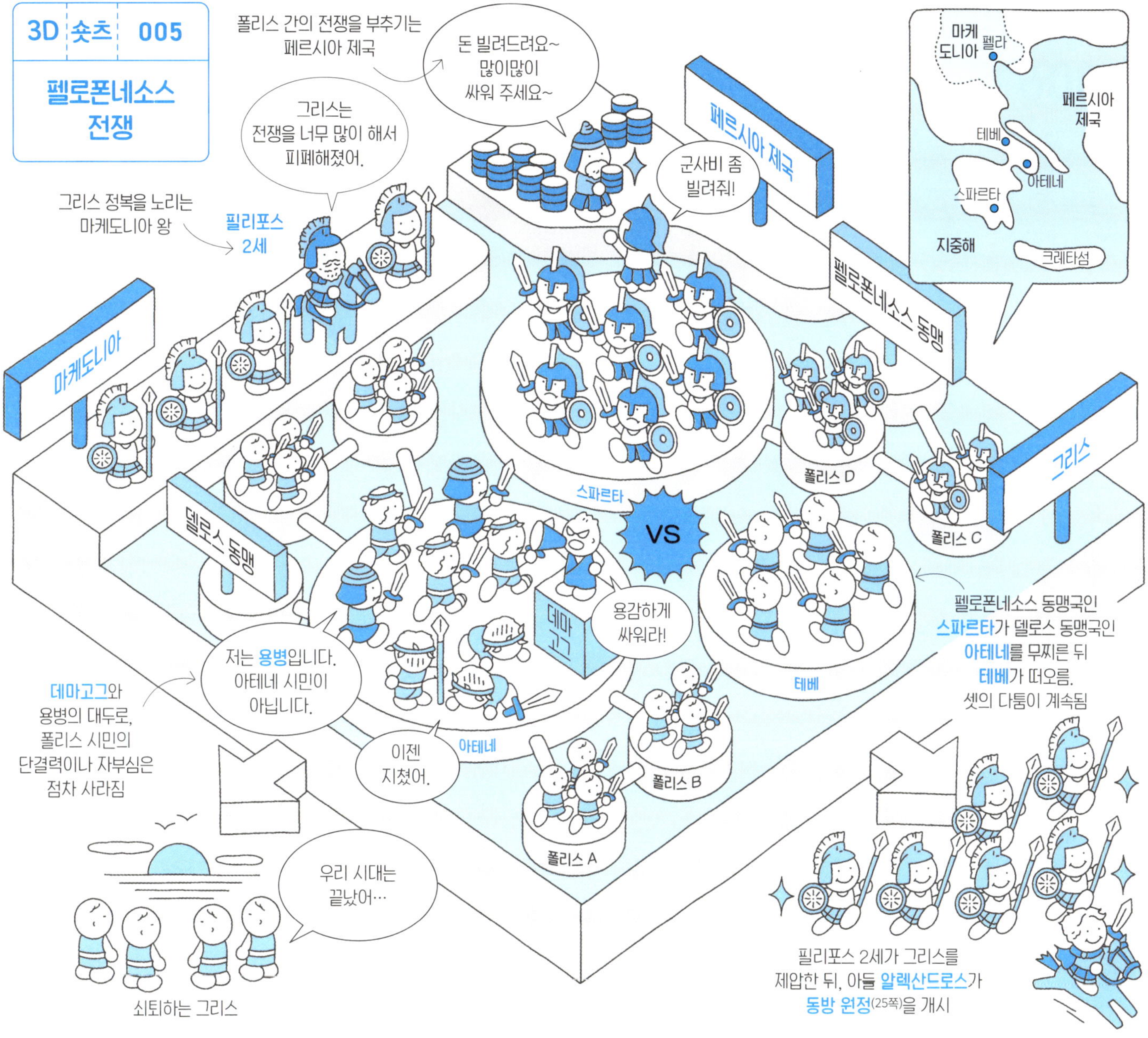

폴리스 간의 전쟁을 부추기는 페르시아 제국
그리스는 전쟁을 너무 많이 해서 피폐해졌어.
돈 빌려드려요~ 많이많이 싸워 주세요~
군사비 좀 빌려줘!
페르시아 제국
마케도니아
펠라
테베
아테네
스파르타
페르시아 제국
지중해
크레타섬
그리스 정복을 노리는 마케도니아 왕
필리포스 2세
마케도니아
펠로폰네소스 동맹
그리스
스파르타
폴리스 D
폴리스 C
VS
델로스 동맹
데마고그
용감하게 싸워라!
저는 용병입니다. 아테네 시민이 아닙니다.
데마고그와 용병의 대두로, 폴리스 시민의 단결력이나 자부심은 점차 사라짐
이젠 지쳤어.
아테네
테베
폴리스 B
폴리스 A
펠로폰네소스 동맹국인 스파르타가 델로스 동맹국인 아테네를 무찌른 뒤 테베가 떠오름. 셋의 다툼이 계속됨
우리 시대는 끝났어…
쇠퇴하는 그리스
필리포스 2세가 그리스를 제압한 뒤, 아들 알렉산드로스가 동방 원정(25쪽)을 개시

알렉산드로스의 동방 원정

알렉산드로스의 대제국

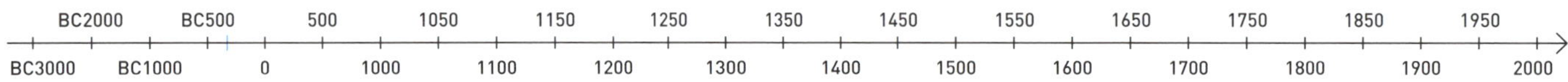

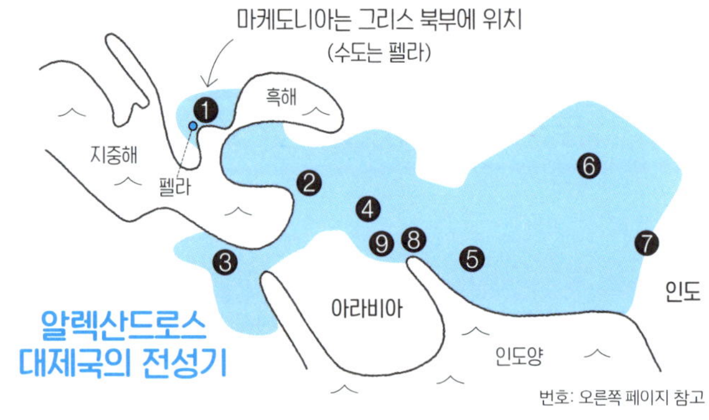

거듭되는 다툼으로 각 폴리스는 피폐해졌고, 그리스 세계는 쇠퇴하고 있었습니다(22쪽). 그 틈을 노린 것이 그리스 북방에 있는 나라 마케도니아였습니다.

마케도니아는 그리스인(그리스어가 모국어)이 사는 나라였지만, 아테네 같은 폴리스의 주민들은 그들을 바르바로이(야만인)라고 불렀습니다. 그런데 마케도니아 왕 필리포스 2세는 약해진 아테네와 테베의 연합군을 카이로네이아 전투에서 물리치고, 그리스를 제압합니다.
재위 기원전 359~336
기원전 338

한편 필리포스 2세를 이어 놀라운 활약을 펼친 것이 알렉산드로스 대왕입니다. 알렉산드로스 대왕은 마케도니아와 그리스의 연
재위 기원전 336~323

합군을 이끌고 숙적인 **페르시아 제국(아케메네스 왕조)**을 겨냥한 동방 원정을 개시하여, 페르시아 제국을 이소스 전투에서 무찌릅니다. 더 나아가 인도 부근까지 진군하여 광대한 알렉산드로스 대제국을 건설했죠.
기원전 334
기원전 333

하지만 알렉산드로스는 인더스강 유역에 도달한 지 얼마 안 되어 병사하고 맙니다. 알렉산드로스의 대제국은 급속히 지배 지역을 넓혔기 때문에 식민지의 정비와 정책 등이 그 속도를 따라가지 못했습니다. 그래서 대왕이 죽은 뒤 내분이 발생하여 제국 영토는 세 나라로 분열하고 맙니다.
기원전 323

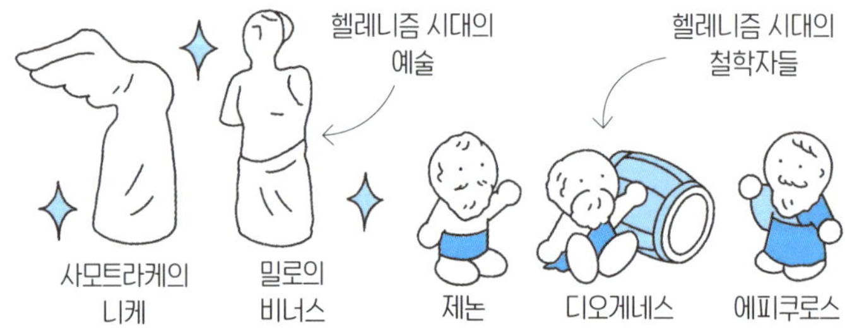

알렉산드로스 대제국이 탄생함으로써
그리스와 오리엔트의 문화가 융합한 헬레니즘 문화가 피어남.
알렉산드로스의 동방 원정부터 약 300년간을 헬레니즘 시대라고 일컬음
(헬레니즘이란 '그리스풍'이라는 뜻)

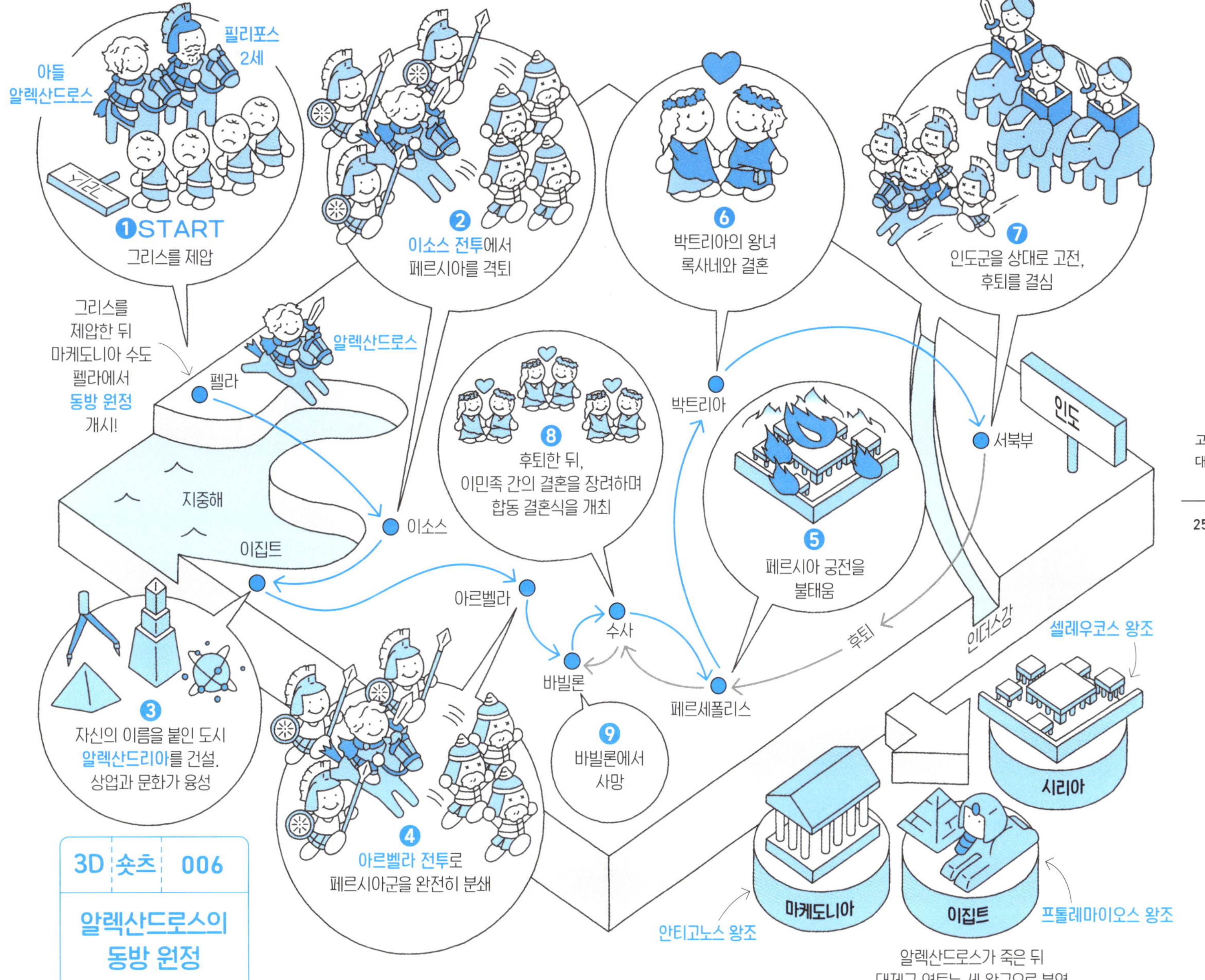
아들 알렉산드로스
필리포스 2세
❶ START
그리스를 제압
그리스를 제압한 뒤 마케도니아 수도 펠라에서 동방 원정 개시!
펠라
알렉산드로스
지중해
이집트
❷ 이소스 전투에서 페르시아를 격퇴
이소스
❻ 박트리아의 왕녀 록사네와 결혼
박트리아
❼ 인도군을 상대로 고전, 후퇴를 결심
인도
서북부
인더스강
후퇴
❽ 후퇴한 뒤, 이민족 간의 결혼을 장려하며 합동 결혼식을 개최
❺ 페르시아 궁전을 불태움
수사
아르벨라
바빌론
페르세폴리스
❸ 자신의 이름을 붙인 도시 알렉산드리아를 건설. 상업과 문화가 융성
❹ 아르벨라 전투로 페르시아군을 완전히 분쇄
❾ 바빌론에서 사망
셀레우코스 왕조
시리아
안티고노스 왕조
마케도니아
이집트
프톨레마이오스 왕조
알렉산드로스가 죽은 뒤 대제국 영토는 세 왕국으로 분열
3D 숏츠 006
알렉산드로스의 동방 원정

<table>
<tr><td>007</td><td># 지중해를 제패한 공화정 로마
포에니 전쟁의 한니발과 스키피오</td></tr>
</table>

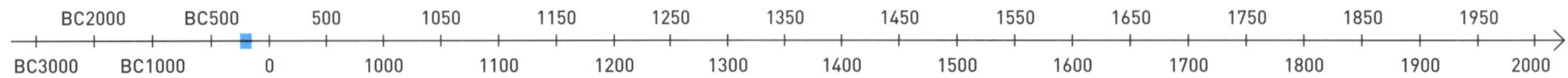

알렉산드로스 대왕(24쪽)이 한창 활약할 무렵, 이탈리아반도에서는 **라틴인**(라틴어가 모국어)이 주도하는 **공화정**(나라의 주인이 왕이 아니라 선거로 결정되는 정치) 국가인 **로마**가 힘을 키우고 있었습니다.

공화정이라고는 해도, 초기에는 **귀족**(파트리키)이 정치를 담당하고 있었습니다. 하지만 불만을 가진 **평민**(플레브스)이 분란을 일으킨 후, 평민 대표인 **호민관**의 정치 참여가 허용되었습니다. 이때부터 **호민관**, **원로원**(귀족 의회), **집정관**(콘술이라는 관리) 등 세 집단이 협의를 하는 새로운 형태의 **공화정**이 시작됩니다.

순조롭게 발전해 가던 **공화정 로마**는 그 기세를 몰아 시칠리아섬의 통치권 및 서지중해의 패권을 놓고 지중해 건너편 나라 **카르타고**와 **포에니 전쟁**을 벌입니다. 로마는 카르타고의 명장 **한니발** 때문에 고전을 면치 못했으나, 결국 **스키피오** 장군의 활약으로 승리합니다.

기원전 264~146
기원전 247~183
기원전 235경~183

로마는 포에니 전쟁의 승리를 발판 삼아 **헬레니즘 문화권**(24쪽)까지 정복하고, 지중해를 둘러싼 전 지역을 장악합니다.

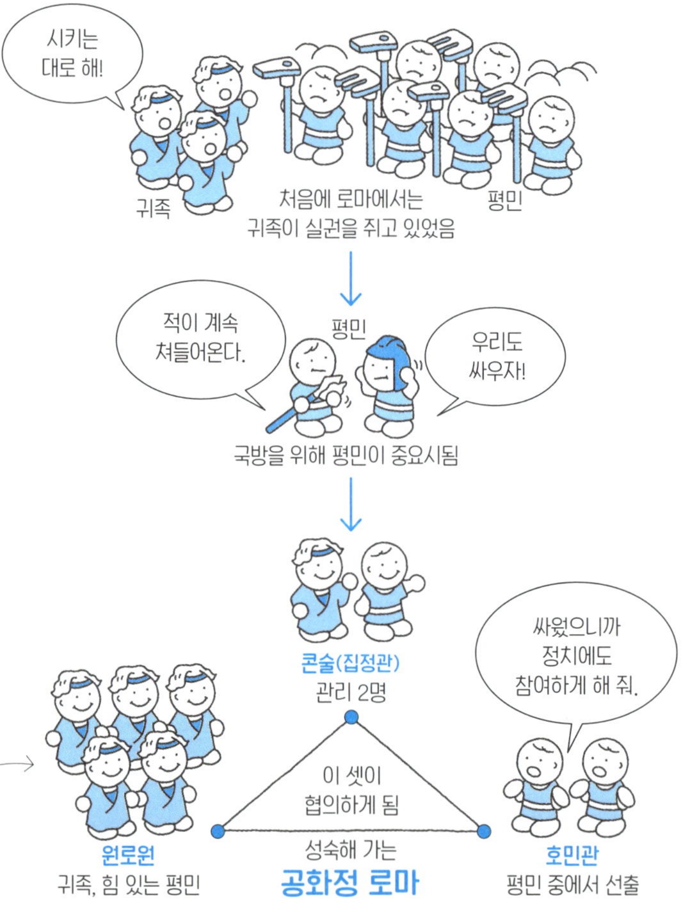

포에니 전쟁

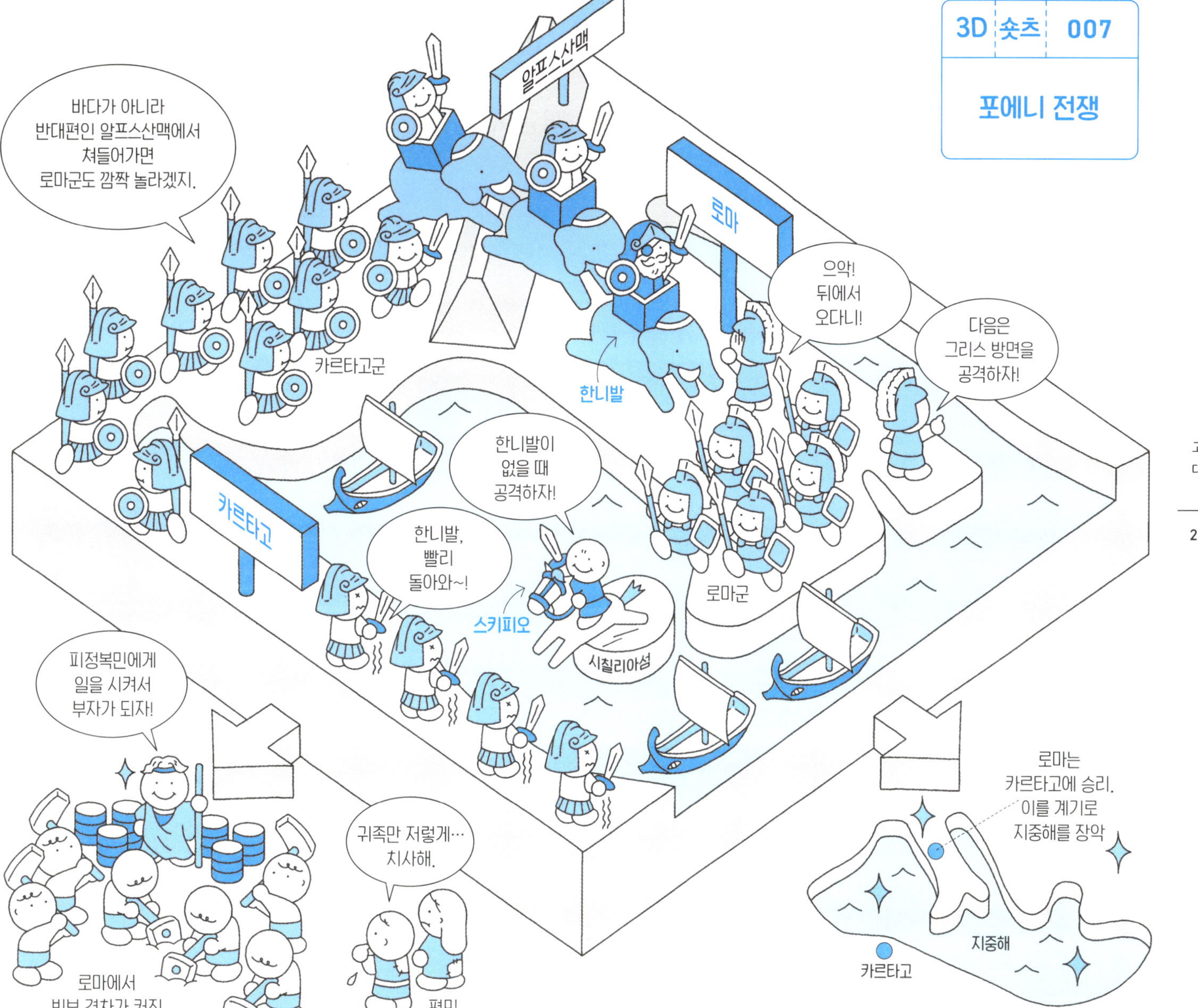
알프스산맥
바다가 아니라
반대편인 알프스산맥에서
쳐들어가면
로마군도 깜짝 놀라겠지.
카르타고군
로마
으악!
뒤에서
오다니!
다음은
그리스 방면을
공격하자!
한니발
한니발이
없을 때
공격하자!
카르타고
한니발,
빨리
돌아와~!
스키피오
시칠리아섬
로마군
피정복민에게
일을 시켜서
부자가 되자!
귀족만 저렇게…
치사해.
로마에서
빈부 격차가 커짐
평민
로마는
카르타고에 승리.
이를 계기로
지중해를 장악
지중해
카르타고

008

흔들리는 공화정 로마

빵과 서커스

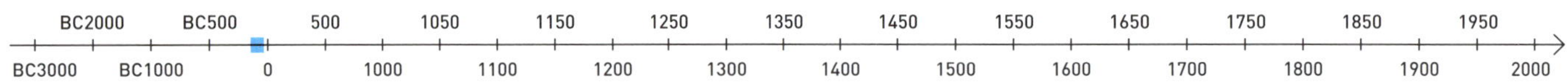

공화정 로마(26쪽)는 수많은 전쟁에서 승리하며 여러 **정복지(속주)**를 손에 넣었습니다. 하지만 이런 전쟁들에 **중장 보병**으로 차출당한 농민들은 피폐해졌고, 농지는 황폐해지고 말았습니다. 귀족들은 그 황폐한 농지를 사들이고 정복한 지역의 백성들을 노예로 삼아 **대규모 농장**을 운영하기 시작했습니다(라티푼디움). 그 결과 귀족과 평민 사이의 빈부 격차가 점점 벌어지기 시작합니다.

이에 정치가들은 평민에게 음식과 '검투사 노예들의 싸움'이라는 오락을 제공하는 **우민 정책 빵과 서커스**를 시행하면서 평민의 불만을 잠재우고자 했습니다. 하지만 이것도 근본적인 해결책은 되지 못했죠.

로마의 위기를 감지한 **호민관**(26쪽) **그라쿠스 형제**는 귀족이 너무 많이 차지하고 있는 점유지를 평민에게도 분배할 것을 제안했습니다. 하지만 반대하는 귀족들에게 형은 살해당하고, 동생은 자살로 내몰립니다.

형 기원전 162~132, 동생 기원전 153~121

이후 평민의 반란이 이어지는 가운데, 공화정 로마는 **내란의 한 세기**라 불리는 시대에 돌입하고 맙니다. 그리고 마침내, 구경거리였던 **검투사 노예 스파르타쿠스의 대반란**이 일어납니다.

기원전 133~27

?~기원전 71

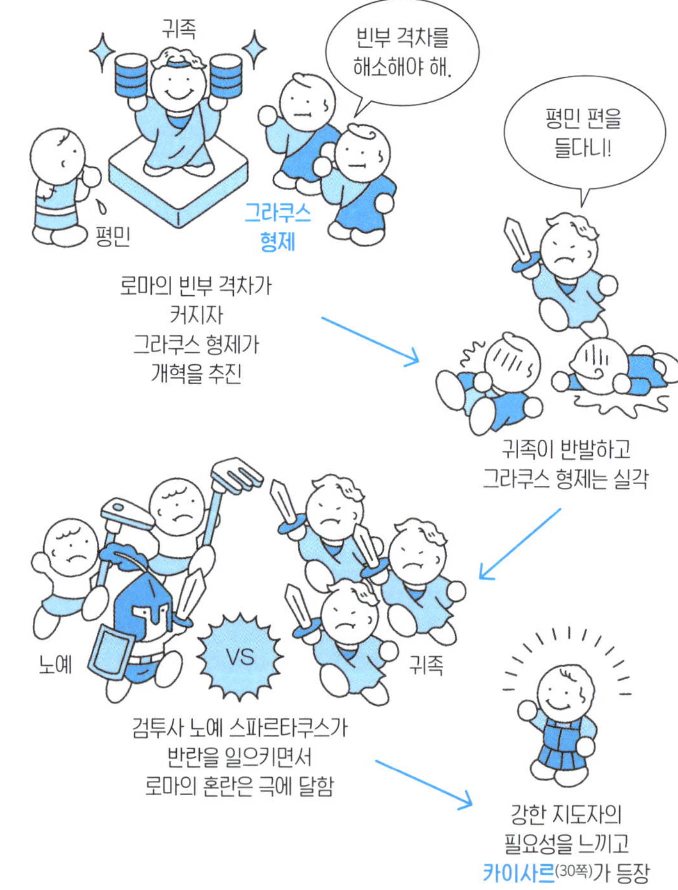

흔들리는 공화정 로마

귀족
피정복민에게 일을 시켜서 부자가 되자!
피정복민 (노예)
귀족 점유지
귀족 점유지를 회수해서 평민에게 분배하자!
개혁이 필요해.
형
동생
그라쿠스 형제
재밌겠다.
빵 드립니다~! 무료 서커스도 보고 가세요~!
스트레스 발산이다!
평민
귀족들이 다 해 먹네.
평민
평민
검투사 노예
일상 따윈 잊자고.
정치가
언젠가 반란을 일으켜야지.
귀족
그라쿠스 형
암살
그라쿠스 동생
자살
개혁에 나선 그라쿠스 형제는 실각
스파르타쿠스
VS
귀족
검투사 노예 스파르타쿠스가 반란을 일으킴

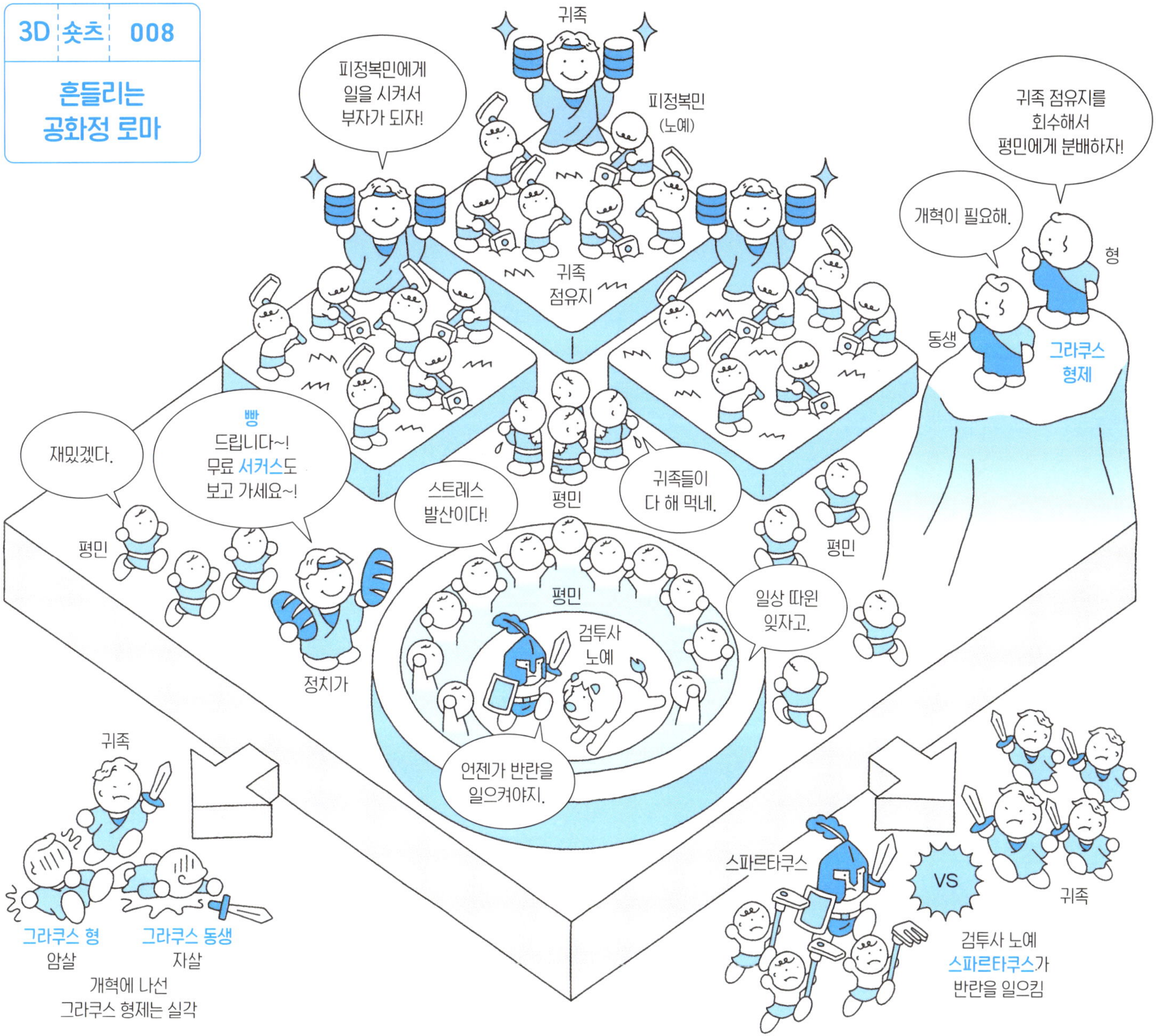

카이사르의 대두와 암살

루비콘강을 건너는 카이사르

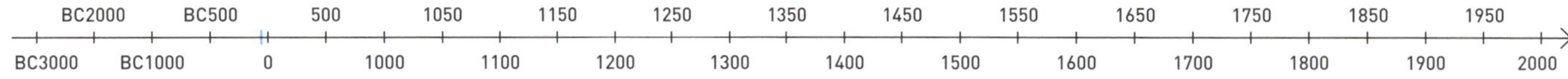

검투사 노예 **스파르타쿠스**(28쪽)의 반란을 진압한 것은 군인 **폼페이우스**(기원전 106~48)**와 크라수스**(기원전 115~53)였습니다. 여기에 군인 **카이사르**(기원전 100~44)를 더한 3명은, 원로원과 대립하면서 로마를 통치하는 **제1차 삼두 정치**(기원전 60~53)를 개시합니다. 크라수스는 동방 원정 도중 전사하고 말지만, 군사에 능했던 카이사르는 몇 차례에 걸쳐 **갈리아**(지금의 프랑스 지역) **원정**(기원전 58~51)에서 승리를 거두며 명성을 높여 갔습니다.

카이사르의 인기를 경계한 폼페이우스는 원로원과 합심하여, **루비콘강**을 건너 원정에서 돌아온 카이사르에게 도전합니다. 하지만 카이사르가 승리하죠. 이후 카이사르는 원로원을 무시하고 **공화정**(26쪽)을 부정하며 황제나 다름없는 독재자로 변해 갑니다. 카이사르는 차차 반감을 사다가 결국 공화정파 정치가에게 **암살**(기원전 44)당하고 맙니다.

이후 카이사르의 양자 **옥타비아누스**(기원전 63~기원후 14)와, 카이사르의 부하 **안토니우스**(기원전 83~30), **레피두스**(기원전 90~13경), 3명이 **제2차 삼두 정치**(기원전 43)를 개시합니다.

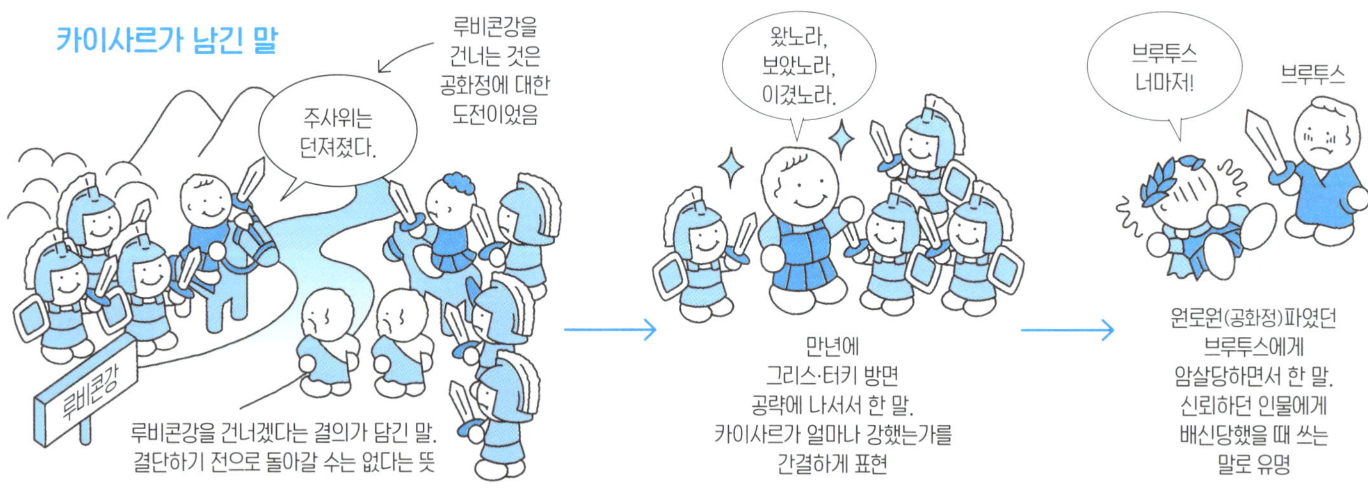

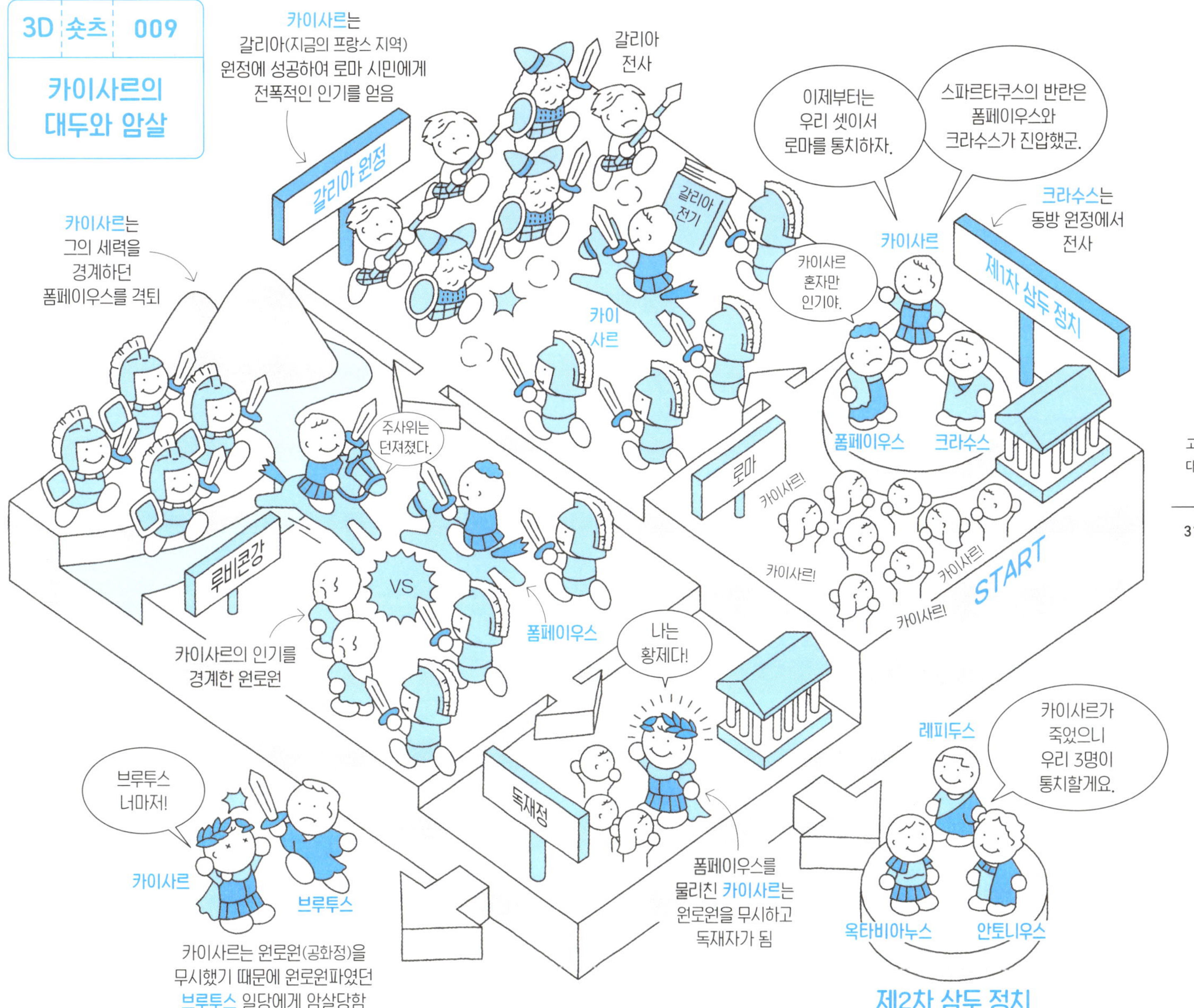
3D 숏츠 009
카이사르의 대두와 암살

카이사르는 갈리아(지금의 프랑스 지역) 원정에 성공하여 로마 시민에게 전폭적인 인기를 얻음
갈리아 전사
갈리아 원정
갈리아 전기

이제부터는 우리 셋이서 로마를 통치하자.
스파르타쿠스의 반란은 폼페이우스와 크라수스가 진압했군.
크라수스는 동방 원정에서 전사

카이사르 혼자만 인기야.
카이사르
제1차 삼두 정치

카이사르는 그의 세력을 경계하던 폼페이우스를 격퇴

카이 사르

폼페이우스 크라수스

주사위는 던져졌다.
로마
카이사르!
카이사르!
카이사르!
카이사르!
START

루비콘강
VS
폼페이우스
나는 황제다!

카이사르의 인기를 경계한 원로원

독재정

폼페이우스를 물리친 카이사르는 원로원을 무시하고 독재자가 됨

카이사르가 죽었으니 우리 3명이 통치할게요.
레피두스

브루투스 너마저!
카이사르 브루투스

옥타비아누스 안토니우스
제2차 삼두 정치

카이사르는 원로원(공화정)을 무시했기 때문에 원로원파였던 브루투스 일당에게 암살당함

010 제정 로마의 성립

팍스 로마나

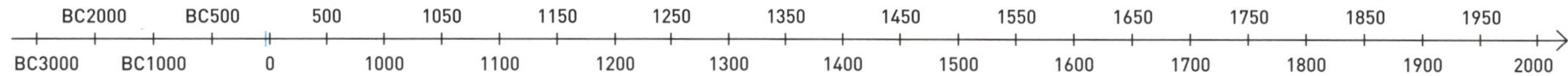

옥타비아누스, 안토니우스, 레피두스, 3명에 의해 **제2차 삼두 정치**(30쪽)가 개시되었습니다. 하지만 곧바로 세 사람 사이에 주도권 다툼이 벌어지고 맙니다.

우선, 레피두스가 옥타비아누스와의 패권 다툼에서 패해 실각합니다. 다음으로 안토니우스가 **이집트**(프톨레마이오스 왕조25쪽)의 여왕 **클레오파트라**와 힘을 합쳐 옥타비아누스에게 도전하지만 패배하고 맙니다. 이 승리로 이집트도 손에 넣은 옥타비아누스는 로마 원로원으로부터 '황제'를 떠올리게 하는 **아우구스투스(존엄자)**라는 칭호를 받습니다. 하지만 카이사르의 실각에서 교훈을 얻은 옥타비아누스는 '황제'가 아니라 (로마 시민인) **제1인자(프린켑스)**로 자칭했습니다.

재위 기원전 51~30

재위 기원전 27~기원후 14

이렇게 **공화정 로마**(26쪽)는 종언을 맞이하고, **원수정(프린키파투스)**이라 불리는 **제정 로마**가 탄생합니다. 정치적으로 안정된 **로마 제국**은 하나둘 **속주**(해외 영토)를 불려 나가면서 **팍스 로마나(로마의 평화)**라 불리는 약 200년간의 최전성기에 돌입합니다.

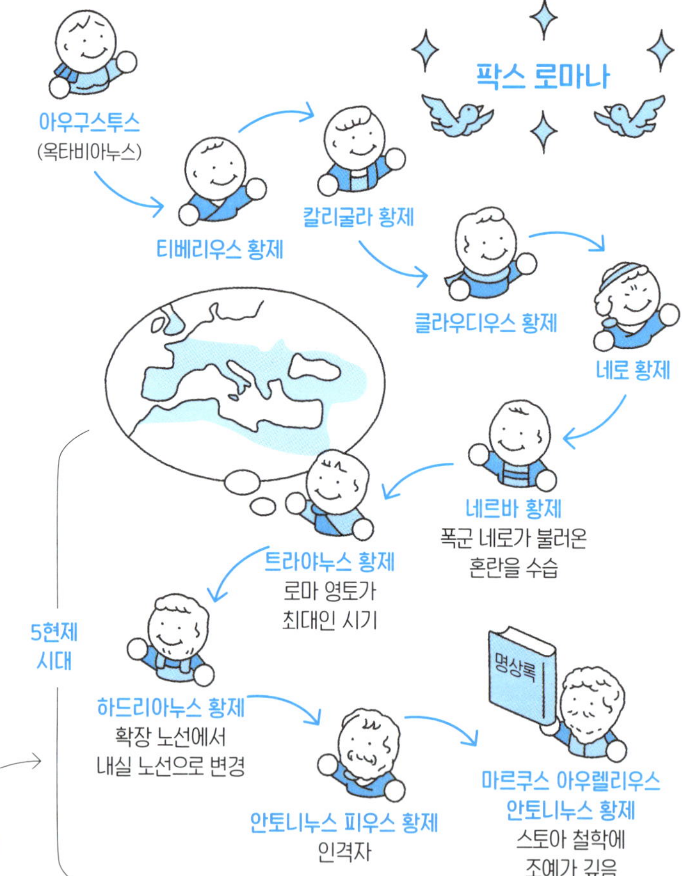

아우구스투스부터
마르쿠스 아우렐리우스 안토니누스 황제까지
약 200년 동안이 로마의 최전성기

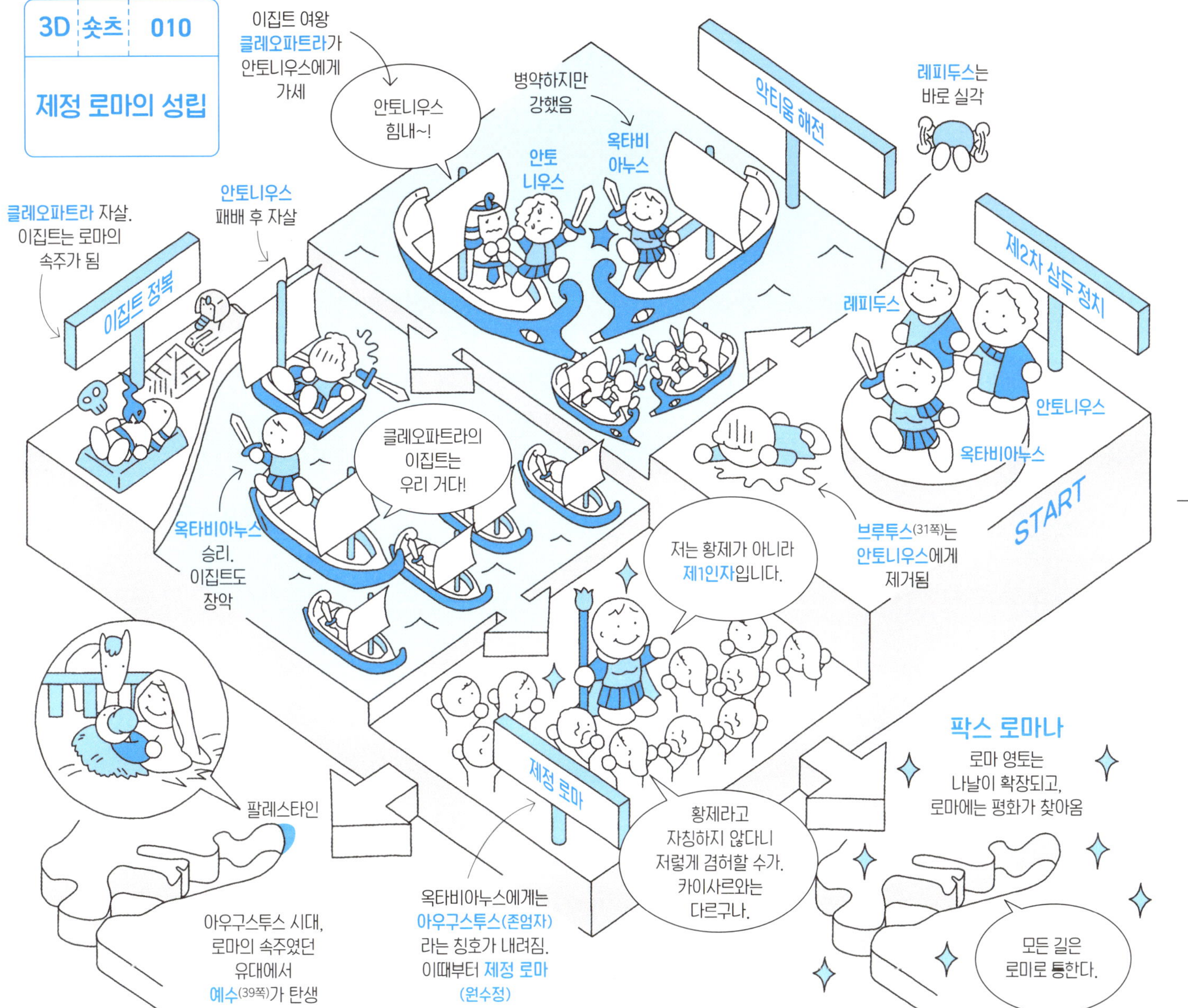

3D 숏츠 010
제정 로마의 성립

이집트 여왕 클레오파트라가 안토니우스에게 가세
안토니우스 힘내~!
병약하지만 강했음
안토니우스
옥타비아누스
악티움 해전
레피두스는 바로 실각
클레오파트라 자살. 이집트는 로마의 속주가 됨
안토니우스 패배 후 자살
이집트 정복
클레오파트라의 이집트는 우리 거다!
옥타비아누스 승리. 이집트도 장악
레피두스
제2차 삼두 정치
안토니우스
옥타비아누스
저는 황제가 아니라 제1인자입니다.
브루투스(31쪽)는 안토니우스에게 제거됨
START
고 대
33
제정 로마
팍스 로마나
로마 영토는 나날이 확장되고, 로마에는 평화가 찾아옴
황제라고 자칭하지 않다니 저렇게 겸허할 수가. 카이사르와는 다르구나.
팔레스타인
아우구스투스 시대, 로마의 속주였던 유대에서 예수(39쪽)가 탄생
옥타비아누스에게는 아우구스투스(존엄자)라는 칭호가 내려짐. 이때부터 제정 로마 (원수정)
모든 길은 로마로 통한다.

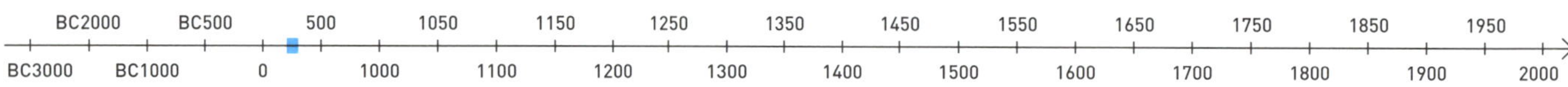

정치적으로 안정된 **로마 제국**은 **속주**(해외 영토)를 불려 나가면서 **팍스 로마나**(32쪽)라 불리는 약 200년간의 최전성기에 들어섭니다. 그런데 속주가 차츰 번성하자, 수도 로마의 지위가 흔들리기 시작합니다.

3세기가 되자 각 속주의 장군들이 제멋대로 황제를 칭하며 서로 죽고 죽이는 **군인 황제 시대**(235~284)를 맞이하고 맙니다. 또한 게르만인(42쪽)이나 **페르시아 제국(사산 왕조)**도 빈번하게 침공해 오죠. 로마의 국경이 너무 길어진 탓에 모든 지역을 제대로 통치할 수가 없게 된 겁니다(3세기의 위기).

그런 상황에서 3세기 말에 즉위한 **디오클레티아누스 황제**(재위 284~305)는 자신을 **신**(도미누스)으로 숭배하도록 시민들에게 요구하며, 강력한 권력자가 되어 제국을 통치하려 했습니다.

이후 로마 제국은 공화정의 전통을 존중했던 **원수정**(32쪽)에서 **전제 군주정**으로 변모합니다.

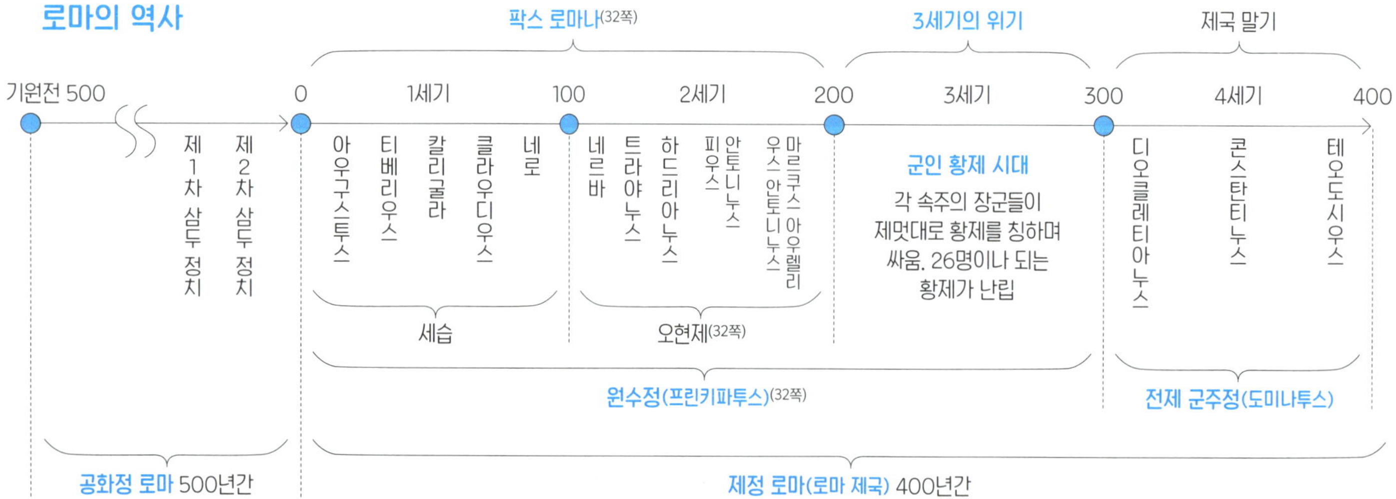

과중한 세금을 피해 도시를 떠난 상층 시민이, 도시에서 살 수 없게 된 하층 시민을 장원에서 소작농(콜로누스)으로 고용하기 시작. 소작제(콜로나투스)는 고대의 노예제(라티푼디움)를 대신하며 중세의 농노제로 변모(46, 47쪽)

로마는 전제 군주정이 되고 원수정은 종언을 맞이함

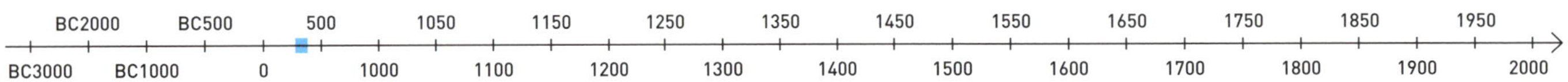

디오클레티아누스 황제(34쪽)는 스스로 **신**이 되어 광대한 로마 제국을 통치하려 했습니다. 그런데 이 작전은, 과도한 세금으로 고통받던 시민들 사이에 스며들기 시작한 **그리스도교**(38쪽) 신자들에게서 반감을 삽니다. 그리스도교도에게 **신**이란 디오클레티아누스가 아니었기 때문입니다.

디오클레티아누스는 반발하는 그리스도교도를 탄압했습니다. 하지만 그다음 **콘스탄티누스** 황제 시대에는 더 이상 탄압할 수 없을 정도로 그리스도교가 퍼지기에 이르렀습니다. 결국 콘스탄티누스는 **밀라노 칙령**을 반포하고 그리스도교를 **공인**하게 됩니다.

재위 306~337 / 313

이 무렵 속주의 반란과 이민족의 침입은 더욱 빈번해지고 있었습니다. 이에 콘스탄티누스 황제는 새로운 시작을 위하여 수도를 로마에서 예로부터 유명한 **비잔티움**으로 옮깁니다. 그리고 비잔티움을 자신의 이름을 딴 **콘스탄티노플**로 개칭하고, **전제 군주정**(34쪽)을 유지하고자 했습니다.

그런데 **테오도시우스** 황제 시대에 이르러 **게르만인**(42쪽)이 본격적으로 제국에 침입하기 시작하자, 더는 광대한 영토를 하나로 유지할 수 없게 되었습니다. 그래서 테오도시우스는 제국을 **서로마 제국과 동로마 제국(비잔틴 제국)**으로 **분할**해서 두 자식에게 나눠 주

재위 379~395 / 395

었습니다. 또한 로마 제국을 종교적(사상적)으로 한데 묶기 위해 그리스도교를 **국교**로 정했습니다(**그리스도교 국교화**).

392

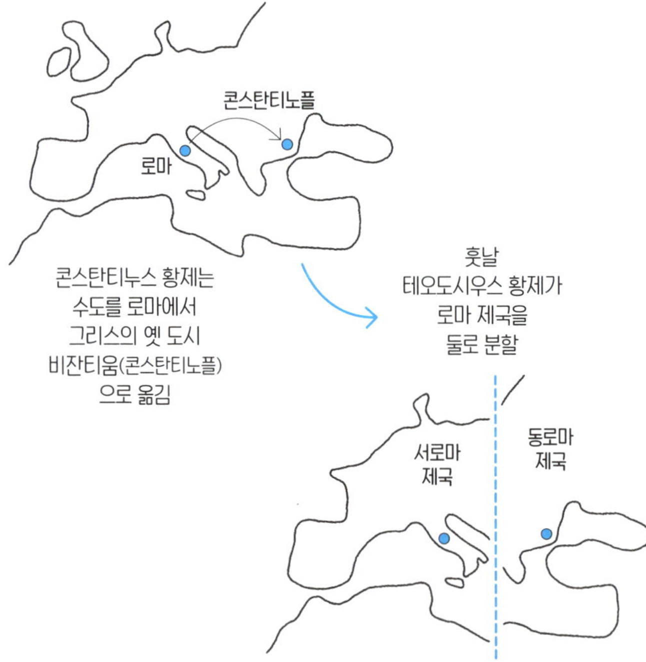

3D 숏츠 012
분열하는 로마 제국

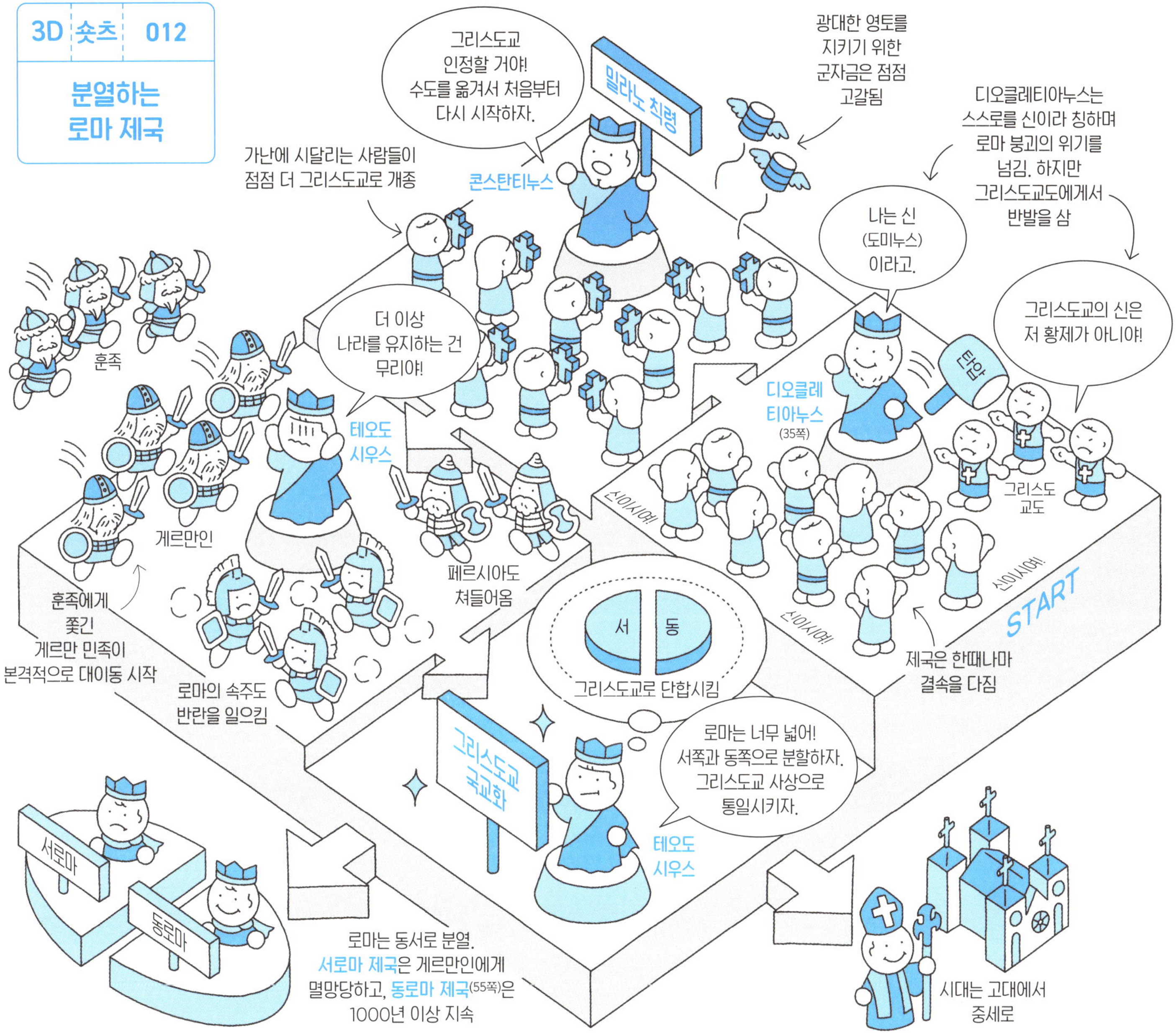

그리스도교 인정할 거야! 수도를 옮겨서 처음부터 다시 시작하자.
밀라노 칙령
광대한 영토를 지키기 위한 군자금은 점점 고갈됨
디오클레티아누스는 스스로를 신이라 칭하며 로마 붕괴의 위기를 넘김. 하지만 그리스도교도에게서 반발을 삼
가난에 시달리는 사람들이 점점 더 그리스도교로 개종
콘스탄티누스
나는 신 (도미누스) 이라고.
그리스도교의 신은 저 황제가 아니야!
더 이상 나라를 유지하는 건 무리야!
훈족
게르만인
테오도시우스
디오클레티아누스 (35쪽)
그리스도교도
페르시아도 쳐들어옴
신이시여!
신이시여!
신이시여!
훈족에게 쫓긴 게르만 민족이 본격적으로 대이동 시작
로마의 속주도 반란을 일으킴
서 동
그리스도교로 단합시킴
제국은 한때나마 결속을 다짐
START
서로마
동로마
그리스도교 국교화
로마는 너무 넓어! 서쪽과 동쪽으로 분할하자. 그리스도교 사상으로 통일시키자.
테오도시우스
로마는 동서로 분열. 서로마 제국은 게르만인에게 멸망당하고, 동로마 제국(55쪽)은 1000년 이상 지속
시대는 고대에서 중세로

013

그리스도교의 탄생

확산하는 예수의 가르침

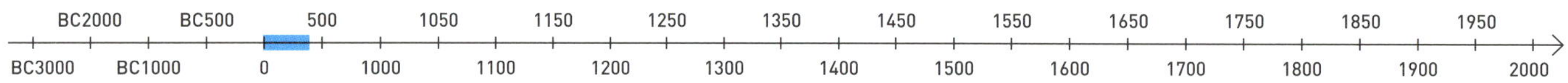

시대를 약간 거슬러 올라가, **아우구스투스**(32쪽) 때부터 시작하는 전성기 로마 제국을 살펴보죠. **예수**는 로마 제국의 속주였던 **유대**(팔레스타인 지방)에서 태어났습니다. _{기원전 7경/4경~기원후 30경}

팔레스타인 사람들은 **유대인**이라 불리며 **유대교**를 믿고 있었습니다. 유대교의 주류는 율법(신의 가르침과 계명)을 배우는 것을 중시하는 **바리새파**였습니다. 하지만 **예수**는 바리새파와 달리 신을 향한 사랑과 신앙심을 설파했습니다.

기적을 일으키고 병자를 낫게 하는 예수의 언행은 평민과 노예들의 마음을 사로잡았습니다. 하지만 로마 정부와 바리새파 사람들은 예수를 위험하게 여겨 십자가형에 처하고 맙니다.

이후, 예수의 제자인 **베드로**와 **바울** 등은 로마 정부의 박해 속에서도, 신이 된 **예수의 가르침**(그리스도교)을 로마 제국 전역에 전파하기 시작합니다. 그리고 귀족을 비롯한 상류 계층에도 퍼지게 되자, 그리스도교는 4세기 말에 **국교**(그리스도교 국교화36쪽)가 되었습니다.

훗날 로마 제국이 동서로 분열되면서(36쪽), **서로마**에서는 **가톨릭교회**, **동로마**에서는 **동방 정교회**라는 별개의 조직이 되어 지중해 세계에 퍼지게 됩니다.

예수의 가르침

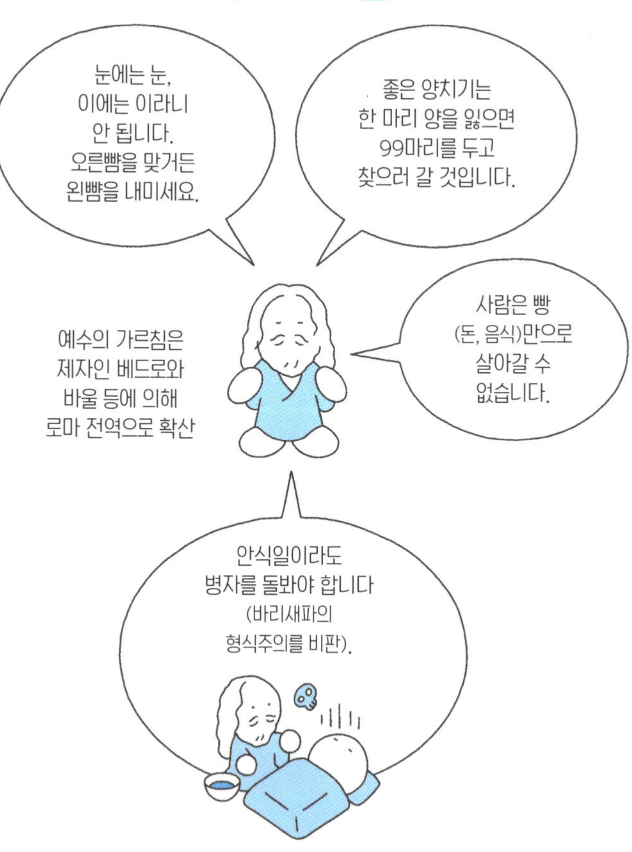

3D 숏츠 013
그리스도교의 탄생
유대(팔레스타인 지방, 수도는 예루살렘)는 로마의 속주.
유대교 바리새파(엄격한 일파)가 주류였음
팔레스타인 지방
노예
시민
귀족
그리스도교는 이렇게 확산됨
START
예수 탄생
유대에서 예수가 탄생
엉터리야!
유대교 바리새파
주님을 사랑하십시오.
예수
가르침을 설파
예수
포기하지 않고 포교
신약성서
포교
신약 성서가 집필됨
디오클레티아누스(35쪽)의 박해
내가 신이다.
박해
박해
예수 처형
예수를 처형하라!
로마인
맞아, 로마 황제를 받들지 않은 벌이다.
포교
바리새파
베드로
바울
네로가 그리스도교도를 박해
네로
그래도 퍼져 나감
예수의 제자들이 예수의 가르침(그리스도교)을 널리 퍼뜨림
로마를 그리스도교를 통해 정신적으로 통일하자.
밀라노 칙령
콘스탄티누스(37쪽)
그리스도교를 공인! 수도를 옮겨서 처음부터 다시 시작하자.
그리스도교는 너무 퍼져서 탄압할 수가 없어.
그리스도교 국교화
테오도시우스(37쪽)
가톨릭 교회
동방 정교회
서로마
동로마
로마가 동서로 분열되면서 그리스도교 또한 분열
고대
39

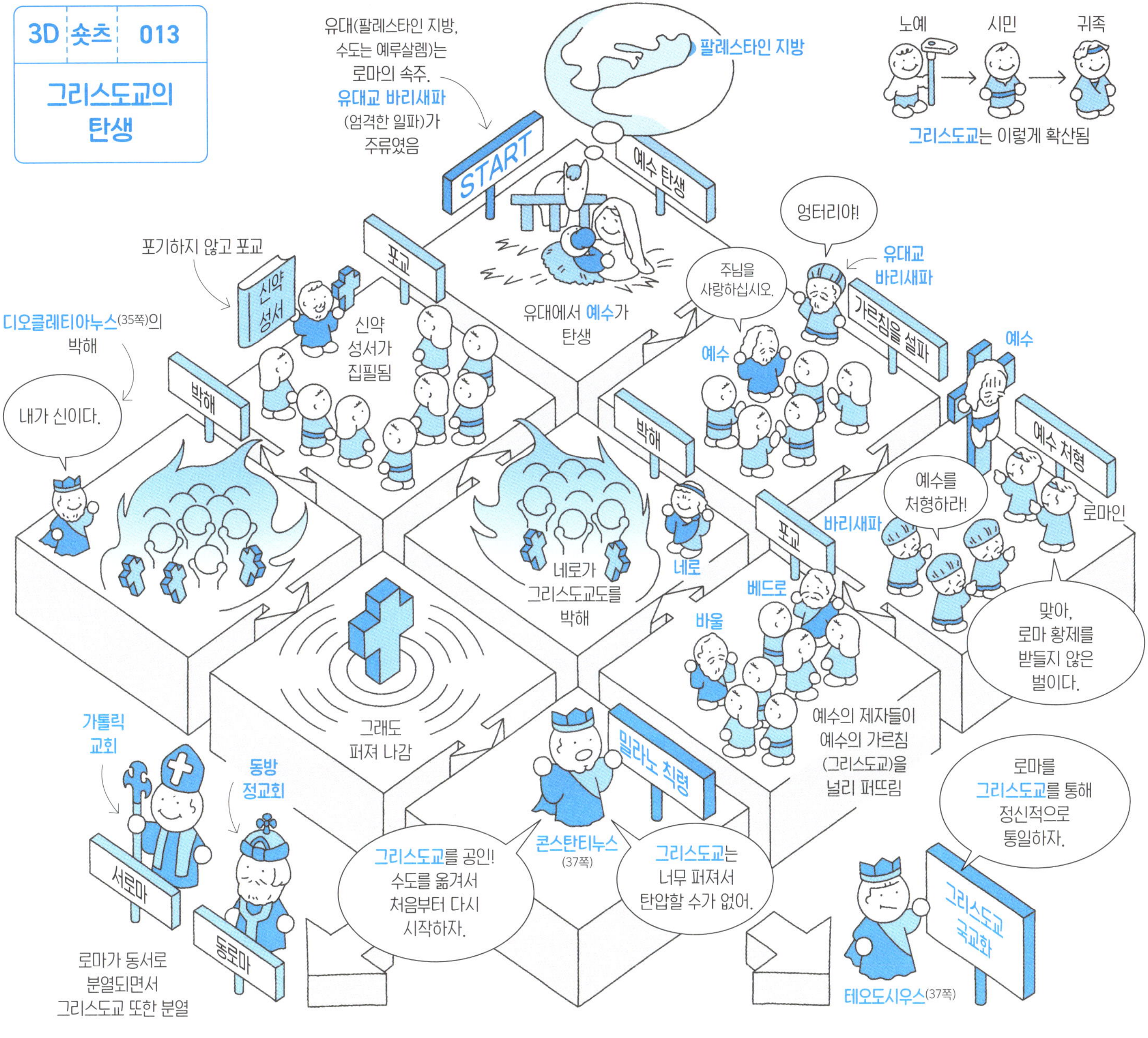

중세

게르만인의 대이동

고대에서 중세로

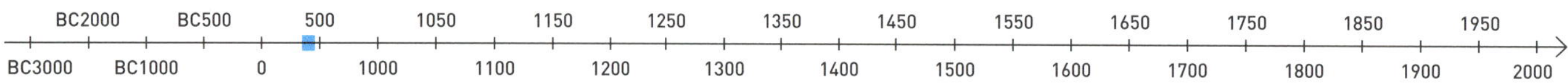

로마의 전성기는 **마르쿠스 아우렐리우스 안토니누스** 황제(32쪽)를 끝으로 종말을 맞이했습니다. 이후 로마 제국은 수시로 황제가 바뀌는 **군인 황제 시대**(34쪽)라 불리는 혼란기에 돌입합니다. 그리고 4세기 후반, 게르만인(36쪽)이 본격적으로 로마에 쳐들어오기 시작합니다.

게르만인은 **게르마니아**(오늘날 독일, 폴란드, 체코, 슬로바키아, 덴마크가 있는 지역)에 살고 있었습니다. 그런데 아시아계 유목민인 훈족이 게르만인의 거주지를 공략하러 몰려오자 대이동을 시작합니다. 게르만인은 유럽의 땅을 점점 빼앗고, **프랑크 왕국**(44쪽), **서고트 왕국**, 486~, 418~711, **동고트 왕국**, **반달 왕국**, **부르군트 왕국**, **앵글로·색슨 7왕국**, **랑고바르드 왕국** 등, 차츰 자신들의 왕국을 건설해 나갔습니다. 493~555, 429~534, 443~534, 449~829, 568~774 이 기세에 눌려 **라틴인** 중심의 로마 제국은 쇠퇴하고 **동서로 분열**(36쪽)하고 맙니다.

동서 분열로부터 약 80년 후인 476년, **서로마 제국**은 게르만인 용병대장 오도아케르에 의해 멸망합니다(동로마 제국은 존속). 하지 434경~493, 476 만 **가톨릭교회**(38쪽)는 서로마 제국이 멸망한 후에도 존속하게 됩니다. 이 시기를 경계로 시대는 **중세**로 접어듭니다.

게르만인이 건설한 나라들

게르만인의 대이동

게르만족 대이동
게르만인은 라인강, 도나우강 건너편에 살고 있었음
라인강
도나우강
게르만인
훈족
여기에 건국!
여기에 건국!
여기에 건국!
훗날의 영국
원주민
프랑크 왕국
랑고바르드 왕국
오도아케르에 의해 황제가 폐위당함
서로마 제국 멸망
우리는 걱정 없군.
황제
동로마 제국은 게르만인에게 피해를 입지 않음
동로마 제국
앵글로·색슨 7왕국
부르군트 왕국
동고트 왕국
교황
어쩌지? 든든했던 서로마 제국이 망해 버렸으니!
서고트 왕국
반달 왕국
원주민
원주민
서로마 제국의 멸망과 함께 시대는 중세로
프랑크 왕을 로마 황제로 임명한다!
프랑크 왕국이 교황의 후원 세력이 되면서 번영(45쪽)
프랑크 왕국
로마 교황

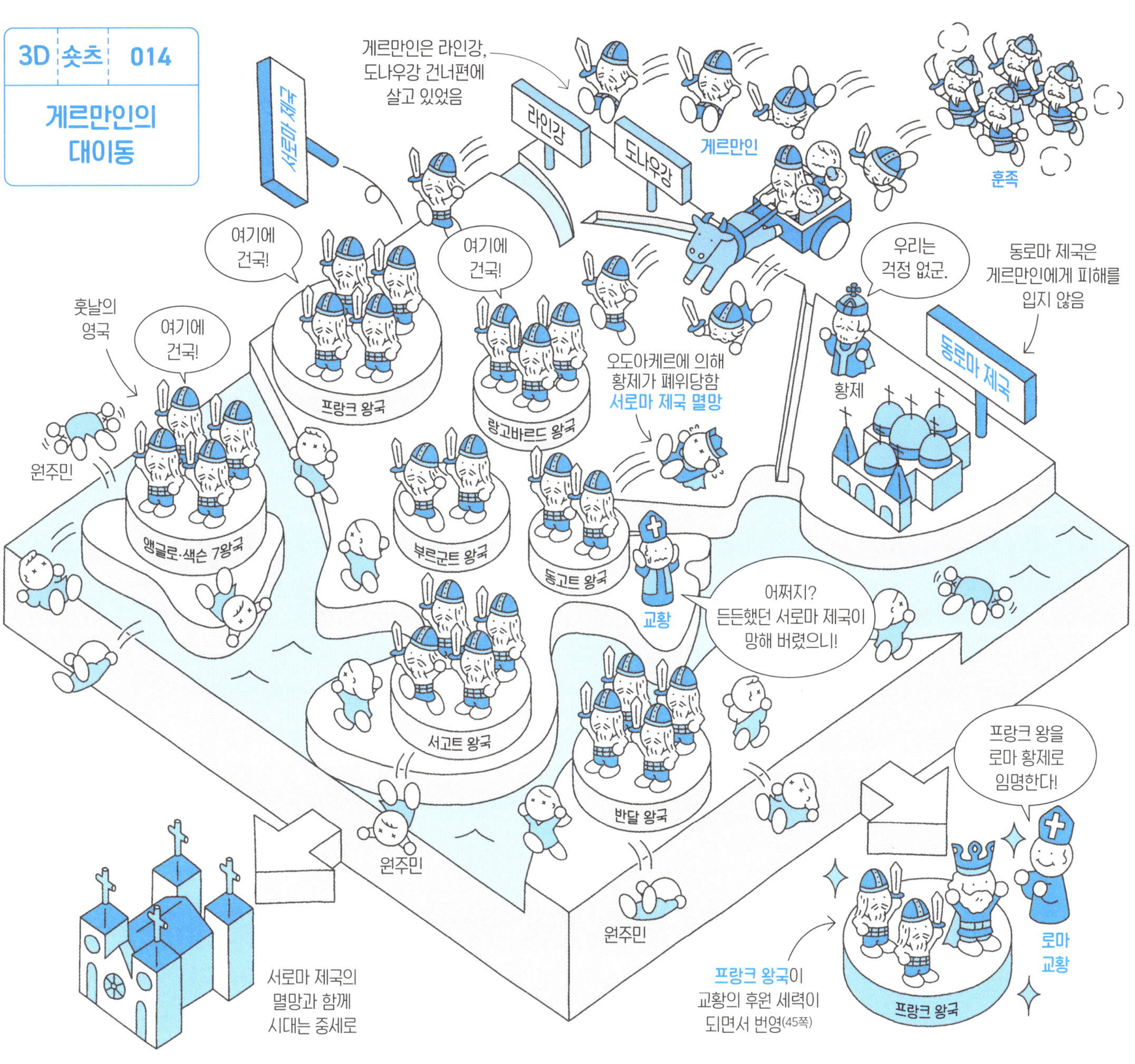

015 프랑크 왕국의 발전

카를의 대관과 서유럽 세계의 성립

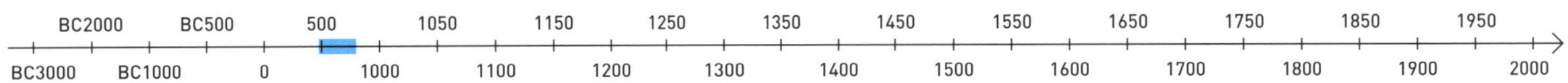

게르만인(42쪽)은 유럽에 수많은 나라를 세웠습니다. 그중에서도 가장 발전한 것이 **프랑크 왕국**입니다.

게르만인 대부분은 이단으로 판정된 아리우스파 그리스도교를 믿고 있었습니다. 하지만 **프랑크 왕 클로비스**는 스스로 정통파인 아나타시우스파로 개종했습니다. 그 덕분에 아타나시우스파를 믿는 현지 로마인(라틴인)의 신뢰를 얻는 데 성공하고 나라를 확장할 수 있었죠.

클로비스에 이어 프랑크 왕국의 실권을 쥐게 된 **카를 마르텔**은 **투르·푸아티에 전투**에서 동방으로부터 침공해 온 이슬람 세력을 물리치고 그리스도교 세계를 수호해 냈습니다.

당시 **가톨릭교회**는 **서로마 제국**이 멸망(42쪽)한 탓에 후원 세력이 없는 상태였습니다. 이에 카를 마르텔의 활약을 본 **로마 교황**은 카를 마르텔의 아들 **피핀**을 **'로마 교황이 공인한 왕'**으로 임명하며, 프랑크 왕국을 후원 세력으로 선택했습니다.

교황의 공인을 얻은 프랑크 왕국은 더욱 기세를 올렸고, 피핀의 아들 **카를 대제**는 지금의 프랑스, 이탈리아, 독일에 해당하는 광대한 영토를 통일했습니다. 교황은 이미 멸망한 서로마 제국의 왕관을 크게 활약한 카를 대제에게 수여합니다(카를의 대관). 사실상 프랑크 왕국으로 '서로마 제국'을 부활시킨 것이죠.

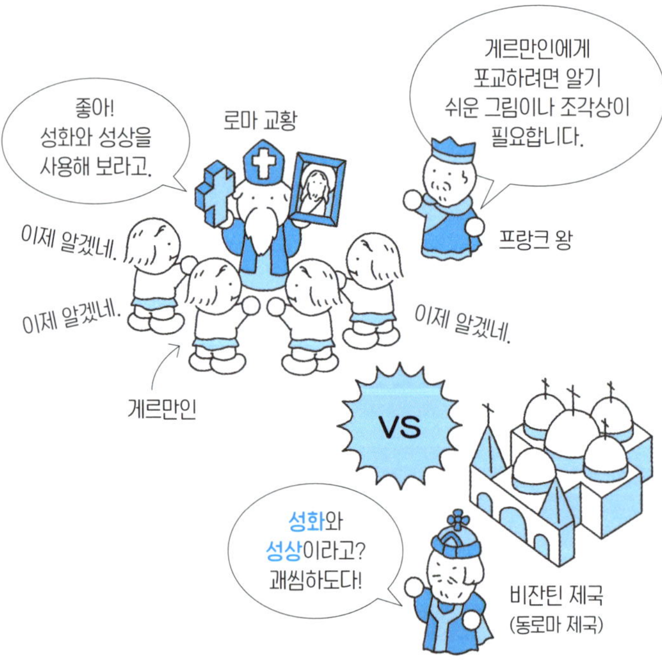

가톨릭교회는 게르만인에게 그리스도교를 전파하기 위해, 금지된 **성화**와 **성상**의 사용을 허가. 동로마 제국의 동방 정교회(38쪽)는 이를 비판

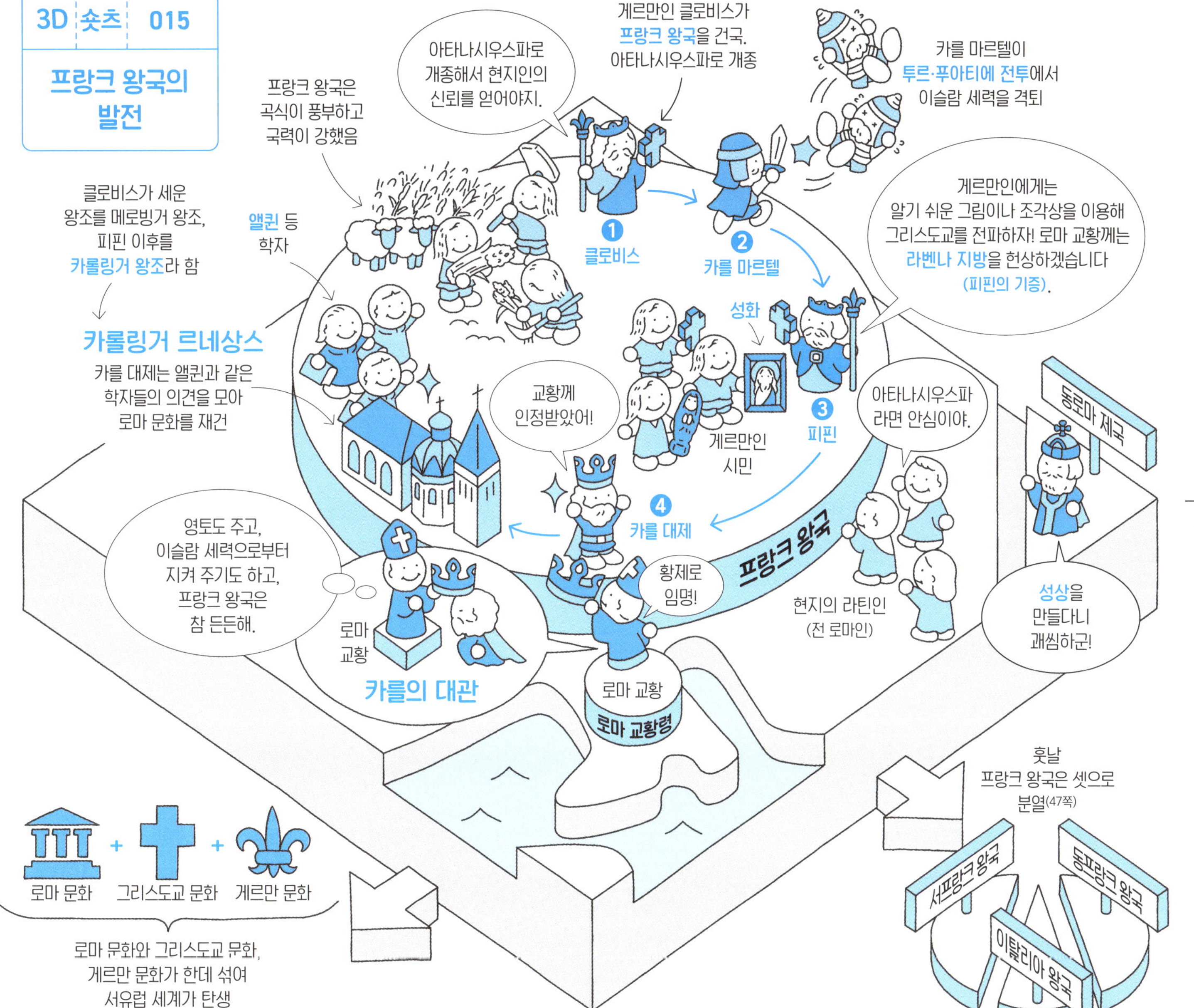
3D 숏츠 015
프랑크 왕국의 발전

프랑크 왕국은 곡식이 풍부하고 국력이 강했음

아타나시우스파로 개종해서 현지인의 신뢰를 얻어야지.

게르만인 클로비스가 프랑크 왕국을 건국. 아타나시우스파로 개종

카를 마르텔이 투르·푸아티에 전투에서 이슬람 세력을 격퇴

클로비스가 세운 왕조를 메로빙거 왕조, 피핀 이후를 카롤링거 왕조라 함

앨퀸 등 학자

① 클로비스

② 카를 마르텔

성화

③ 피핀

게르만인에게는 알기 쉬운 그림이나 조각상을 이용해 그리스도교를 전파하자! 로마 교황께는 라벤나 지방을 헌상하겠습니다 (피핀의 기증).

카롤링거 르네상스

카를 대제는 앨퀸과 같은 학자들의 의견을 모아 로마 문화를 재건

교황께 인정받았어!

게르만인 시민

아타나시우스파라면 안심이야.

동로마 제국

중세

45

④ 카를 대제

프랑크 왕국

영토도 주고, 이슬람 세력으로부터 지켜 주기도 하고, 프랑크 왕국은 참 든든해.

로마 교황

황제로 임명!

현지의 라틴인 (전 로마인)

성상을 만들다니 괘씸하군!

카를의 대관

로마 교황

로마 교황령

로마 문화 + 그리스도교 문화 + 게르만 문화

로마 문화와 그리스도교 문화, 게르만 문화가 한데 섞여 서유럽 세계가 탄생

훗날 프랑크 왕국은 셋으로 분열(47쪽)

서프랑크 왕국

동프랑크 왕국

이탈리아 왕국

중세 세계의 성립

016

프랑크 왕국의 분열

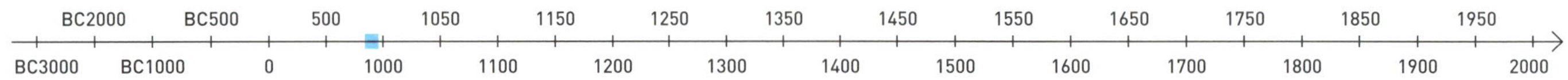

카를 대제(44쪽)가 죽은 뒤, **프랑크 왕국**은 세 손자 사이에 상속 다툼이 일어나 **동프랑크 왕국**, **서프랑크 왕국**, **이탈리아 왕국**으로 분열하고 말았습니다(지금의 독일, 프랑스, 이탈리아의 원형).

843~911   843~987

프랑크 왕국을 후원 세력으로 삼고 있던 로마 교황은, 세 나라 가운데 새로운 후원 세력을 선택할 필요가 있었습니다. 그리고 동쪽에서 침공해 온 이민족을 물리친, 가장 강해 보이는 **동프랑크 왕국**을 고릅니다. 교황은 로마 황제의 관을 동프랑크 왕국의 **오토 1세**에게 수여했습니다. 이리하여 **동프랑크 왕국**은 **신성 로마 제국**이라 불리게 됩니다.

재위 936~973

962~1806

한편 **서프랑크 왕국**은 **카페 가문**(62쪽)이 국왕에 즉위하면서 **프랑스 왕국**이 되어 오래도록 지속합니다.

반면에 **이탈리아 왕국**은 신성 로마 제국과 이슬람 세력에게 자주 공격당하면서 제노바, 베네치아와 같은 수많은 나라로 분열되어 근대까지 통일되지 못했습니다.

중세를 유지시킨 봉건 제도

봉건 제도란, 제후(장원의 영주)가 기사에게 영지(봉토)를 주고 농노에게 토지를 빌려주는 대신, 기사는 가신으로서 제후를 지키고 농노는 수확물을 제후에게 바치는 제도

중세 세계의 성립

동프랑크 왕국
서프랑크 왕국
이탈리아 왕국
교회
기사
농노
영주(제후)
장원
왕의 장원
로마 교황령
오토 1세
동프랑크 왕국은 옆 나라 마자르인(53쪽)과 슬라브인(53쪽)을 격퇴
동프랑크 왕국이 제일 센 듯하니 로마 황제의 관을 줄게. 잘 지켜 줘.
로마 교황은 이탈리아 왕국을 후원 세력으로 선택하지 않음
왕은 수많은 제후(영주)의 대장일 뿐, 권력은 다른 제후와 동등함. 다른 제후가 통치하는 장원에는 왕일지라도 들어갈 수 없음
동프랑크 왕국은 신성 로마 제국임을 선포한다!
동프랑크 왕국
서프랑크 왕국
이탈리아 왕국
로마
회색 부분이 로마 교황령
동프랑크 왕국은 로마 교황과 결탁하여 신성 로마 제국(67쪽)이라 칭하게 됨.
서프랑크 왕국은 프랑스 왕국(63쪽)으로 이름을 바꾸어 오래도록 지속.
이탈리아 왕국은 훗날 여러 나라로 분열(69쪽)

017

카노사의 굴욕

전성기를 맞이하는 교회 권력

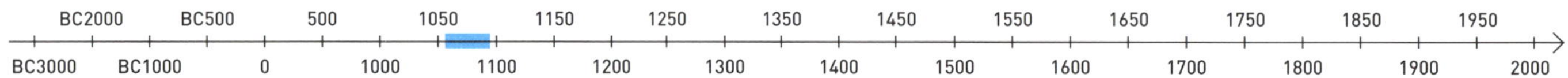

하인리히 4세가 **신성 로마 제국**(46쪽)의 **황제**일 무렵, 주교 등의 **성**
재위 1056~1106
직자를 임명할 권리(서임권)는 전통적으로 신성 로마 제국 황제 몫이었습니다. 성직자로 선택받으면 유복한 생활을 할 수 있었기 때문에, 황제에게 바치는 뇌물이 끊이지 않았습니다.

로마 교황은 이 상황을 타파하기 위해 '성직자의 서임권은 황제가 아니라 교황에게 있다'라고 선언합니다. 당연히 황제는 반발하죠. 그 결과 황제와 교황 사이에 **서임권 투쟁**이 일어납니다.

마침내 로마 교황 **그레고리우스 7세**는 황제 하인리히 4세에게 **파**
재위 1073~85
문을 선언합니다(파문당하면 구원받지 못한다고 여겼음). 깜짝 놀란 황제는 눈이 내리는 가운데 **카노사성** 문 앞에서 맨발로 교황에게 용서를 구하는 처지가 되고 말았습니다.

이 사건은 **카노사의 굴욕**이라 불리며, 로마 교황의 영향력이 왕이
1077
나 황제보다 얼마나 더 대단했는지 보여 줍니다. 가톨릭교회는 온 서유럽에서 **세금**(십일조)과 헌금을 받고 있었기 때문에 그 힘은 절대적이었습니다.

이 기세를 타고 로마 교황은, 이슬람교도의 공격으로 위기에 직면한 **비잔틴 제국**(54쪽)을 구하기 위해 **십자군**(56쪽)을 파견하기로 결심합니다.

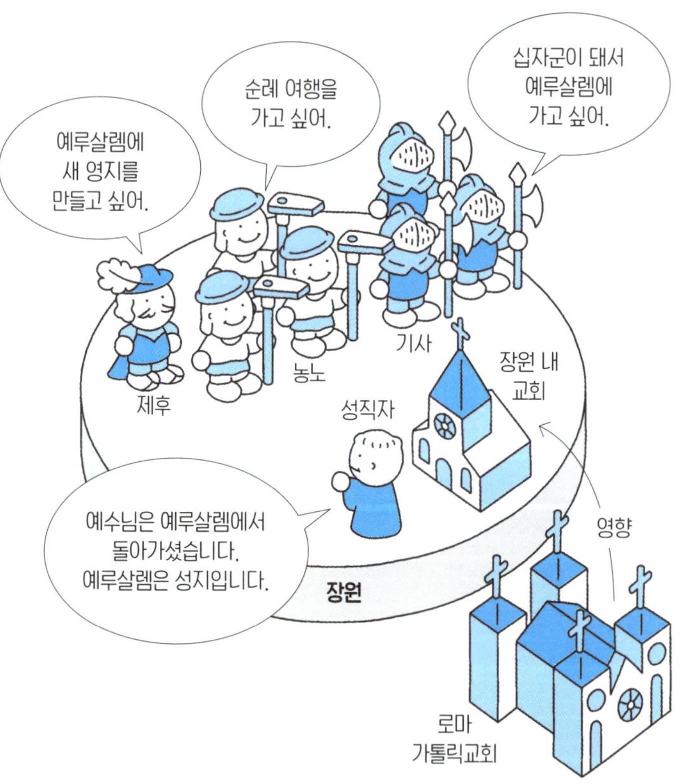

장원 내 성직자에게 가르침을 청하는 사람들은 예루살렘에 대한 동경을 품고 있었음. 따라서 십자군(56쪽)에 지원하는 사람은 많았음

카노사의 굴욕

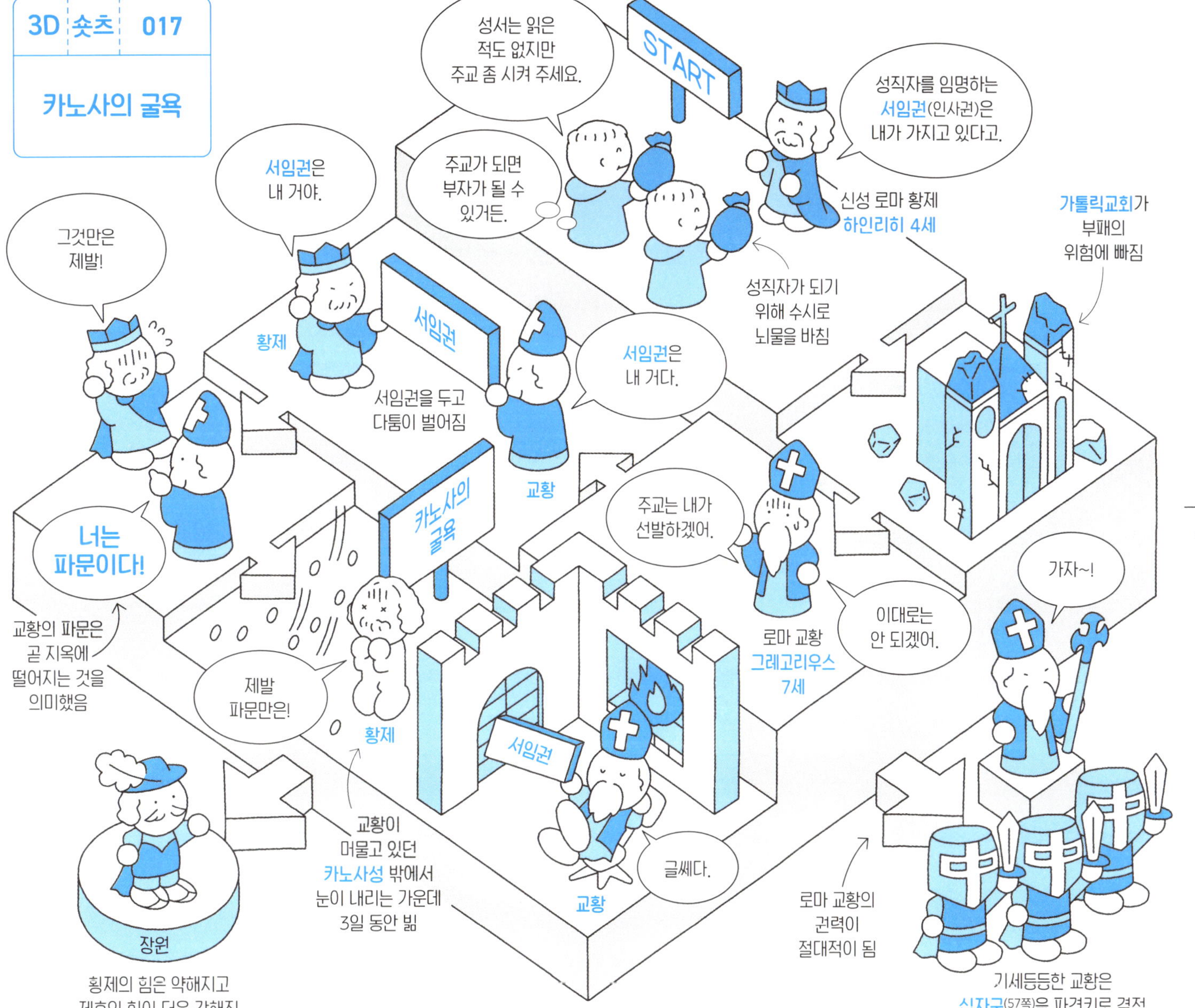
START
성서는 읽은 적도 없지만 주교 좀 시켜 주세요.
주교가 되면 부자가 될 수 있거든.
성직자를 임명하는 서임권(인사권)은 내가 가지고 있다고.
신성 로마 황제 하인리히 4세
성직자가 되기 위해 수시로 뇌물을 바침
가톨릭교회가 부패의 위험에 빠짐
서임권은 내 거야.
황제
서임권
서임권을 두고 다툼이 벌어짐
서임권은 내 거다.
교황
그것만은 제발!
너는 파문이다!
교황의 파문은 곧 지옥에 떨어지는 것을 의미했음
카노사의 굴욕
제발 파문만은!
황제
주교는 내가 선발하겠어.
이대로는 안 되겠어.
로마 교황 그레고리우스 7세
가자~!
서임권
장원
교황이 머물고 있던 카노사성 밖에서 눈이 내리는 가운데 3일 동안 빎
글쎄다.
교황
황제의 힘은 약해지고 제후의 힘이 더욱 강해짐
로마 교황의 권력이 절대적이 됨
기세등등한 교황은 십자군(57쪽)을 파견키로 결정

018 노르만인의 대이동

북쪽에서 오는 바이킹

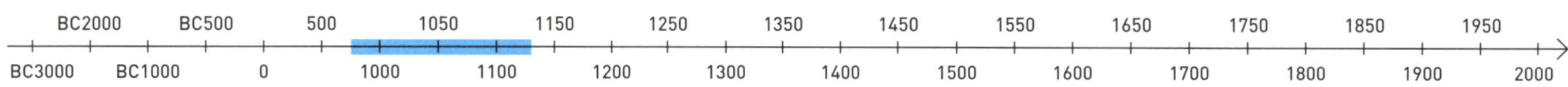

게르만인(42쪽)의 대이동보다 조금 늦었지만, 또다시 민족 대이동이 일어났습니다. 이번에는 북유럽의 유틀란트반도와 스칸디나비아반도에서, 흔히 **바이킹**이라 불리는 **노르만인**이 거주지를 찾아 이동합니다. **노르만인**은 차례차례 자신들의 나라를 건설하기 시작했습니다.

우선 **롤로**가 이끄는 노르만 일파가 **서프랑크 왕국**(46쪽) 북쪽에 **노르망디 공국**을 세웁니다. 그리고 여기서 분열된 일파는 이탈리아반도 남부에 **양 시칠리아 왕국(노르만 시칠리아 왕국)**을 세웠습니다. 또한 롤로로부터 5대가 지나서 **노르망디 공 윌리엄**은 **잉글랜드 왕국**에 상륙해 **윌리엄 1세**로 즉위하고, **노르만 왕조**를 열었습니다. 이 사건은 **노르만 정복**이라고 합니다. 이 윌리엄 1세가 오늘날 영국 왕실의 선조가 되었습니다.

그리고 드네프르강 유역으로 진출한 노르만인은 현지에 살던 **슬라브인**과 융화되면서 9세기에 **노브고로드국**, 뒤이어 **키예프 공국**을 건설했습니다. 이 키예프 공국에서 독립한 것이 오늘날 러시아의 기원인 **모스크바 대공국**(52쪽)입니다.

훗날 노르만인은 **덴마크 왕국**을 중심으로 **노르웨이 왕국**, **스웨덴 왕국**을 건설하고 대이동을 마칩니다.

노르만인이 건설한 북유럽 나라들

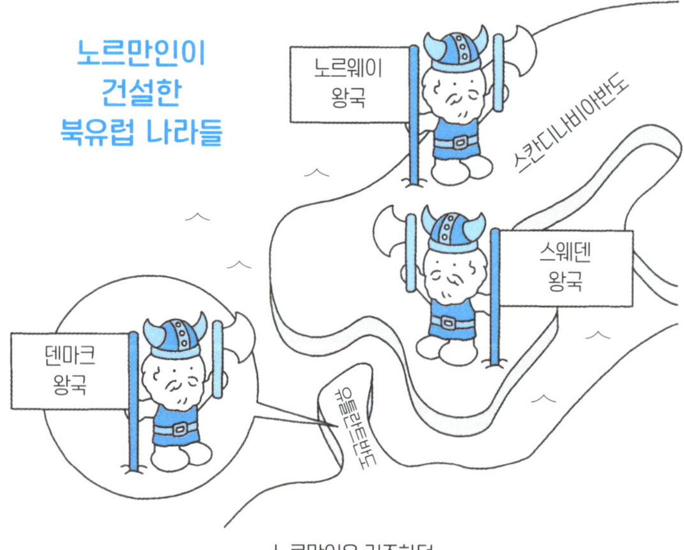

노르만인은 거주하던
유틀란트반도에 덴마크 왕국을,
스칸디나비아반도에 노르웨이 왕국과
스웨덴 왕국을 건설

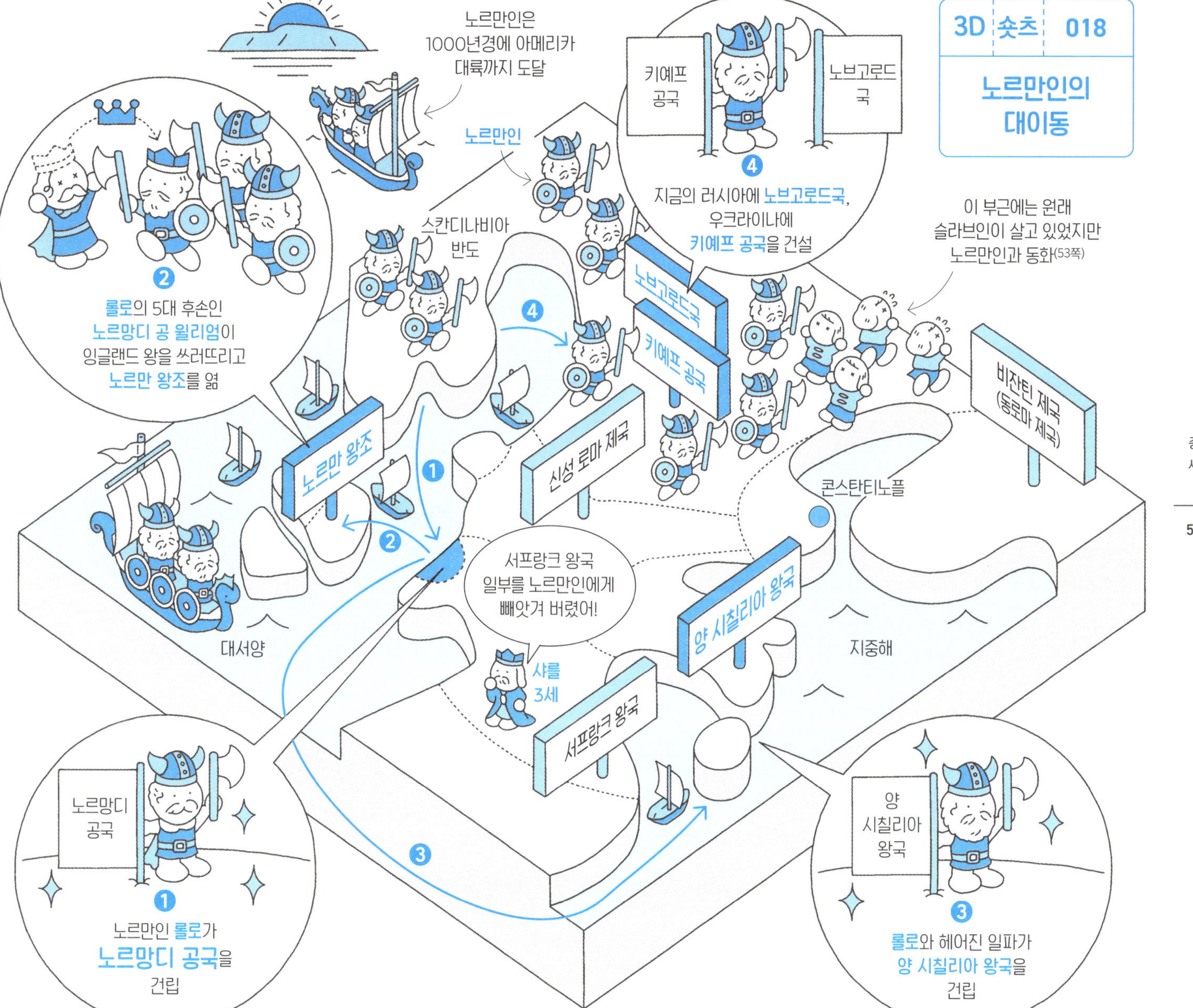
노르만인은 1000년경에 아메리카 대륙까지 도달
노르만인
스칸디나비아 반도
키예프 공국
노브고로드 국
4
지금의 러시아에 노브고로드국, 우크라이나에 키예프 공국을 건설
이 부근에는 원래 슬라브인이 살고 있었지만 노르만인과 동화(53쪽)
2
롤로의 5대 후손인 노르망디 공 윌리엄이 잉글랜드 왕을 쓰러뜨리고 노르만 왕조를 엶
노브고로드국
키예프 공국
비잔틴 제국 (동로마 제국)
노르만 왕조
신성 로마 제국
콘스탄티노플
1
2
4
대서양
서프랑크 왕국 일부를 노르만인에게 빼앗겨 버렸어!
샤를 3세
양 시칠리아 왕국
서프랑크 왕국
지중해
3
노르망디 공국
1
노르만인 롤로가 노르망디 공국을 건립
양 시칠리아 왕국
3
롤로와 헤어진 일파가 양 시칠리아 왕국을 건립

019 슬라브인과 동유럽 나라들

확장되는 유럽 세계

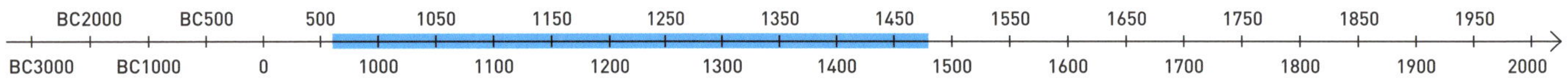

발칸반도 북서쪽에는 커다란 카르파티아산맥이 있습니다. 카르파티아산맥 서쪽에는 **폴란드인**, **체코인**, **슬로바키아인**, 동쪽에는 **러시아인**, 남쪽에는 **슬로베니아인**, **크로아티아인**, **세르비아인** 등이 각자 독자적인 문화권을 이루고 있었습니다. 이들은 동유럽에서 발칸반도까지 넓게 퍼진 **슬라브인**이라는 같은 계통의 민족이지만, 서로 다른 나라를 세우게 됩니다.

7세기 무렵, 이 지역에서 가장 먼저 태어난 나라는 **불가르인**의 **불가리아 왕국**이었습니다. 불가르인은 튀르크계(비슬라브계)였지만, 발칸반도에 들어와 슬라브계의 일원이 되었습니다. 12세기에는 **세르비아인**이 **세르비아 왕국**을 건국합니다. 이 나라들은 **동방 정교**(38쪽)를 받아들이고 **비잔틴 제국**(54쪽)과 긴밀한 관계를 다졌습니다.

10세기에는 **체코인**의 **보헤미아**(체코) **왕국**, **폴란드인**의 **폴란드 왕국** 등이 건설되었습니다. 이 나라들은 **가톨릭**(38쪽)을 받아들였습니다.

또한 9세기에는 **노르만인**(50쪽)이 **동슬라브인**과 융화되며 지금의 러시아에 **노브고로드국**, 뒤이어 우크라이나에 **키예프 공국**을 탄생시켰습니다. 그리고 **동방 정교**를 받아들였지만, 13세기부터 15세기까지 몽골인의 지배 아래 놓이게 됩니다. 이 몽골인의 지배는 **'타타르**(몽골인)**의 멍에'**라고 합니다.

15세기에 몽골인의 지배에서 벗어나 독립을 쟁취해 낸 곳이, 상업 도시 모스크바를 중심으로 발전한 **이반 3세**의 **모스크바 대공국**(재위 1462~1505)이었습니다. 이반 3세는 **비잔틴 제국**의 계승자를 자처하며 **'제3의 로마'**라고 칭했습니다.

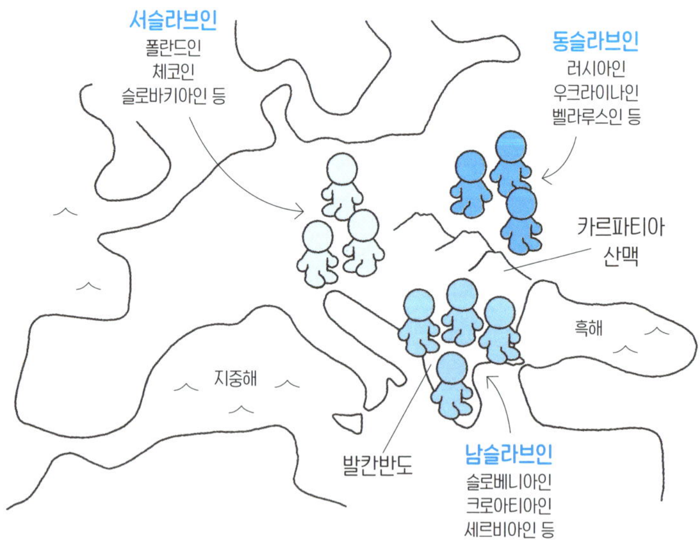

3D 숏츠 019
슬라브인과 동유럽 나라들
슬로바키아는 슬로바키아인
리투아니아인 (비슬라브계)
폴란드인
동슬라브
노르만인이 현지 동슬라브인과 융화되면서 노브고로드국, 뒤이어 키예프 공국을 세우고 슬라브화
헝가리는 마자르인 (비슬라브계)
서슬라브
리투아니아
영향
비잔틴 제국
체코인
신성 로마 제국
폴란드
슬로바키아
노브고로드국 → 키예프 공국
체코
영향
세르비아인
영향
영향
헝가리
남슬라브
세르비아
콘스탄티노플
동방 정교회
가톨릭교회
영향
세르비아
크로아티아
불가리아
아테네
로마 교황령
불가르인
크로아티아인
(중세 슬로베니아인은 자신들의 국가가 없었음)
헝가리
불가리아
크로아티아
세르비아
모스크바 대공국이 되찾았다.
슬라브인
키예프 공국
이반 3세
이 나라들은 14세기 말 이후 오스만 제국 지배 아래 놓임
키예프 공국의 슬라브인은 한때 몽골인에게 지배받았으나, 이반 3세의 모스크바 대공국이 되찾음

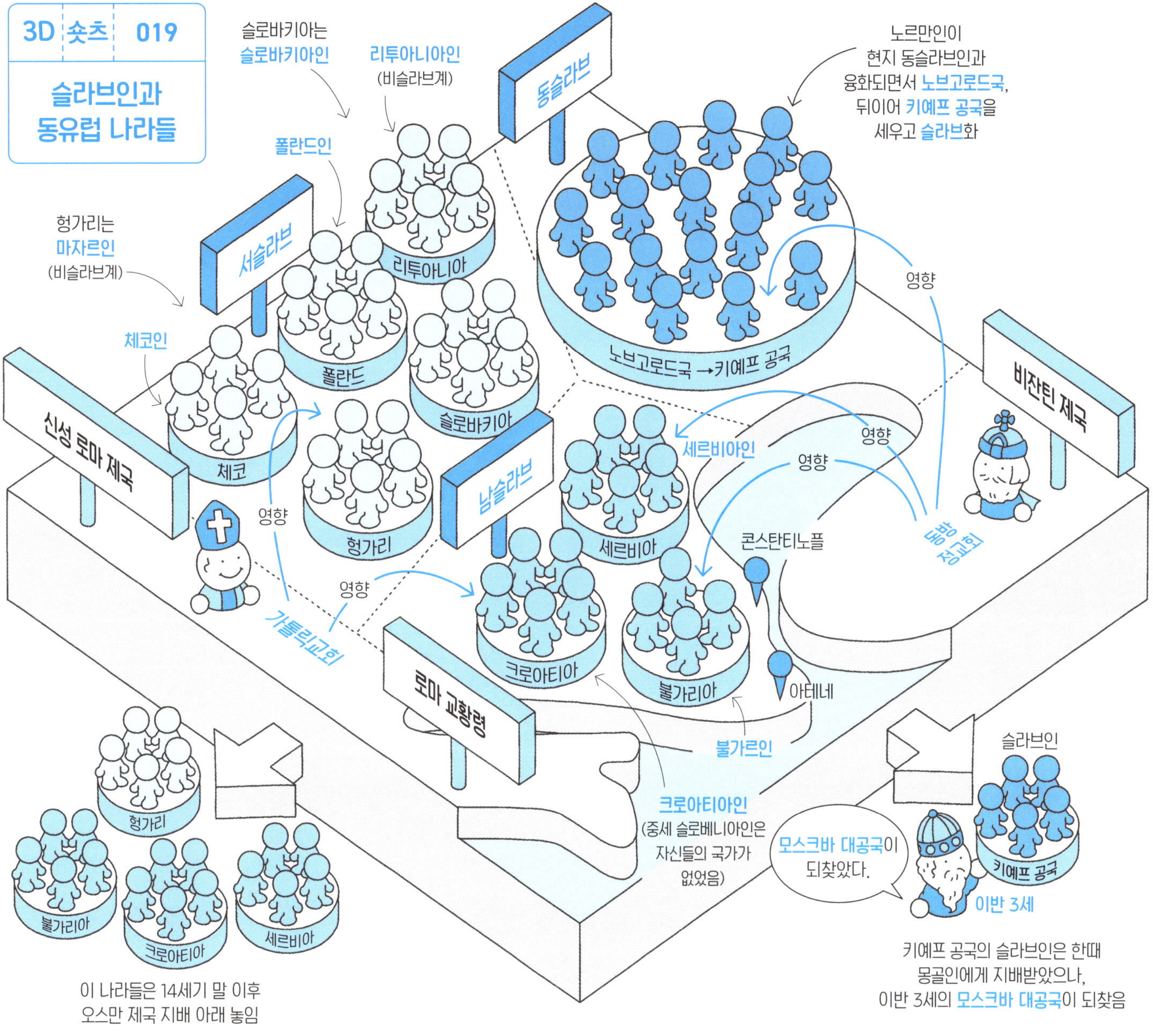

비잔틴 제국과 동방 정교

1000년간 지속되는 동로마 제국

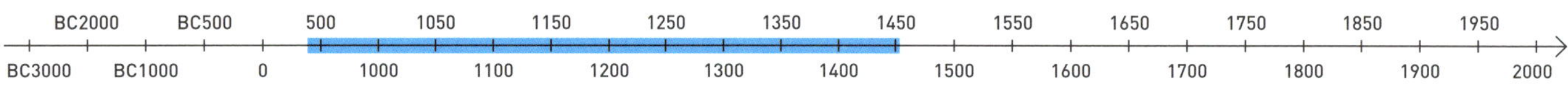

테오도시우스 황제 이후 로마 제국은 **가톨릭**을 믿는 **서로마 제국**과 **동방 정교**를 믿는 **동로마 제국**으로 나뉘었습니다(36쪽).

이후 **서로마 제국**은 게르만인에게 멸망하고 **프랑크 왕국**(44쪽)으로 모습을 바꾸었지만, **동로마 제국**은 **1000년**이 넘도록 제국을 유지하게 됩니다.

동로마 제국은 그리스의 옛 도시 **비잔티움**(콘스탄티노플36쪽)이 수도였기 때문에 **비잔틴 제국**이라고도 합니다. 비잔틴 제국이 1000년이나 지속된 이유로는 지리적으로 게르만인의 침공을 받지 않은 점, 그리고 아시아와 유럽의 중심이라는 지리적 이점을 이용해서 무역 도시로 발전한 점 등을 들 수 있습니다. 더욱이 황제가 동방 정교회의 교황 또한 겸하고 있었기 때문에 통치가 원활했던 점도 있습니다. **유스티니아누스** 황제 시대에는 북아프리카의 반달 왕국(42쪽)과 이탈리아반도의 동고트 왕국(42쪽) 또한 정복하면서, 비잔틴 제국은 지중해 일대를 지배하는 데 성공합니다.

하지만 그 후에는 **셀주크 왕조**(튀르크계 이슬람 왕조)와의 전투에서 대패하고, 가톨릭교회가 파견한 **십자군**(56쪽)의 활약도 무색하게 **오스만 제국**에게 멸망하고 맙니다.

다만, 비잔틴 제국 마지막 황제의 조카딸이 북방의 **모스크바 대공국**(러시아 제국의 전신)을 다스리는 **이반 3세**(52쪽)와 결혼하면서, 비잔틴 제국의 문화와 **동방 정교**는 **러시아**가 물려받게 됩니다(104쪽).

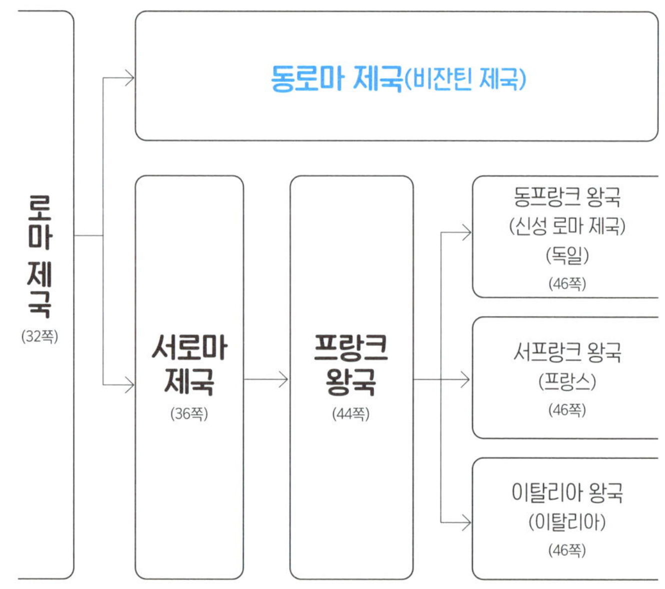

비잔틴 제국(동로마 제국)의 유스티니아누스 황제는 로마법 대전을 만들고, 비잔틴 제국이 로마 제국의 정식 후계국임을 안팎으로 선포. 동시에 동방 정교가 정통 그리스도교라는 것 또한 선포
내 시대에 비잔틴 제국의 영토는 최대가 되었어.
유스티니아누스
로마법 대전
끄응~
페르시아 제국 (사산 왕조)
예루살렘
콘스탄티노플
지중해
6세기
예루살렘을 점령하라!
셀주크 왕조
이슬람이 온다! 가톨릭교회야, 도와줘!
십자군 (57쪽)
알렉시오스 1세
예루살렘
공용어를 라틴어에서 그리스어로 바꾸겠어.
도와주러 갈게. 예루살렘을 되찾자!
로마 교황 우르바누스 2세(57쪽)
이라클리오스 1세
가톨릭은 성상을 써서 포교하고 있잖아. 반칙이야.
11세기
러시아여, 뒤를 부탁한다.
메흐메트 2세
로마 교황 (가톨릭교회)
VS
레온 3세
비잔틴 황제(동방 정교회)는 가톨릭교회와 사이가 악화
콘스탄티노스 11세
결국 비잔틴 제국은 기세를 회복하지 못하고, 1453년에 오스만 제국에게 멸망

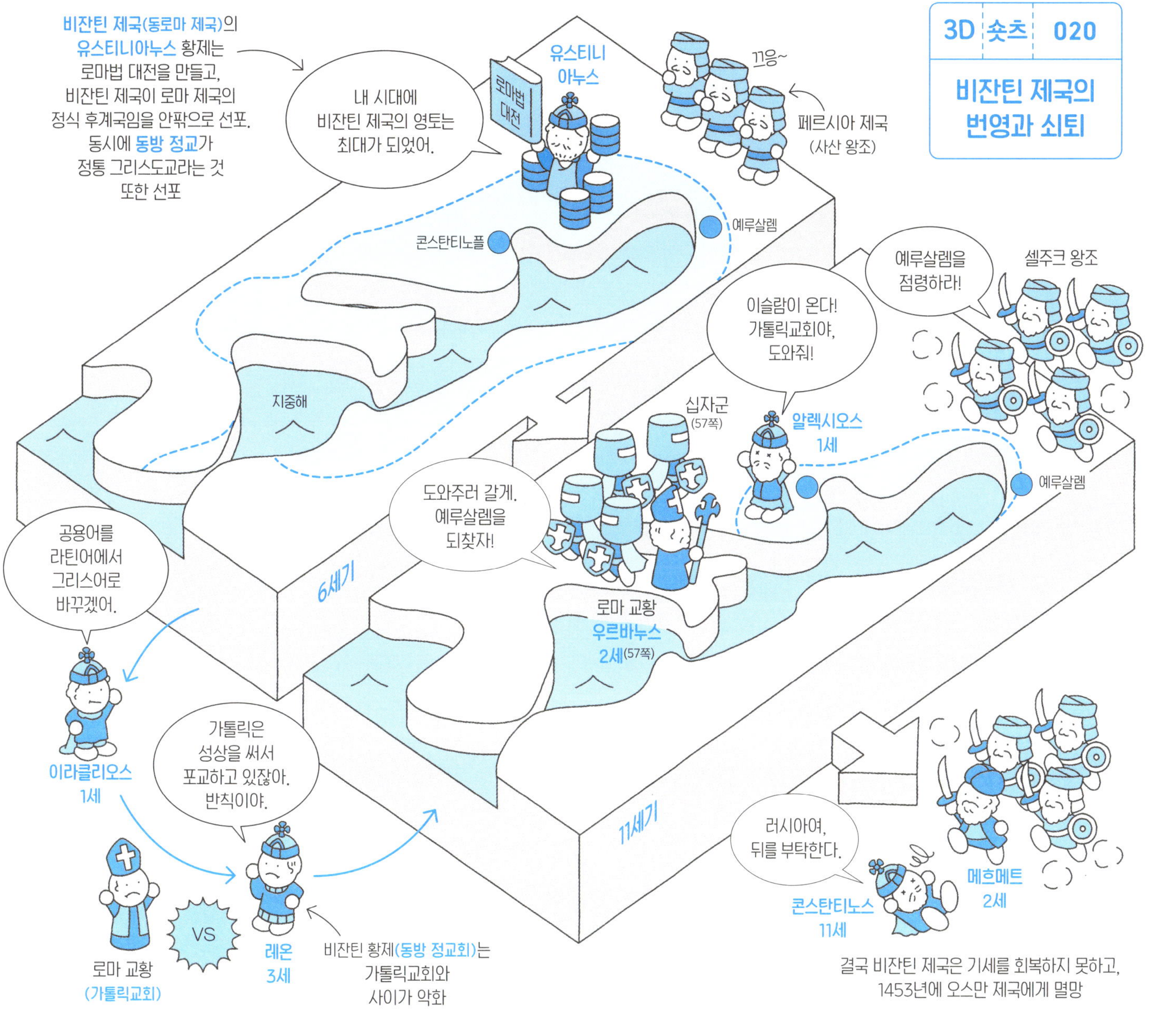

021 십자군 원정 ①

성지로 향하는 십자군

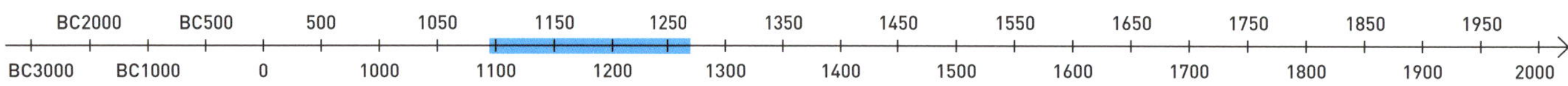

중세를 대표하는 사건이 바로 **십자군 원정**입니다.
1096~1270

일찍이 **가톨릭교회**는 게르만인에게 그리스도교를 전파하면서, 금지되었던 **성상**(44쪽)을 사용했습니다. **동로마 제국**은 이를 비난하며, 자신들이 믿는 **동방 정교**야말로 전통을 지키는 올바른 그리스도교라고 주장했습니다. 그 후 서쪽의 가톨릭교회와 동쪽의 동방 정교회는 같은 그리스도교이면서도 사이가 틀어지기 시작했습니다.

11세기에 **이슬람교**를 국교로 삼은 튀르크계 **셀주크 왕조**가 동로마 제국의 성지 **예루살렘**을 점령했습니다. 이슬람교 측에도 예루살렘은 성지였기 때문입니다. 동로마 제국은 하는 수 없이 당시 세력이 강성했던 교황 **우르바누스 2세**에게 도움을 청합니다. 이에
재위 1088~99
우르바누스 2세는 예루살렘에 **십자군**을 파견하기로 결의합니다

(클레르몽 공의회).
1095

십자군에는 신성 로마 제국, 프랑스 왕국, 잉글랜드 왕국 등의 병사들이 참가하여, 성지 예루살렘 탈환을 목표로 총 **일곱 차례**에 걸쳐 원정에 나섭니다.

십자군 원정		
	십자군	이슬람군
제1차 원정	승리	패배
제2차 원정	패배	승리
제3차 원정	무승부 이슬람의 영웅인 아이유브 왕조의 **살라딘**이 맹활약	
제4차 원정	십자군이 콘스탄티노플을 점령(58쪽)	
제5차 원정	무승부	
제6차 원정	패배	승리
제7차 원정	패배	승리

제3차 원정에서는
각국의 명망 있는 국왕이
십자군을 지휘

프랑스 왕
필리프 2세
(존엄왕)
(62쪽)

신성 로마 황제
프리드리히 1세
(바르바로사)

행군 중
익사

잉글랜드 왕
리처드 1세
(사자심왕)

제6~7차 원정에서는
프랑스 왕
루이 9세(성왕)가
활약하지만
십자군은 패배

3D 숏츠 021
십자군 원정 ①
유럽
가톨릭
로마 교황 우르바누스 2세
클레르몽 공의회
얘들아! 성지 예루살렘을 되찾자!
옛!
옛!
옛!
동방 정교
동로마 제국
콘스탄티노플
비잔틴 황제
예루살렘을 빼앗겼어!
우르바누스 님, 도와주세요~!
예루살렘에 가 보고 싶었는데…
예루살렘 땅 갖고 싶다.
성지 예루살렘
예루살렘은 우리 거야!
이슬람군
세계는 넓구나. 지금까지의 가치관은 이제 쓸모없어.
십자군과 각 나라 왕들
외국에서 그리스도교 이외의 가치관을 접하면서, 교회의 쇠퇴로 이어짐
이젠 국왕을 믿는 수밖에!
돈이랑 무기 빌려드려요!
장원
상인
생활필수품 있어요!
비단에 모직물 있어요!
상인
동방 무역으로 베네치아, 제노바, 피사, 그 외에 밀라노, 피렌체 같은 도시가 번영
농작물을 돈으로 바꿔 장원을 떠나는 농민이 증가. 장원제가 붕괴하기 시작(61쪽)
도시 동맹
도시
도시
도시
도시
길드
상공업자
도시끼리, 상인끼리 동맹을 맺고 힘을 키움
(롬바르디아 동맹, 한자 동맹60쪽 등)

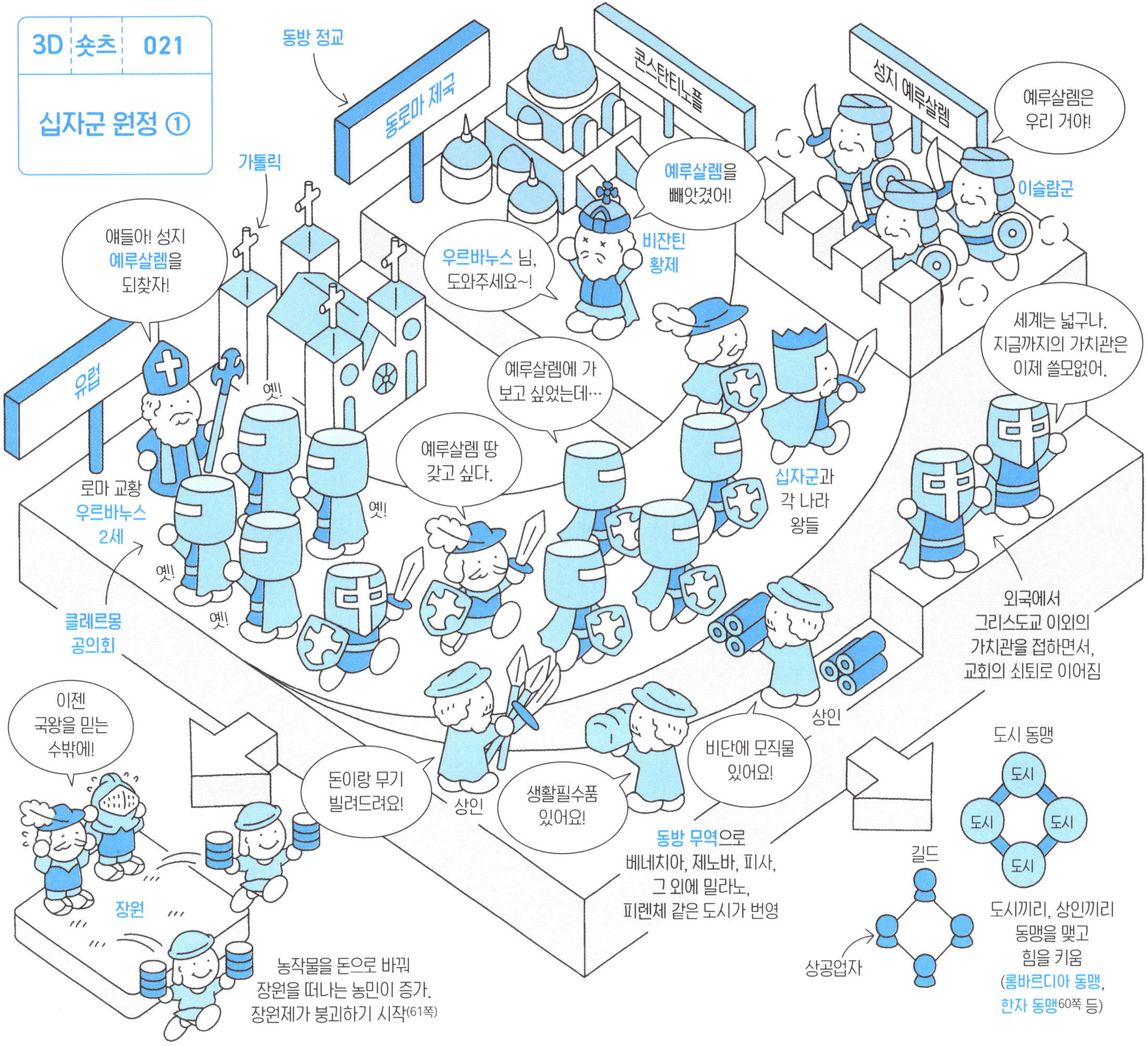

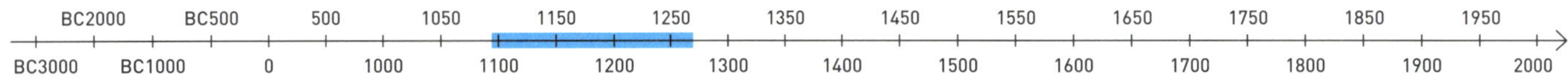

로마 교황 **우르바누스 2세**의 한마디에 수많은 **제후**, **기사**, **농민들**이 **십자군**(56쪽)에 참가했습니다. 그 시절 가톨릭교회의 힘은 그만큼 절대적이었던 셈입니다. **신성 로마 제국**, **프랑스 왕국**, **잉글랜드 왕국** 등의 병사가 결집한 십자군은 총 일곱 차례에 걸쳐 원정을 떠나게 됩니다.

첫 번째 원정은 성공했습니다. 성지 예루살렘을 무사히 탈환했죠. **두 번째** 원정은 고전을 면치 못하고 결국 성지를 다시 빼앗깁니다. **세 번째**는 각국 국왕이 참전한 대규모 원정이 되었지만, 결판이 나지 않고 무승부로 끝납니다. 그리고 **네 번째** 원정에서는, 도움을 청한 비잔틴 제국의 수도 **콘스탄티노플**을 십자군이 오히려 점령해 버립니다(56쪽).

십자군은 원정을 거듭하면서 성지를 되찾는다는 목적에서 점점 멀어질 뿐 아니라, 오히려 약탈에 몰두합니다. 십자군의 평판은 자연스레 나빠졌죠. 그와 함께 로마 교황에 대한 신뢰도, 가톨릭 교회의 위엄도 사라져 갔습니다.

교회의 권위가 실추되는 것과 동시에 원정에 참여한 제후와 기사들도 경제적으로 피폐해져 갑니다. 대신 원정에서 통솔력을 발휘한 각 나라 **국왕**들의 힘은 막강해집니다.

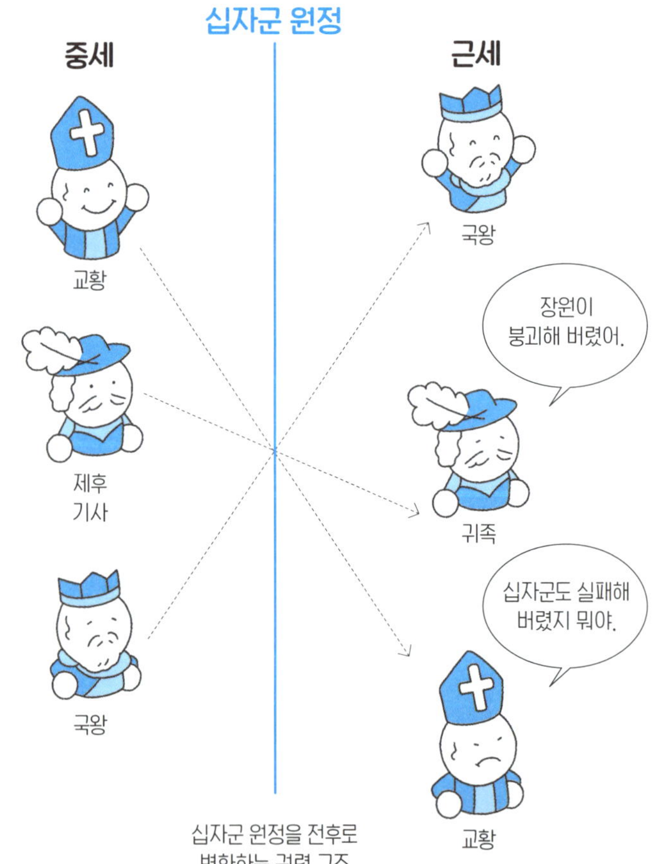

십자군 원정을 전후로 변화하는 권력 구조

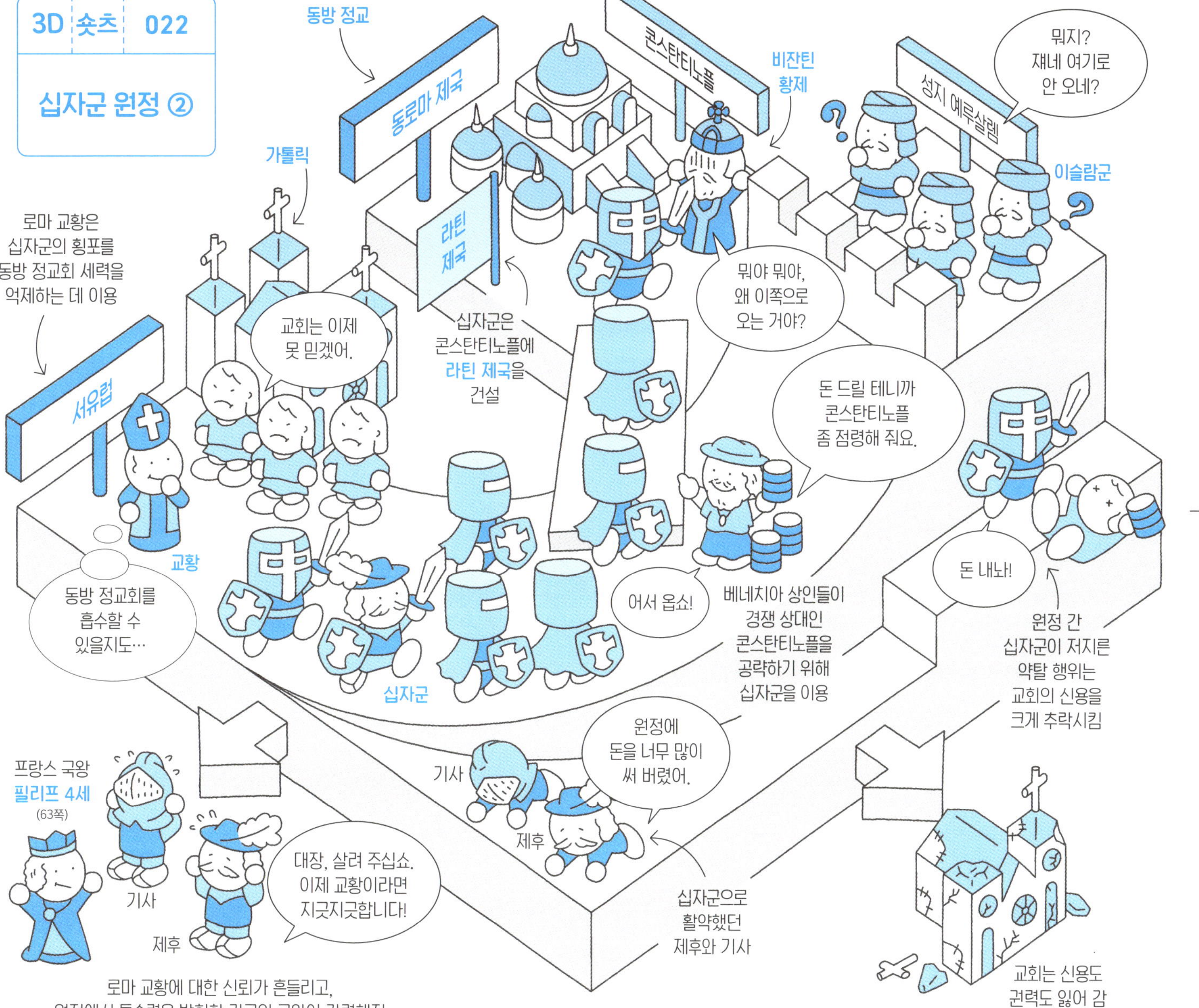

3D 숏츠 022
십자군 원정 ②

동방 정교
가톨릭
동로마 제국
콘스탄티노플
비잔틴 황제
성지 예루살렘
이슬람군
라틴 제국
서유럽

로마 교황은 십자군의 횡포를 동방 정교회 세력을 억제하는 데 이용

뭐지? 쟤네 여기로 안 오네?

교회는 이제 못 믿겠어.

십자군은 콘스탄티노플에 라틴 제국을 건설

뭐야 뭐야, 왜 이쪽으로 오는 거야?

돈 드릴 테니까 콘스탄티노플 좀 점령해 줘요.

교황

동방 정교회를 흡수할 수 있을지도…

어서 옵쇼!

베네치아 상인들이 경쟁 상대인 콘스탄티노플을 공략하기 위해 십자군을 이용

돈 내놔!

원정 간 십자군이 저지른 약탈 행위는 교회의 신용을 크게 추락시킴

십자군

원정에 돈을 너무 많이 써 버렸어.

기사

프랑스 국왕 필리프 4세 (63쪽)

기사

제후

대장, 살려 주십쇼. 이제 교황이라면 지긋지긋합니다!

제후

십자군으로 활약했던 제후와 기사

로마 교황에 대한 신뢰가 흔들리고, 원정에서 통솔력을 발휘한 각국의 국왕이 강력해짐

교회는 신용도 권력도 잃어 감

중세

59

십자군이 끼친 영향

봉건 제도의 붕괴와 상업의 발달

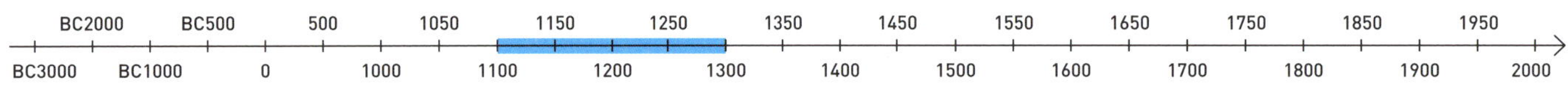

십자군 원정(56쪽)은 '성지 예루살렘의 탈환'이라는 처음 목적에서는 벗어났지만, 유럽에 커다란 변화를 가져왔습니다.

십자군 운동의 진전과 더불어 교통이 발달하자, 이슬람 상인과의 동방 무역이 활발해졌습니다. 그러면서 **베네치아**, **제노바**, **피사**와 같은 독립 도시 공화국이 성장했습니다.

또한 12세기에 금속제 도끼와 낫이 보급되자 농지를 이용하는 방식에도 혁신이 일어나 농업 생산성이 향상되었습니다. 장원에서 일하는 농민들은 잉여 생산물을 교환하게 되었죠. 그러면서 상업 도시가 발달합니다. 독일의 **뤼베크**와 **함부르크** 등은 북해에서 발트해까지 넘나들며 도시 동맹을 넓혀 갑니다. 영국의 **런던**은 벨기에의 모직물 공업과 짝을 이루어 번영합니다.

이러한 각지의 생산품은, 국제 시장이 된 프랑스의 **샹파뉴 지방**에서 거래되어 유럽 각국으로 퍼져 나갔습니다. 그 결과 화폐 경제가 발전합니다. 또한 과학과 신학의 연구도 발전하고, 대학도 탄생했습니다.

14세기 무렵, **교회**는 흑사병(페스트)의 유행에 전혀 손을 쓸 수가 없었습니다. 또한 십자군도 결국 예루살렘을 탈환하지 못하면서, 교황은 권위를 잃게 됩니다. 제후와 기사들도 몰락하고 말죠. 그

대신 국왕의 힘이 강화됩니다.

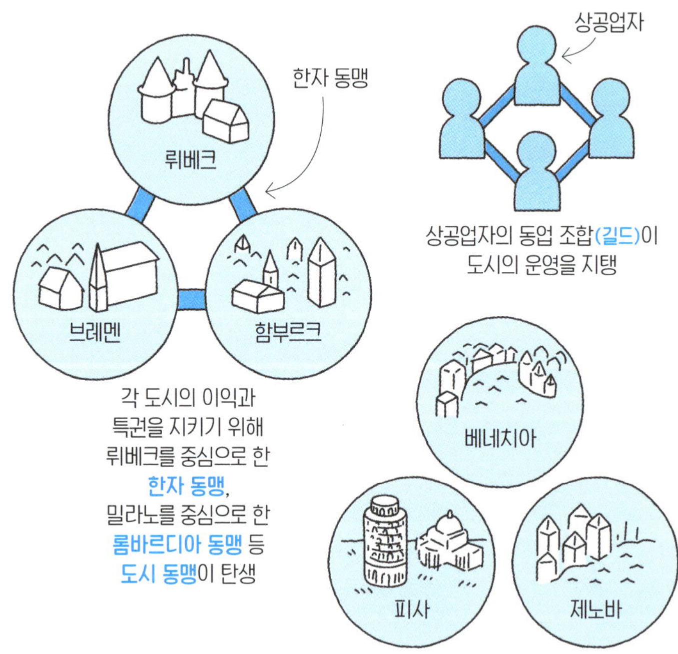

봉건 제도의 붕괴

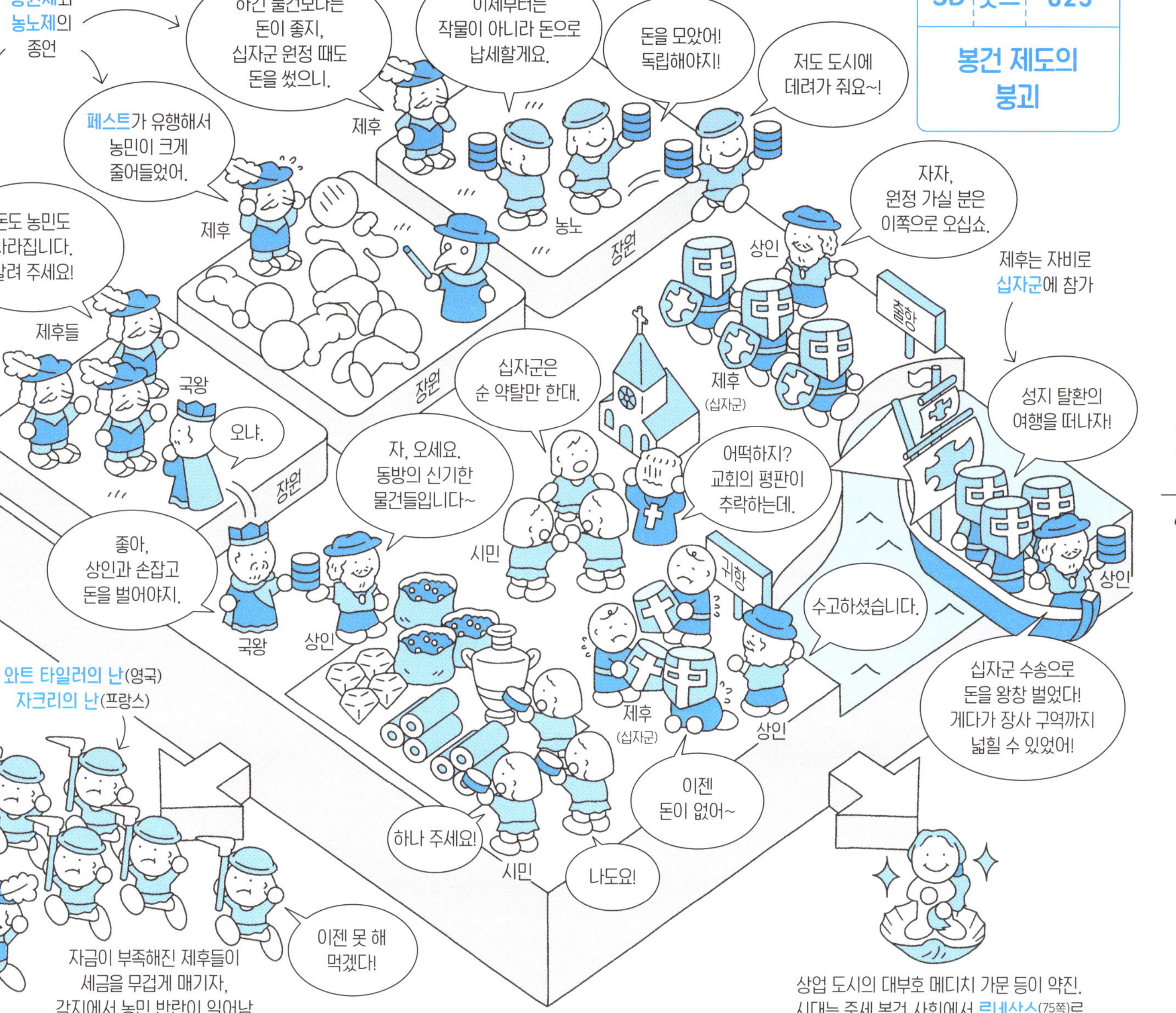

장원제와 농노제의 종언
하긴 물건보다는 돈이 좋지, 십자군 원정 때도 돈을 썼으니.
이제부터는 작물이 아니라 돈으로 납세할게요.
돈을 모았어! 독립해야지!
저도 도시에 데려가 줘요~!
페스트가 유행해서 농민이 크게 줄어들었어.
제후
자자, 원정 가실 분은 이쪽으로 오십쇼.
제후는 자비로 십자군에 참가
돈도 농민도 사라집니다. 살려 주세요!
제후
농노
장원
상인
제후들
국왕
오냐.
장원
장원
십자군은 순 약탈만 한대.
성지 탈환의 여행을 떠나자!
자, 오세요. 동방의 신기한 물건들입니다~
제후 (십자군)
출항
어떡하지? 교회의 평판이 추락하는데.
좋아, 상인과 손잡고 돈을 벌어야지.
시민
국왕
상인
귀항
수고하셨습니다.
상인
와트 타일러의 난(영국) 자크리의 난(프랑스)
제후 (십자군)
상인
이젠 돈이 없어~
십자군 수송으로 돈을 왕창 벌었다! 게다가 장사 구역까지 넓힐 수 있었어!
하나 주세요!
시민
나도요!
이젠 못 해 먹겠다!
자금이 부족해진 제후들이 세금을 무겁게 매기자, 각지에서 농민 반란이 일어남
상업 도시의 대부호 메디치 가문 등이 약진. 시대는 중세 봉건 사회에서 르네상스(75쪽)로

중세 국가들 ①

프랑스

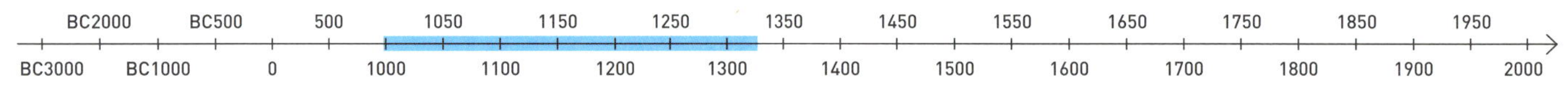

중세는 교회를 중심으로 돌아가던 시대였습니다. **로마 교황**의 권력은 절대적이었죠. 하지만 **십자군 운동**이 잘 풀리지 않았기 때문에 교황의 위엄은 실추되었고(58쪽), 대신 비종교적인 힘이 퍼지기 시작했습니다. 이런 변화는 온 유럽에서 일어났습니다.

프랑스 왕국부터 가 볼까요. 프랑스 왕국은 **카롤링거 왕조**(45쪽)의 혈통이 끊긴 987년에 프랑스의 제후였던 위그 카페가 초대 국왕이 되면서 탄생했습니다(카페 왕조).
_{재위 987~996}
_{987~1328}

하지만 프랑스는 12세기 중반, 영토의 서쪽 절반을 영국에게 내주고 말았습니다(64쪽). 이를 만회해서 그 대부분을 프랑스 영토로 되돌려 놓은 것이 13세기의 왕인 필리프 2세였죠.
_{재위 1180~1223}

14세기에 그의 손자인 필리프 4세가 교회에 세금을 매기면서 로마 교황과 정면으로 충돌했습니다. 그래서 필리프 4세는 성직자, 귀족, 평민의 대표로 구성된 삼부회라는 **신분제 의회**를 소집해 국내 여론의 단결을 꾀하고 교황에게 대항했습니다.
_{재위 1285~1314}
₁₃₀₂

이듬해, 필리프 4세는 절대적인 교황권을 주장하는 로마 교황 보니파키우스 8세를 납치해 감금하는 아나니 사건을 일으킵니다. 이 사건을 통해 국왕 필리프 4세는 왕권의 우위를 떨치게 되었습니다.
_{재위 1294~1303}
₁₃₀₃

필리프 4세는 왕권 기반 강화를 위해 성직자, 귀족, 평민으로 구성된 삼부회를 소집

아나니 사건
필리프 4세는 항의하는 교황을 납치해 감금

절대적인 교황권을 주장하던 로마 교황 보니파키우스 8세는 크게 분노

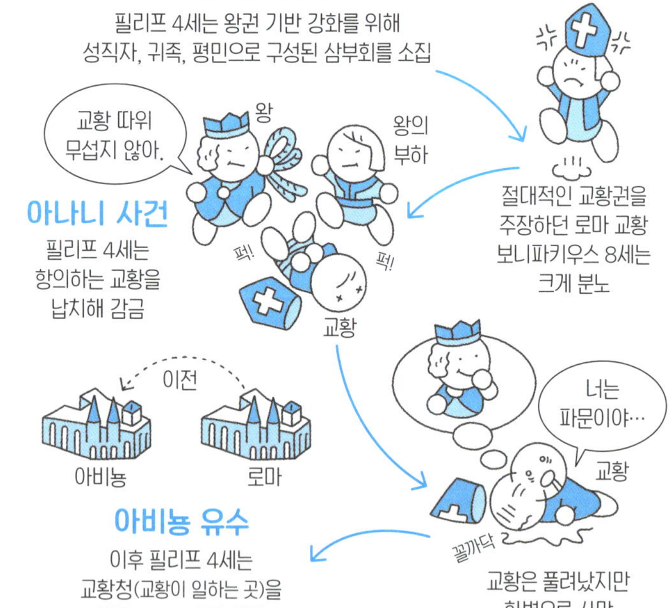

아비뇽 유수
이후 필리프 4세는 교황청(교황이 일하는 곳)을 자국(프랑스)으로 이전

교황은 풀려났지만 화병으로 사망

중세 프랑스

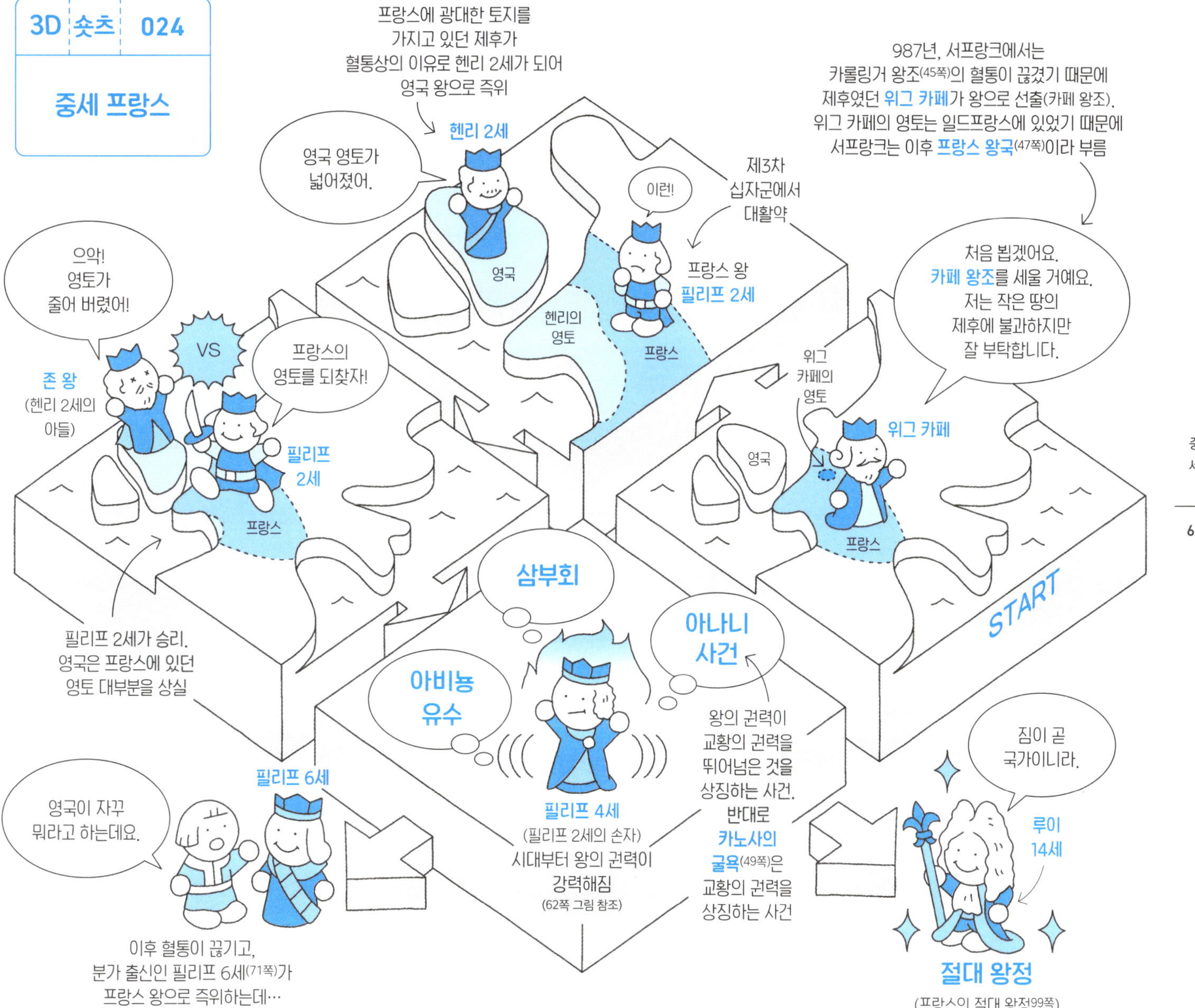
프랑스에 광대한 토지를
가지고 있던 제후가
혈통상의 이유로 헨리 2세가 되어
영국 왕으로 즉위
헨리 2세
영국
영국 영토가
넓어졌어.
이런!
제3차
십자군에서
대활약
프랑스 왕
필리프 2세
헨리의
영토
프랑스
987년, 서프랑크에서는
카롤링거 왕조(45쪽)의 혈통이 끊겼기 때문에
제후였던 위그 카페가 왕으로 선출(카페 왕조).
위그 카페의 영토는 일드프랑스에 있었기 때문에
서프랑크는 이후 프랑스 왕국(47쪽)이라 부름
처음 뵙겠어요.
카페 왕조를 세울 거예요.
저는 작은 땅의
제후에 불과하지만
잘 부탁합니다.
위그
카페의
영토
위그 카페
영국
프랑스
START
으악!
영토가
줄어 버렸어!
VS
존 왕
(헨리 2세의
아들)
프랑스의
영토를 되찾자!
필리프
2세
프랑스
필리프 2세가 승리.
영국은 프랑스에 있던
영토 대부분을 상실
삼부회
아나니
사건
아비뇽
유수
필리프 4세
(필리프 2세의 손자)
시대부터 왕의 권력이
강력해짐
(62쪽 그림 참조)
왕의 권력이
교황의 권력을
뛰어넘은 것을
상징하는 사건.
반대로
카노사의
굴욕(49쪽)은
교황의 권력을
상징하는 사건
짐이 곧
국가이니라.
루이
14세
영국이 자꾸
뭐라고 하는데요.
필리프 6세
이후 혈통이 끊기고,
분가 출신인 필리프 6세(71쪽)가
프랑스 왕으로 즉위하는데…
절대 왕정
(프랑스의 절대 왕정99쪽)

중세 국가들 ②

영국

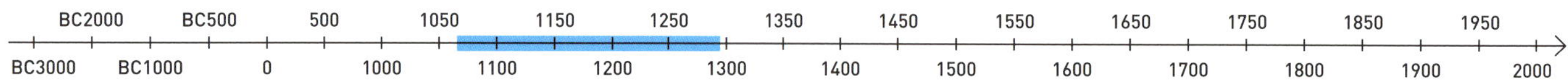

영국은 프랑스로부터 태어난 나라라고도 합니다. 영국은 1066년, **프랑스(카페 왕조)**의 신하였던 **노르망디 공 윌리엄(윌리엄 1세)**이 영국에 상륙해 **노르만 왕조**를 세우면서 시작했습니다(50쪽). 이때 프랑스의 언어문화 또한 넘어왔죠. 예를 들어 영어의 '비프(beef)', '포크(pork)'는 프랑스어 'buef(소)', 'porc(돼지)'에서 유래한 것입니다.

노르만 왕조의 혈통이 끊긴 1154년, 프랑스에서 온 대영주인 **앙주 백작 앙리**가 영국에 **플랜태저넷 왕조**를 세우고, **헨리 2세**로서 즉위했습니다. 앙주 백작은 프랑스 서부에 광대한 영토를 가지고 있었습니다. 그 때문에 프랑스 영토의 반 이상이 영국 땅이 됩니다. 하지만 그 후 프랑스와의 싸움에서 패한 영국의 **존 왕**이 이 영토 대부분을 프랑스(카페 왕조)의 **필리프 2세**(62쪽)에게 넘겨주게 됩니다. 그리고 세금을 거두어 패전 비용을 충당하려 하자, 수많은 귀족의 저항에 맞닥뜨립니다. 이 때문에 존 왕은 부당한 과세와 체포를 하지 않겠다는 조항이 담긴 **대헌장(마그나 카르타)**을 승인했습니다. 또한 13세기 말에는 귀족들의 힘에 눌려 **모범 의회**라는 **신분제 의회**도 설립되었습니다.

훗날 영국은 영토 문제와 **플랑드르 지방**의 이권을 놓고 프랑스와

백년 전쟁(70쪽)을 벌이게 됩니다.

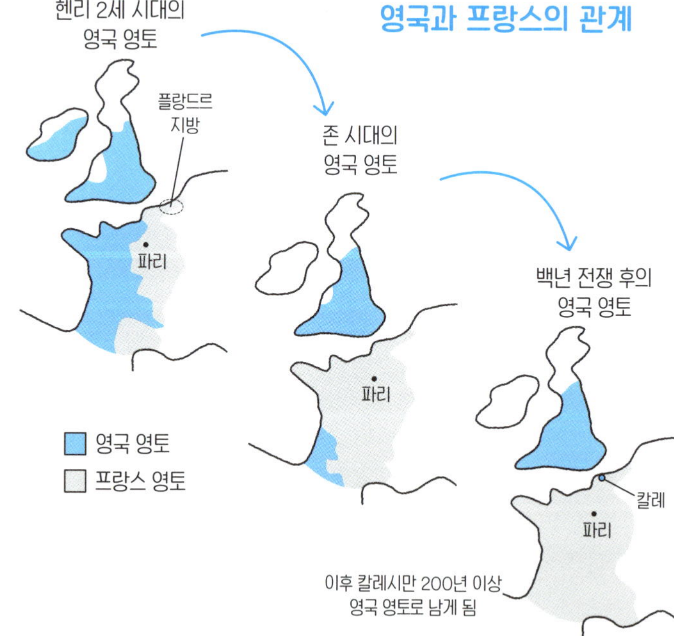

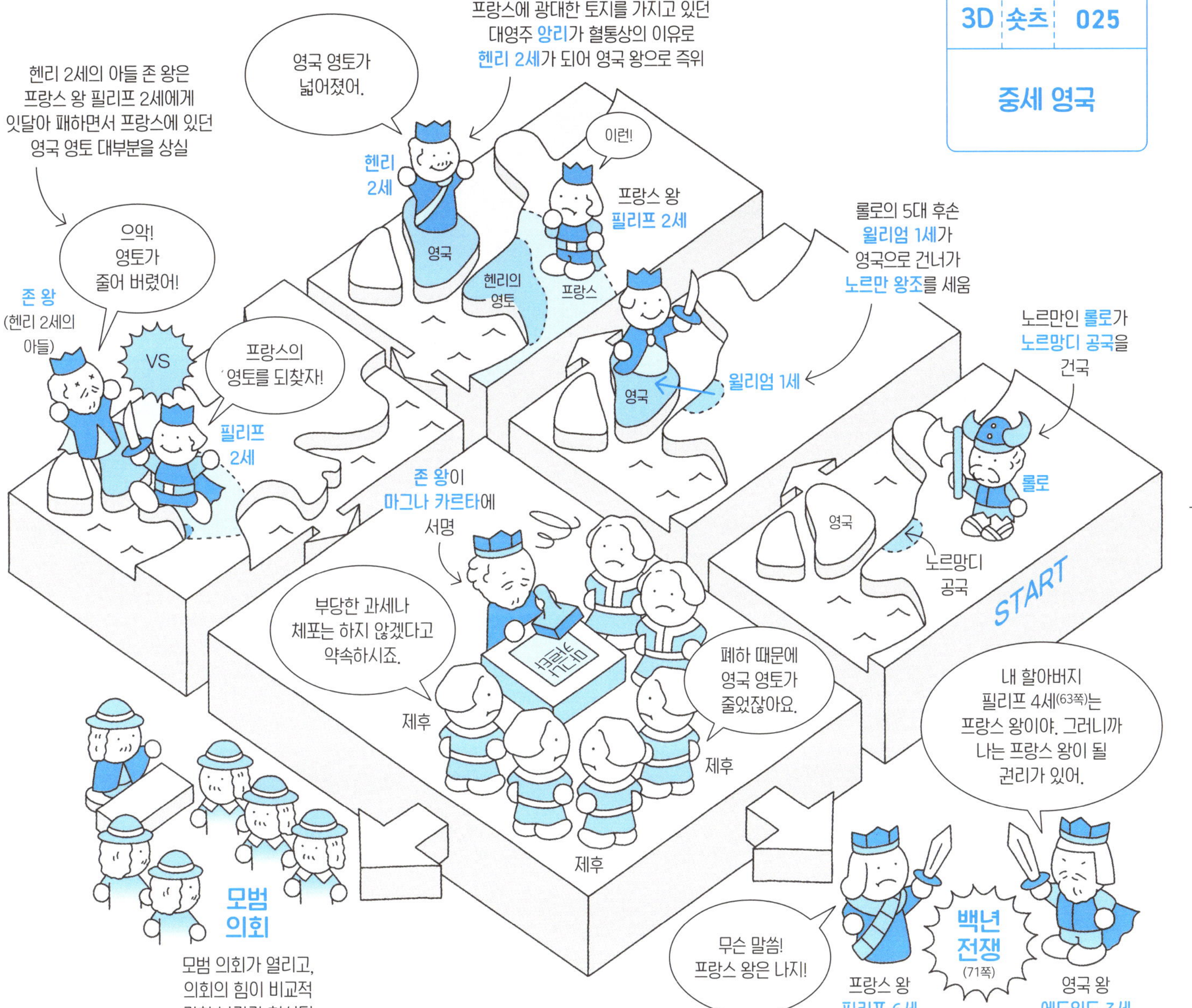

3D 숏츠 025
중세 영국

중세
65

헨리 2세의 아들 존 왕은 프랑스 왕 필리프 2세에게 잇달아 패하면서 프랑스에 있던 영국 영토 대부분을 상실

영국 영토가 넓어졌어.

프랑스에 광대한 토지를 가지고 있던 대영주 앙리가 혈통상의 이유로 헨리 2세가 되어 영국 왕으로 즉위

이런!

프랑스 왕 필리프 2세

롤로의 5대 후손 윌리엄 1세가 영국으로 건너가 노르만 왕조를 세움

노르만인 롤로가 노르망디 공국을 건국

으악! 영토가 줄어 버렸어!

존 왕 (헨리 2세의 아들)

VS

프랑스의 영토를 되찾자!

필리프 2세

헨리 2세

영국

헨리의 영토

프랑스

윌리엄 1세

영국

롤로

존 왕이 마그나 카르타에 서명

부당한 과세나 체포는 하지 않겠다고 약속하시죠.

마그나 카르타

제후

폐하 때문에 영국 영토가 줄었잖아요.

제후

제후

영국

노르망디 공국

START

내 할아버지 필리프 4세(63쪽)는 프랑스 왕이야. 그러니까 나는 프랑스 왕이 될 권리가 있어.

모범 의회

모범 의회가 열리고, 의회의 힘이 비교적 강한 나라가 형성됨

무슨 말씀! 프랑스 왕은 나지!

프랑스 왕 필리프 6세

백년 전쟁 (71쪽)

영국 왕 에드워드 3세

026 중세 국가들 ③

독일(신성 로마 제국)

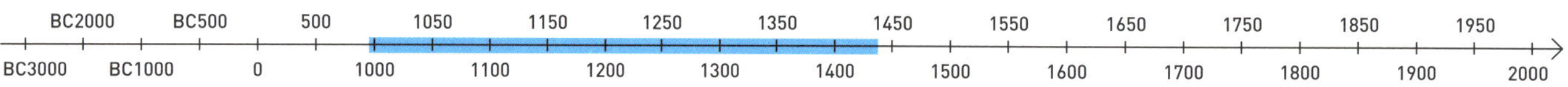

다음은 **독일**의 기원인 신성 로마 제국(46쪽)입니다.
962~1806
로마 교황에게서 **로마 제국**의 정식 후계국으로 인정받은 신성 로마 제국. 그런데 정작 신성 로마 제국 영토에는 로마가 없습니다. 이것이 불만이었던 역대 신성 로마 제국 황제들은 로마와 이탈리아반도를 손에 넣기 위해 틈만 나면 이탈리아를 침공했습니다(이탈리아 정책).
10~13세기

이탈리아 정책에 몰두하던 역대 황제들은 국내를 비우는 일이 잦아졌습니다. 그러다 보니 국내의 **제후**들이 힘을 키웠고, 자신들의 영지를 통치하는 권력 또한 강해졌습니다. 이윽고 제후들의 영지는 제후가 주권을 가지는 영방으로 성장했고, 많을 적에는 신성 로마 제국 안에만 300여 개의 영방이 형성되었습니다.

그 결과 신성 로마 제국은 황제 한 명이 다스리는 통일 국가라기보다는 많은 영방이 모인 **연합 국가**가 되었습니다. 황제의 영지 또한 수많은 영방 중 하나일 뿐이었죠. 신성 로마 제국은 프랑스와 달리 근대가 되어서도 황제의 힘이 강해질 수 없었던 겁니다.

그러다 마침내는 황제가 존재하지 않는 대공위 시대를 맞이하고 맙니다. 이래서는 안 되겠다는 판단에 따라, '**7명의 유력한 제후**
1256~73
(7선제후)가 선거로 신성 로마 제국의 황제를 결정한다'는 규칙이 정해졌습니다(금인 칙서). 15세기에 합스부르크 가문에서 황제가
1356
나오자, 이후에는 전통적으로 합스부르크 가문에서 황제가 선출(세습)됩니다.

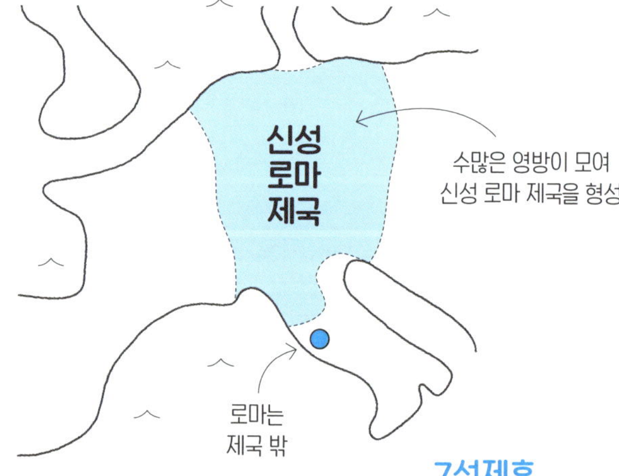

7선제후
아래의 일곱 영방을 통치하던
일곱 제후가 신성 로마 황제를 선출
마인츠, 쾰른, 트리어, 팔츠,
작센, 뵈멘, 브란덴부르크

중세 독일

황제의 이탈리아 출진으로 제국 내에 대한 황제의 권력이 약화. 대신 각 영방의 제후가 자치권을 갖게 됨. 가장 많을 때는 뵈멘, 작센, 마인츠를 비롯한 300개가량의 영방이 신성 로마 제국 안에 존재

역대 신성 로마 황제는 로마를 손에 넣기 위해 틈만 나면 국외로 출진

영방을 통치하는 제후

신성 로마 제국은 수많은 영방이 모여 한 나라를 이룸. 황제의 영방 또한 그중 하나에 불과

황제는 맨날 이탈리아에서 싸우고 있어.

오늘도 황제는 자리에 없나 봐요.

이탈리아 정책

영방
영방
영방
황제의 영방
영방

황제

이탈리아로 출진이다!

신성 로마 제국

로마

로마는 이탈리아에 있었기에, 신성 로마 제국 외부였음

영방
영방
영방
영방
영방
황제의 영방

오토 1세

'로마 제국'이라고 칭하려면, 로마를 가져야 하지 않을까?

로마 교황

오토 1세

동프랑크 왕국이 **신성 로마 제국**(47쪽)이 됨

대공위 시대

1256~73

황제가 없던 시기

이사이 **카노사의 굴욕**(49쪽)이 일어남

START

다음 황제는 당신이야.

황제는 선거로 선출되기 때문에 권력이 강하지 못함

이제부터는 합스부르크 가문이 즉위하겠습니다.

황제가 없으니 좀 그렇네.

금인 칙서

황제를 선거로 결정합시다.

1438년 **합스부르크 가문**의 알브레히트 2세가 황제가 된 후, 합스부르크 가문이 황제를 세습하는 체제가 자리 잡음

작센 공작, 뵈멘 왕, 마인츠 대주교 등 **7선제후**

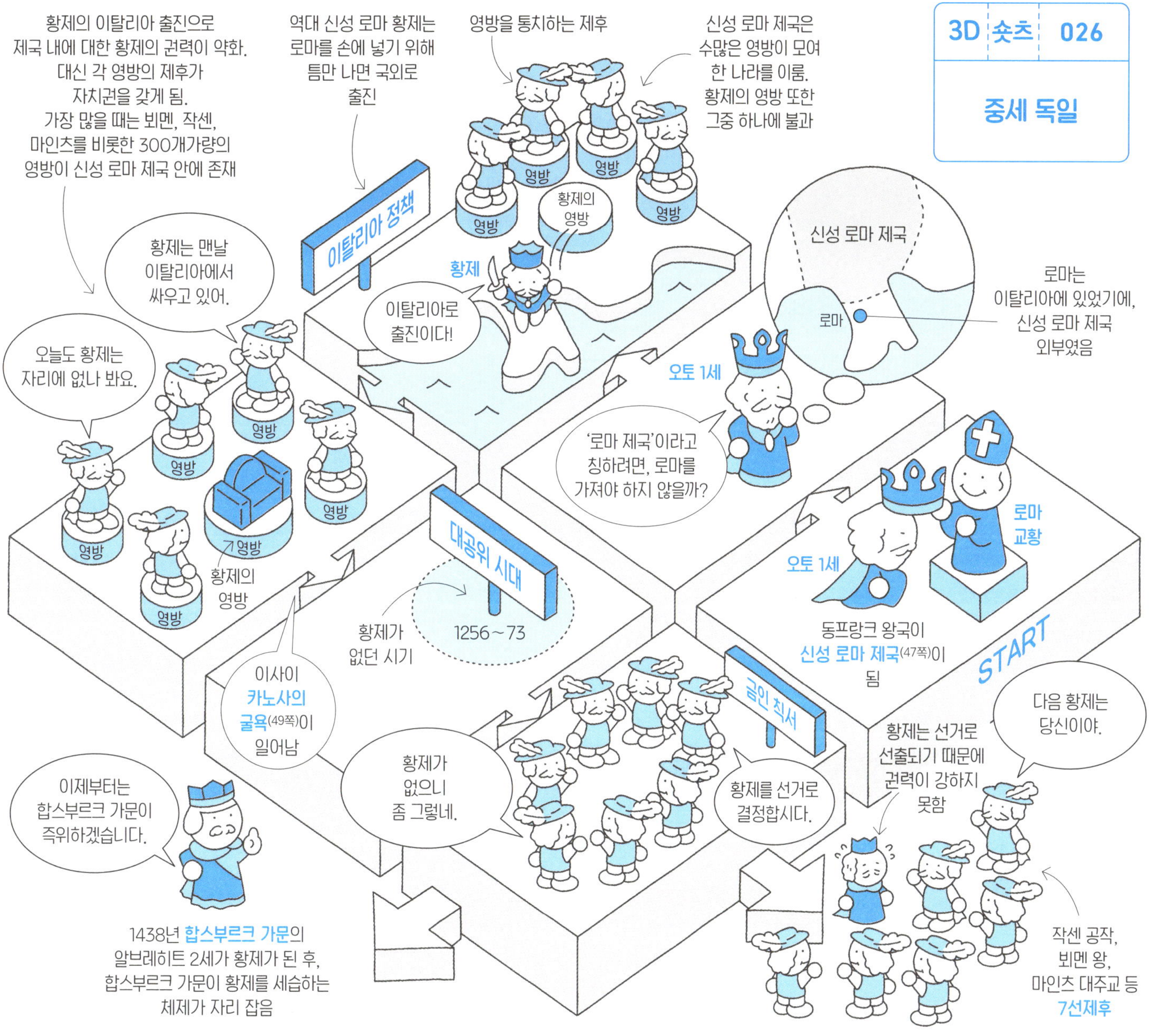

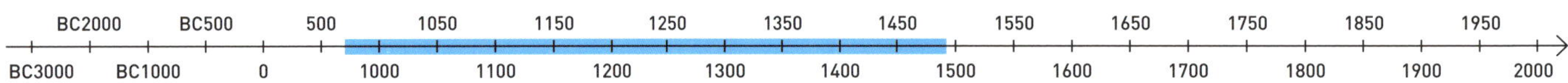

오늘날 스페인과 포르투갈이 자리한 **이베리아반도**에는 게르만인이 세운 **서고트 왕국**(42쪽)이 있었습니다. 그런데 이베리아반도는 **이슬람**의 **우마이야 왕조**가 침략해 와 이슬람 세력의 지배 아래 놓이게 됩니다. 이 상황을 만회하기 위해 **'가톨릭 국가 회복'**을 내걸고 시작한 것이 바로 레콩키스타(국토 회복 운동)입니다.
718~1492

12세기, 레콩키스타가 일어나는 과정에서 가톨릭 국가인 **포르투갈 왕국**이 탄생했습니다. 15세기에는 **카스티야 왕국**과 **아라곤 왕국**이 합해 가톨릭 국가인 **스페인 왕국**이 탄생합니다. 이 스페인 왕국이 800여 년간 이어져 온 레콩키스타를 완수하게 됩니다.

로마 교황의 앞마당이나 다름없는 **이탈리아반도**에는 8세기 이래로 로마 교황령이 존재해 왔습니다. 하지만 틈만 나면 **신성 로마 제국**의 침공을 받아 힘이 약해질 수밖에 없게 됩니다(이탈리아 정책66쪽). 그 과정에서 **양 시칠리아 왕국**, **베네치아 공화국**, **밀라노 공국** 등 다양한 세력이 힘을 얻으면서, 이탈리아는 19세기까지 통일되지 않았습니다.

스칸디나비아반도의 **북유럽**은 14세기 말에 **덴마크**의 마르그레테 여왕을 중심으로 **노르웨이**와 **스웨덴**이 힘을 합쳐 칼마르 동맹을
재위 1387~1412
1397
결성합니다. 그리고 북해에서 발트해에 이르는 상업 이권을 유지

하기 위해 노력하죠.

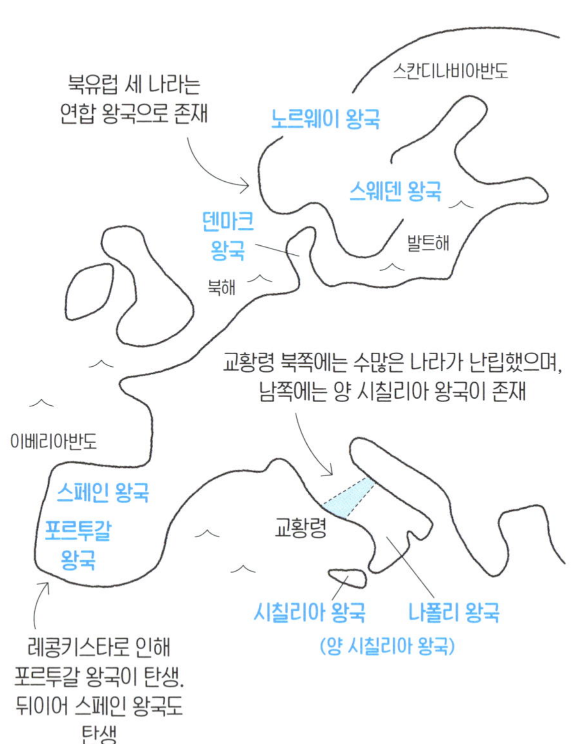

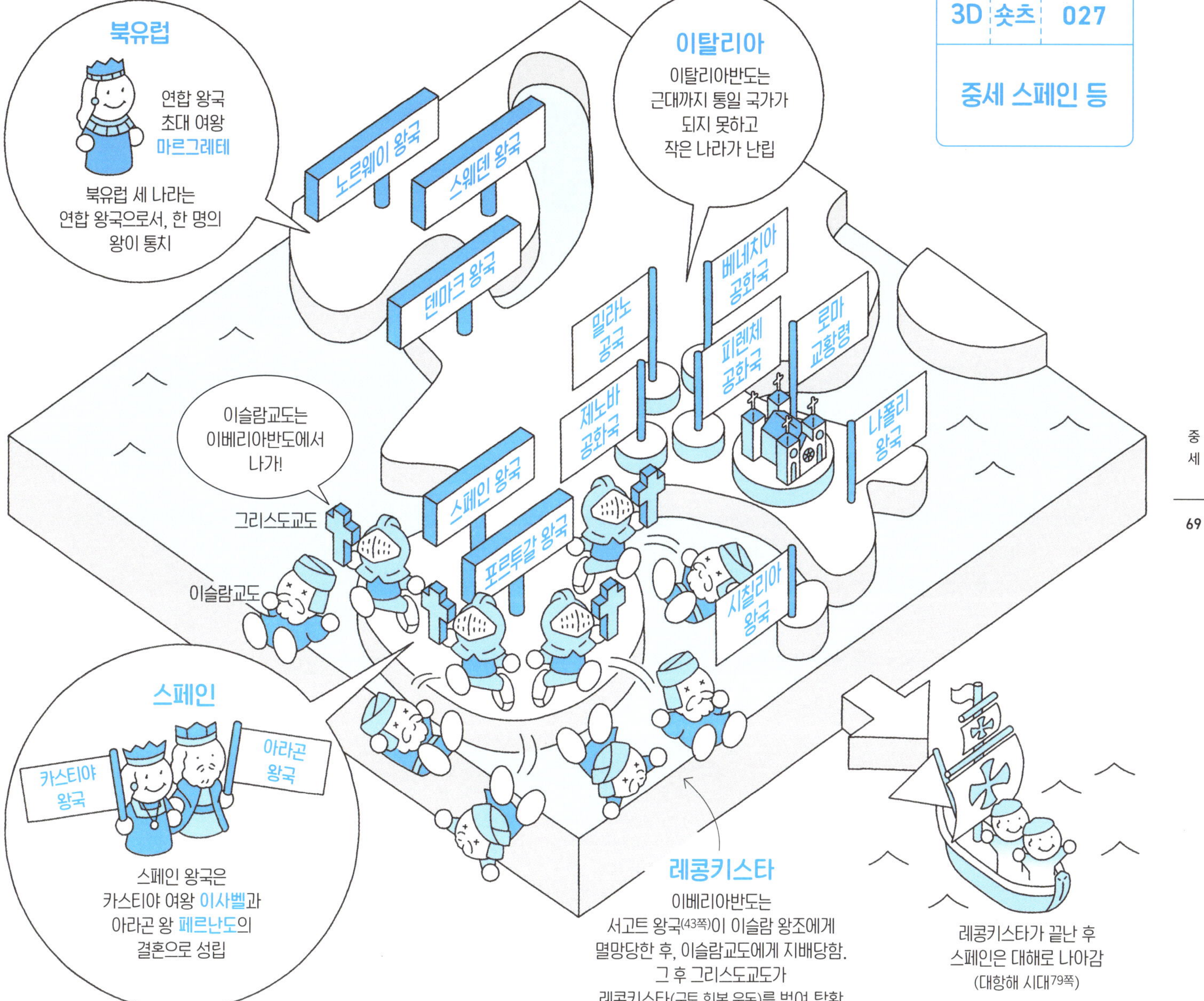
북유럽
연합 왕국 초대 여왕 마르그레테
북유럽 세 나라는 연합 왕국으로서, 한 명의 왕이 통치
이탈리아
이탈리아반도는 근대까지 통일 국가가 되지 못하고 작은 나라가 난립
노르웨이 왕국
스웨덴 왕국
덴마크 왕국
밀라노 공국
제노바 공화국
베네치아 공화국
피렌체 공화국
로마 교황령
나폴리 왕국
이슬람교도는 이베리아반도에서 나가!
그리스도교도
이슬람교도
스페인 왕국
포르투갈 왕국
시칠리아 왕국
스페인
카스티야 왕국
아라곤 왕국
스페인 왕국은 카스티야 여왕 이사벨과 아라곤 왕 페르난도의 결혼으로 성립
레콩키스타
이베리아반도는 서고트 왕국(43쪽)이 이슬람 왕조에게 멸망당한 후, 이슬람교도에게 지배당함. 그 후 그리스도교도가 레콩키스타(국토 회복 운동)를 벌여 탈환
레콩키스타가 끝난 후 스페인은 대해로 나아감
(대항해 시대79쪽)

028 백년 전쟁

잔 다르크는 달린다

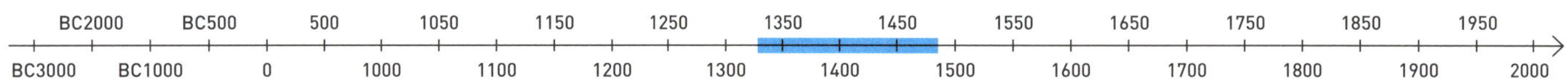

중세 후기, 교회의 영향력은 급속히 쇠퇴해 갔습니다(60쪽). 그러자 국가들 사이에 '교회의 중재'라는 안전망이 사라지게 되었고, 그 결과 국왕들 사이의 이권 다툼이 점점 심해졌습니다.

프랑스 왕 필리프 4세(62쪽)를 이은 **샤를 4세**가 1328년에 사망하자 **카페 왕조**(62쪽)의 맥이 끊기고, 프랑스에는 **발루아 왕조**가 탄생했습니다. 그러자 필리프 4세의 손자였던 **영국 왕 에드워드 3세**가 혈통을 근거로 프랑스의 왕권까지 주장하기 시작했습니다. 당시 영국은 모직물 생산이 활발한 **플랑드르 백작령**에 양털을 수출하고 있었는데, 이 지역에 프랑스가 진출하는 것을 막고 싶었던 겁니다. 양국은 대립하다 결국 **백년 전쟁**이 발발하고 맙니다.

전쟁 전반기에는 에드워드 3세와 아들인 **에드워드 흑태자**가 활약하며 영국이 우위를 점했습니다(**크레시 전투, 푸아티에 전투**). 프랑스는 이 동안 **흑사병**(60쪽)의 유행과 **자크리의 난**(61쪽)이 겹쳐 붕괴할 위기에 빠집니다.

그때 나타난 것이 프랑스 농가에서 태어난 소녀 **잔 다르크**였습니다. 신의 계시를 받은 잔 다르크는 프랑스군을 이끌고 출진해서, 영국에게 빼앗겼던 **오를레앙성**을 탈환합니다(**오를레앙 해방**). 기세가 살아난 프랑스는 영국군을 프랑스에서 몰아내는 데 성공했습니다.

프랑스는 이 전쟁에서 승리하긴 했지만, 제후와 기사들이 피폐해져 몰락하고 맙니다. 대신 국왕을 중심으로 한 **중앙 집권화**가 가속됩니다(프랑스의 절대 왕정 98쪽).

백년 전쟁 후 영국에서는 **랭커스터 가문**(문장이 붉은 장미)과 **요크 가문**(문장이 흰 장미)이 왕위 계승권을 놓고 **장미 전쟁**을 시작합니다. 이 전쟁에서 영국 전역의 제후와 기사들은 양 가문 중 한쪽에 가담해 30년간 싸움을 이어 갔습니다. 그 결과 제후와 기사들은 피폐해지고 몰락해 갑니다. 최종적으로 랭커스터 혈통에 해당하는 헨리 튜더가 승리했죠. 헨리는 **헨리 7세**로 즉위하자마자 국내의 통치 제도를 신속하게 정비하기 시작했습니다(이후 **튜더 왕조**).

잔 다르크는 오를레앙성을 해방한 이듬해에 영국군의 포로가 됨. 종교 재판의 결과 이단으로 판결받고 루앙에서 화형에 처해짐

START

먼 소리야!
플랑드르 지방이
탐나는 것 아냐?

플랑드르 지방은
모직물 생산이 활발

프랑스

필리프 6세

도망!

영국

영국령

프랑스

내 할아버지는
프랑스 왕이셨어.
그러니까 프랑스 왕권을
내놓으라고.

프랑스 왕
필리프 6세

VS

영국 왕
에드워드 3세

필리프 6세의 아들
장 2세

도망!

프랑스를
되찾자~!

프랑스 내 영국령

백년 전쟁 발발

장궁 부대,
쏴라!

에드워드
3세

에드워드
흑태자
에드워드
3세의 아들

간닷!

샤를
장 2세의
증손자

크레시 전투

랭커스터 가문

요크 가문

푸아티에 전투

잔 다르크

신의
가호를!

다음에는
이탈리아를 친다
(이탈리아 전쟁87쪽)!

피곤해…

VS

이제 지쳤어…

오를레앙 해방

헨리 6세
에드워드
3세의 손자

으앙~!
프랑스에 있는 영토를
다 뺏기겠어!

이로써
영국은 섬나라나
다름없게 됨

샤를은 프랑스 국왕
샤를 7세로 즉위.
이후 프랑스의 왕권은
더욱 강력해짐
(프랑스의 절대 왕정99쪽)

백년 전쟁 이후,
영국에서는 왕위 계승권을 놓고 내전(장미 전쟁)이 발발.
여기서 랭커스터 가문 쪽이 승리하고, 헨리 7세가 즉위

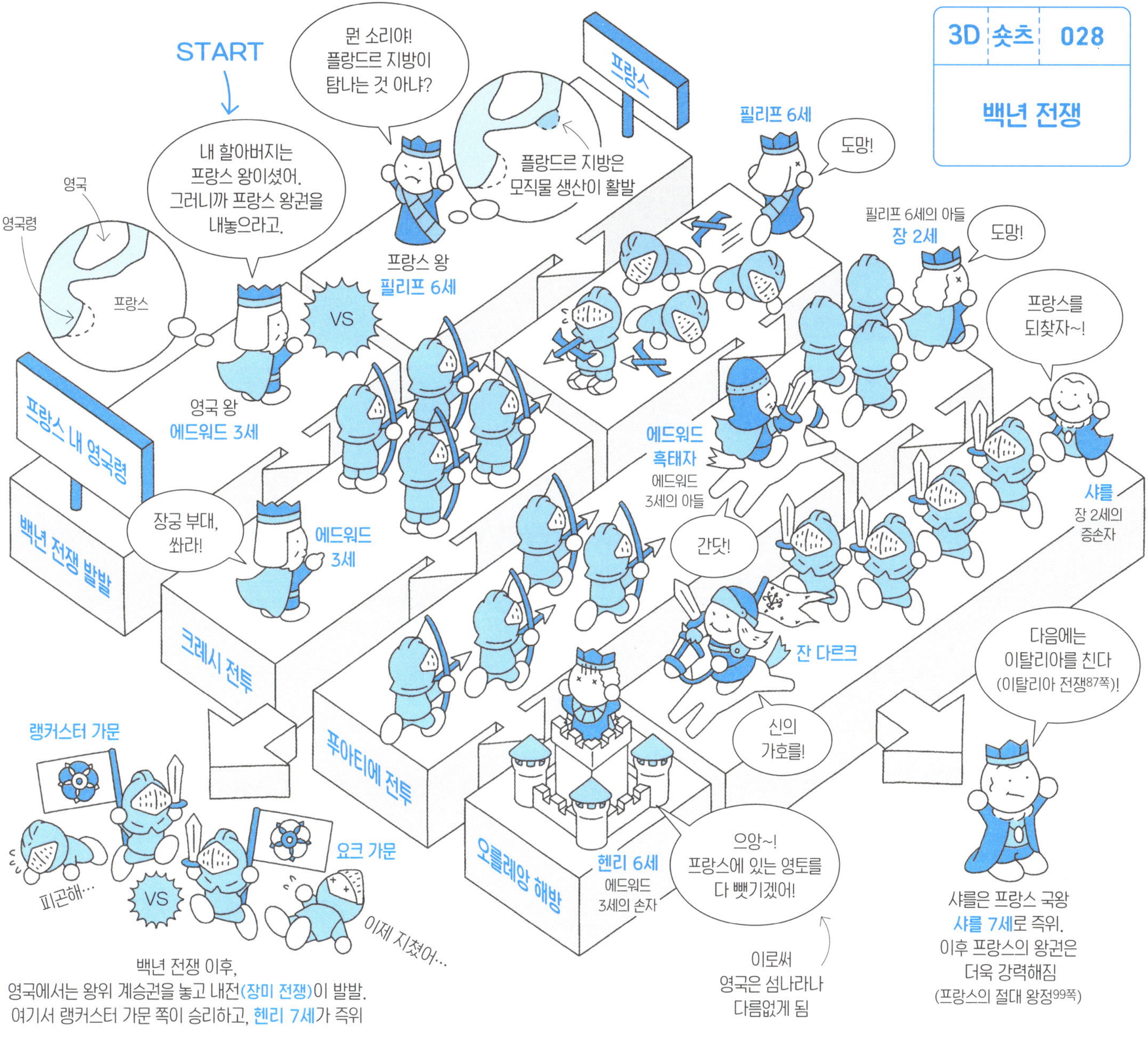

근세

르네상스

재생하는 휴머니즘

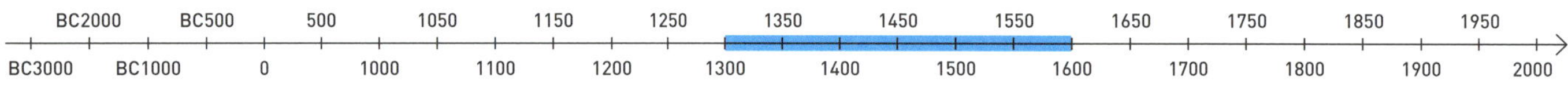

십자군의 실패(58쪽)로 인해 **로마 교황**에 대한 신뢰는 예전 같지 않았습니다(60쪽). 게다가 십자군으로서 예루살렘으로 향했던 사람들은 자신이 살던 장원 밖의 가치관, 즉 가톨릭 외의 가치관을 접하게 되었습니다.

이런 와중에 이슬람권과의 동방 무역으로 번영하던 이탈리아 도시 피렌체에서부터 르네상스가 일어납니다. 르네상스란 '**재생**'이라는 의미로, 교회 중심의 가치관에서 '**인간다움**'(휴머니즘)을 중요시하는 가치관으로 돌아가자는 운동입니다. 르네상스 시기 예술에서는 그 전의 성상과는 달리, 그리스도교 이전의 그리스를 주제로 한 회화와 조각품을 많이 볼 수 있습니다. 다빈치, 미켈란젤로, 라파엘로(1452~1519 1475~1564 1483~1520) 등의 예술가들은 그리스 문화에서 '인간다움'을 보게 된 것입니다.

무역으로 백만장자가 된 피렌체의 귀족 **메디치 가문**을 비롯한 부유층이 예술가와 사상가를 후원하면서 이탈리아 르네상스는 크게 번영했습니다. 한편 이탈리아 르네상스에서는 로마 교황 또한 상당한 자금을 후원했기 때문에 교회를 찬미하는 작품도 적잖게 있습니다. 하지만 독일과 프랑스 등으로 퍼지면서 교회를 비판하는 작품도 생겨나기 시작했습니다(북방 르네상스).

북방 르네상스
(이탈리아 외의 르네상스)
르네상스 운동은
이탈리아 피렌체에서 일어나,
훗날 알프스 너머 북쪽으로도 확산.
인간의 모습을 있는 그대로
표현하는 작품이
더욱 늘어남

브뤼헐
(네덜란드)
신이 아닌
농민을 묘사

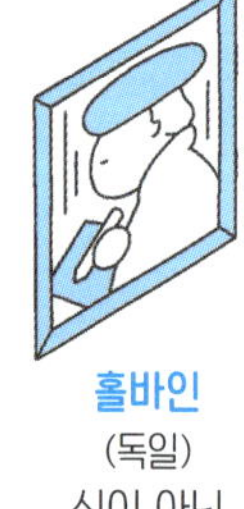

홀바인
(독일)
신이 아닌
개인을 그림

몽테뉴
(프랑스)
자신의 생각을
일기식으로
집필

셰익스피어
(영국)
서민에게 즐거움을
주는 작품을 발표

에라스뮈스
(네덜란드)
성직자를
비판

세르반테스
(스페인)
시대에 뒤떨어진
기사를 우스꽝스럽게
묘사

돈을 너무 많이 쓴 나머지 종교 개혁으로 이어짐
성 베드로 대성당도 르네상스풍으로 다시 지어야지.
와르르
이탈리아 (피렌체)
로마 교황
후원자가 교황이니까 눈치를 봐 가며 그리자.
이제부터는 인간 중심 시대야.
보티첼리
오스만 제국에게 패하기만 하던 동로마 제국으로부터 지식인과 학자들이 이탈리아로 망명
다빈치
인간답게 살기 위해서는 그리스도교 이전 시대에서 답을 찾아야 해.
정치를 종교에서 분리
군주론
조토
그리스 신화
마키아벨리
신곡
라파엘로
단테
라틴어가 아닌 지방어인 토스카나어로 집필
데카메론
돈 있습니다~
보카치오
당시의 풍속을 생생하게 묘사
미켈란젤로
지동설은 아메리카 대륙 발견으로 이어짐
코시모 데 메디치
로렌초 데 메디치
돈키호테
화약이 발명되어 기사가 필요 없어짐
수상록
과학 기술도 크게 발전!
피렌체의 메디치 가문이 예술가들의 후원자가 되면서, 르네상스는 피렌체에서 가장 먼저 꽃핌
유토피아
우신예찬
나침반은 대항해 시대에 필수품으로 대활약
활판 인쇄의 발명은 종교 개혁에 큰 영향을 끼침
세익스피어
르네상스는 서유럽으로 확산
(북방 르네상스 74쪽)

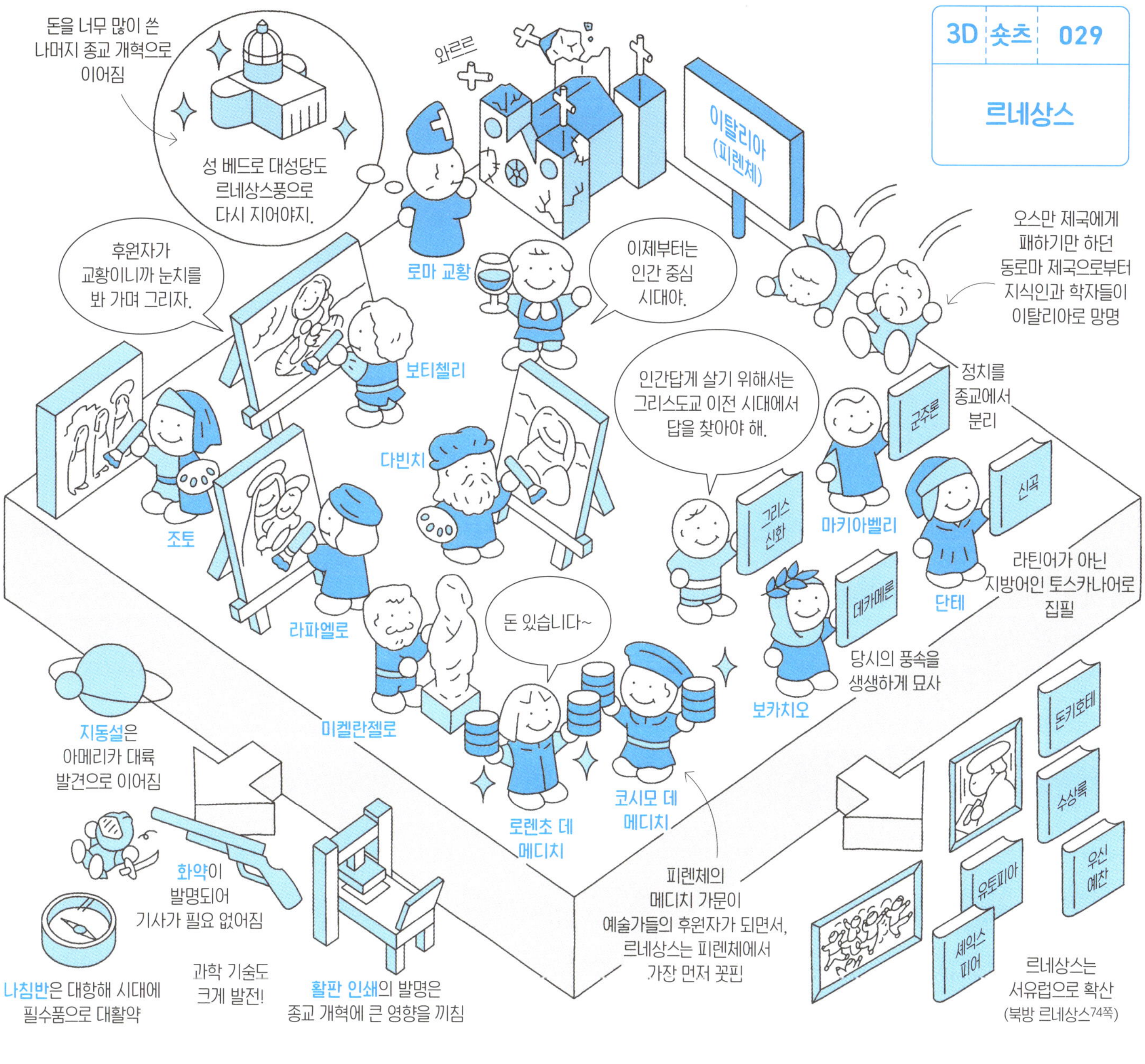

대항해 시대 ①

포르투갈의 인도 항로

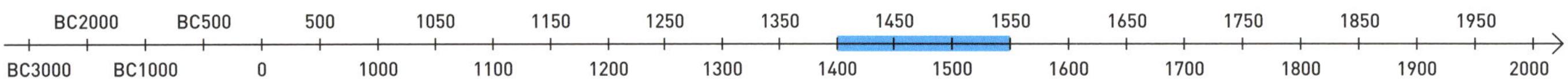

14세기 유럽에서는 육식 문화가 퍼져 있었기 때문에, **인도**에서 생산하는 **향신료**(후추 등)가 비싼 값에 거래되고 있었습니다. 그런데 15세기가 되자 **오스만 제국**의 세력이 확대되면서 동방 무역이 불안정해졌고, 향신료 가격 역시 오르기 시작했습니다. 이에 포르투갈은 향신료를 직접 손에 넣기 위해 인도 항로를 개척하고자 했습니다. **대항해 시대**가 개막된 것이죠.
15~17세기

항로를 개발하려면 커다란 배가 필요합니다. 그 무렵 커다란 배가 항해할 비용을 대 줄 만한 사람은 **포르투갈**과 **스페인**의 국왕뿐이었습니다. 두 나라 국왕은 **레콩키스타**(68쪽)로 강력한 통솔력을 보여 주면서 막대한 권력과 재산을 거머쥐었습니다.

우선 **포르투갈**의 배가 **엔히크** 왕자(항해 왕자)의 지원을 받아 **아프리카 서해안**에 도착합니다. 이어서 포르투갈의 항해가 **바르톨로메우 디아스**가 아프리카 남부 **희망봉**에 도달하죠. 그리고 포르투갈의 항해가 **바스쿠 다가마**가 마침내 **인도 캘리컷**에 다다릅니다.
1394~1460
1450경~1500
1469경~1524

인도 항로를 개척한 포르투갈은 오스만 제국을 거치지 않고도 향신료를 인도와 직접 거래할 수 있게 되었습니다. 포르투갈 국왕은 막대한 이익을 손에 넣고, 수도인 **리스본**은 한때 상업의 중심지가 되었습니다.

이후 포르투갈 배들은 항해를 계속하여, 16세기에는 일본의 **다네가섬**에도 도착했습니다.

대항해 시대 ①
포르투갈

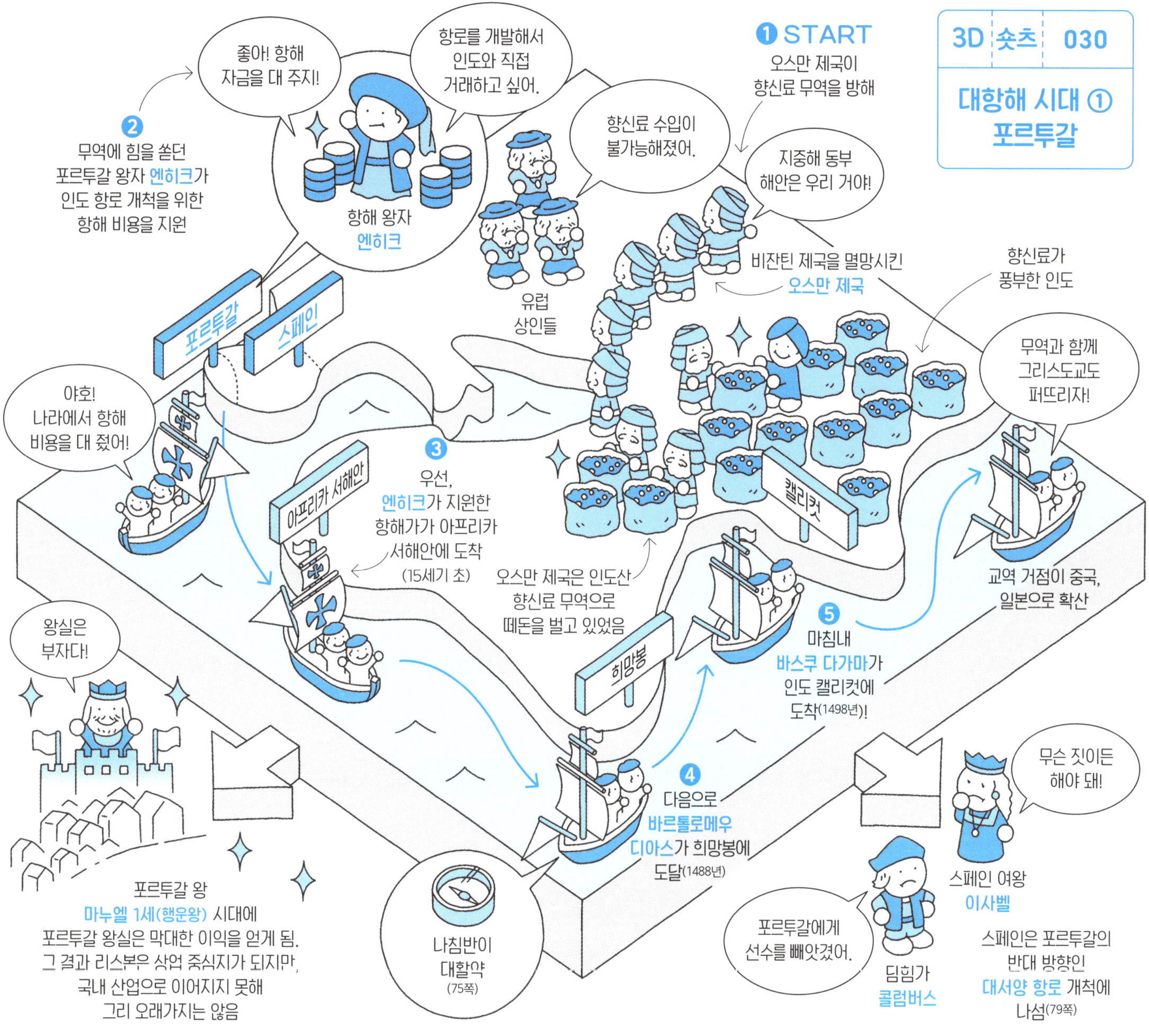

❶ START
오스만 제국이
향신료 무역을 방해

좋아! 항해
자금을 대 주지!

항로를 개발해서
인도와 직접
거래하고 싶어.

향신료 수입이
불가능해졌어.

지중해 동부
해안은 우리 거야!

❷ 무역에 힘을 쏟던
포르투갈 왕자 엔히크가
인도 항로 개척을 위한
항해 비용을 지원

항해 왕자
엔히크

유럽
상인들

비잔틴 제국을 멸망시킨
오스만 제국

향신료가
풍부한 인도

무역과 함께
그리스도교도
퍼뜨리자!

포르투갈

스페인

야호!
나라에서 항해
비용을 대 줬어!

❸ 우선,
엔히크가 지원한
항해가가 아프리카
서해안에 도착
(15세기 초)

아프리카 서해안

오스만 제국은 인도산
향신료 무역으로
떼돈을 벌고 있었음

캘리컷

교역 거점이 중국,
일본으로 확산

왕실은
부자다!

희망봉

❺ 마침내
바스쿠 다가마가
인도 캘리컷에
도착(1498년)!

포르투갈 왕
마누엘 1세(행운왕) 시대에
포르투갈 왕실은 막대한 이익을 얻게 됨.
그 결과 리스본우 상업 중심지가 되지만,
국내 산업으로 이어지지 못해
그리 오래가지는 않음

❹ 다음으로
바르톨로메우
디아스가 희망봉에
도달(1488년)

무슨 짓이든
해야 돼!

나침반이
대활약
(75쪽)

포르투갈에게
선수를 빼앗겼어.

딤힘가
콜럼버스

스페인 여왕
이사벨

스페인은 포르투갈의
반대 방향인
대서양 항로 개척에
나섬(79쪽)

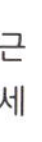

<table>
<tr><td>

031

</td><td>

대항해 시대 ②

스페인의 대서양 항로

</td></tr>
</table>

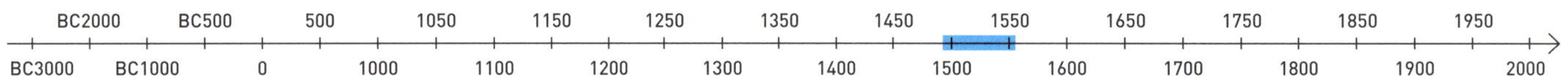

탐험가 **콜럼버스**는 **지구 구체설**을 믿었습니다. 대서양 서쪽으로
(1451~1506)
계속 가다 보면 **인도**에 도착할 수 있으리라고 여긴 겁니다. 포르투
갈에 선수를 빼앗긴(76쪽) **스페인** 여왕 **이사벨**은 콜럼버스에게 **대**
(재위 1474~1504)
서양 항로 개척에 대한 지원을 약속했습니다.

콜럼버스는 서쪽을 향해 출항합니다. 두 달 동안 항해한 끝에 육지
에 도착하죠. 하지만 그곳은 인도가 아니라 카리브해에 있는 **산살**
바도르섬이었습니다. 훗날 탐험가 **아메리고 베스푸치**가 이 땅이
(1454~1512)
'신세계'라는 것을 지적하지만, 콜럼버스는 죽을 때까지 이 땅을
인도라고 믿었습니다. 그래서 오늘날에도 이 지역을 **서인도 제도**
라고 부르기도 합니다.

그 후 스페인 왕 **카를로스 1세**의 지원을 받은 항해가 **마젤란**의 함
(재위 1516~56)   (1480경~1521)
대가 남아메리카 대륙을 빙 돌아 태평양을 횡단해서 필리핀에 도
착합니다. 그곳에서 다시 인도양을 지나 지구를 한 바퀴 도는 데
성공하죠.

카를로스 1세는 곧바로 탐험가 **코르테스**와 **피사로**를 신대륙으로
(1485~1547)   (1470경~1541)
파견했습니다. 이들은 **아스테카 왕국**(136쪽)과 **잉카 제국**(136쪽)을 정
복하고, 원주민들에게 대량의 은을 캐내게 했습니다. 스페인 왕실
은 어마어마한 부를 얻게 되고, 스페인은 다음 **펠리페 2세** 시절에
(재위 1556~98)

이르러 '**해가 지지 않는 나라**'(88쪽)로 불리기까지 합니다.

이렇게 상업의 중심지는 지중해에서 대서양으로 옮겨 갑니다.

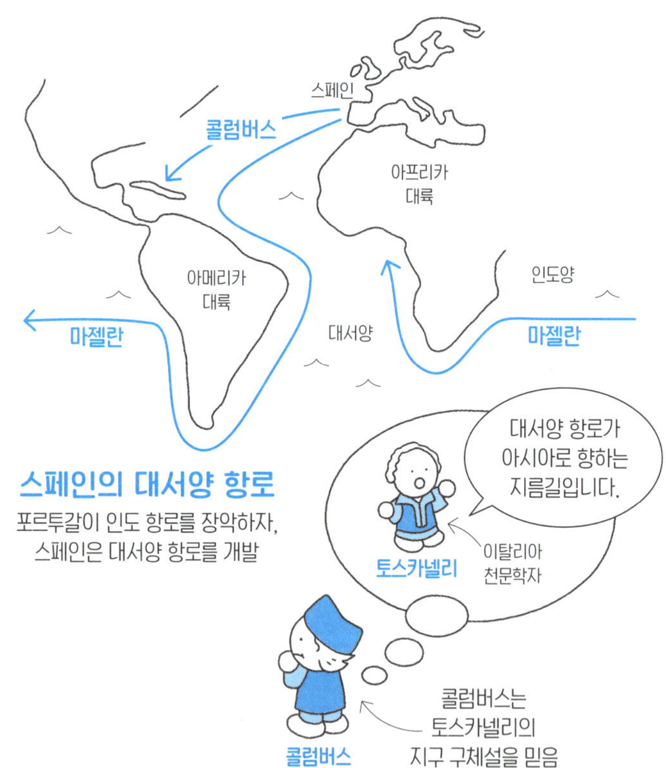

스페인의 대서양 항로
포르투갈이 인도 항로를 장악하자,
스페인은 대서양 항로를 개발

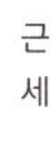

지구 반대편을 돌아 인도에 가렵니다.
다녀오렴.
콜럼버스
스페인 여왕 이사벨
❶ START
스페인 여왕 이사벨이 콜럼버스를 지원
선장 마젤란은 도중에 죽었지만, 우리 선원들이 세계 일주를 해냈어.
❹ 마젤란 함대는 세계 일주에 성공!
마젤란 함대
야호! 인도에 도착했다!
콜럼버스 일행
스페인
인도로 GO!
마젤란 함대
아스테카
❷ 콜럼버스가 산살바도르섬에 도착
은을 계속 캐라고!
잉카
세계 일주 해야지!
마젤란 함대
❺ 잉카 제국은 피사로가, 아스테카 왕국은 코르테스가 멸망시킴
마젤란은 지구 반대편으로
세계 일주를 하고 오게.
카를로스 1세
옛!
스페인 왕 카를로스 1세
마젤란
아들 펠리페 2세
여기엔 은이 엄청 많잖아! 전부 우리 거다!
❸ 카를로스 1세가 항해가 마젤란을 지원
신대륙에서 캐내 온 은으로 큰돈을 번 스페인은 절정기를 맞음
(스페인의 절대 왕정89쪽)

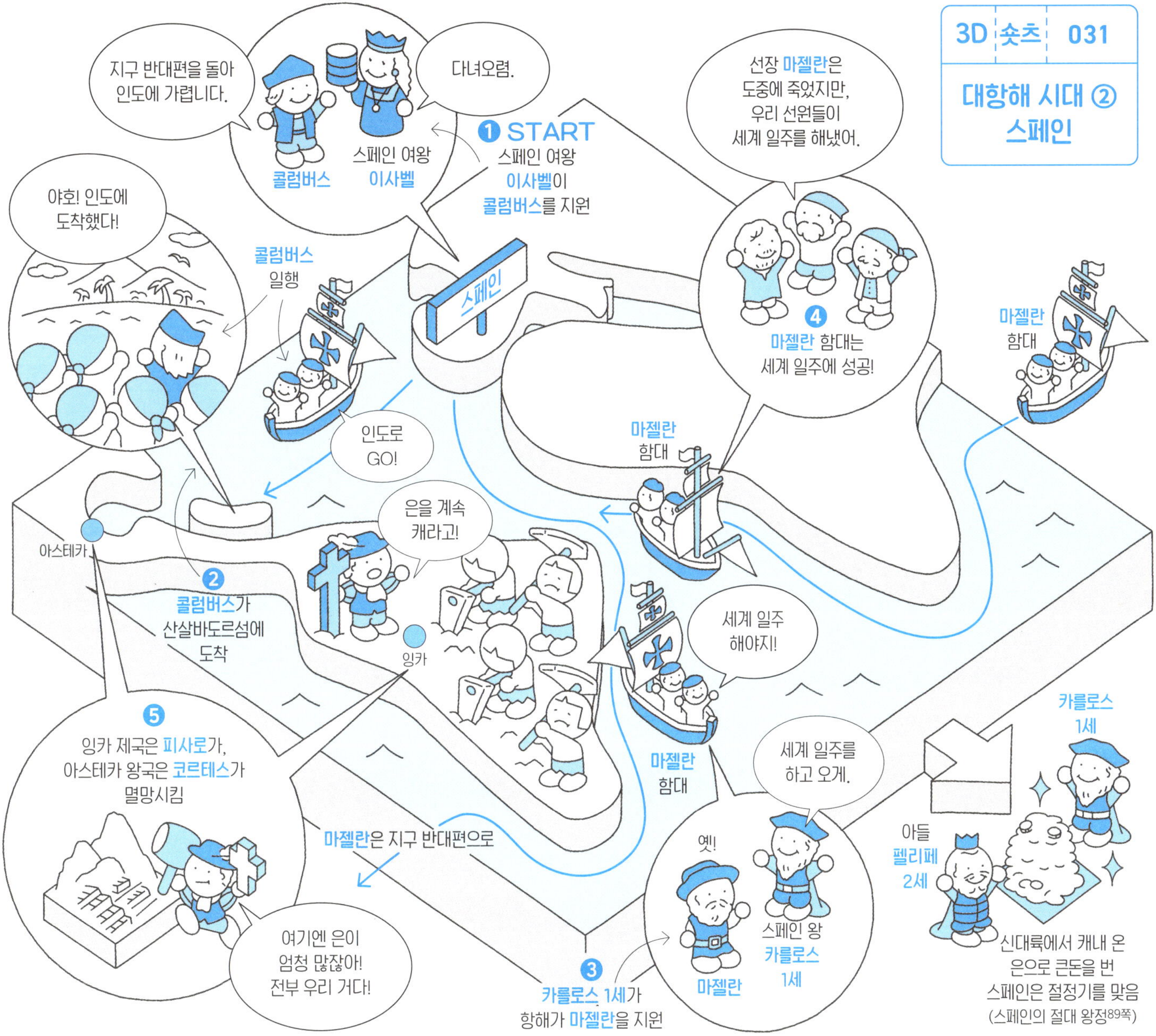

종교 개혁 ①

032

독일의 프로테스탄트 — 루터파

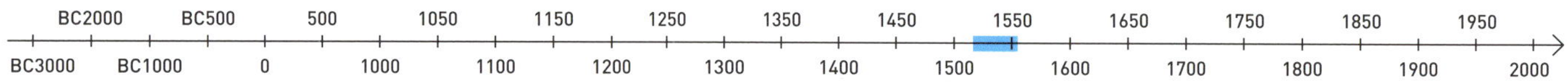

한때는 절대적인 권위를 뽐내던 **가톨릭교회**였지만, 이제는 예전만큼 기세등등하지 않았습니다(60쪽). 로마 교황 레오 10세는 자금을 모으기 위해 면죄부(천국에 가기 위한 증서)를 팔고 있었습니다. 특히 면죄부를 많이 사 간 것이 **독일(신성 로마 제국)**(66쪽) 농민들이었습니다.

가톨릭교회에 착취당하는 자국 농민들을 본 신학자 루터는 95개조 반박문(구원은 교회가 아니라 성서에 있음을 주장한 문서)을 비텐베르크 교회 문에 붙여 교회를 비난합니다. 이로부터 종교 개혁이 시작됩니다.

교황과 신성 로마 제국은 루터의 가르침에 따르는 자들을 프로테스탄트(항의하는 자)라 부르며 배척하려 했습니다. 하지만 루터파는 순식간에 불어났죠. 사람들의 목소리를 무시할 수 없게 된 황제는 아우크스부르크 화의를 제안했습니다. 이에 따라 **영주(제후)**는 가톨릭과 프로테스탄트(루터파) 중 어느 한쪽을 선택할 수 있게 되었습니다(**영방**66쪽에 사는 사람들은 영주가 선택한 종파에 따름).

이렇게 해서 독일은 제후가 **정치와 종교 양쪽**을 통제하게 되었습니다. 제후의 주권은 한층 더 강해지고, 독일은 제국이면서 **주권 국가 연합**의 성격을 띠게 됩니다.

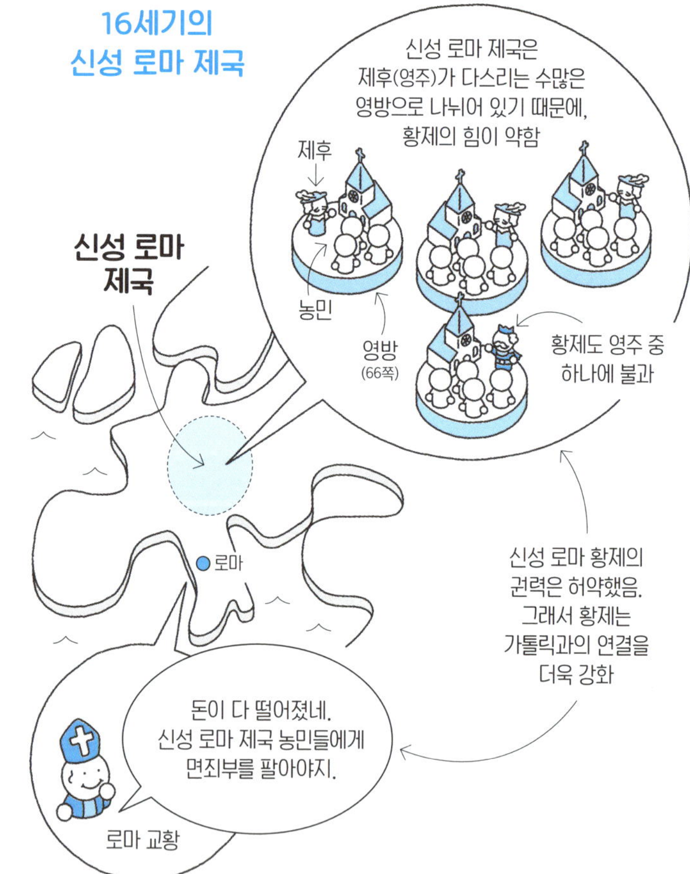

근세
81

면죄부를 사면 천국에 갈 수 있어요!
가톨릭교회에 항의한다!
신성 로마 황제는 가톨릭
가톨릭을 비난하다니! 고약한지고.
카를 5세 (87쪽)
한 장 주세요.
한 장 주세요.
한 장 주세요.
95개조 반박문
루터
성직자
루터
신성 로마 제국 (독일)
신성 로마 제국 농민들
라틴어 성서를 독일어로 번역하자.
루터
파문? 마음대로 하세요.
루터
로마
면죄부를 비판하는 녀석은 파문이다!
로마 교황 레오 10세
루터는 작센 선제후의 지원을 받아 독일어 성서를 인쇄
성서만 믿으면 되는구나!
루터
성서에는 면죄부 따위 없습니다.
루터를 지원하겠어. 활판 인쇄기 비용을 대 주지.
작센 선제후 프리드리히
면죄부를 사지 않아도 구원받을 수 있구나.
내 영방은 프로테스탄트.
내 영방은 가톨릭.
내 영방은 프로테스탄트.
내 영방은 가톨릭.
내 영방은 프로테스탄트.
가톨릭 영방과 프로테스탄트 영방으로 나뉨. 이런 분열은 30년 전쟁(101쪽)을 촉발
제 영방은 가톨릭을 믿겠습니다!
영주
제 영방은 프로테스탄트를 믿겠습니다!
영주
아우크스부르크 화의로 프로테스탄트를 인정

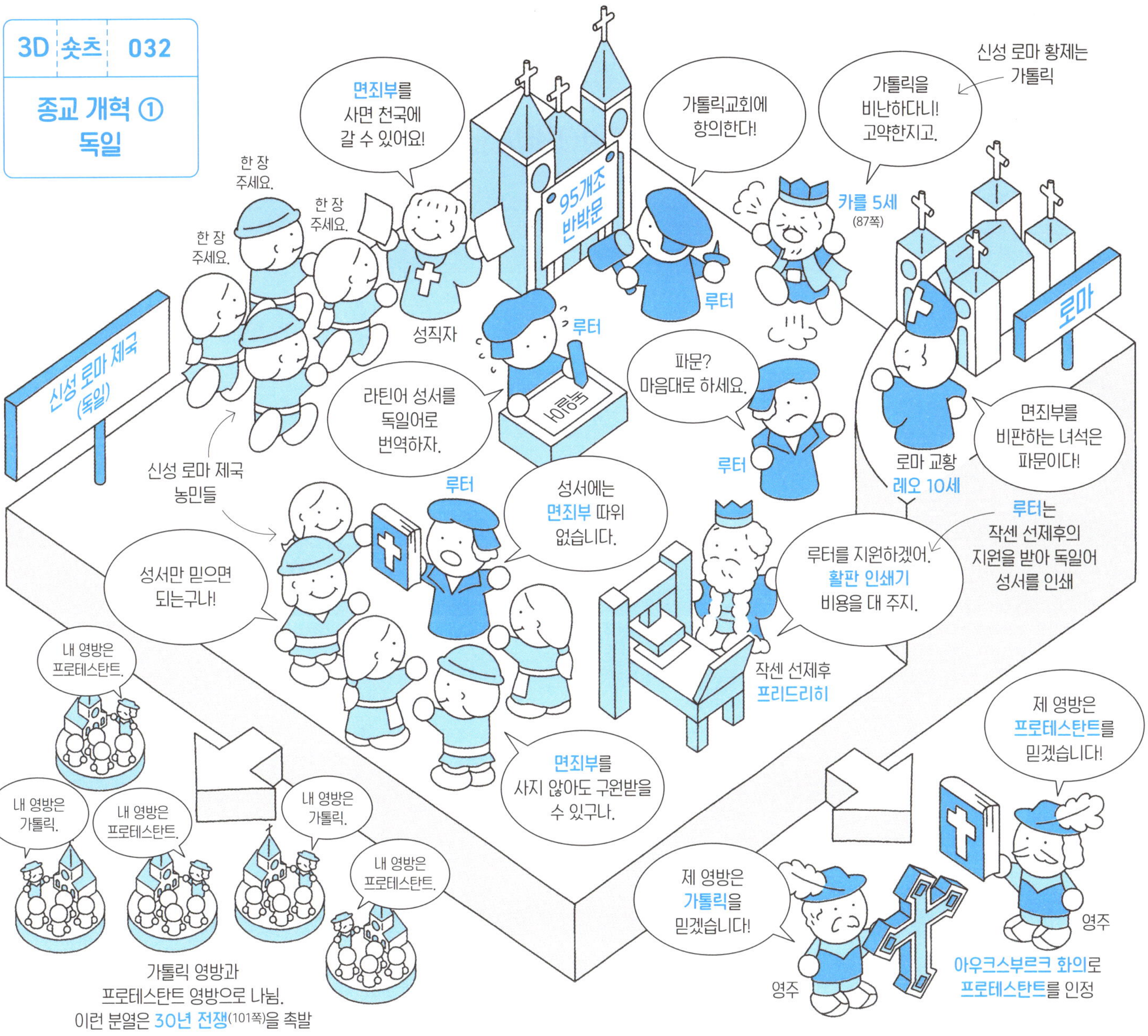

033 종교 개혁 ②

스위스의 프로테스탄트 — 칼뱅파

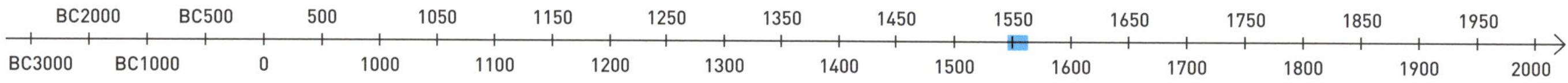

루터(80쪽)에 이어 **종교 개혁**(80쪽)을 일으킨 인물은 **스위스**에서 활약한 **칼뱅**입니다.
1509~64

칼뱅이 설파한 **예정설**(신은 이미 누구를 구원할지 예정해 두었다는 설)은 돈벌이를 부끄럽게 여기던 당시 상공업자들에게 널리 퍼졌습니다. 가톨릭의 가르침은 '돈벌이는 곧 악'이라고 말하고 있었지만, 칼뱅은 '신이 주신 직업에 충실했기 때문에 부자가 되는 것이다'라고 설파한 겁니다. 칼뱅파의 윤리는 **자본주의** 정신에도 영향을 끼쳤다고 합니다.

칼뱅파는 프랑스, 영국, 스페인령 네덜란드 등의 상공업 지역을 중심으로 널리 퍼져 갔습니다.

한편 가톨릭교회는 칼뱅파 등의 **프로테스탄트**(80쪽)에 대항합니다 **(반종교 개혁)**. 가톨릭교회는 **트리엔트 공의회**에서 가톨릭교회의 정통성을 강조했습니다. 이단자는 배척의 대상이 되었죠. 선교사 **이**
1545~63
그나티우스 로욜라와 **프란시스코 사비에르** 등 **예수회** 회원들이 일
1491경~1556
1506경~52
본 등 그리스도교 미개척지 여러 곳에 파견된 것도 이 시기입니다.

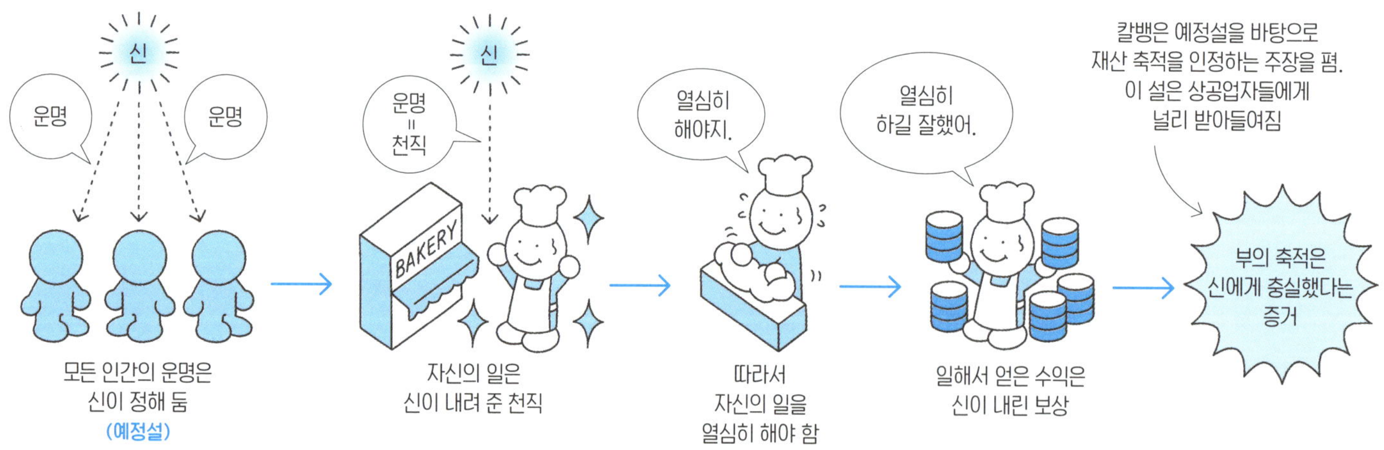

스코틀랜드의
칼뱅파는
이렇게 부름
장로파
칼뱅의
말은 참
그럴듯해~
이단은 화형에
처합시다!!
상공업 지역에서
적극 수용
잉글랜드의
칼뱅파는
이렇게 부름
로마
맡은 바 일에 힘씁시다.
일해서 받는 보수는 신께서
내리신 보상입니다.
예정설
청교도
예수회를 결성해서
가톨릭을 더욱
널리 전합시다.
칼뱅
돈벌이는
나쁜 짓이
아니구나!
스위스
스코틀랜드
칼뱅파가
널리 확산
잉글랜드
프랑스의
칼뱅파는
이렇게 부름
로마 교황
사비에르
로욜라
고이젠
위그노
어떡하지?
프로테스탄트가
확산되는데!
가톨릭을 모르는
나라로 가서
포교해야지!
네덜란드
프랑스
고이젠은
용서 못 해!
사비에르
그 무렵 네덜란드는
스페인 영토.
네덜란드 칼뱅파(고이젠)는
가톨릭 국가인
스페인과 싸우게 됨
VS
스페인
(가톨릭)
네덜란드 독립 전쟁
(91쪽)
네덜란드
(프로테스탄트)

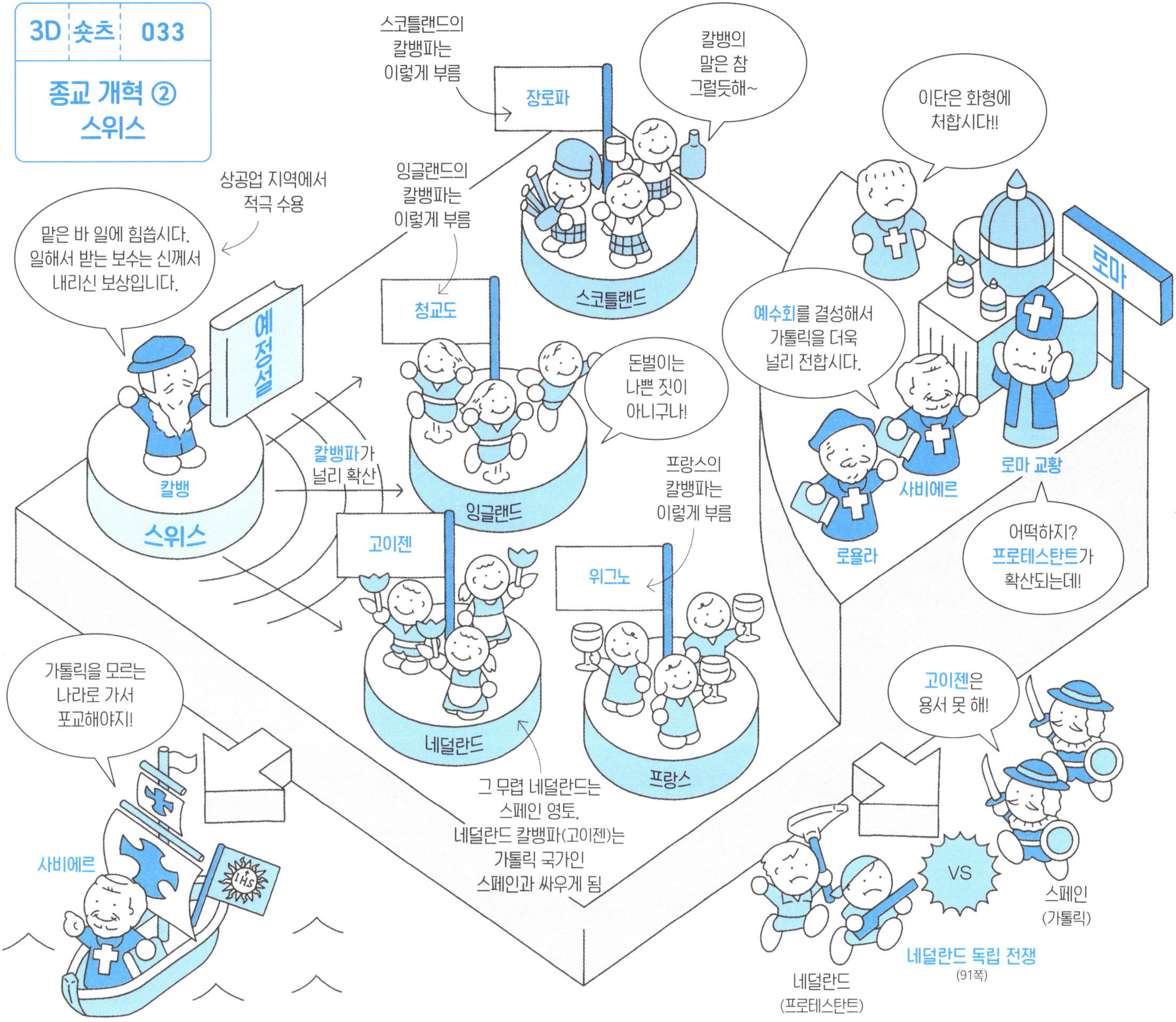

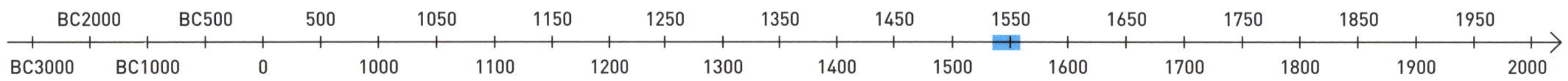

근세

84

영국의 종교 개혁은 **독일과 스위스의 종교 개혁**(80, 82쪽)과는 다르게 **국가가 주도**해서 진행했습니다.

영국 국왕 **헨리 7세**(70쪽)의 뒤를 이은 헨리 8세는 왕비와 이혼하고자 했습니다. 그래서 헨리 8세는 이혼을 금지하는 **가톨릭교회**에서 탈퇴한 후 영국 국교회라는 영국 특유의 교회 제도를 창시했습니다. (재위 1509~47 / 1534)

헨리 8세는 가톨릭교회의 땅을 빼앗아 국민(특히 젠트리92쪽라는 지주 계급)에게 나눠 주었기 때문에, 이 개혁은 영국 국내에서 큰 호응을 얻었습니다.

영국 국교회는 가톨릭교도였던 메리 1세 시절에 한 차례 탄압당합니다. 하지만 뒤를 이은 엘리자베스 1세는 즉위하면서 영국 국교회를 **국교**로 지정하고, 의식과 교의를 정비합니다(통일령). (재위 1553~58 / 재위 1558~1603 / 1559)

이렇게 해서 영국에서는 국왕이 종교와 정치 양쪽을 통제하는 체제가 완성되었습니다. 단, **의회를 존중하는 영국의 전통**(모범 의회64쪽)은 지켰습니다.

엘리자베스 1세가 죽은 뒤, **청교도**(92쪽)라 불리는 영국 국내 **칼뱅파**(82쪽)와 영국 국왕(영국 국교회)은 마찰을 일으키게 됩니다.

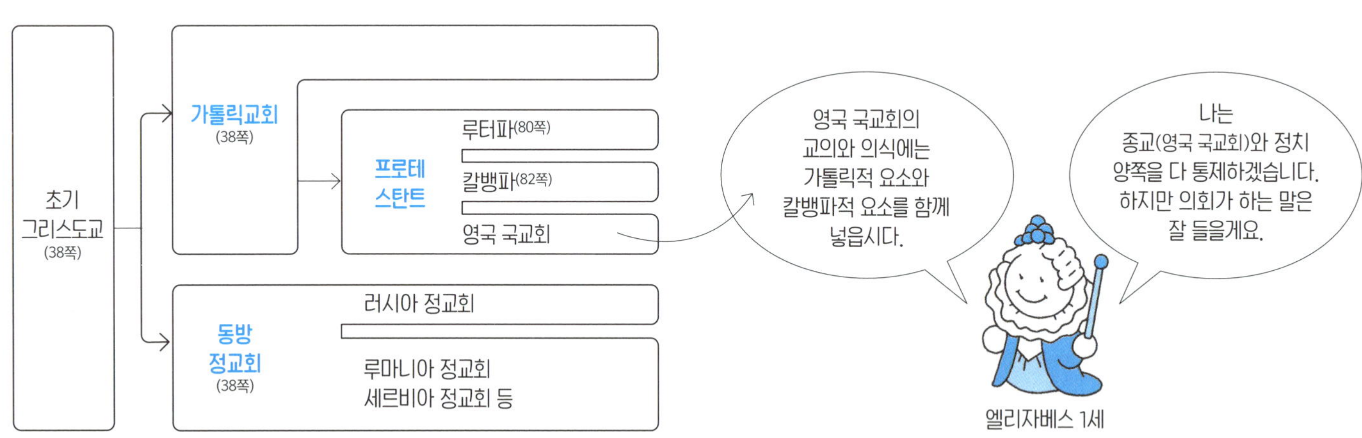

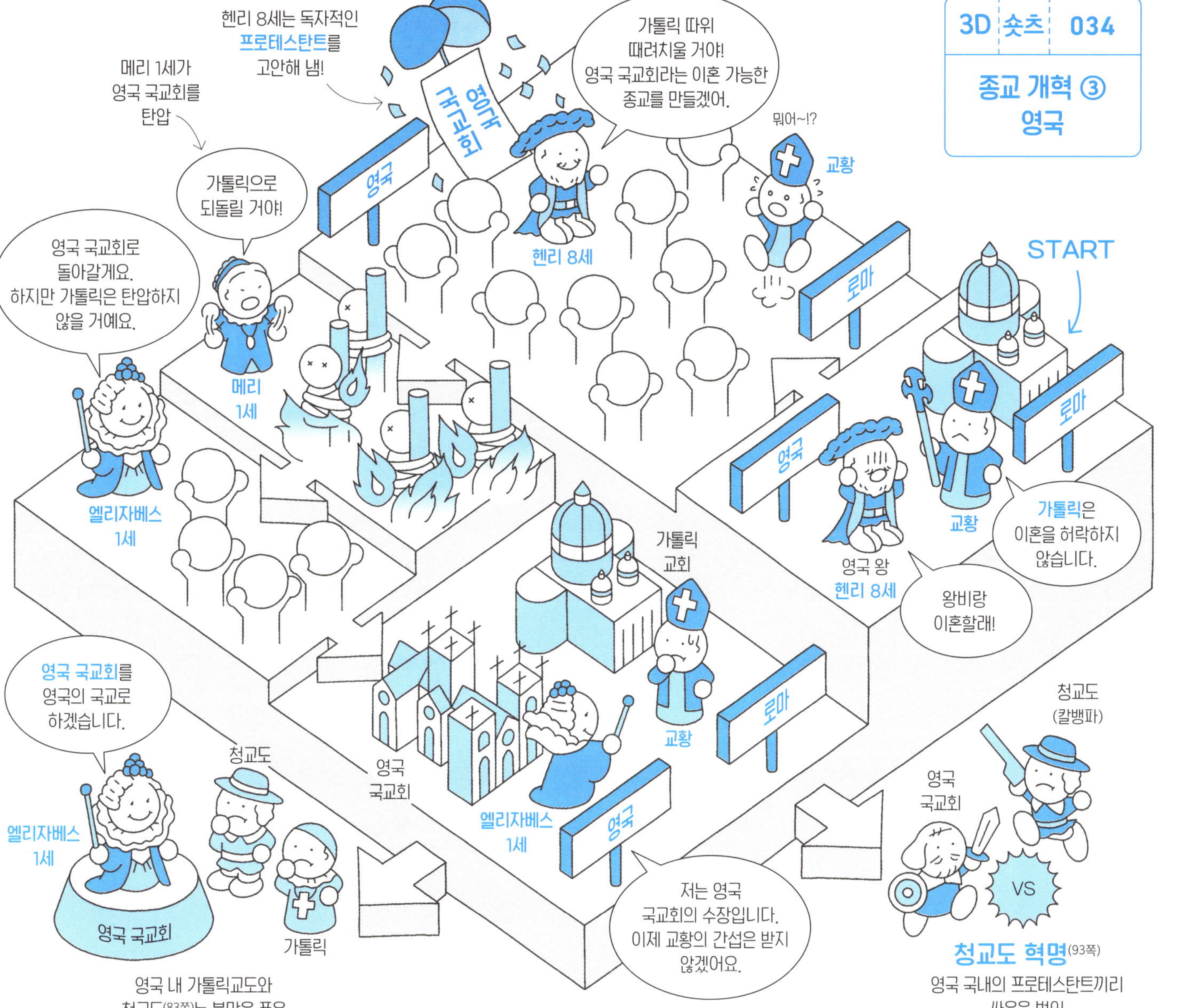

영국 내 가톨릭교도와 청교도(83쪽)는 불만을 품음

035

주권 국가의 성립

국왕의 시대와 이탈리아 전쟁

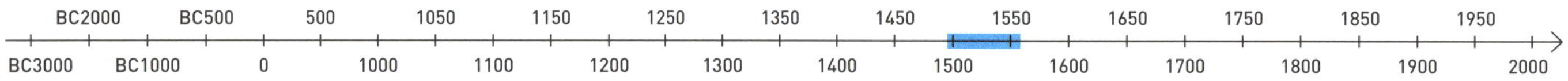

중세 후기가 되면서 로마 교황과 제후의 힘이 약해졌습니다(60쪽). 그러자 각 제후가 통치하는 장원과 장원 사이의 경계가 희미해지고, 대신 나라와 나라 사이의 경계(국경)가 뚜렷해지기 시작했습니다. 각국 국왕은 자국의 정책을 전부 결정할 수 있는 최고 권력자가 되어 갑니다.

국가 정책을 결정하는 권력을 주권이라고 하며, 주권이 존재하는 국가를 주권 국가라고 합니다. 현재 한국이나 일본은 주권을 국민이 가지는 주권 국가입니다. 16세기에 들어서면서, 국왕이 주권을 독점하는 주권 국가, 바로 절대 왕정 국가가 연이어 탄생하기 시작합니다.

이런 주권 국가의 형성을 부추긴 것이 이탈리아 전쟁입니다. 이탈리아 전쟁은 '상업 도시 이탈리아'를 탐내던 **프랑스 왕실(발루아 왕조)**과, '로마를 가진 이탈리아'를 욕심내던 **신성 로마 황제(합스부르크 가문)**(66쪽)가 약 60년 동안이나 맞붙은 전쟁입니다. 이 전쟁에는 영국을 비롯하여 다양한 세력이 자국의 이익을 위해 참전했습니다. 그 결과로 만들어진 세력권이 각국 국토가 되었습니다.

이탈리아 전쟁을 계기로 프랑스 왕실과 합스부르크 가문의 대립은 계속 이어지게 됩니다.

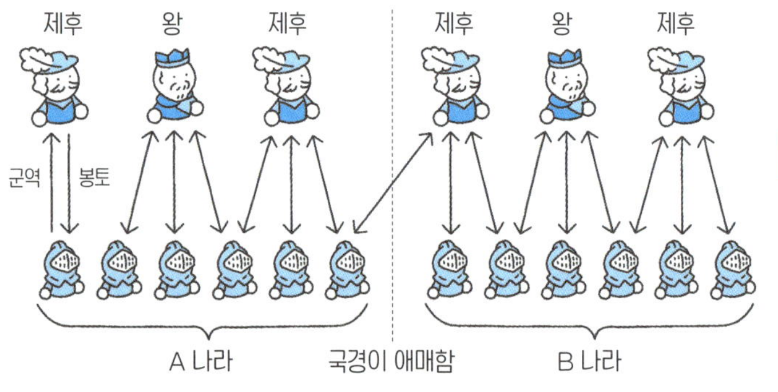

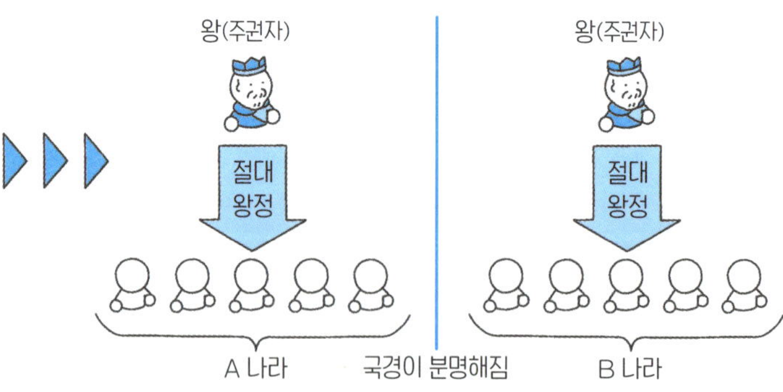

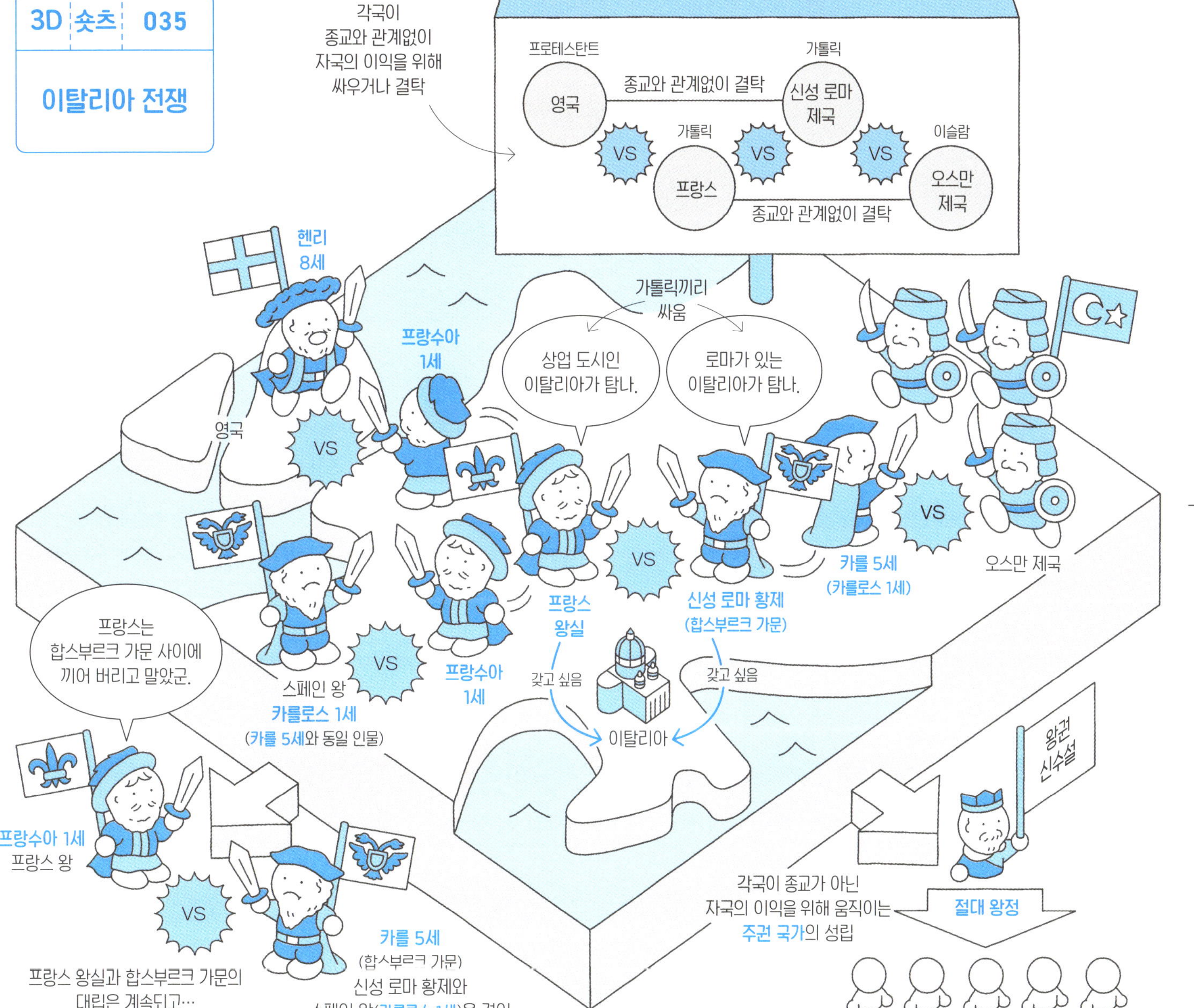
각국이
종교와 관계없이
자국의 이익을 위해
싸우거나 결탁
프로테스탄트
영국
종교와 관계없이 결탁
가톨릭
신성 로마 제국
가톨릭
VS
프랑스
VS
VS
이슬람
오스만 제국
종교와 관계없이 결탁
가톨릭끼리 싸움
상업 도시인 이탈리아가 탐나.
로마가 있는 이탈리아가 탐나.
헨리 8세
영국
프랑수아 1세
VS
프랑스 왕실
신성 로마 황제 (합스부르크 가문)
카를 5세 (카를로스 1세)
오스만 제국
VS
VS
프랑스는 합스부르크 가문 사이에 끼어 버리고 말았군.
스페인 왕 카를로스 1세 (카를 5세와 동일 인물)
VS
프랑수아 1세
갖고 싶음
갖고 싶음
이탈리아
왕권 신수설
프랑수아 1세 프랑스 왕
VS
카를 5세 (합스부르크 가문) 신성 로마 황제와 스페인 왕(카를로스 1세)을 겸임
프랑스 왕실과 합스부르크 가문의 대립은 계속되고…
각국이 종교가 아닌 자국의 이익을 위해 움직이는 주권 국가의 성립
절대 왕정

036

스페인의 절대 왕정

해가 지지 않는 나라

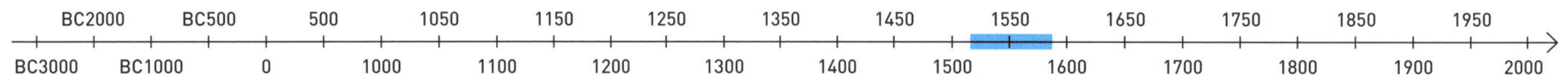

1516년, 스페인에서 **합스부르크 가문**(86쪽)**의 왕조**(합스부르크 왕조)가 탄생했습니다. 초대 국왕은 **카를로스 1세**(87쪽)였습니다. 카를로스 1세의 아버지 쪽 조부는 **신성 로마 제국** 황제 **막시밀리안 1세**(합스부르크 가문), 어머니 쪽 조모는 스페인 여왕 이사벨로, 대단히 고귀한 혈통이었습니다.

카를로스 1세는 19세 무렵 조부에게서 **신성 로마 제국의 황제** 자리를 물려받았습니다. 그 칭호는 **카를 5세**(87쪽)였죠. 이렇게 해서

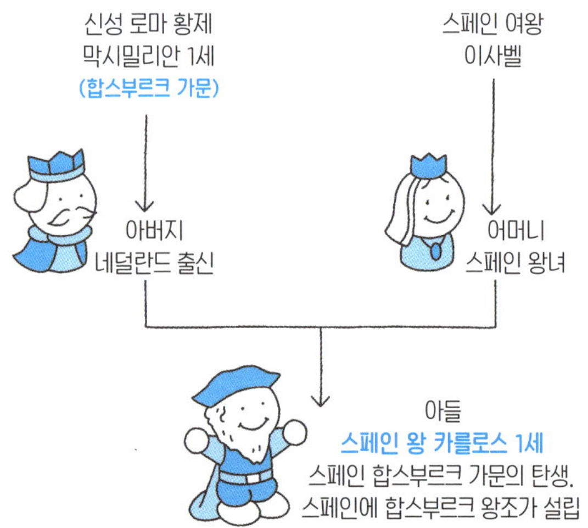

스페인 국왕 카를로스 1세는 **신성 로마 황제 카를 5세** 또한 겸하게 되었습니다.

이 결과, 카를로스 1세의 지배 영역은 오스트리아, 벨기에, 네덜란드, 룩셈부르크, 밀라노, 나폴리, 시칠리아 등 프랑스를 제외한 유럽 대륙, 중남미 대륙, 저 멀리 필리핀에까지 이르게 되었습니다.

16세기 후반, 아들 **펠리페 2세** 시대에는 남미의 포토시 은광에서 은 생산량이 급격하게 증가했습니다. 여기에 포르투갈을 합병하면서 영토는 아프리카, 인도까지 확장되었습니다.

이리하여 스페인은 '본국에서 해가 지더라도 해외 영토 어딘가에서는 여전히 태양이 빛나는, 절대적인 국력을 가진 나라'라는 뜻으로 **'해가 지지 않는 나라'**라 불리게 되었습니다.

하지만 **네덜란드 독립 전쟁**(90쪽)에서부터 스페인의 쇠퇴가 시작되었습니다. 당시 네덜란드는 스페인 왕실의 지배를 받고 있었습니다. 그런데 프로테스탄트 세력이 주도하는 네덜란드의 독립 운동에 영국이 힘을 빌려줍니다. 이렇게 영국이 네덜란드를 지원함으로써, 가톨릭으로 전 유럽을 통합하고자 했던 펠리페 2세는 큰 장벽에 부딪혔습니다. 스페인은 **칼레 해전**에서 영국에 패하여 몰락하게 됩니다.

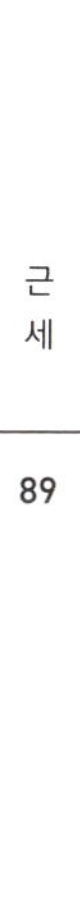

스페인은 레판토 해전에서 오스만 제국을 격퇴

어머니가 포르투갈 왕의 딸이었기 때문에 포르투갈도 합병

가톨릭 너무 좋아요. 포르투갈도 받아 왔어요.

영토가 점점 확장되는구나.

스페인

신성 로마 제국

포르투갈

나폴리

밀라노

오스트리아

필리핀

아메리카 대륙

네덜란드

카를로스 1세는 신성 로마 황제도 겸임

신대륙에서 은이 들어온다. 콜럼버스야, 고마워!

식민지 네덜란드에는 프로테스탄트가 많군. 가톨릭을 강제해야겠어.

펠리페 2세

절대 왕정
카를로스 1세의 아들 펠리페 2세 즉위

네덜란드에 가톨릭을 강요

네덜란드

스페인

VS

스페인 왕 카를로스 1세

START

네덜란드
(프로테스탄트)

스페인
(가톨릭)

네덜란드 독립 전쟁 초기

칼레 해전

네덜란드 편을 든 영국

국내 산업을 소홀히 하고 은에만 기대어 번영한 게 잘못이었어.

스페인

펠리페 2세

해가 지지 않는 나라, 스페인의 태양이 저물다

네덜란드 독립 전쟁 후기

무적함대
(아르마다)라 불렸던 스페인 해군은 영국 해군에게 패배

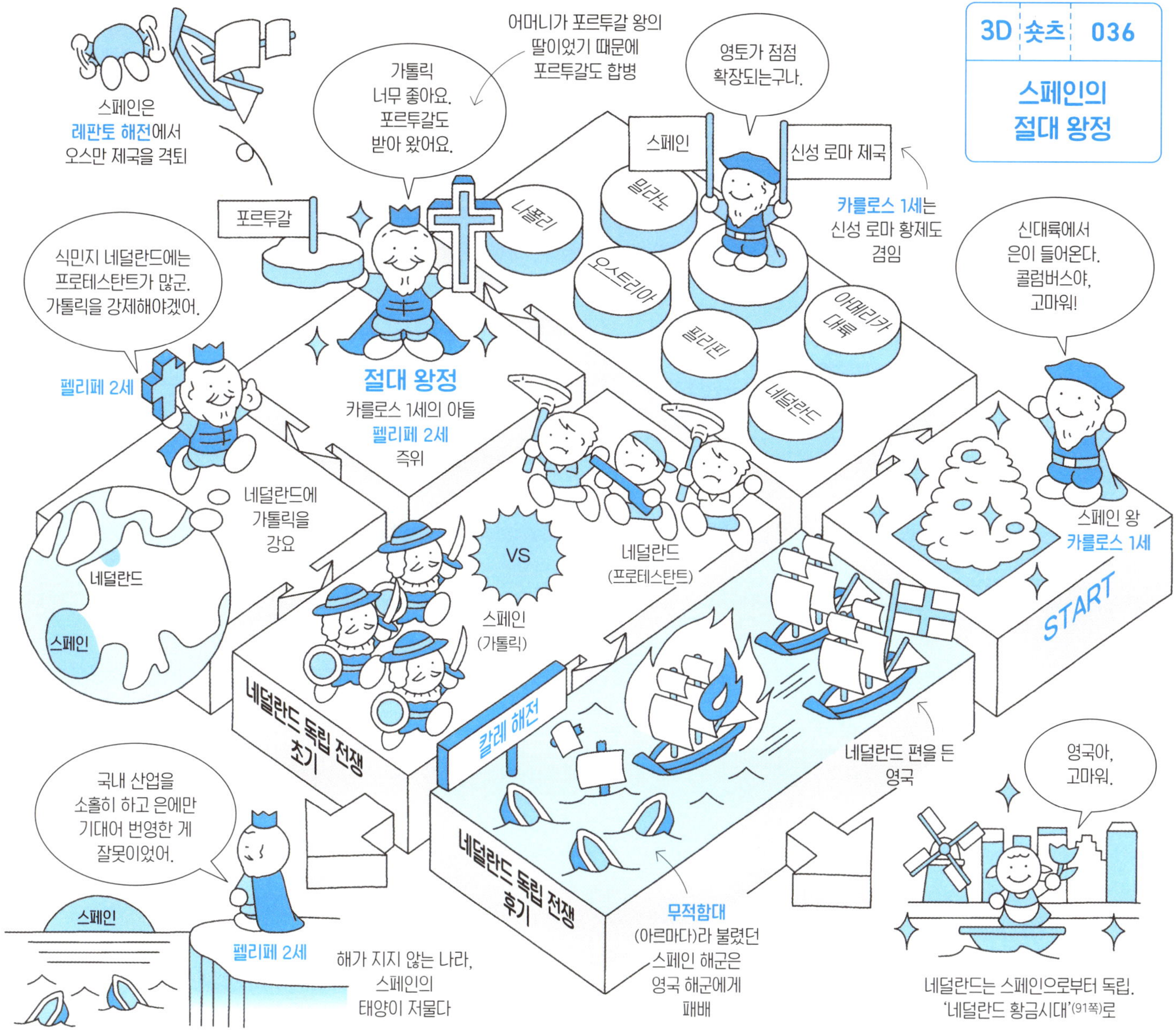

영국아, 고마워.

네덜란드는 스페인으로부터 독립. '네덜란드 황금시대'(91쪽)로

037 네덜란드의 독립과 번영

황금시대였던 17세기

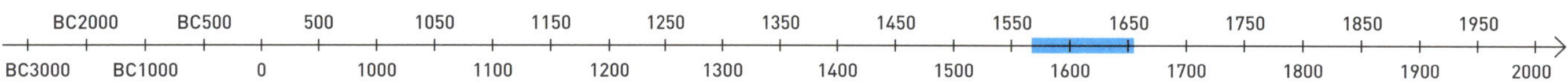

종교 개혁 이후, 상업 국가였던 **네덜란드**에는 **고이젠**(83쪽)이라 불리는 **칼뱅파 프로테스탄트**가 많이 살고 있었습니다.

하지만 네덜란드를 지배하고 있던 **스페인 왕실(합스부르크 가문)**은 **가톨릭**을 믿고 있었기 때문에, 네덜란드에 가톨릭을 믿으라고 강요했습니다. 이에 반항하는 네덜란드 시민들은 지도자인 **오라녀 공 빌럼**(영어로 윌리엄)의 지휘 아래 스페인을 상대로 한 독립 전쟁을 시작합니다. 이것이 바로 **네덜란드 독립 전쟁**입니다.
1533~84 · 1568~1609

영국의 지원까지 받은(아르마다 해전92쪽) 네덜란드는 **네덜란드 연방 공화국**(수도는 암스테르담)으로 독립하는 데 성공했습니다. 그리고 **바타비아**(오늘날의 자카르타)에 식민지를 건설하고, 이곳을 거점으로 동남아시아의 향신료 무역을 독점합니다. 여기에 더해 **대만**을 점유하고, 아프리카에 **케이프 식민지**, 아메리카에 **뉴암스테르담**(오늘날의 뉴욕) 등을 건설하며 세계 무역을 좌지우지하게 됩니다.
1652

네덜란드 시민들은 부유해지고, **렘브란트**와 **페르메이르** 같은 저명한 화가들도 등장하면서 문화도 풍족해집니다. **'17세기는 네덜란드의 세기'**라 불릴 만도 했죠.
1606~69 · 1632~75

하지만 네덜란드는 **중계 무역**(한 나라에서 수입한 물건을 다른 나라에 되파는 무역)으로 번영한 나라였기 때문에, 국내 산업의 성장이 지체되고 말았습니다. 네덜란드는 영국과 바다 패권을 둘러싸고 벌인 **영란 전쟁**에서 패한 뒤 쇠락하게 됩니다.
1652~54

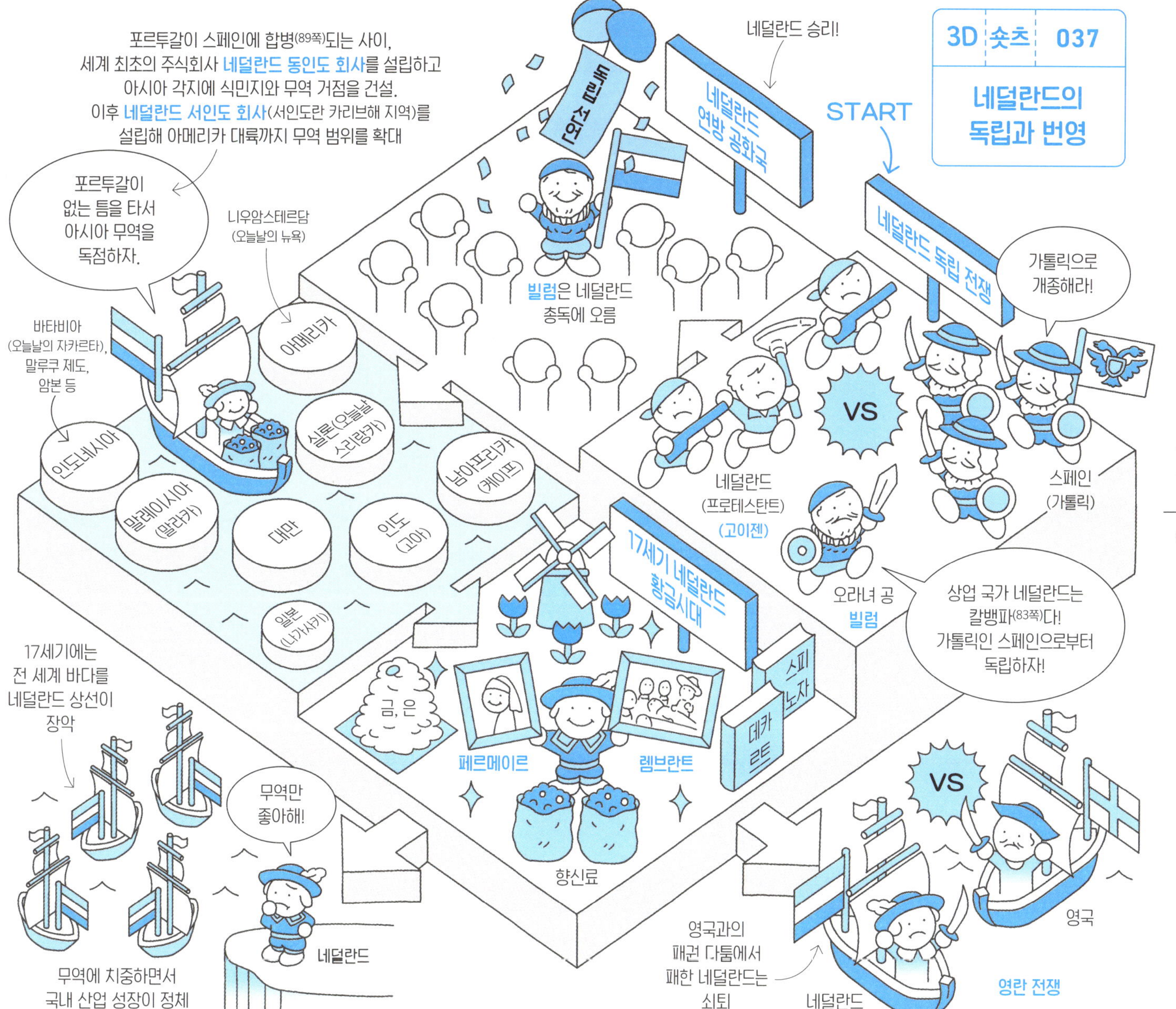

포르투갈이 스페인에 합병(89쪽)되는 사이, 세계 최초의 주식회사 네덜란드 동인도 회사를 설립하고 아시아 각지에 식민지와 무역 거점을 건설. 이후 네덜란드 서인도 회사(서인도란 카리브해 지역)를 설립해 아메리카 대륙까지 무역 범위를 확대
포르투갈이 없는 틈을 타서 아시아 무역을 독점하자.
니우암스테르담 (오늘날의 뉴욕)
바타비아 (오늘날의 자카르타), 말루쿠 제도, 암본 등
독립 선언
네덜란드 승리!
네덜란드 연방 공화국
START
3D 숏츠 037
네덜란드의 독립과 번영
빌럼은 네덜란드 총독에 오름
네덜란드 독립 전쟁
가톨릭으로 개종해라!
아메리카
실론 (오늘날 스리랑카)
인도네시아
남아프리카 (케이프)
말레이시아 (말라카)
대만
인도 (고아)
네덜란드 (프로테스탄트) (고이젠)
VS
스페인 (가톨릭)
근세
91
일본 (나가사키)
17세기 네덜란드 황금시대
오라녀 공 빌럼
상업 국가 네덜란드는 칼뱅파(83쪽)다! 가톨릭인 스페인으로부터 독립하자!
17세기에는 전 세계 바다를 네덜란드 상선이 장악
금, 은
페르메이르
렘브란트
스피노자
데카르트
무역만 좋아해!
향신료
VS
무역에 치중하면서 국내 산업 성장이 정체
네덜란드
영국과의 패권 다툼에서 패한 네덜란드는 쇠퇴
네덜란드
영국
영란 전쟁

038 영국의 절대 왕정 ①

절대 왕정에서 청교도 혁명으로

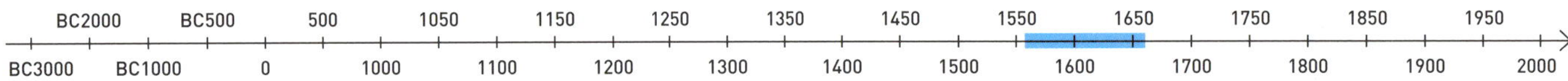

영국에서는 국왕이 **종교**와 **정치** 양쪽을 통제하는 **절대 왕정**이 탄생했습니다(84쪽). 그러긴 했어도 여왕 **엘리자베스 1세**(재위 1558~1603)는 의회를 존중하는 영국의 전통을 지켰습니다(모범 의회64쪽).

엘리자베스 1세는 중앙 정부의 정책은 **의회**와 상의해 결정했으며, 지배력이 미치지 못하는 지방 통치는 그곳 지주인 **젠트리**(84쪽)에게 맡겼습니다(젠트리는 모직물을 생산하는 목장과 공장을 경영해서 수입을 얻음). 영국의 정치는 이러한 구조로 크게 안정되었습니다. 영국의 모직물은 해외에서 날개 돋친 듯이 팔렸고, 국력은 강해졌습니다.

엘리자베스 1세는 내친김에 해외 진출까지 하기로 결심했습니다. 당시 대서양 패권은 아메리카 대륙을 발견한 스페인이 쥐고 있었습니다(스페인의 절대 왕정88쪽). 그래서 영국은 네덜란드 독립을 구실로 스페인과 충돌하고, **무적함대**(아르마다)로 이름 높던 스페인의 대함대를 **칼레 해전**(88쪽)(1588)에서 격퇴하여 대서양의 패권을 빼앗는 데 성공했습니다.

또한 엘리자베스 1세는 무역 회사인 **동인도 회사**(1600)를 창설하고 식민지 건설에도 힘을 쏟았습니다.

하지만 엘리자베스 1세 사망 후, 영국에는 암운이 드리우기 시작합니다. 뒤를 이은 **제임스 1세**(재위 1603~25)가 **영국 국교회**(84쪽)의 이름으로 **왕권신수설**을 외치며, 의회를 무시하는 전제 정치를 단행한 것입니다. 가톨릭 세력과, **청교도**라 불리는 영국의 **칼뱅파**(82쪽)는 탄압당했습니다.

게다가 제임스 1세의 아들 **찰스 1세**(재위 1625~49)는 당시 청교도가 다수인 의회를 해산하고 맙니다. 이에 의회는 **크롬웰**(1599~1658)을 중심으로 반발했습니다. **네이즈비 전투**(1645)에서 크롬웰은 국왕 편인 왕당파를 물리칩니다. 그리고 국왕 찰스 1세를 처형해 버리죠. 이로써 영국에서 첫 **공화정**(1649)이 펼쳐집니다.

크롬웰의 이 혁명은 청교도가 주도해서 일어난 것이기 때문에 **청교도 혁명**(1640~60)이라 부릅니다.

1620년, 탄압을 피해 도망친 100여 명의 청교도가 **메이플라워호**를 타고 아메리카 대륙에 이주. 이들이 상륙한 땅은 뉴잉글랜드 식민지(140쪽)로 발전

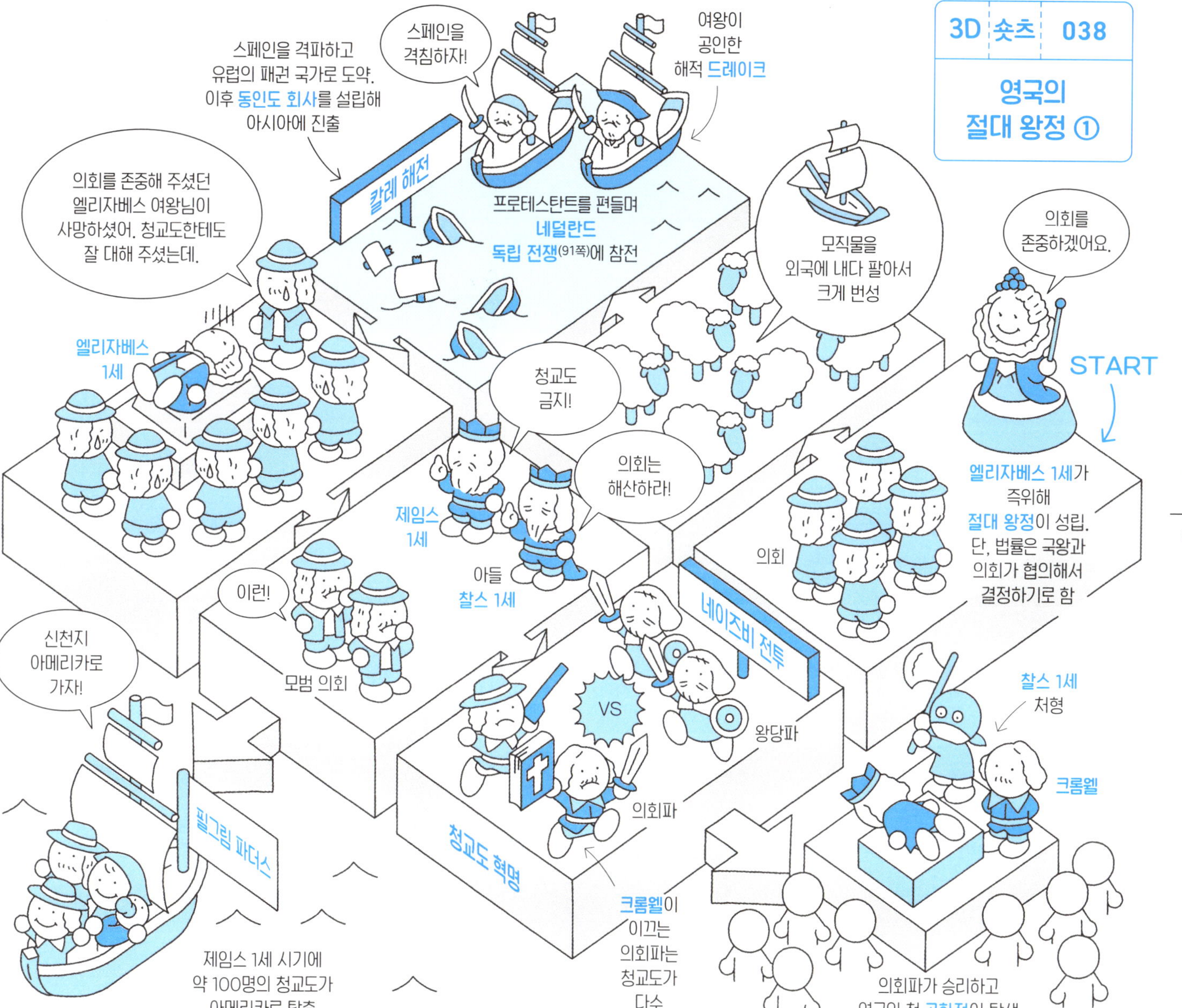

3D 숏츠 038
영국의 절대 왕정 ①

스페인을 격파하고 유럽의 패권 국가로 도약. 이후 동인도 회사를 설립해 아시아에 진출

스페인을 격침하자!

여왕이 공인한 해적 드레이크

칼레 해전

프로테스탄트를 편들며 네덜란드 독립 전쟁(91쪽)에 참전

모직물을 외국에 내다 팔아서 크게 번성

의회를 존중하겠어요.

의회를 존중해 주셨던 엘리자베스 여왕님이 사망하셨어. 청교도한테도 잘 대해 주셨는데.

엘리자베스 1세

START

엘리자베스 1세가 즉위해 절대 왕정이 성립. 단, 법률은 국왕과 의회가 협의해서 결정하기로 함

청교도 금지!

의회는 해산하라!

제임스 1세

아들 찰스 1세

의회

네이즈비 전투

이런!

모범 의회

신천지 아메리카로 가자!

VS

왕당파

의회파

찰스 1세 처형

크롬웰

필그림 파더스

청교도 혁명

크롬웰이 이끄는 의회파는 청교도가 다수

제임스 1세 시기에 약 100명의 청교도가 아메리카로 탈출

의회파가 승리하고 영국의 첫 공화정이 탄생

근세

93

039

영국의 절대 왕정 ②

명예 혁명과 입헌 군주정

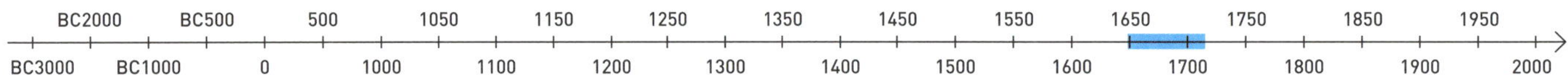

공화정의 탄생

공화정이었던 영국은
영란 전쟁에서 우세를 점하고
네덜란드에게서
세계 무역의 패권을 탈취

크롬웰

청교도 혁명을 성공시키고 영국에 **공화정**을 시행한 **크롬웰**(92쪽). 이후 크롬웰은 **아일랜드**를 정복했습니다. 그리고 당시 해상 무역의 선두를 달리고 있던 네덜란드와 무역권을 놓고 다투는 영란 전쟁을 일으킵니다. 영란 전쟁에서 우세를 점한 크롬웰은 호국경이 되어 독재 정치를 펼치기 시작했습니다. 1653

이 독재 정치에 민중의 불만이 폭발하면서 다시 영국에 국왕이 돌아와 **왕정이 부활**하게 됩니다(왕정복고). 그런데 이 왕도, 그다음 1660 왕도 의회를 무시하는 태도를 보였습니다. 마침내 의회는 **외국**에서 국왕을 데려와 '영국 국왕으로 인정해 주는 대신 의회의 주권을 약속받자'라는 계획을 추진합니다(권리 장전). 이리하여 네덜란 1689 드에서 **윌리엄 3세**와 그 아내 **메리 2세**를 영국 국왕으로 초빙해 재위 1689~1702 재위 1689~94 왔고, 영국은 의회가 힘을 가진 **입헌 군주정**(입헌 왕정)이 되었습니 1689

다. 의회가 일으킨 이 혁명은 피를 흘리지 않고 성공한 까닭에 **명예 혁명**이라 부릅니다. 1688~89

정치가 안정된 영국은 **앤 여왕** 시절에 스코틀랜드를 합병하고 **그레이트브리튼 왕국**이 됩니다. 재위 1702~14 1707

다음 왕인 **조지 1세** 시대에는 의회 정치가 더욱 굳건해지고, '**왕** 재위 1714~27 **은 군림하되 통치하지 않는다**'라는 말까지 나오게 되었습니다.

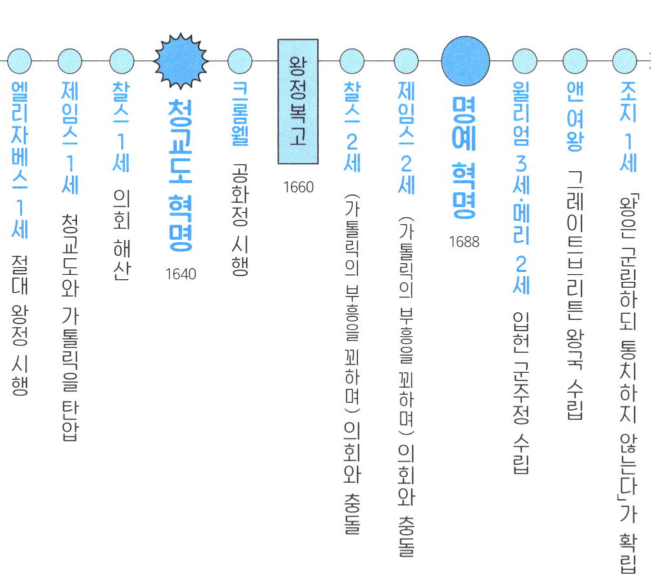

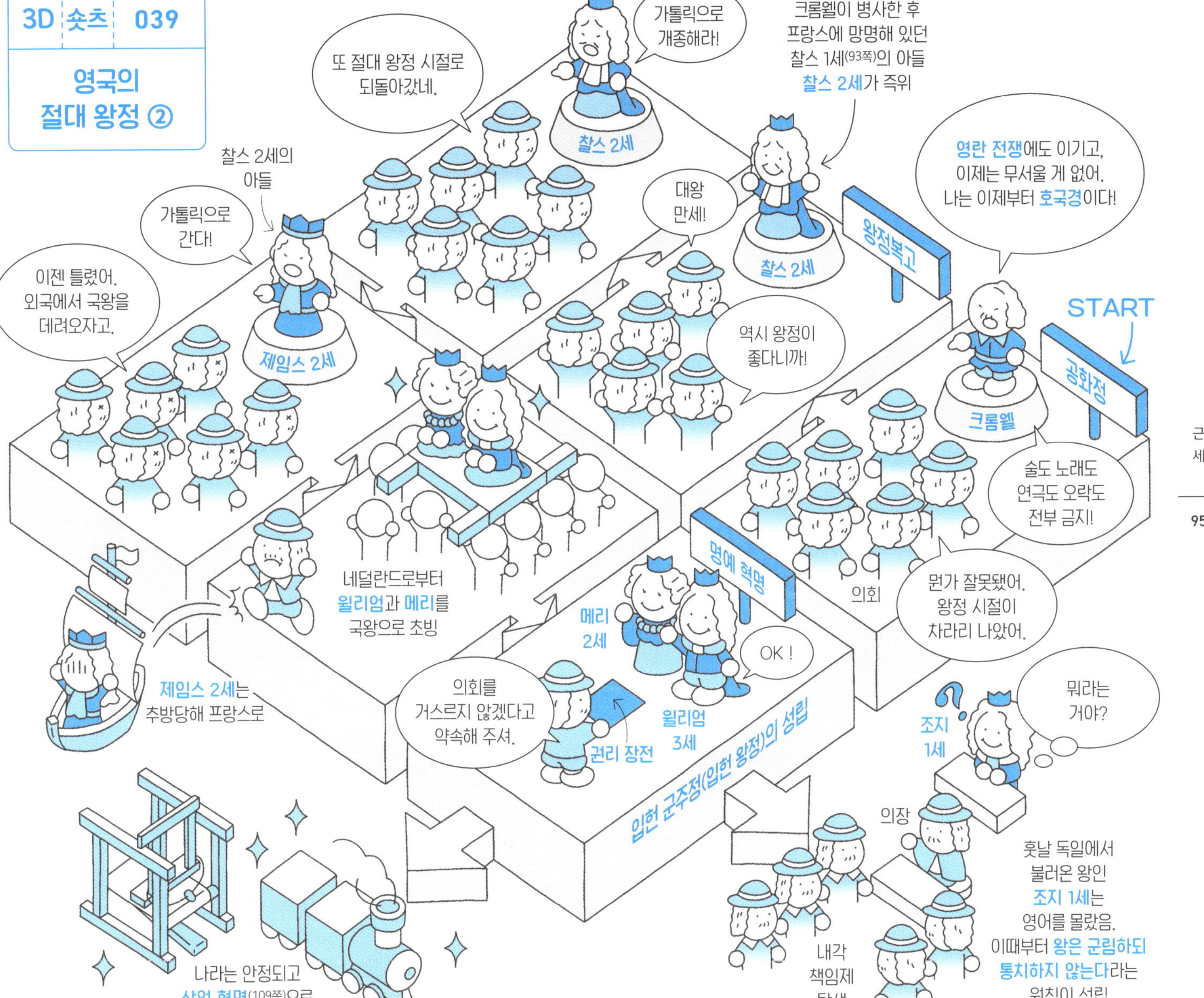
가톨릭으로 개종해라!
또 절대 왕정 시절로 되돌아갔네.
찰스 2세
크롬웰이 병사한 후 프랑스에 망명해 있던 찰스 1세(93쪽)의 아들 찰스 2세가 즉위
영란 전쟁에도 이기고, 이제는 무서울 게 없어. 나는 이제부터 호국경이다!
찰스 2세의 아들
가톨릭으로 간다!
이젠 틀렸어. 외국에서 국왕을 데려오자고.
제임스 2세
대왕 만세!
찰스 2세
왕정복고
START
공화정
크롬웰
역시 왕정이 좋다니까!
술도 노래도 연극도 오락도 전부 금지!
근세
95
네덜란드로부터 윌리엄과 메리를 국왕으로 초빙
명예 혁명
의회
뭔가 잘못됐어. 왕정 시절이 차라리 나았어.
메리 2세
OK!
제임스 2세는 추방당해 프랑스로
의회를 거스르지 않겠다고 약속해 주셔.
권리 장전
윌리엄 3세
조지 1세
뭐라는 거야?
입헌 군주정(입헌 왕정)의 성립
나라는 안정되고 산업 혁명(109쪽)으로
의장
내각 책임제 탄생
훗날 독일에서 불러온 왕인 조지 1세는 영어를 몰랐음. 이때부터 왕은 군림하되 통치하지 않는다라는 원칙이 성립

040

영국과 프랑스의 식민지 정책

영국이 목표로 한 식민지 제국

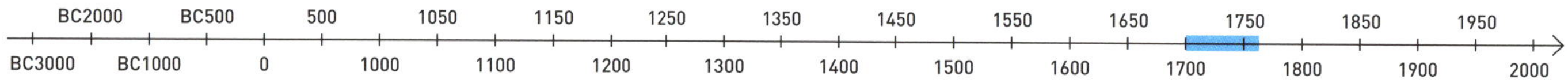

대항해 시대(76, 78쪽)를 계기로 스페인과 포르투갈은 식민지 확보에 나섰습니다. 하지만 두 나라의 기세가 꺾이면서, 그 대신 두각을 드러낸 것이 **네덜란드**, **영국**, **프랑스**였습니다.

18세기 유럽에서는 카페나 커피하우스가 인기를 끌면서 커피와 사탕수수의 수요가 커졌습니다. 그래서 커피와 사탕수수가 카리브해의 플랜테이션(대규모 농장)에서 대량 재배되었습니다. 노동력은 서아프리카에서 실려 온 흑인 노예였습니다. 또한 목화솜으로 만든 면제품이 유럽에서 크게 유행하면서, 북아메리카 대륙 남부에서는 목화 재배가 발전했습니다. 이렇게 유럽, 아메리카 대륙, 아프리카 대륙 간에 이루어진 무역을 **대서양 삼각 무역**(148쪽)이라고 합니다.

대서양 삼각 무역의 주도권을 잡은 것은 **영국**이었습니다. 여기에는 영국과 프랑스의 식민지 전쟁이 깊이 얽혀 있습니다. 당시 프랑스는 북아메리카 대륙에 퀘벡(오늘날의 캐나다)과 루이지애나를, 영국은 동해안 쪽에 **13개 식민지**를 가지고 있었습니다. 하지만 **프렌치·인디언 전쟁**(1754~63)에서 프랑스는 영국에 완패하고 북아메리카 대륙의 모든 식민지를 빼앗기고 말았죠.

같은 시기에 인도에서는 **플라시 전투**(1757)와 **카나틱 전쟁**(1744~63)이 일어나고,

영국은 인도 식민지화 사업의 주도권도 손에 넣었습니다. 이리하여 영국은 **제1차 식민지 제국**의 시대를 열게 됩니다.

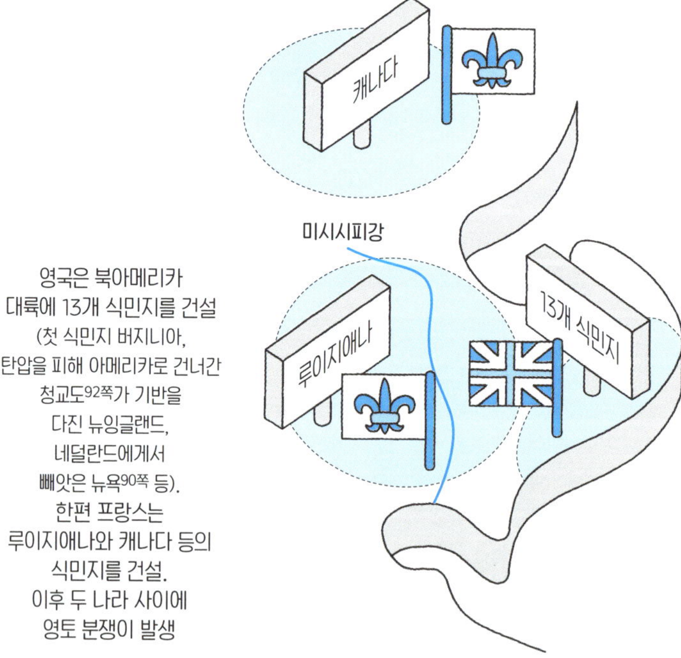

영국은 북아메리카 대륙에 13개 식민지를 건설(첫 식민지 버지니아, 탄압을 피해 아메리카로 건너간 청교도92쪽가 기반을 다진 뉴잉글랜드, 네덜란드에게서 빼앗은 뉴욕90쪽 등). 한편 프랑스는 루이지애나와 캐나다 등의 식민지를 건설. 이후 두 나라 사이에 영토 분쟁이 발생

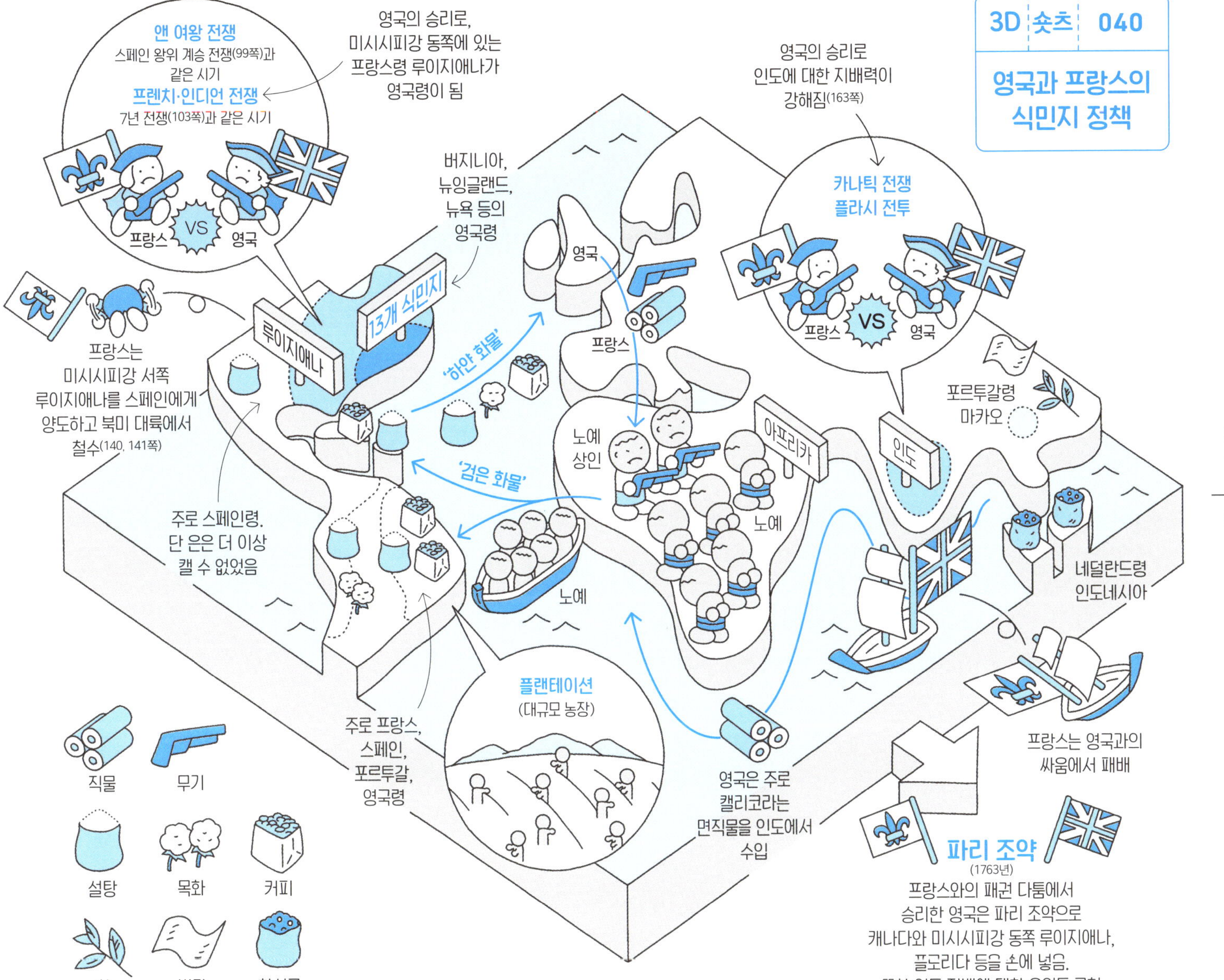
3D 숏츠 040
영국과 프랑스의 식민지 정책

앤 여왕 전쟁
스페인 왕위 계승 전쟁(99쪽)과 같은 시기
프렌치·인디언 전쟁
7년 전쟁(103쪽)과 같은 시기
프랑스 VS 영국

영국의 승리로, 미시시피강 동쪽에 있는 프랑스령 루이지애나가 영국령이 됨

영국의 승리로 인도에 대한 지배력이 강해짐(163쪽)

카나틱 전쟁 플라시 전투
프랑스 VS 영국

버지니아, 뉴잉글랜드, 뉴욕 등의 영국령

영국
프랑스

13개 식민지
루이지애나

프랑스는 미시시피강 서쪽 루이지애나를 스페인에게 양도하고 북미 대륙에서 철수(140, 141쪽)

주로 스페인령. 단 은은 더 이상 캘 수 없었음

'하얀 화물'
'검은 화물'

노예 상인
아프리카
노예
노예

포르투갈령 마카오

인도

네덜란드령 인도네시아

주로 프랑스, 스페인, 포르투갈, 영국령

플랜테이션 (대규모 농장)

영국은 주로 캘리코라는 면직물을 인도에서 수입

프랑스는 영국과의 싸움에서 패배

파리 조약
(1763년)
프랑스와의 패권 다툼에서 승리한 영국은 파리 조약으로 캐나다와 미시시피강 동쪽 루이지애나, 플로리다 등을 손에 넣음. 또한 인도 지배에 대한 우위도 굳힘

직물   무기
설탕   목화   커피
차   비단   향신료

근세
97

041 프랑스의 절대 왕정

짐이 곧 국가이니라

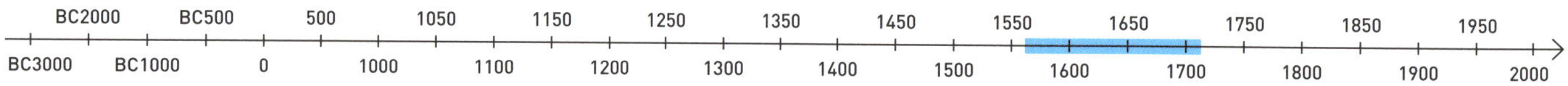

백년 전쟁(70쪽) 후, 프랑스에서도 **종교 전쟁**이 일어납니다. **위그노**라 부르는 프랑스의 **칼뱅파**(82쪽)와 **가톨릭교도**가 30년에 걸쳐 프랑스 국내에서 충돌했던 겁니다(**위그노 전쟁**). 1562~98

이 내전을 잠재운 것이 1589년에 프랑스 국왕으로 즉위한 **앙리 4세**(이후 **부르봉 왕조**가 이어짐)였습니다. 앙리 4세는 원래 위그노파였 재위 1589~1610 / 1589~1792, 1814~30 지만 스스로 가톨릭으로 개종했습니다. 그렇게 가톨릭을 국교로 삼으면서 위그노의 신앙도 허용할 수 있었던 겁니다(**낭트 칙령**). 위그 1598 노 전쟁은 끝나고, 국내는 안정을 되찾았습니다.

이후 즉위한 **루이 13세**와 재상 **리슐리외**는 왕권에 저항하는 귀족 재위 1610~43 / 1585~1642 과 평민을 견제하기 위해 **의회**(삼부회 62쪽)를 해산했습니다. 이 때문에 프랑스 왕권은 급속히 강화되었습니다. 다음 대인 **루이 14세** 재위 1643~1715 시대, 프랑스 왕권은 재상 **마자랭**과 재무 총감 **콜베르**의 보좌를 1602~61 / 1619~83 받으며 절정으로 치달았습니다. **태양왕**이라고도 불렸던 루이 14세는 **베르사유 궁전** 건설에 착수하고, 국내외로 그 위력을 과시했습니다.

이윽고 프랑스의 기세를 경계하는 나라도 늘어 갔습니다. 영국, 오스트리아, 네덜란드 등을 상대로 스페인과 한편이 되어 싸웠던 **스페인 왕위 계승 전쟁**에서 프랑스는 상당한 전쟁 비용을 탕진하게 1701~13

되었습니다. 루이 14세는 국교를 가톨릭으로 통일해서 왕권의 절대성을 굳히려는 생각으로 **낭트 칙령**을 폐지하고 국민에게 가톨릭을 강요했습니다.

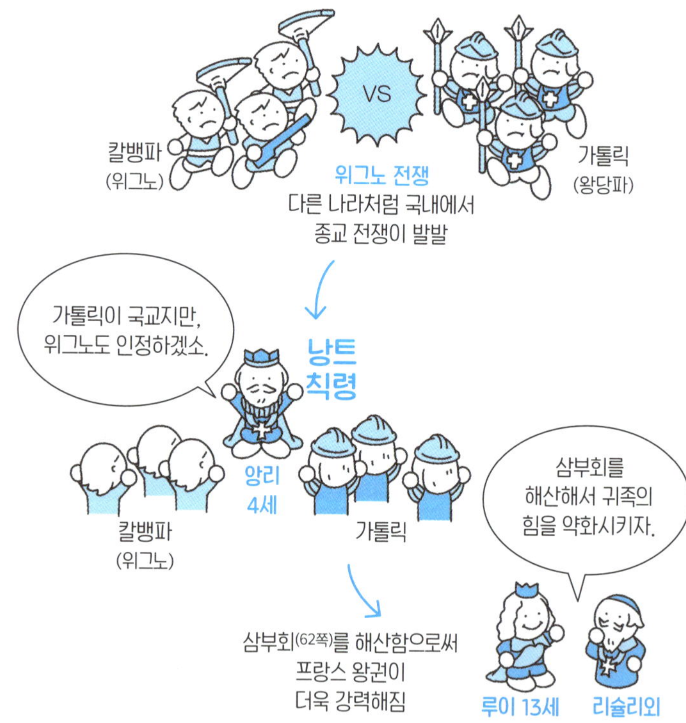

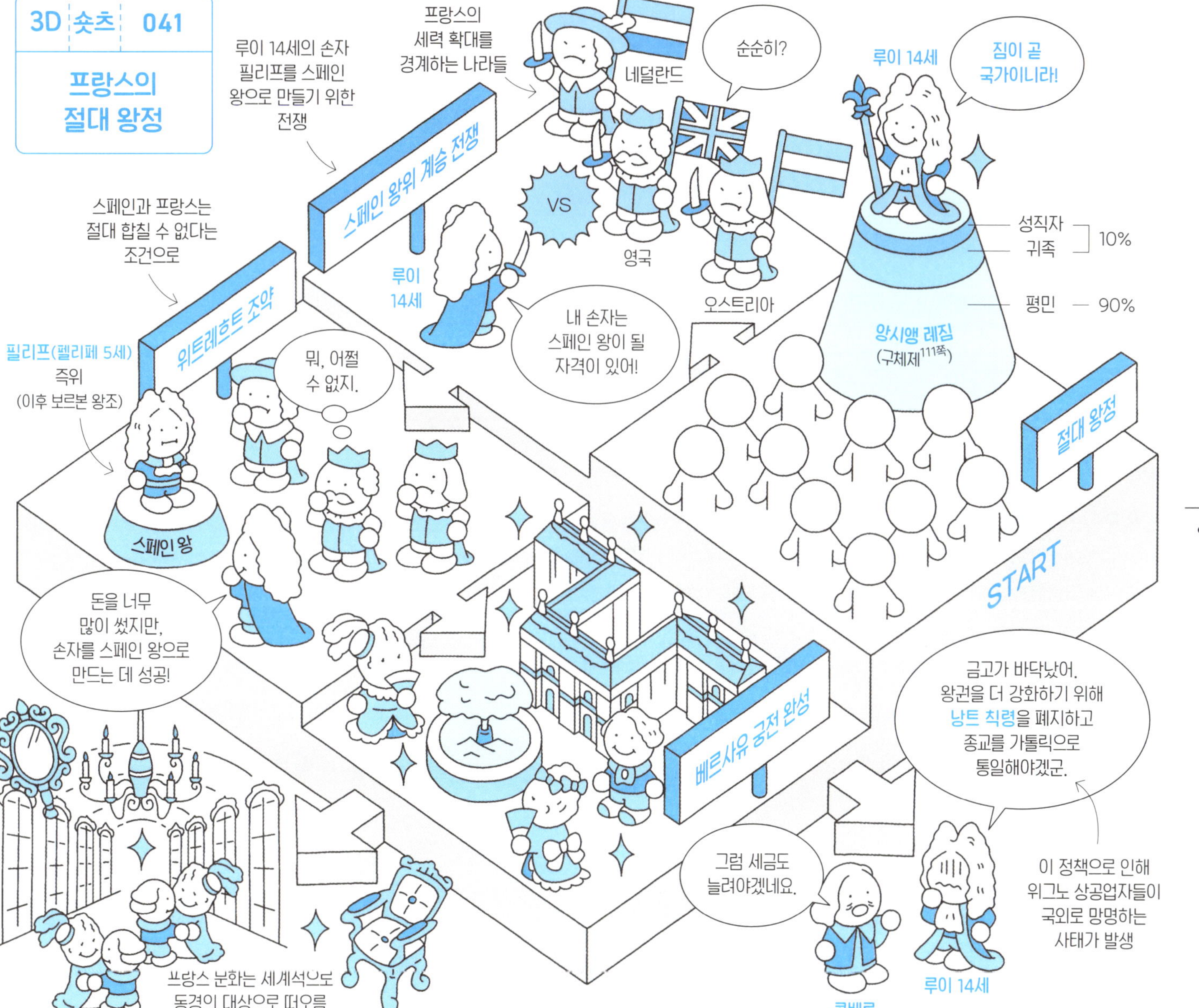
3D 숏츠 041
프랑스의 절대 왕정
근세
99
루이 14세의 손자 필리프를 스페인 왕으로 만들기 위한 전쟁
프랑스의 세력 확대를 경계하는 나라들
네덜란드
순순히?
루이 14세
짐이 곧 국가이니라!
스페인 왕위 계승 전쟁
VS
영국
성직자
귀족
10%
평민
90%
루이 14세
오스트리아
앙시앵 레짐
(구체제111쪽)
스페인과 프랑스는 절대 합칠 수 없다는 조건으로
위트레흐트 조약
내 손자는 스페인 왕이 될 자격이 있어!
필리프(펠리페 5세) 즉위
(이후 보르본 왕조)
뭐, 어쩔 수 없지.
절대 왕정
스페인 왕
START
돈을 너무 많이 썼지만, 손자를 스페인 왕으로 만드는 데 성공!
금고가 바닥났어. 왕권을 더 강화하기 위해 낭트 칙령을 폐지하고 종교를 가톨릭으로 통일해야겠군.
베르사유 궁전 완성
이 정책으로 인해 위그노 상공업자들이 국외로 망명하는 사태가 발생
그럼 세금도 늘려야겠네요.
프랑스 문화는 세계적으로 동경의 대상으로 떠오름
콜베르
루이 14세

독일의 전제 군주정 ①

30년 전쟁과 신성 로마 제국의 약화

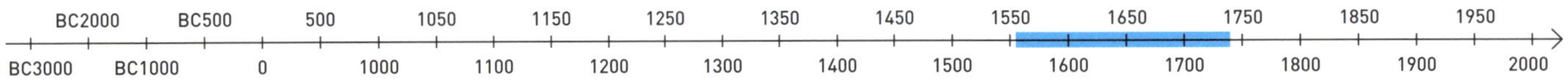

유럽 각지에서 **종교 개혁**이 잇따르던 16세기, **신성 로마 제국(독일)**은 제후들이 다스리는 수많은 **영방**으로 구성된 연합 국가였습니다(66쪽).

아우크스부르크 화의(80쪽)로 인해 **가톨릭 영방**과 **루터파 영방**이 탄생한 뒤, 양측은 두 세력으로 나뉘어 30년에 달하는 전쟁의 시대를 열게 됩니다 **(30년 전쟁)**.
1618~48

이 전쟁에서 **합스부르크 가문**(가톨릭)이 통치하던 스페인은 가톨릭 진영에 가세했습니다. 프랑스는 가톨릭 국가임에도 불구하고 프로테스탄트 진영에 합세했습니다. 왜냐하면 프랑스는 지리적으로 신성 로마 제국(황제가 합스부르크 가문66쪽)과 스페인(왕이 합스부르크 가문88쪽) 사이에 끼어서 오랜 세월을 합스부르크 가문과 대립하고 있었기 때문입니다.

30년 동안 이어진 싸움 끝에 결국 **신성 로마 제국**은 한 나라로 뭉치지 못하고, **베스트팔렌 조약**에 따라 사실상 해체됩니다. 신성
1648
로마 제국은 제후들이 거의 완전한 **주권**을 가진 **영방 국가 연합**이 되었습니다.

30년 전쟁 후 독일에서는 **프로이센 왕국**(1701년에 **프로이센 공국**이 승격해서 성립된 영방 국가)과 **오스트리아 대공국**(합스부르크 가문이 통치하는

영방 국가)의 대립이 심해졌습니다.

1740년, 프로이센 왕 **프리드리히 2세**(102쪽)는 즉위한 후 행정과 재정을 정비하고 자국에 **계몽 전제 군주정**을 확립했습니다. 그리고 석탄이 풍부한 **슐레지엔 지방**을 두고 오스트리아 여제 **마리아 테레지아**(102쪽)와 다투게 됩니다(오스트리아 왕위 계승 전쟁102쪽).

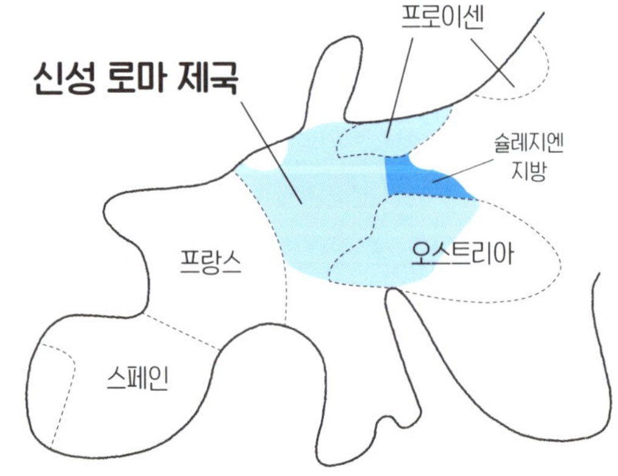

30년 전쟁 후, 신성 로마 제국은 베스트팔렌 조약에 따라 사실상 해체되고, 제후들이 주권을 가진 영방 국가 연합이 됨. 그중에서도 오스트리아와 프로이센이 강력함

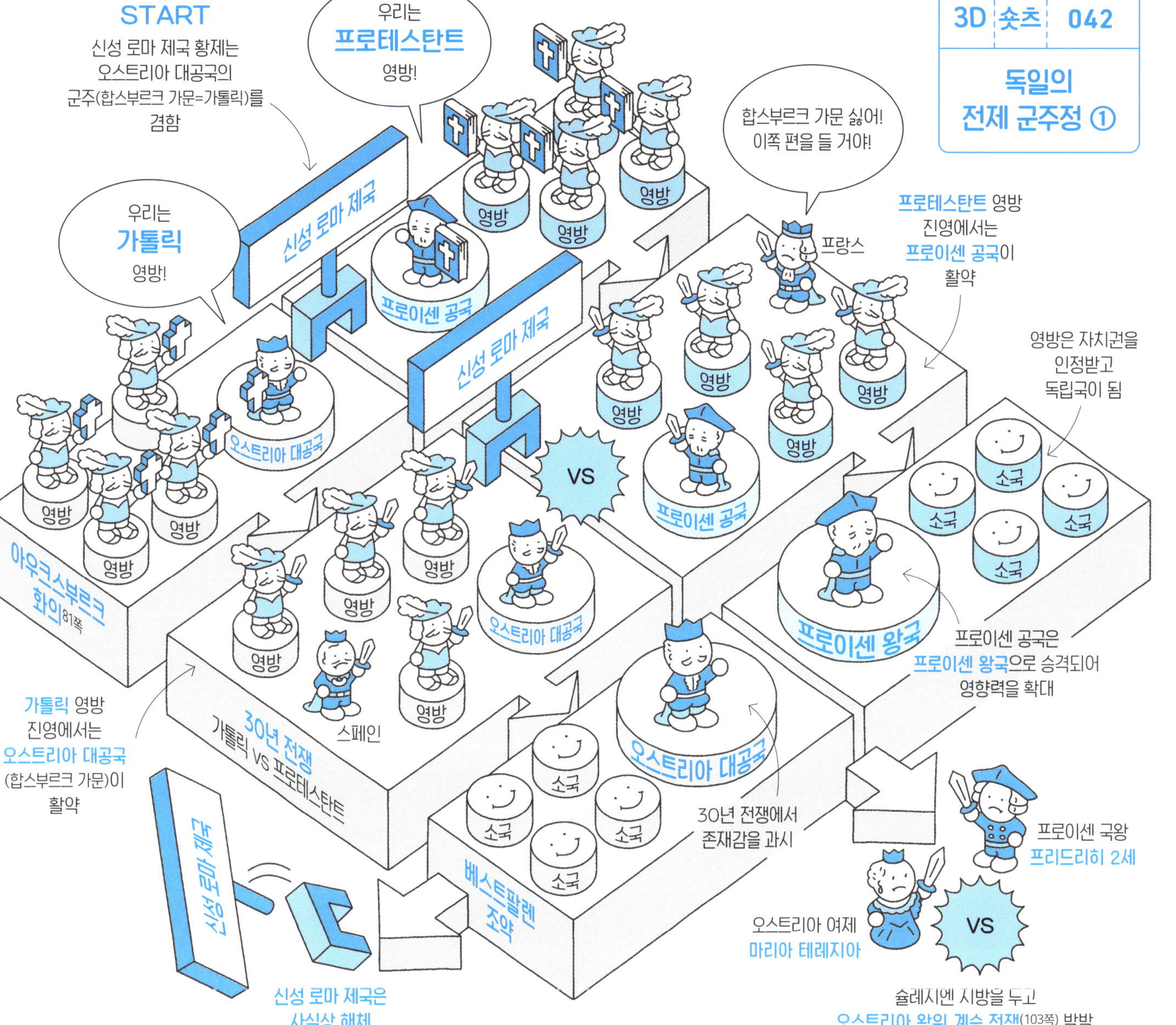
START
신성 로마 제국 황제는 오스트리아 대공국의 군주(합스부르크 가문=가톨릭)를 겸함
우리는 프로테스탄트 영방!
우리는 가톨릭 영방!
합스부르크 가문 싫어! 이쪽 편을 들 거야!
프로테스탄트 영방 진영에서는 프로이센 공국이 활약
영방은 자치권을 인정받고 독립국이 됨
신성 로마 제국
프로이센 공국
신성 로마 제국
오스트리아 대공국
프랑스
영방
영방
영방
영방
VS
프로이센 공국
소국
소국
소국
소국
소국
아우크스부르크 화의 81쪽
영방
영방
영방
영방
영방
영방
오스트리아 대공국
프로이센 왕국
프로이센 공국은 프로이센 왕국으로 승격되어 영향력을 확대
가톨릭 영방 진영에서는 오스트리아 대공국(합스부르크 가문)이 활약
30년 전쟁 가톨릭 VS 프로테스탄트
스페인
오스트리아 대공국
30년 전쟁에서 존재감을 과시
소국
소국
소국
소국
소국
베스트팔렌 조약
신성 로마 제국은 사실상 해체
프로이센 국왕 프리드리히 2세
오스트리아 여제 마리아 테레지아
VS
슐레지엔 지방을 두고 오스트리아 왕위 계승 전쟁(103쪽) 발발

043 독일의 전제 군주정 ②

프리드리히 2세와 마리아 테레지아

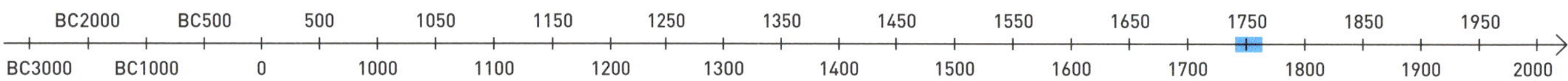

30년 전쟁 후 신성 로마 제국은 **영방 국가 연합**(100쪽)이 되었습니다. 수많은 영방 국가 중에서도 가장 강했던 것이 **오스트리아 대공국**, 그리고 강대한 군사력을 자랑하는 **프로이센 공국**(1701년에 왕국으로 승격)이었습니다.

오스트리아는 여제 마리아 테레지아의 왕위 계승 문제를 둘러싸고 일어난 오스트리아 왕위 계승 전쟁에서 프랑스와 싸워 승리했습니다.
재위 1740~80
1740~48
하지만 이 전쟁에서 프랑스 편을 들어 오스트리아와 싸운 **프로이센**에게 석탄이 풍부한 슐레지엔 지방을 빼앗기고 말았습니다. 오스트리아는 이 지역을 탈환하기 위해, 오랫동안 대립하던 **프랑스**와 역사적인 화해를 하고 동맹을 맺었습니다(외교 혁명).
1756
그리고 이 동맹 관계를 더욱 굳게 다지기 위해 마리아 테레지아는 딸 마리 앙투아네트(110쪽)를 프랑스 왕가에 시집보냈습니다.
1755~93
한편, **프로이센** 국왕 프리드리히 2세는 사회와 시민의 생활을 더욱 발전시킨다는 계몽사상을 이용해서 **전제 군주정**을 세웠습니다
재위 1740~86
(계몽 전제 군주정). 이를 기반으로 산업을 육성하고 예술을 후원하는 한편 관대한 종교 정책을 펼치며 강력한 나라를 만들고자 했습니다. 이 계몽 전제 군주정은 훗날 오스트리아 군주가 되는 **요제프 2세**(마리아 테레지아의 장남)에게도 영향을 미치게 됩니다.

마리아 테레지아가 단행한 **외교 혁명**을 통해 오스트리아와 프랑스가 결속을 다지자, 프리드리히 2세는 반대로 영국에 다가갔습니다. 그리고 프랑스를 아군으로 삼은 오스트리아와, 영국과 한편이 된 프로이센 사이에 7년 전쟁이 일어납니다.
1756~63
이 결과 영국을 끌어들인 프로이센은 오스트리아를 물리치고 **슐레지엔 지방을 확보**해 독일 최강의 군사 국가로 거듭나게 되었습니다.

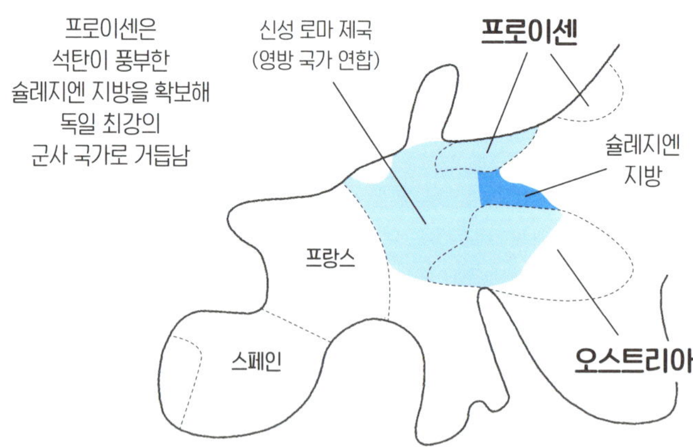

독일의 전제 군주정 ②

103

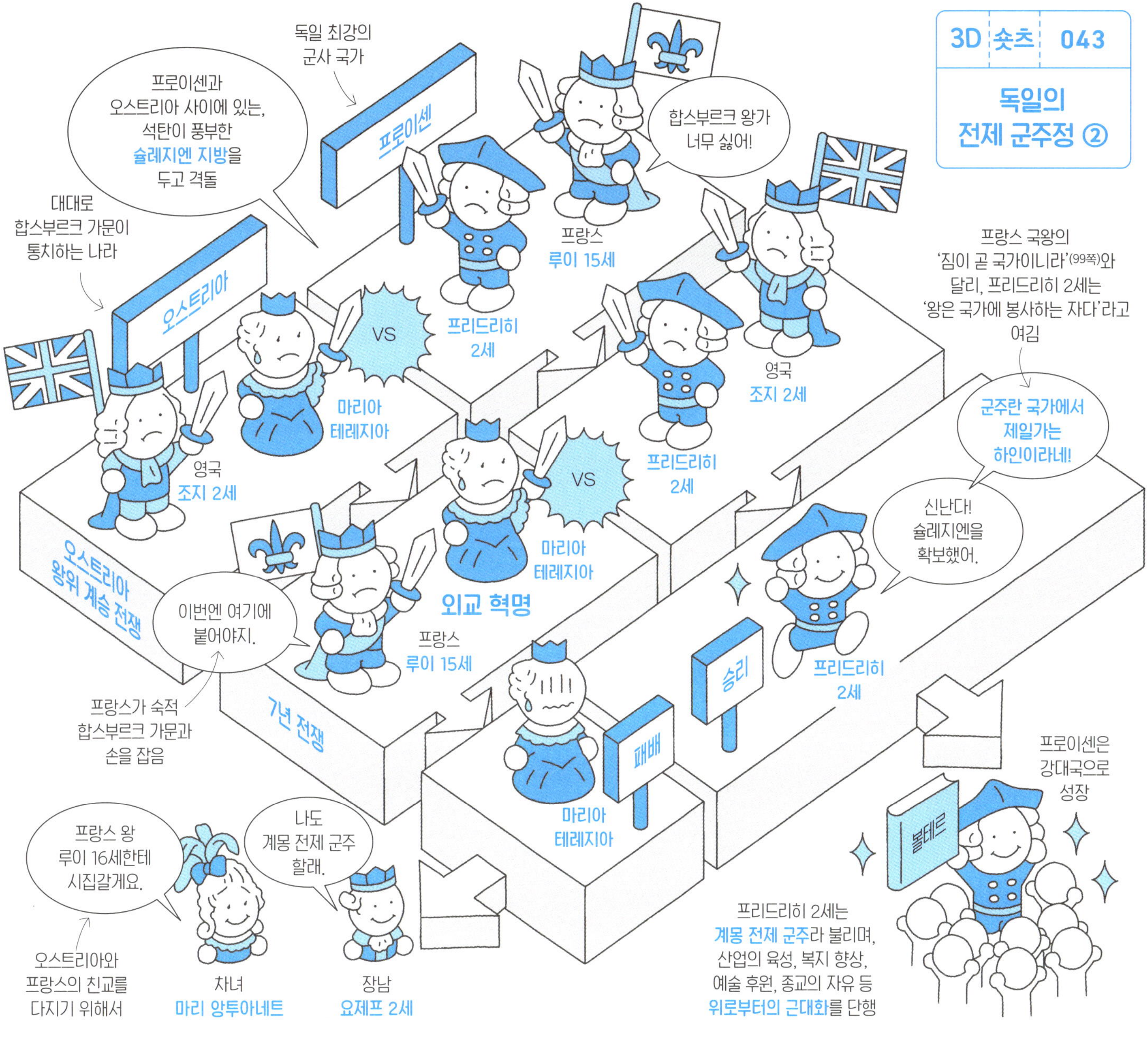

러시아의 전제 군주정

부동항을 찾아서

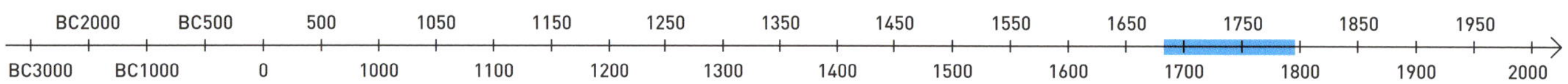

비잔틴 제국 마지막 황제의 조카딸이 **모스크바 대공국**(러시아 제국의 전신)의 **이반 3세**와 결혼함으로써 비잔틴 제국과 **동방 정교**의 문화는 **러시아**로 이어지게 되었습니다(54쪽).

모스크바 대공국에 이반 4세(이반 뇌제)가 즉위하고 나서 군주의 칭호는 공식적으로 차르(어원은 카이사르Caesar)가 되었습니다. 의미는 **황제**지요. 17세기, 모스크바 대공국의 왕조가 끊기고 탄생한

로마노프 왕조도 이 칭호를 이어받아 황제가 다스리는 **강권 체제**(차리즘)를 확립합니다.

17세기는 서유럽 여러 나라가 해외로 세력권을 넓히며 식민지를 확보하던 시기였습니다. 러시아도 이에 뒤처질세라 세계로 눈을 돌렸습니다.

그런데 큰 문제가 앞을 막아섰습니다. 러시아는 냉대 기후의 나라였습니다. 겨울에는 항구가 얼어 버리는 바람에 **1년 내내 사용할 수 있는 항구**(부동항)가 없었던 것입니다. 이것은 러시아 발전의 근간을 뒤흔드는 문제였습니다.

이런 가운데 17세기 말에 즉위한 표트르 1세는 강국 스웨덴과 벌인 대북방 전쟁에서 승리하면서 발트해의 패권을 손에 넣었습니다. 그 와중에 발트해 연안에 세운 요새가 훗날 수도가 되는 **상트 페테르부르크**입니다.

또한 18세기 말, **계몽 전제 군주**라 자부하던 여제 예카테리나 2세(156쪽)는 오스만 제국을 공략하여 흑해 북쪽에 있는 크림반도를 점령했습니다.

부동항 획득 문제에서 비롯한 남하 정책은 러시아가 지중해로 진출하는 계기가 됩니다.

러시아의
전제 군주정

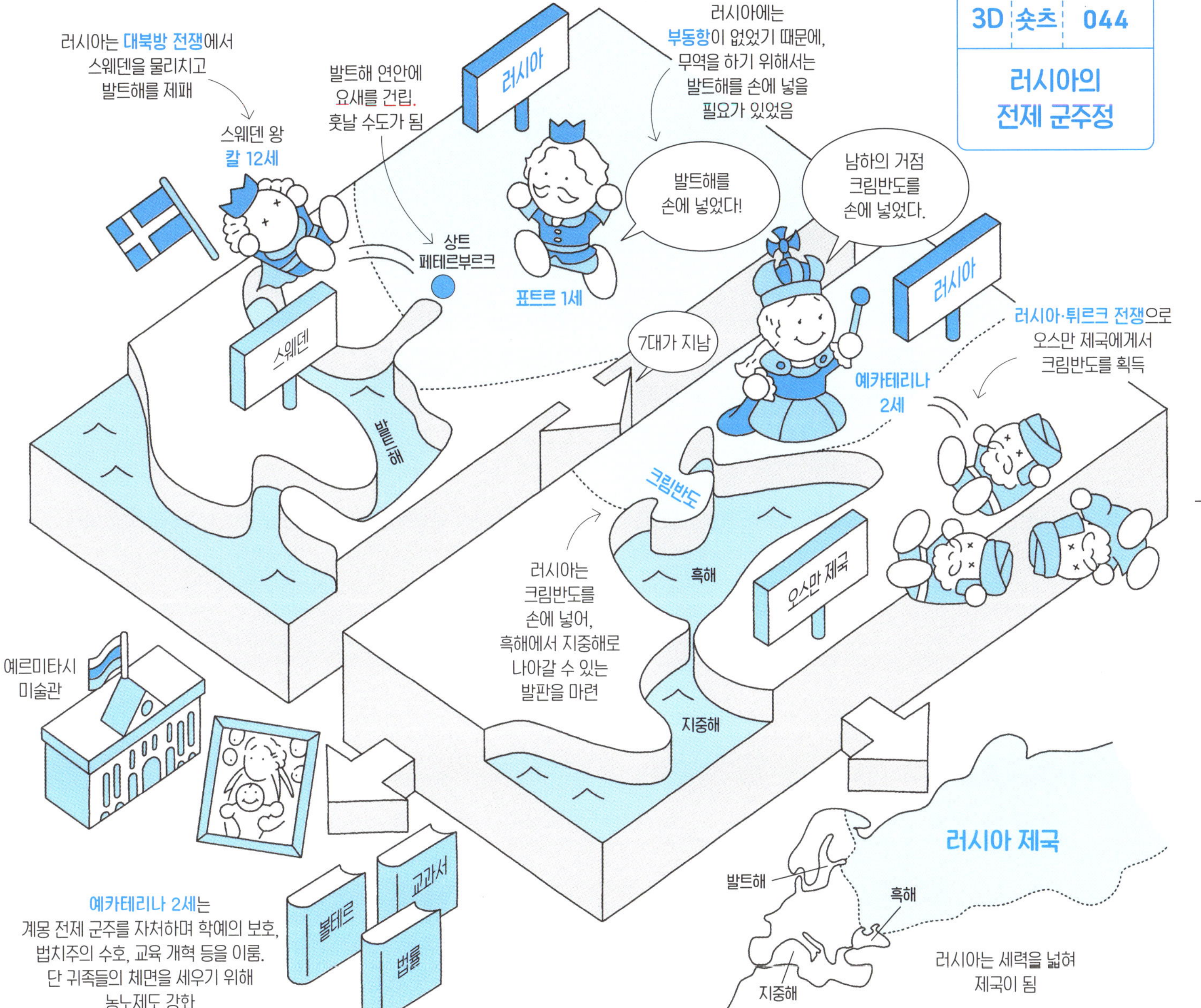
러시아는 대북방 전쟁에서 스웨덴을 물리치고 발트해를 제패
스웨덴 왕 칼 12세
발트해 연안에 요새를 건립. 훗날 수도가 됨
러시아
러시아에는 부동항이 없었기 때문에, 무역을 하기 위해서는 발트해를 손에 넣을 필요가 있었음
상트 페테르부르크
발트해를 손에 넣었다!
남하의 거점 크림반도를 손에 넣었다.
스웨덴
표트르 1세
기대가 지남
발트해
러시아
러시아·튀르크 전쟁으로 오스만 제국에게서 크림반도를 획득
예카테리나 2세
크림반도
러시아는 크림반도를 손에 넣어, 흑해에서 지중해로 나아갈 수 있는 발판을 마련
흑해
오스만 제국
지중해
예르미타시 미술관
예카테리나 2세는 계몽 전제 군주를 자처하며 학예의 보호, 법치주의 수호, 교육 개혁 등을 이룸. 단 귀족들의 체면을 세우기 위해 농노제도 강화
볼테르
교과서
법률
러시아 제국
발트해
흑해
지중해
러시아는 세력을 넓혀 제국이 됨

근대

045 산업 혁명

영국에서 일어난 새 물결

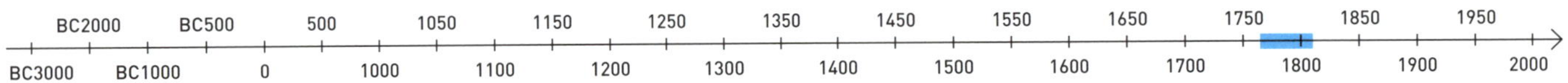

18세기가 되자 유럽에서는 새로운 기계가 끊임없이 발명되면서, 농업에서 **공업 중심** 사회로 이행합니다. 이 같은 커다란 변화를 산업 혁명이라고 합니다.

산업 혁명은 먼저 **영국**에서 일어났는데, 그 이유로는 몇 가지를 들 수 있습니다. 영국은 수많은 **식민지**를 확보하는 데 성공하여 막대한 부를 얻고 있었습니다(96쪽). 사람들은 생활 형편이 나아지자 질 좋은 제품을 원하게 되었습니다. 또한 당시 영국에서는 인클로저라고 하는 농업의 경제적 변화가 일어나면서 일자리를 잃은 농민들이 곳곳에 흘러넘쳤습니다. 요컨대 영국은 산업 혁명을 일으킬 수 있는 **자금**도 **수요**도 **노동력**도 충분히 갖추고 있었던 셈입니다.

산업 혁명은 **면 공업** 분야에서 시작됩니다. 당시 영국은 **면직물**을 인도에서 수입하고 있었습니다. 하지만 제니 방적기와 수력 방적기 등을 발명하면서 질 좋은 면직물을 자국에서 대량으로 생산할 수 있게 되었죠. 면직물 원료인 **목화**는 **대서양 삼각 무역**(96쪽)을 통해 싸게 들여올 수 있었기에, 이전까지 중요했던 모직물을 제치고 면직물이 단번에 영국의 주력 제품이 되었습니다.

또 이런 제품을 빠르게 운송하기 위해, 방적기 개발로 얻은 기술을 응용해서 증기선, 증기 기관차를 만들었습니다. 이와 함께 **철강업**과 **석탄 산업** 등도 발달했습니다. 영국은 세계의 공장이라는 지위를 확립하게 됩니다. 이후 산업 혁명의 물결은 벨기에, 프랑스, 독일, 미국으로 퍼져 나갑니다.

산업 혁명으로 인해 생산력은 비약적으로 향상되었습니다. 하지만 **자본가**와 **노동자**라는 새로운 **계급 대립**을 낳고 말았죠. 그뿐이 아닙니다. 기계 때문에 일자리를 잃은 수공업자들이 러다이트 운동을 일으켰습니다. 게다가 **도시의 인구 집중**, **장시간 노동**과 같은 문제도 떠오르기 시작했습니다.

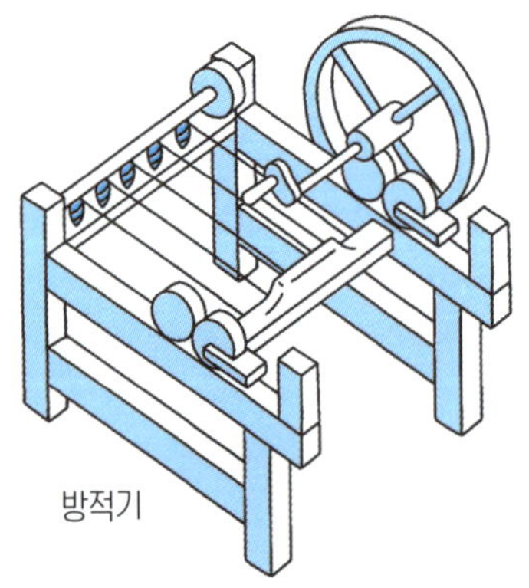

방적기

플라잉 셔틀

존 케이가 플라잉 셔틀(면직기에 사용하는 부품)을 발명하자 무명실 수요가 급증. 나중에 **하그리브스**가 **제니 방적기**를 발명하여 무명실을 대량 생산할 수 있게 됨

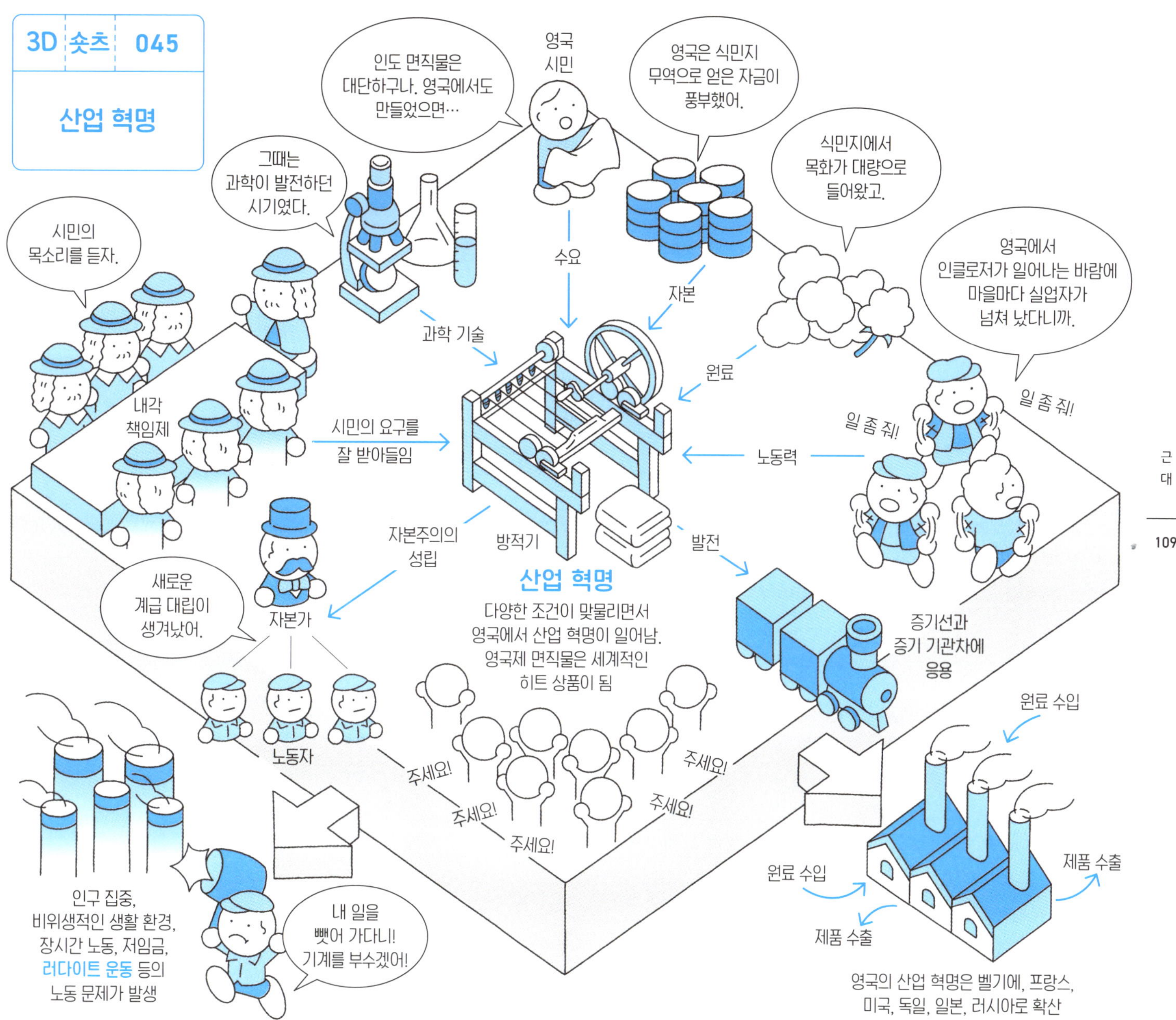
인도 면직물은 대단하구나. 영국에서도 만들었으면...
영국 시민
영국은 식민지 무역으로 얻은 자금이 풍부했어.
식민지에서 목화가 대량으로 들어왔고.
그때는 과학이 발전하던 시기였다.
영국에서 인클로저가 일어나는 바람에 마을마다 실업자가 넘쳐 났다니까.
시민의 목소리를 듣자.
과학 기술
수요
자본
원료
일 좀 줘!
일 좀 줘!
내각 책임제
시민의 요구를 잘 받아들임
노동력
새로운 계급 대립이 생겨났어.
방적기
자본주의의 성립
자본가
산업 혁명
다양한 조건이 맞물리면서 영국에서 산업 혁명이 일어남. 영국제 면직물은 세계적인 히트 상품이 됨
발전
증기선과 증기 기관차에 응용
노동자
주세요!
주세요!
주세요!
주세요!
주세요!
인구 집중, 비위생적인 생활 환경, 장시간 노동, 저임금, 러다이트 운동 등의 노동 문제가 발생
내 일을 뺏어 가다니! 기계를 부수겠어!
원료 수입
원료 수입
제품 수출
제품 수출
영국의 산업 혁명은 벨기에, 프랑스, 미국, 독일, 일본, 러시아로 확산

046

프랑스 혁명 ①

혁명의 방아쇠

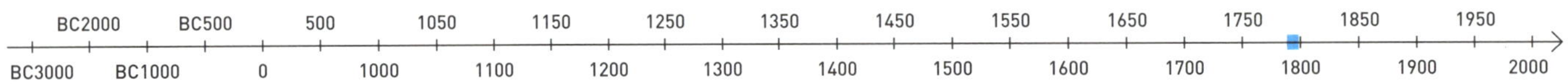

프랑스는 **절대 군주**로 이름을 떨쳤던 **루이 14세**(98쪽) 시대부터 유럽 안팎에서 수많은 전쟁을 벌여 왔습니다. 국제적으로도 중심적 존재로 주목받았으며, 이 같은 번영은 호화찬란한 **바로크 양식** 건축물인 **베르사유 궁전**의 건설로 나타났습니다.

하지만 이로 인해 재정은 파탄이 났고, 이 국면을 타개하기 위해 과세 정책 개혁안을 준비합니다. 세금 부담을 그 전처럼 **평민**(제3신분)에게만 떠넘기는 것이 아니라, **특권 신분**인 **성직자**(제1신분)와 **귀족**(제2신분)에게도 지우자는 방안이었죠.

1789년 5월, 당시 국왕인 **루이 16세**는 오랫동안 열리지 않았던 **삼부회**(62쪽)를 열어 이 개혁안을 통과시키려 했습니다. 하지만 당연하게도 **특권 신분**은 맹렬하게 반대했습니다. 특권 신분은 **평민** 대표들과 의결 방법을 둘러싸고 격렬하게 대립했고, 삼부회는 어떠한 소득도 없이 끝나고 말았습니다. 이런 와중에 평민 대표들은 궁전 바로 앞에 있던 **테니스 코트**에 모여 새로운 **국민 의회**를 만들고, 헌법을 제정하기 전에는 해산하지 않을 것을 맹세합니다(테니스 코트의 맹세).

7월 14일, 파리 민중들이 학정의 상징이었던 **바스티유 감옥**을 습격하여 무기를 탈취하고 봉기했습니다(바스티유 감옥 습격 사건). 이

것이 **프랑스 혁명**의 방아쇠를 당기게 됩니다.

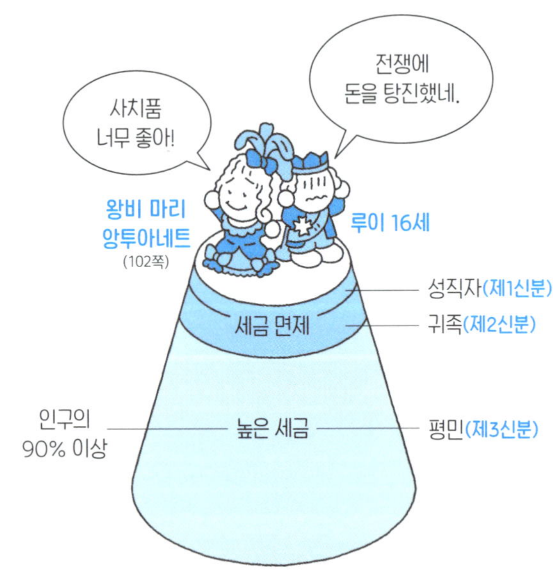

앙시앵 레짐

프랑스 혁명 이전의 프랑스 제도를
앙시앵 레짐(구체제)이라 함.
인구의 90% 이상이 제3신분인 반면,
프랑스 국토의 30% 이상은 제1신분과 제2신분 소유였음

175년간
열리지 않았던
삼부회가 열렸지만,
의견은 평행선을 달림
우리가 세금을?
말도 안 되는 소리!
성직자와
귀족들도 세금을
내라고.
전쟁을
너무 많이 해서
돈이 없어.
사치 더더
하고 싶어!
귀족
성직자랑
귀족한테도
세금을 받자고.
루이 16세
마리
앙투아네트
귀족과 성직자도
세금을 내라!
성직자
재무 총감
네케르
세금 면제
귀족
평민
평민
그러려면
삼부회를 개최해야
합니다.
높은 세금
삼부회 개최
우리 평민들은
국민 의회를
결성하겠어!
앙시앵 레짐
(구체제)
START
무기를 구했어!
다 함께 혁명을
완수합시다!
테니스 코트의 맹세
회의장에서 쫓겨난
평민들은 국민 의회를
독자적으로 결성
바스티유
감옥
인류는
평등하다.
바스티유 감옥 습격 사건
바스티유를
습격하자!
인권
선언
3D 숏츠 046
프랑스 혁명 ①
혁명의 방아쇠
국민 의회는
인권 선언을 발표

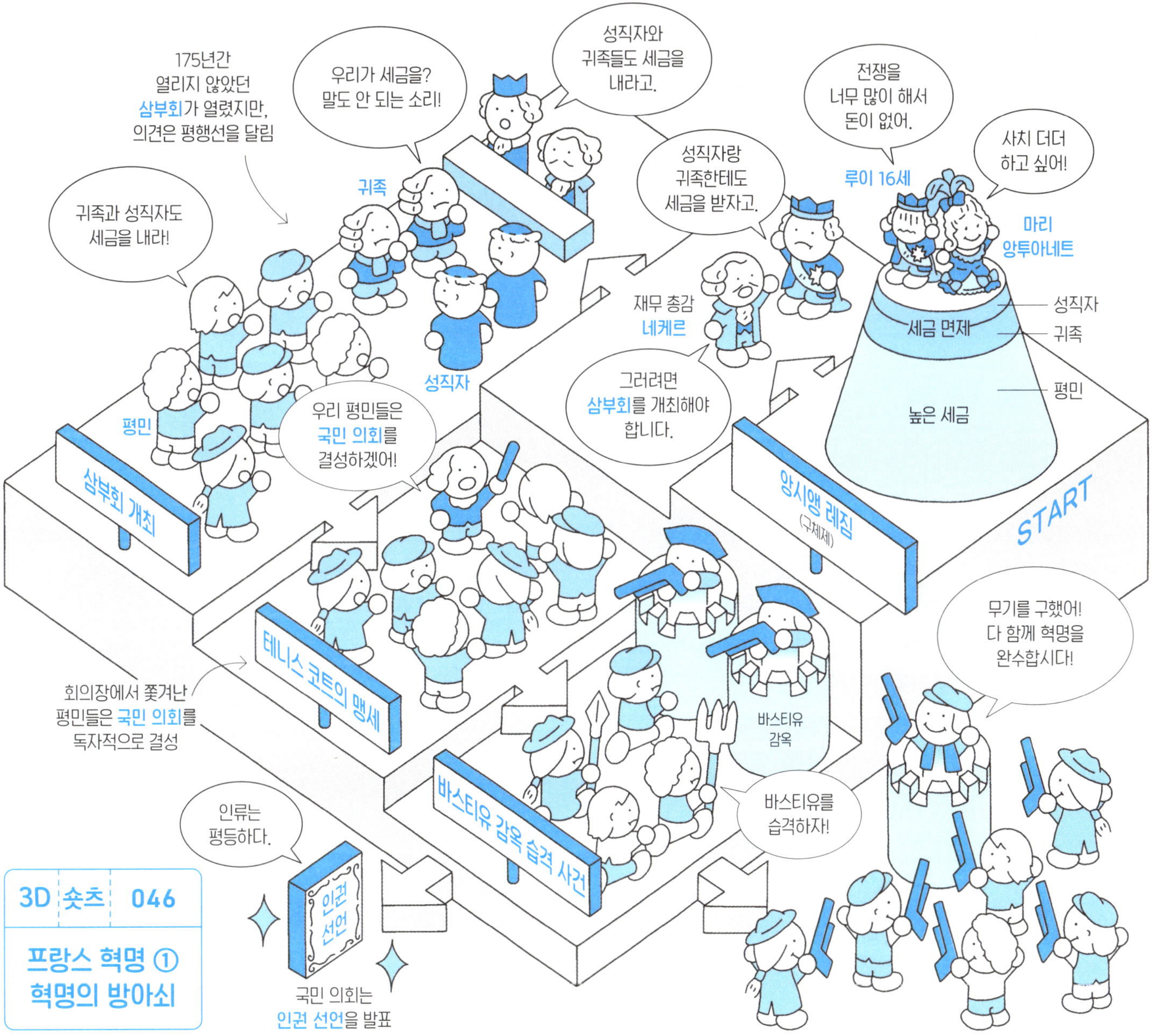

047

프랑스 혁명 ②

국왕의 도피

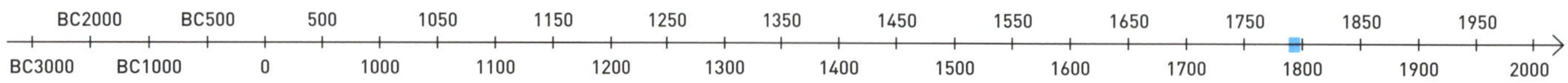

1789년 7월 하순, **바스티유 감옥 습격 사건**(110쪽)으로 자극받은 농민들은 각지에서 폭동을 일으켰습니다. **국민 의회**(110쪽)는 이 혼란을 가라앉히기 위해 8월 초에 **봉건적 특권의 폐지**를 결정하고 농노제를 폐기했습니다. 이어서 정치가 **라파예트** 등이 기초한 '**인권 선언**'을 내놓으면서, 인간의 자유·평등과 같은 권리를 불가침으로 간주합니다. 이리하여 **앙시앵 레짐(구체제)**(110쪽)은 해체되었습니다.

10월에는 여성들이 '빵을 달라'고 외치며 **베르사유 행진**을 벌입니다. 이를 계기로 **루이 16세** 일가는 살고 있던 **베르사유 궁전**(파리 교외)에서 파리에 있는 **튀일리 궁전**으로 옮겨 갑니다.

혁명이 급진적으로 전개되는 것을 두려워한 국왕 일가는 1791년 6월, 왕비 마리 앙투아네트의 친정인 오스트리아로 도망가려고 했습니다. 하지만 도중에 바렌에서 붙잡혀 파리로 다시 끌려왔습니다(**바렌 도주 사건**). 민중은 국왕의 도주를 '배신'이라 비난하며, '이런 왕은 필요 없다!'라고 외치게 되었습니다.

9월에는 입헌 군주정을 골자로 하는 **1791년 헌법**이 제정되고, **입법 의회**가 개최되었습니다. 그러자 오스트리아와 프로이센이 공동으로 **혁명 개입 경고**를 선언했습니다.

이때부터 프랑스 혁명은 국내 문제에서 국제 문제로 번집니다.

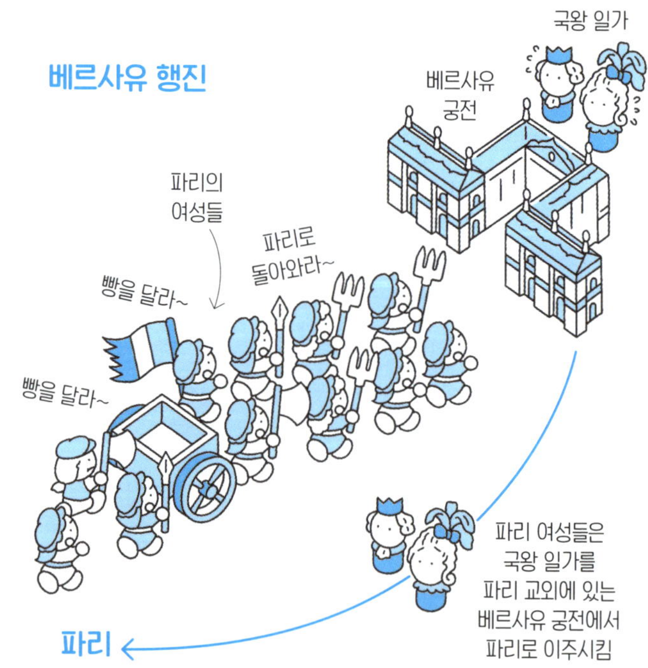

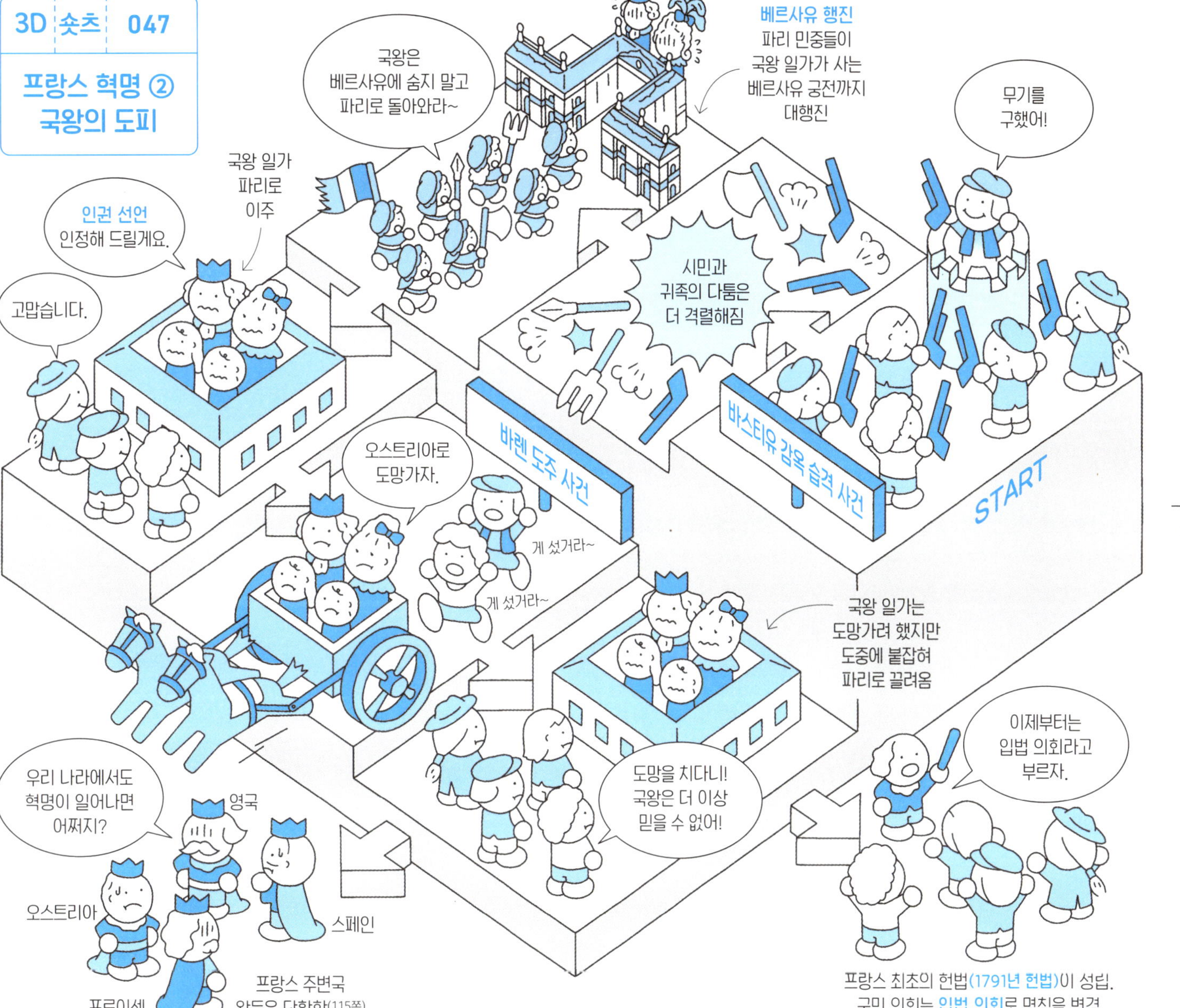
3D 숏츠 047
프랑스 혁명 ②
국왕의 도피
베르사유 행진
파리 민중들이
국왕 일가가 사는
베르사유 궁전까지
대행진
국왕은
베르사유에 숨지 말고
파리로 돌아와라~
무기를
구했어!
인권 선언
인정해 드릴게요.
국왕 일가
파리로
이주
고맙습니다.
시민과
귀족의 다툼은
더 격렬해짐
바렌 도주 사건
바스티유 감옥 습격 사건
START
근대
113
오스트리아로
도망가자.
게 섰거라~
게 섰거라~
국왕 일가는
도망가려 했지만
도중에 붙잡혀
파리로 끌려옴
우리 나라에서도
혁명이 일어나면
어쩌지?
영국
스페인
도망을 치다니!
국왕은 더 이상
믿을 수 없어!
이제부터는
입법 의회라고
부르자.
오스트리아
프로이센
프랑스 주변국
왕들은 당황함(115쪽)
프랑스 최초의 헌법(1791년 헌법)이 성립.
국민 의회는 입법 의회로 명칭을 변경

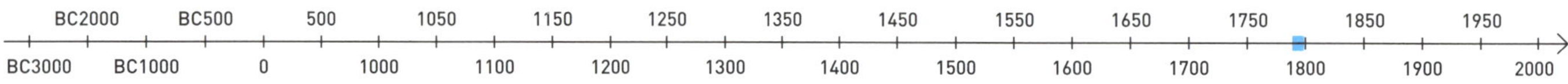

1792년 4월, **입법 의회**(112쪽) **정부**는 **프랑스 혁명 개입 경고**(112쪽)를 한 오스트리아를 향해 선전 포고 합니다. 그러나 결과는 연전연패. 프로이센도 국경을 넘어 프랑스로 침공해 오기까지 했습니다. 그때였습니다. 전국에서 혁명가 '**라 마르세예즈**'를 노래하며 **의용병**(자발적인 지원병)이 파리로 모여들기 시작했습니다. 급진적 혁명 세력인 **자코뱅파**(산악파)와 온건파인 **지롱드파**는 **의용군**의 활약에 큰 기대를 걸었습니다.

8월, 튀일리 궁전으로 향한 파리의 민중은 '루이 16세는 반혁명 분자다'라며 **국왕을 체포**합니다(8월 10일 봉기). 이에 따라 왕권은 정지되었습니다. 1792

9월, 의용병으로 이루어진 프랑스 혁명군(의용군)은 침공해 온 오스트리아와 프로이센 연합군을 **발미 전투**에서 물리쳤습니다. 이 전투는 혁명 정부의 첫 승리가 됩니다. 1792

이리하여 새로 **국민 공회**가 열리고, 왕정 폐지 선언과 함께 프랑스 역사상 첫 **공화정**(제1공화정)이 탄생했습니다. 1792~95 / 1792~1804

이듬해인 1793년 1월에 루이 16세가 처형당하자,

혁명이 번지는 것을 경계한 주변 나라들이 **대프랑스 동맹**(제1차)을 맺고 프랑스 혁명을 분쇄하기 위해 움직였습니다. 1793~97

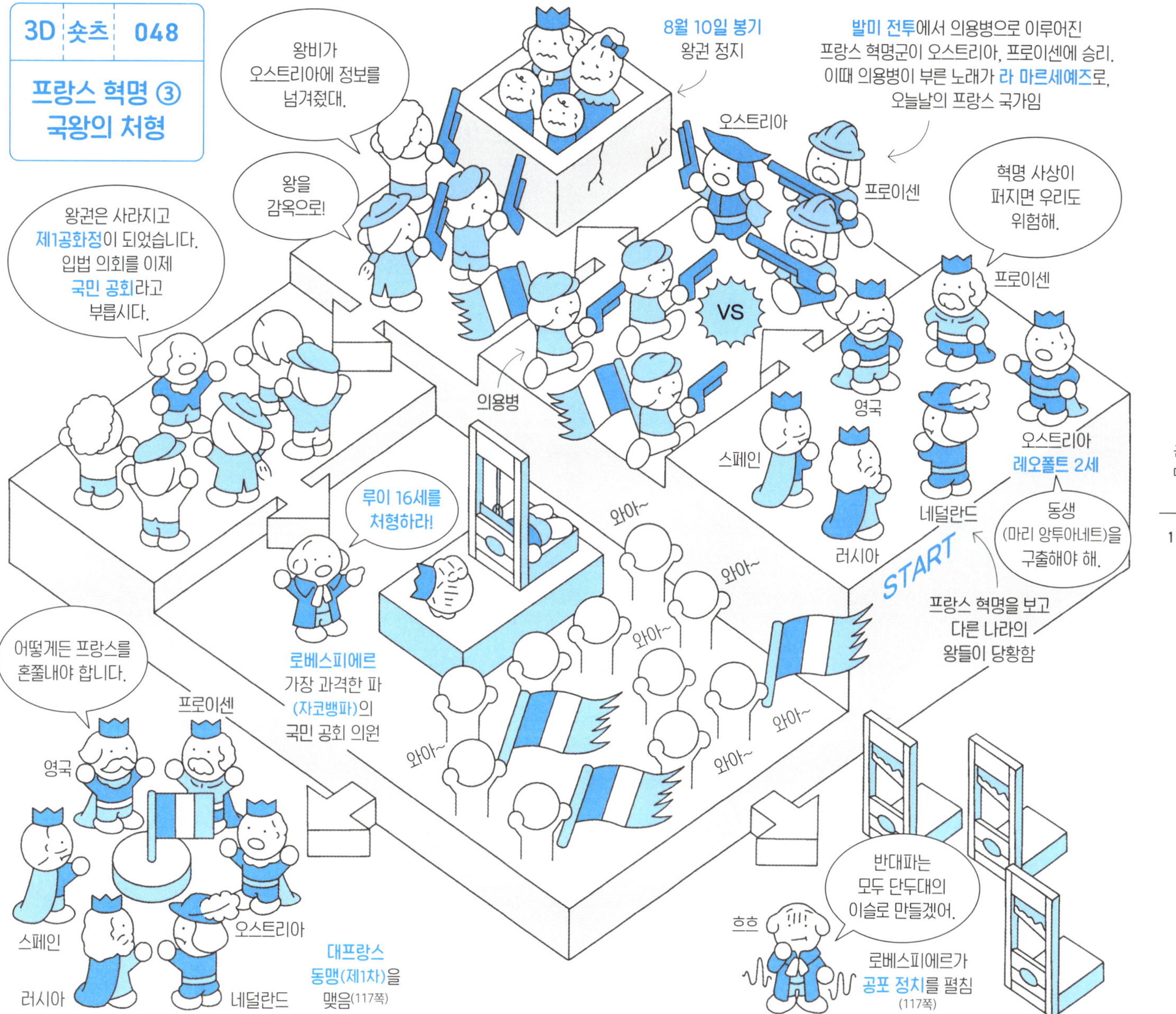
왕비가 오스트리아에 정보를 넘겨줬대.
왕을 감옥으로!
8월 10일 봉기
왕권 정지
발미 전투에서 의용병으로 이루어진 프랑스 혁명군이 오스트리아, 프로이센에 승리. 이때 의용병이 부른 노래가 라 마르세예즈로, 오늘날의 프랑스 국가임
오스트리아
프로이센
혁명 사상이 퍼지면 우리도 위험해.
왕권은 사라지고 제1공화정이 되었습니다. 입법 의회를 이제 국민 공회라고 부릅시다.
프로이센
VS
의용병
영국
스페인
오스트리아 레오폴트 2세
네덜란드
러시아
동생 (마리 앙투아네트)을 구출해야 해.
START
프랑스 혁명을 보고 다른 나라의 왕들이 당황함
루이 16세를 처형하라!
와아~
와아~
와아~
와아~
와아~
와아~
로베스피에르 가장 과격한 파 (자코뱅파)의 국민 공회 의원
어떻게든 프랑스를 혼쭐내야 합니다.
프로이센
영국
스페인
오스트리아
러시아
네덜란드
대프랑스 동맹(제1차)을 맺음(117쪽)
반대파는 모두 단두대의 이슬로 만들겠어.
흐흐
로베스피에르가 공포 정치를 펼침 (117쪽)

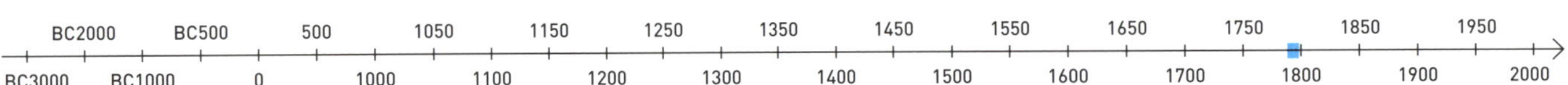

1793년 초, **국민 공회**(114쪽)는 의용군의 활약을 치하하며 그런 제도를 강제하기로, 다시 말해 **징병제**를 시행하기로 했습니다. 그리고 6월, '**대프랑스 동맹**(114쪽)에 맞서 혁명을 수호하기 위한 체제'라는 명목 아래 급진파인 자코뱅파(114쪽)**의 독재**가 시작됩니다.

자코뱅파는 남성의 보통 선거권 제도를 특징으로 하는 '1793년 헌법'을 제정(시행되지는 않음)했습니다. 또한 농민을 위한 토지 분배를 내용으로 하는 **봉건적 특권의 무상 폐지**, **혁명력**과 **최고 가격제**의 제정 등을 결정했습니다. 하지만 지도자인 로베스피에르 아래서 공포 정치가 펼쳐졌고, '반혁명 분자', '스파이 색출'이라는 명목으로 약 2만 명이 단두대의 이슬로 사라졌다고 합니다.

결국 1794년 7월, 테르미도르의 반동이 일어나 로베스피에르는 체포되고, 그 자신도 단두대에 올라갑니다. 이로써 자코뱅파의 독재는 붕괴하고, 5명의 총재로 이루어진 총재 정부에 자리를 넘겨 줍니다. 하지만 총재 정부는 프랑스를 안정시키지 못했습니다.

단두대의 이슬이 된 혁명가들

당통
1759~94

로베스피에르와 같은 자코뱅파(산악파) 혁명가. 시간이 지나면서 공포 정치의 완화를 주장한 까닭에, 음모죄 등의 혐의를 받고 로베스피에르파에게 처형당함

에베르
1757~94

민중을 위한 신문을 발행하여 지지를 획득. 자코뱅파(산악파) 소속이었지만, 그리스도교 폐지 운동 같은 급진적인 활동이 로베스피에르파의 눈 밖에 나 처형당함

브리소
1754~93

로베스피에르의 자코뱅파(산악파)에 비해 비교적 온건한 지롱드파의 지도자. 국민 공회에서 산악파와 대립하다가 다른 지롱드파와 함께 처형됨

롤랑 부인
1754~93

지롱드파의 본부 역할을 한 살롱(브리소 등이 소속)을 경영. 지롱드파가 급진적인 자코뱅파(산악파)와의 대립에서 힘을 잃자, 단두대에 오름

로베스피에르
1758~94

프랑스 혁명을 대표하는 자코뱅파 혁명가. 공안 위원회를 주도하여 반혁명파로 보이는 인물을 처형하는 공포 정치를 확립. 테르미도르의 반동으로 처형됨

생쥐스트
1767~94

로베스피에르의 오른팔로서, 수많은 반혁명 세력과 정적을 처형해 공포 정치를 추진. 수려한 외모와 냉혹함으로 유명했으나, 마지막에 로베스피에르와 함께 단두대에 오름

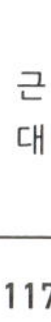

3D 숏츠 049
프랑스 혁명 ④
공포 정치

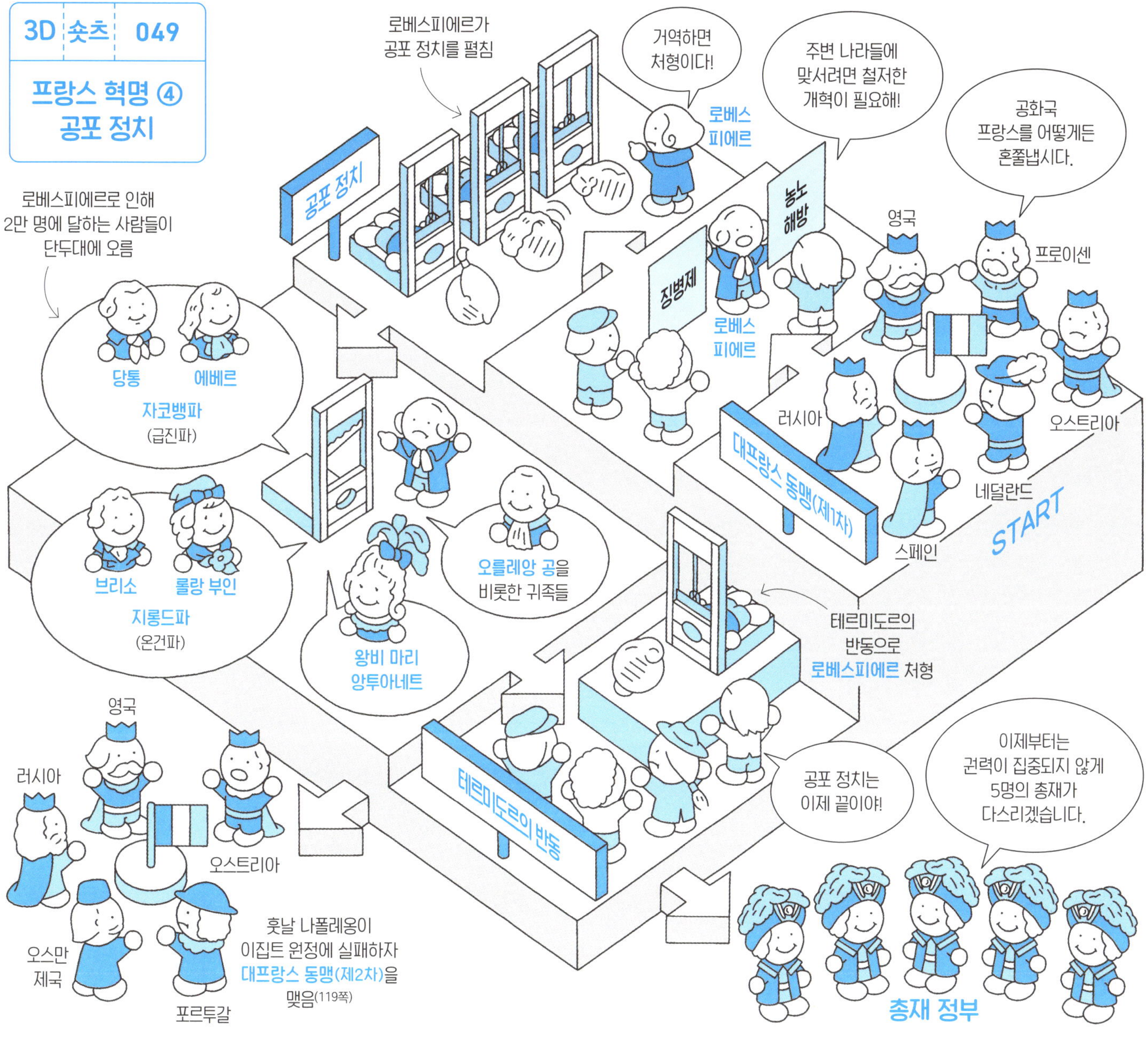

로베스피에르로 인해
2만 명에 달하는 사람들이
단두대에 오름

당통
에베르
자코뱅파
(급진파)

브리소
롤랑 부인
지롱드파
(온건파)

왕비 마리
앙투아네트

오를레앙 공을
비롯한 귀족들

공포 정치

로베스피에르가
공포 정치를 펼침

거역하면
처형이다!

로베스
피에르

주변 나라들에
맞서려면 철저한
개혁이 필요해!

공화국
프랑스를 어떻게든
혼쭐냅시다.

징병제

농노
해방

로베스
피에르

영국

프로이센

러시아

대프랑스 동맹(제1차)

네덜란드

스페인

오스트리아

START

테르미도르의
반동으로
로베스피에르 처형

테르미도르의 반동

공포 정치는
이제 끝이야!

이제부터는
권력이 집중되지 않게
5명의 총재가
다스리겠습니다.

영국

러시아

오스트리아

오스만
제국

포르투갈

훗날 나폴레옹이
이집트 원정에 실패하자
대프랑스 동맹(제2차)을
맺음(119쪽)

총재 정부

050

나폴레옹의 대관

프랑스 제정 시대의 시작

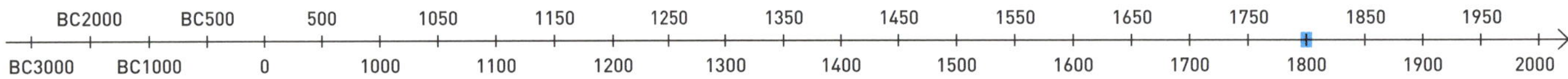

5명의 총재로 이루어진 **총재 정부**(116쪽)는 바로 부실한 뿌리를 드러냈습니다. 좀처럼 안정되지 않는 사회에 불만을 가진 민중 사이에서 '왕정 부활'을 내세운 반란이 일어난 겁니다. 총재 정부는 그저 우왕좌왕하기만 했죠. 이때 반란을 진압한 것이 군인인 **나폴레옹 보나파르트**(1769~1821)였습니다. 총재 정부는 나폴레옹에게 너무 의존한 나머지 나폴레옹의 하수인이나 마찬가지가 되고 말았습니다.

1797년, **이탈리아 원정**(1797)에서 승리한 나폴레옹은 **대프랑스 동맹(제1차)**(114쪽)을 물리치고 그 명성을 세계에 떨쳤습니다. 이듬해, 나폴레옹은 인도 항로를 막아 영국에 타격을 입히기 위해 **이집트 원정**(1798)에 나섭니다. 하지만 영국은 **아부키르만 해전**(1798)에서 승리하고 프랑스군을 이집트에서 몰아내죠. 이후 영국은 러시아, 오스트리아 등과 **대프랑스 동맹(제2차)**(1799)을 결성합니다.

이 두 번째 대프랑스 동맹 결성을 알게 된 나폴레옹은 무력한 총재 정부를 무너뜨리고 **통령 정부**(1799~1804)를 세웠습니다(**브뤼메르 18일의 쿠데타**(1799)). 이로써 **프랑스 혁명**(110쪽)은 종말을 맞이합니다.

나폴레옹은 가톨릭을 옹호하여 국민의 지지를 굳히고, 1802년에는 첫 **국민 투표**를 통해 **종신 통령**(1802)이 됩니다. 1804년에는 법에 따라 평등과 사유 재산을 보장하는 **'프랑스 민법전'**(나폴레옹 법전)(1804)을

제정합니다. 그리고 국민 투표로 **황제**(나폴레옹 1세)(재위 1804~14, 15)가 되면서 프랑스 **제1제정**(1804~14(15))이 시작됩니다.

나폴레옹 전성시대

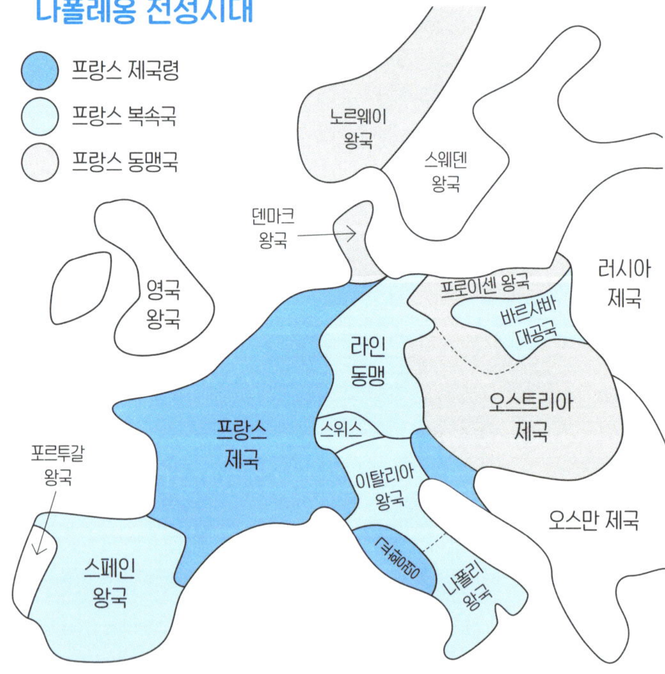

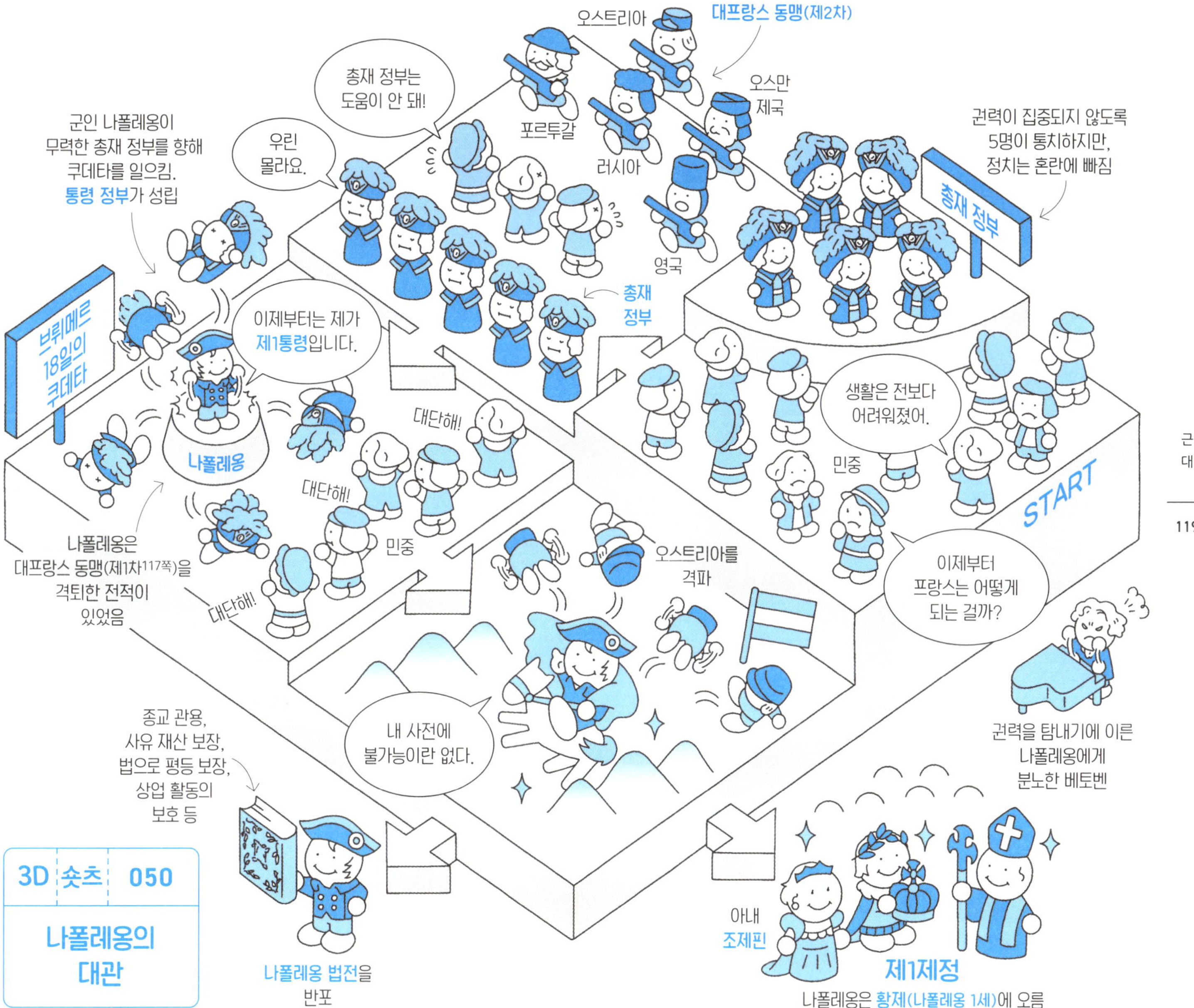
대프랑스 동맹(제2차)
오스트리아
오스만 제국
러시아
영국
포르투갈
총재 정부는 도움이 안 돼!
우린 몰라요.
권력이 집중되지 않도록 5명이 통치하지만, 정치는 혼란에 빠짐
총재 정부
군인 나폴레옹이 무력한 총재 정부를 향해 쿠데타를 일으킴. 통령 정부가 성립
브뤼메르 18일의 쿠데타
이제부터는 제가 제1통령입니다.
나폴레옹
나폴레옹은 대프랑스 동맹(제1차 117쪽)을 격퇴한 전적이 있었음
대단해!
대단해!
대단해!
민중
생활은 전보다 어려워졌어.
민중
START
이제부터 프랑스는 어떻게 되는 걸까?
오스트리아를 격파
내 사전에 불가능이란 없다.
종교 관용, 사유 재산 보장, 법으로 평등 보장, 상업 활동의 보호 등
권력을 탐내기에 이른 나폴레옹에게 분노한 베토벤
3D 숏츠 050
나폴레옹의 대관
나폴레옹 법전을 반포
아내 조제핀
제1제정
나폴레옹은 황제(나폴레옹 1세)에 오름
근대
119

051 나폴레옹의 실각

라이프치히 전투와 엘바섬 추방

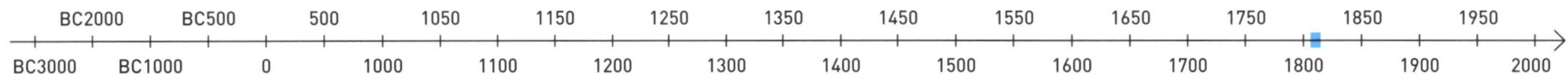

1804년, 프랑스에서 **나폴레옹**을 황제로 하는 프랑스 **제1제정**(118쪽)이 시작되었습니다. 그러자 1805년, 영국은 오스트리아, 러시아, 스웨덴과 함께 **대프랑스 동맹**(제3차)을 결성합니다.
1805

1805년 10월, **넬슨 제독**이 이끄는 영국 해군이 **트라팔가르 해전**에서 프랑스군을 무찔렀습니다. 하지만 12월의 **아우스터리츠 전투**에서 나폴레옹의 프랑스군은 오스트리아와 러시아에 승리합니다. 그 결과 대프랑스 동맹은 와해되었습니다. 참패한 오스트리아 황제는 이듬해인 1806년에 **신성 로마 제국** 황제의 지위를 포기하고, **신성 로마 제국은 소멸**하고 맙니다. 프랑스군은 파죽지세로
1806

프로이센을 침공하여 수도 베를린까지 점령했습니다.

다음으로 프랑스는 영국에 타격을 입히기 위해 **대륙 봉쇄령**을 내려 유럽 국가들과 영국 사이의 무역을 금지했습니다. 그런데 러시아가 영국과 몰래 무역하기 시작합니다. 이것을 본 프랑스는 러시아로 원정을 떠나 응징하고자 했지만 실패합니다(러시아 원정).
1812

이 실패를 계기로 벌어진 **라이프치히 전투**에서 **대프랑스 동맹**(제4차)군이 나폴레옹을 체포합니다. 그리고 나폴레옹을 **엘바섬 유배**에 처합니다.
1814

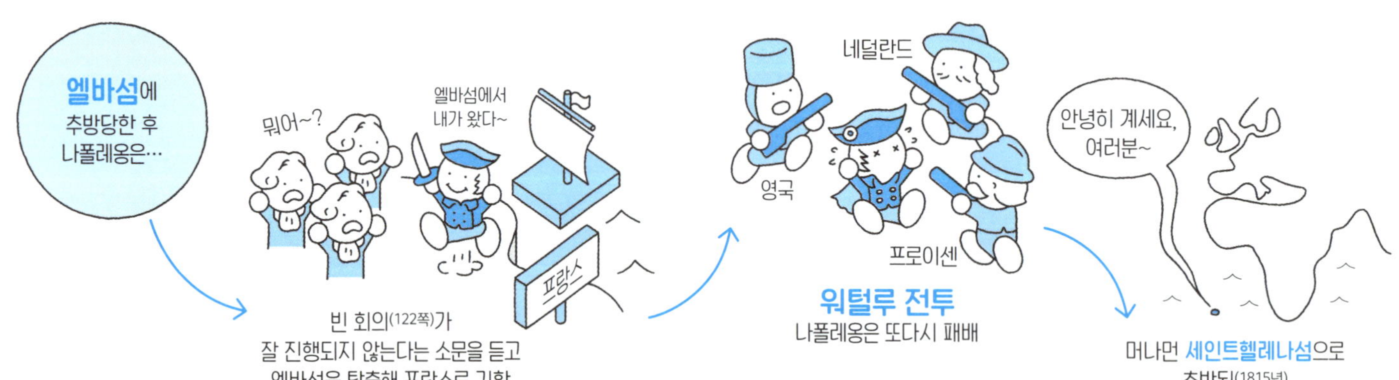

러시아가 한파를 이용한 작전으로 승리
바~보
이 녀석이! 러시아를 향해 공격!
영국이랑 무역하겠어~
러시아 황제 알렉산드르 1세
오스트리아, 러시아, 스페인, 스웨덴 등 유럽 국가들에 대륙 봉쇄령을 내려 영국을 고립시키는 작전을 실행
나폴레옹
러시아
영국은 정말 이길 수가 없네. 얘들아! 영국하고 무역하면 안 돼!
해협
프랑스
VS
어쩔 수 없군. 프랑스군은 철수!
추워!! 엄청 추워!
나폴레옹
영국이랑 무역하고 싶다.
넬슨 제독
나폴레옹
이로써 신성 로마 제국은 멸망
모스크바
지금이닷! 나폴레옹을 잡아라!
나폴레옹
러시아 원정
영국
러시아
아우스터리츠 전투
START
오스 트리아
프로이센
오스트리아
대프랑스 동맹 (제4차)
라이프치히 전투
러시아
영국, 오스트리아, 러시아, 스웨덴이 대프랑스 동맹(제3차)을 결성했지만, 나폴레옹은 아우스터리츠에서 오스트리아, 러시아를 격파
엘바섬
나폴레옹은 엘바섬으로 추방
유배
영국으로 망명했다가 돌아왔어요.
루이 16세의 동생
루이 18세가 즉위하며 부르봉 왕조가 부활
빈 체제(123쪽)가 성립

3D 숏츠 051
나폴레옹의 실각

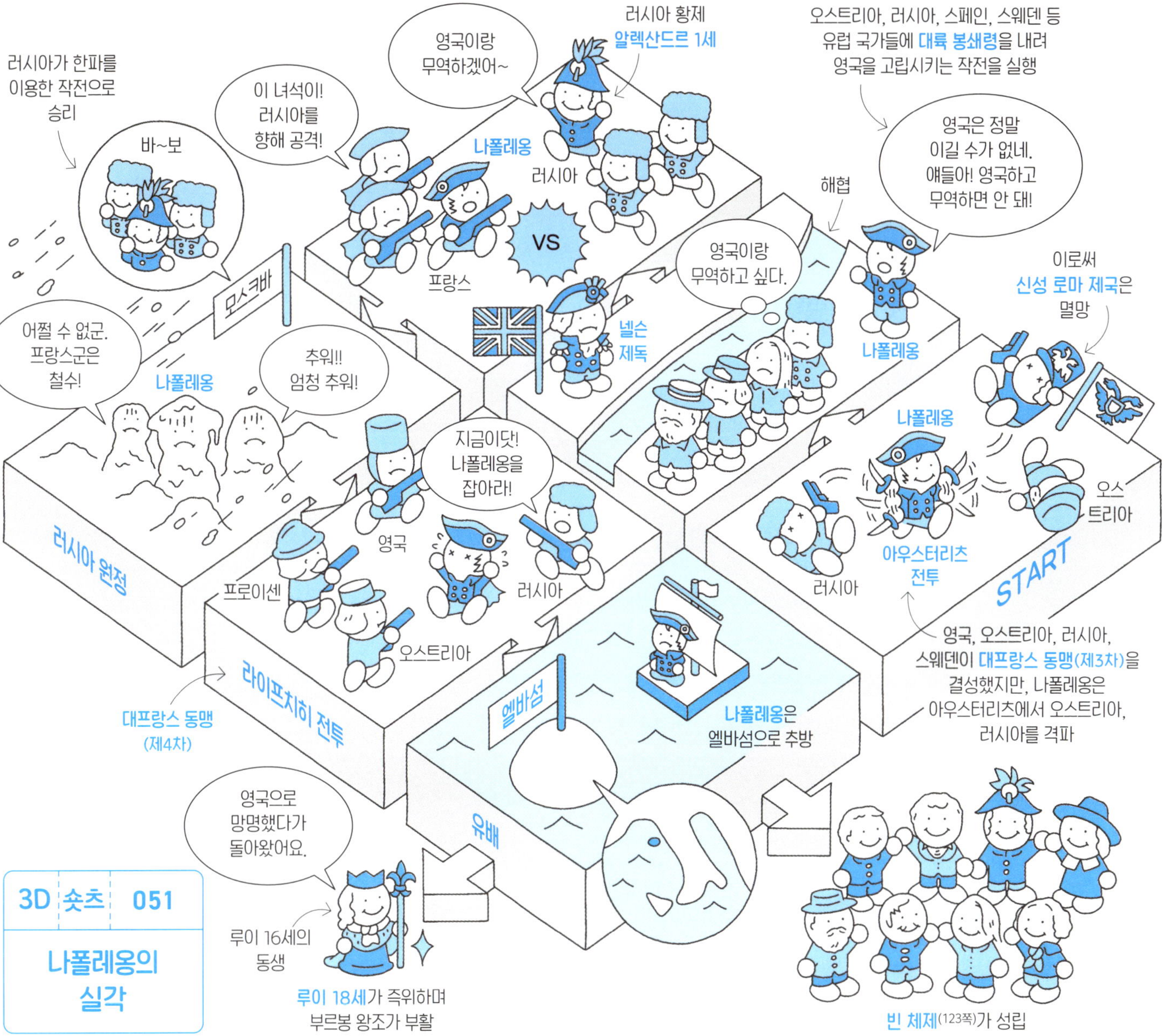

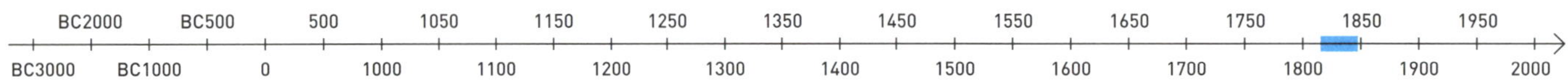

근대

122

나폴레옹이 실각한 후, 나폴레옹의 지배를 받고 있던 나라들은 모두 프랑스에서 독립해 나갔습니다. 이들 나라의 지도자들은 곧바로 나폴레옹 이전의 구체제로 되돌리기 위해서 **빈 회의**를 열었습니다. 각국의 영토 분배를 논의하기 위한 이 회의는 좀처럼 진전이 없었고, 대신 매일 밤 무도회가 열려 '**회의는 춤춘다, 그러나 진전은 없다**'라는 야유를 받기도 했습니다.

회의는 오스트리아 외무 장관 **메테르니히**의 주도로 진행되었습니다. 우선 오스트리아는 북이탈리아의 롬바르디아와 베네치아를 얻었습니다. 오스트리아, 프로이센 등 35개 군주국과 함부르크 등 4곳의 자유 도시로 구성된 **독일 연방**의 설립도 이때 결정되었습니다. 영국은 남아프리카의 **케이프 식민지**(90쪽)와 실론섬을 획득하고, 나폴레옹을 무찌른 러시아는 폴란드와 핀란드를 얻었습니다. 네덜란드는 벨기에를 합병하고, **네덜란드 연방 공화국**(90쪽)에서 **네덜란드 왕국**이 되었습니다. 스위스는 **영세 중립국**이 되었고요.

그리고 프랑스 혁명과 같은 시민 혁명이 자신들 나라에서 일어나면 서로 협력해서 진압하자는 의미로 **사국 동맹**(영국, 오스트리아, 프로이센, 러시아)이나 **신성 동맹**(영국을 제외한 유럽 나라들과 러시아)을 맺었습니다. 이 체제를 **빈 체제**라 부릅니다.

프랑스 외무 장관 **탈레랑**은 이 회의에서 **정통주의**를 주장하여, 프랑스에 **부르봉 왕조**(98쪽)를 부활시켰습니다(**왕정복고**). 하지만 자유와 평등을 원했던 시민들은 왕정을 수용하지 않았습니다.

이후 프랑스에서 또다시 **혁명**이 발발합니다(7월 혁명, 2월 혁명124쪽). 이 혁명의 불길은 단번에 퍼지며 유럽 전역에서 반란과 혁명이 활발히 일어났습니다(민족들의 봄124쪽). **그리스 독립**(161쪽)과 **라틴아메리카 각국의 독립**(150쪽)은 그 선두 주자가 되었습니다.

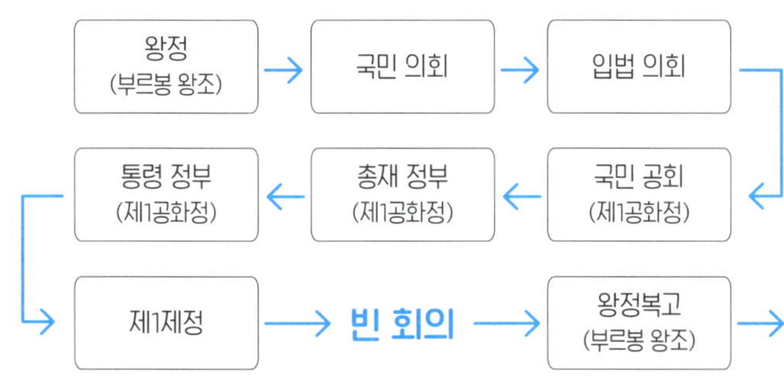

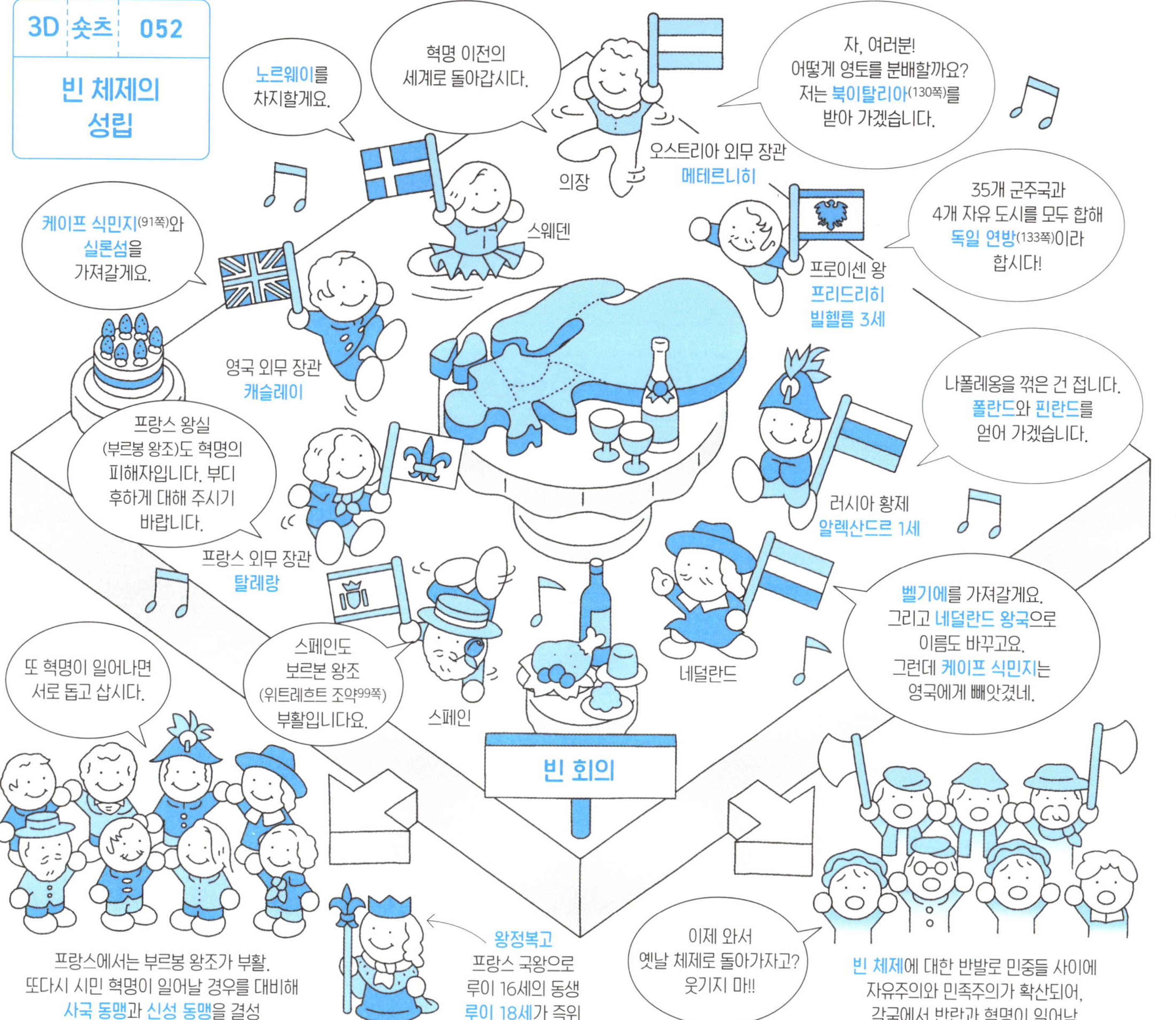
노르웨이를
차지할게요.
혁명 이전의
세계로 돌아갑시다.
자, 여러분!
어떻게 영토를 분배할까요?
저는 북이탈리아(130쪽)를
받아 가겠습니다.
오스트리아 외무 장관
메테르니히
의장
35개 군주국과
4개 자유 도시를 모두 합해
독일 연방(133쪽)이라
합시다!
케이프 식민지(91쪽)와
실론섬을
가져갈게요.
스웨덴
프로이센 왕
프리드리히
빌헬름 3세
영국 외무 장관
캐슬레이
나폴레옹을 꺾은 건 접니다.
폴란드와 핀란드를
얻어 가겠습니다.
프랑스 왕실
(부르봉 왕조)도 혁명의
피해자입니다. 부디
후하게 대해 주시기
바랍니다.
러시아 황제
알렉산드르 1세
프랑스 외무 장관
탈레랑
벨기에를 가져갈게요.
그리고 네덜란드 왕국으로
이름도 바꾸고요.
그런데 케이프 식민지는
영국에게 빼앗겼네.
또 혁명이 일어나면
서로 돕고 삽시다.
스페인도
보르본 왕조
(위트레흐트 조약99쪽)
부활입니다요.
스페인
네덜란드
빈 회의
왕정복고
프랑스 국왕으로
루이 16세의 동생
루이 18세가 즉위
이제 와서
옛날 체제로 돌아가자고?
웃기지 마!!
프랑스에서는 부르봉 왕조가 부활.
또다시 시민 혁명이 일어날 경우를 대비해
사국 동맹과 신성 동맹을 결성
빈 체제에 대한 반발로 민중들 사이에
자유주의와 민족주의가 확산되어,
각국에서 반란과 혁명이 일어남

053 빈 체제의 붕괴

민족들의 봄

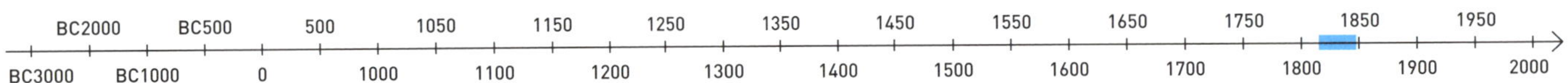

빈 회의 이후, 프랑스에 **부르봉 왕조**가 부활했습니다. **루이 18세**가 즉위했죠(왕정복고¹²²쪽). 다음 대인 **샤를 10세**는 **절대 왕정**을 부활시키려 했습니다.
(재위 1814~24) (재위 1824~30)

하지만 **자유주의**를 주장하는 시민들에게 절대 왕정은 결코 받아들일 수 없는 것이었죠. 프랑스에 다시 혁명의 물결이 밀려옵니다(**7월 혁명**).
(1830)

부르봉 왕조는 무너지고, 이번에는 대부호이자 자유주의자인 **루이 필리프**가 국왕으로 즉위했습니다(**7월 왕정**). 하지만 루이 필리프는 은행가와 같은 대자본가에게 유리한 정책을 펼쳐 공장 경영자와 노동자의 불만이 폭발합니다. 그리고 또다시 혁명이 일어났습니다(**2월 혁명**).
(재위 1830~48) (1830~48) (1848)

2월 혁명의 영향은 유럽 전체로 퍼져 나가, 독일 연방의 **3월 혁명**(오스트리아에서 메테르니히가 추방당하고, 프로이센에서 자유주의 내각이 성립), **헝가리의 독립 운동**, **이탈리아 통일 운동** 등의 민족 운동을 불러일으켰습니다(**민족들의 봄**). 이리하여 **빈 체제**¹²²쪽는 붕괴합니다.
(1848)

루이 필리프가 실각하고 나서, 프랑스에 **제2공화정**이 들어섰습니다. 하지만 여전히 나라는 안정되지 않았습니다. 민중은 마침내 나폴레옹의 조카인 **루이 나폴레옹**을 **대통령**으로 선출하기에 이릅니다. 실권을 쥔 루이 나폴레옹은 자신을 **나폴레옹 3세**라 칭하며(**제2제정**), **크림 전쟁**⁽¹⁵⁶쪽⁾, **제2차 아편 전쟁**⁽¹⁶⁸쪽⁾, **이탈리아 통일 전쟁**⁽¹³⁰쪽⁾ 등에서 승리하면서 국민의 지지를 얻었습니다.
(1848~52) (1808~73) (재위 1852~70) (1852~70)

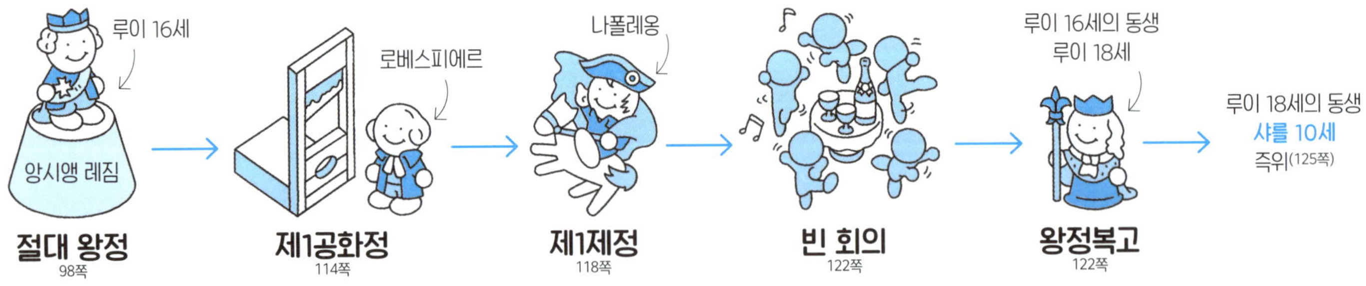

빈 체제의 붕괴

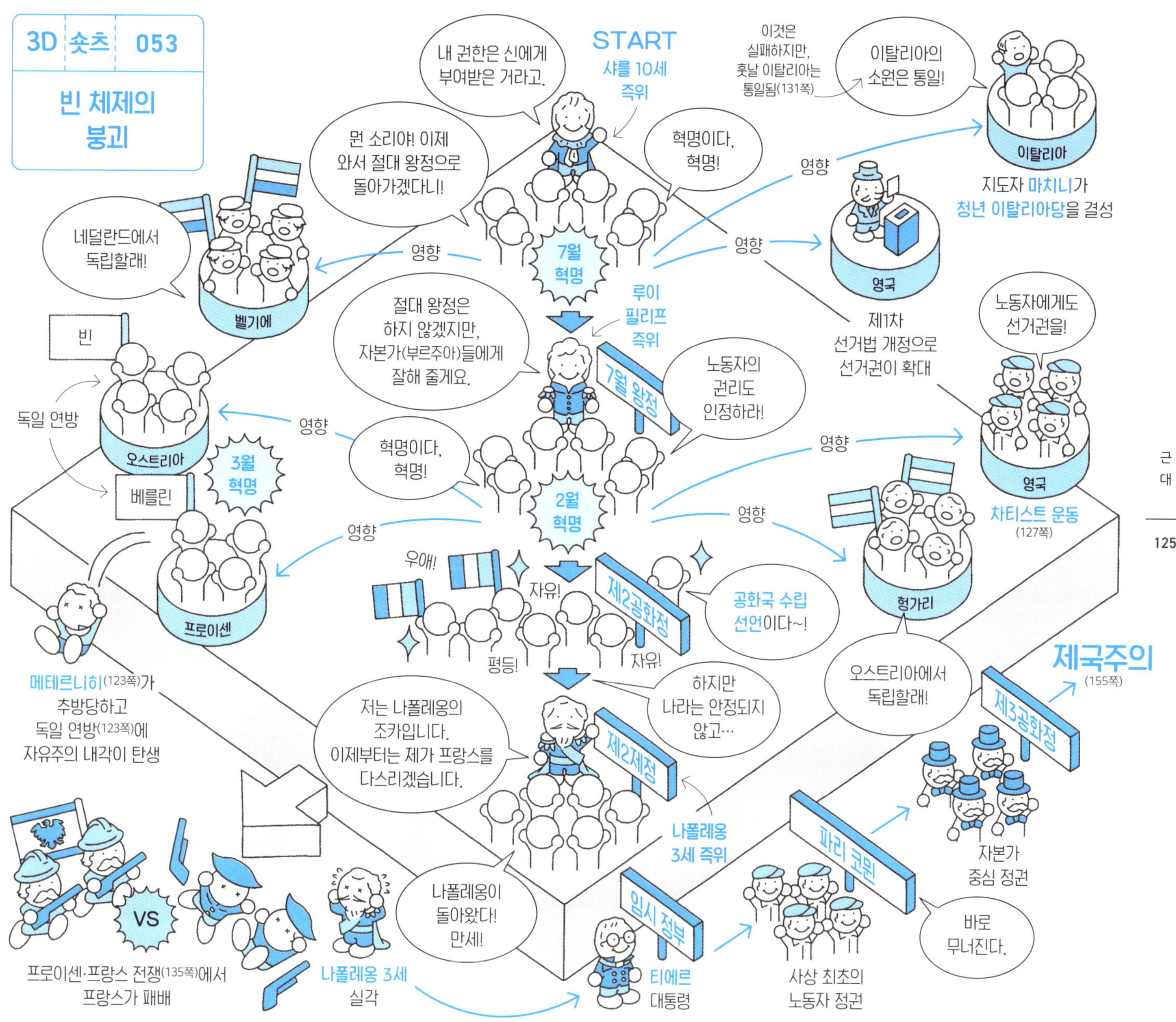
내 권한은 신에게 부여받은 거라고.
뭔 소리야! 이제 와서 절대 왕정으로 돌아가겠다니!
네덜란드에서 독립할래!
벨기에
START 샤를 10세 즉위
혁명이다, 혁명!
7월 혁명
이것은 실패하지만, 훗날 이탈리아는 통일됨(131쪽)
이탈리아의 소원은 통일!
이탈리아
지도자 마치니가 청년 이탈리아당을 결성
영향
영향
영국
제1차 선거법 개정으로 선거권이 확대
빈
독일 연방
오스트리아
베를린
3월 혁명
프로이센
메테르니히(123쪽)가 추방당하고 독일 연방(123쪽)에 자유주의 내각이 탄생
영향
절대 왕정은 하지 않겠지만, 자본가(부르주아)들에게 잘해 줄게요.
루이 필리프 즉위
7월 왕정
노동자의 권리도 인정하라!
혁명이다, 혁명!
2월 혁명
영향
영향
노동자에게도 선거권을!
영국
차티스트 운동 (127쪽)
영향
우애!
자유!
제2공화정
공화국 수립 선언이다~!
헝가리
오스트리아에서 독립할래!
제3공화정
제국주의 (155쪽)
평등!
자유!
저는 나폴레옹의 조카입니다. 이제부터는 제가 프랑스를 다스리겠습니다.
제2제정
하지만 나라는 안정되지 않고…
나폴레옹 3세 즉위
자본가 중심 정권
파리 코뮌
VS
나폴레옹이 돌아왔다! 만세!
임시 정부
티에르 대통령
바로 무너진다.
프로이센·프랑스 전쟁(135쪽)에서 프랑스가 패배
나폴레옹 3세 실각
사상 최초의 노동자 정권

빅토리아 여왕의 시대 ①

팍스 브리타니카

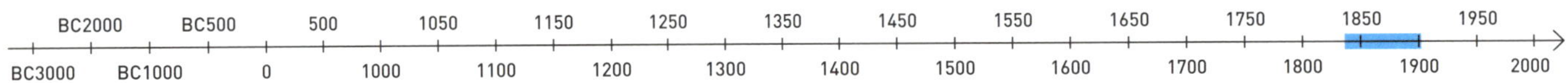

프랑스 혁명이 격해지던 무렵, **산업 혁명**(108쪽)에 성공한 영국은 어마어마한 부를 쌓아 올리고 있었습니다. 식민지에서 원재료를 수입해서, 최신식 기계로 제품을 만들고, 그 제품을 온 세계에 팔아서 돈을 벌고 있었던 겁니다.

빅토리아 여왕(재위 1837~1901)의 시대를 맞아 영국은 최전성기를 구가합니다. **팍스 브리타니카**(영국의 평화)라고 불리기도 했죠.

영국은 전통적으로 왕보다 의회의 정치적 힘이 더 강했습니다(왕은 군림하되 통치하지 않는다94쪽). 이 덕분에 시민들의 요청이 수월하게 수용된 것도 영국이 번영했던 이유 중 하나입니다. 영국 의회의 특징은 **보수당**이 제국주의적인 외교 정책을 담당하고, **자유당**이 민생을 돌보는 **양당제 내각**이라는 것이었습니다. 이 시기에는 보수당의 **디즈레일리**(1804~81)와 자유당의 **글래드스턴**(1809~98)이 거의 교대로 정권을 담당했습니다. **디즈레일리**는 이집트로부터 수에즈 운하 주식을 매수(164쪽)하고, 인도 제국의 수립(162쪽)을 실현하여 영국의 세력 확대에 공헌했습니다. **글래드스턴**은 선거법 개정, 공립 학교 설립, 노동조합법 제정 등을 실현하여 민주화에 공헌했습니다.

덧붙이자면 글래드스턴은 영국의 지배 아래 있던 **아일랜드**의 자치를 주장했습니다. 하지만 그의 시대에는 이 주장이 수용되지 않았습니다. **아일랜드 문제**는 20세기까지 이어지게 됩니다(아래 그림).

목에 걸린 가시

20세기까지 해결되지 않은 아일랜드 문제는
영국에게 '목에 걸린 가시'였음

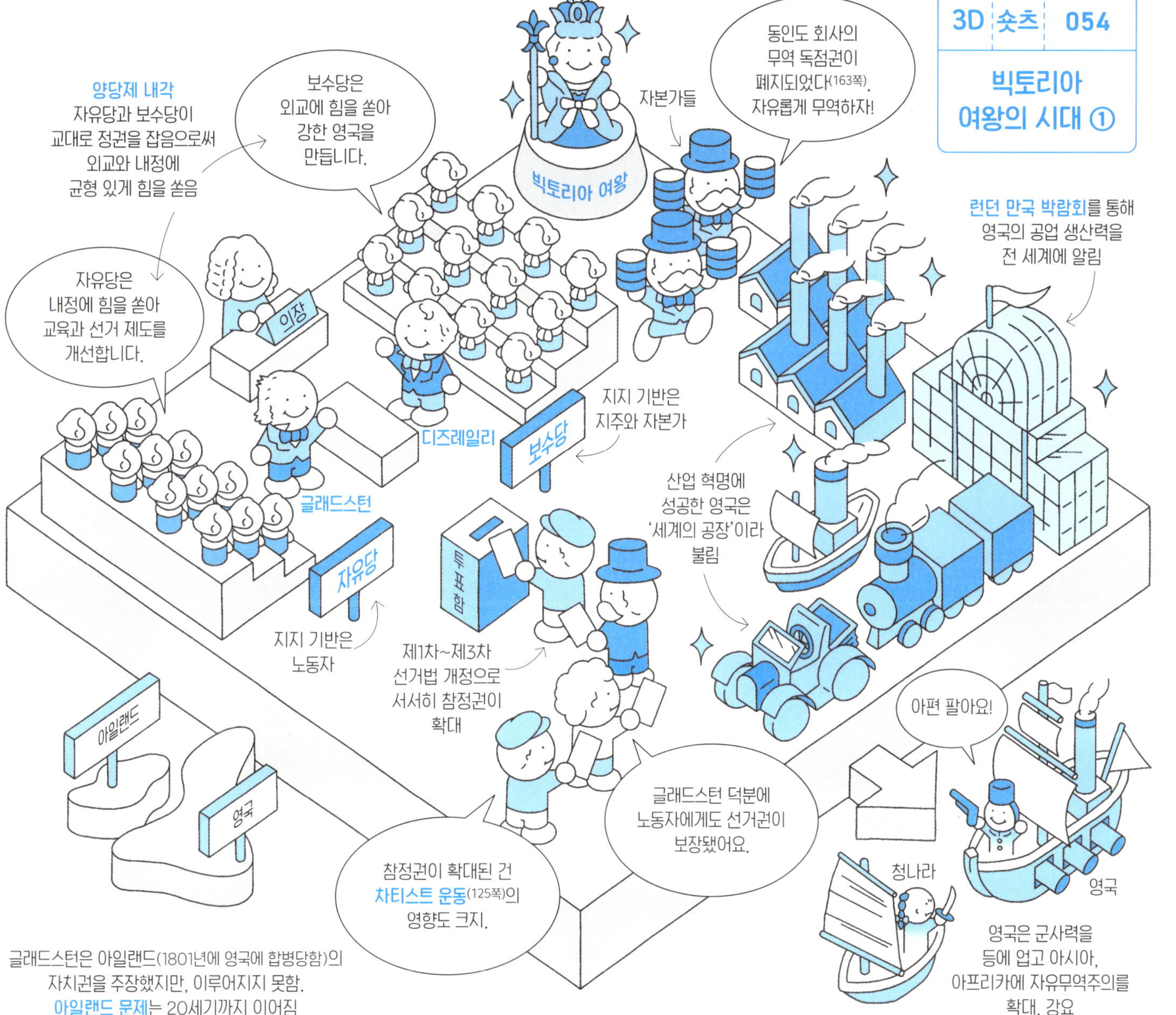
빅토리아 여왕의 시대 ①
양당제 내각
자유당과 보수당이 교대로 정권을 잡음으로써 외교와 내정에 균형 있게 힘을 쏟음
보수당은 외교에 힘을 쏟아 강한 영국을 만듭니다.
빅토리아 여왕
자본가들
동인도 회사의 무역 독점권이 폐지되었다(163쪽). 자유롭게 무역하자!
런던 만국 박람회를 통해 영국의 공업 생산력을 전 세계에 알림
자유당은 내정에 힘을 쏟아 교육과 선거 제도를 개선합니다.
의장
디즈레일리
보수당
지지 기반은 지주와 자본가
글래드스턴
자유당
산업 혁명에 성공한 영국은 '세계의 공장'이라 불림
투표함
지지 기반은 노동자
제1차~제3차 선거법 개정으로 서서히 참정권이 확대
아일랜드
영국
아편 팔아요!
글래드스턴 덕분에 노동자에게도 선거권이 보장됐어요.
참정권이 확대된 건 차티스트 운동(125쪽)의 영향도 크지.
청나라
영국
글래드스턴은 아일랜드(1801년에 영국에 합병당함)의 자치권을 주장했지만, 이루어지지 못함. 아일랜드 문제는 20세기까지 이어짐
영국은 군사력을 등에 업고 아시아, 아프리카에 자유무역주의를 확대, 강요

<table>
<tr><td>

055

</td><td>

빅토리아 여왕의 시대 ②

'빅토리아 왕조'의 식민지 정책

</td></tr>
</table>

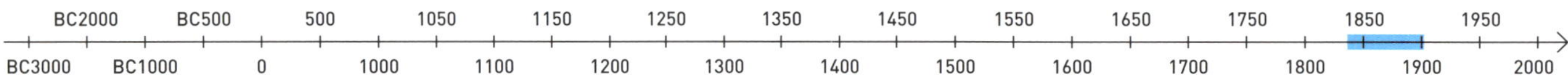

빅토리아 여왕(126쪽) 시대에 영국은 **자유당**의 **글래드스턴**(126쪽)이 국내의 민생을 보살피고, **보수당**의 **디즈레일리**(126쪽)가 제국주의적인 대외 정책을 도맡는 **양당제**(126쪽)로 국력을 키웠습니다.

보수당 정권 아래에서 총리 디즈레일리는 큰 시장인 인도로 향하는 항로를 안정시키고자 했습니다. 그는 당시 재정난에 빠져 있던 이집트 정권에게서 **수에즈 운하**의 주식을 사들여 이집트에 강한 압박을 가했습니다. 디즈레일리는 또 인도에 **인도 제국**(영국의 빅토리아 여왕이 황제를 겸함)(162쪽)을 세워 식민지 체제를 확고히 합니다. 인도 제국이라는 거대한 금융·상품 시장은 영국에 막대한 부를 가져다줬습니다.

영국은 **아편 전쟁**(168쪽)에서도 승리한 후 대단히 유리한 조약을 중국과 맺었습니다.

그리고 **금 본위제**(금을 화폐의 가치 기준으로 삼는 제도)의 진전을 바탕으로 금과 다이아몬드를 찾아 아프리카를 침략, **남아프리카 연방**(164쪽) 1910 을 영국의 자치령으로 삼았습니다. 또한 동남아시아를 **말레이 연합주** 1895 로서 지배하고, **뉴질랜드**, **호주**, **캐나다**를 자치령으로 삼는 등, 영국은 그 세력권을 계속 넓혀 갔습니다(제2차 식민지 제국). 또 **크림 전쟁**(156쪽)에서 승리하여 러시아의 남하를 막은 것도 이 시기였습니다.

영국보다 조금 늦었지만, 프랑스와 독일 등 주변 국가도 자국 내에서 발생하던 혁명이 잠잠해지자, 일제히 제조업에 힘을 쏟고 식민지 정책에 나서기 시작했습니다. 그리고 19세기 말에는 **제국주의 시대**의 막이 열렸습니다.

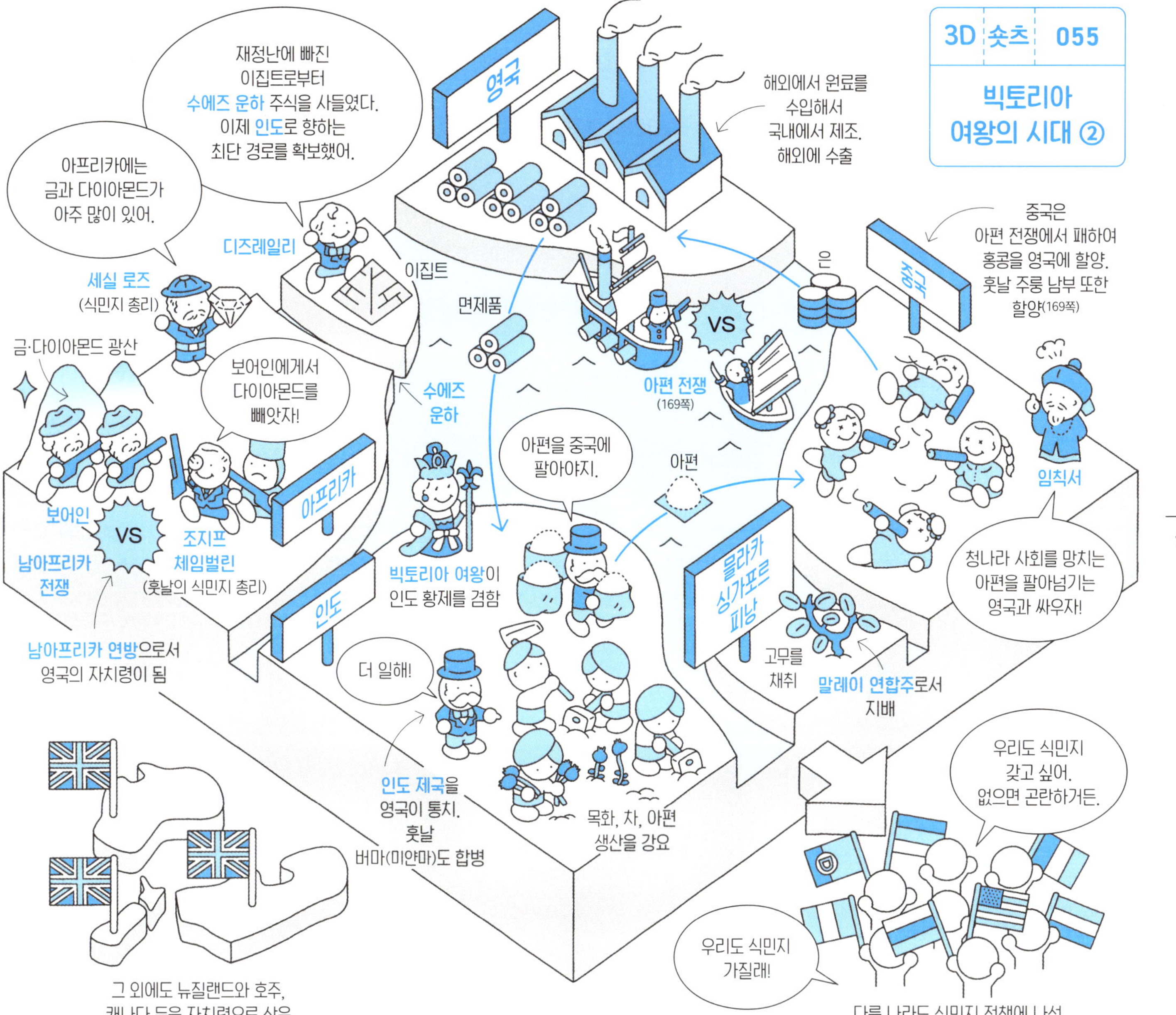
빅토리아 여왕의 시대 ②

영국
해외에서 원료를 수입해서 국내에서 제조. 해외에 수출

재정난에 빠진 이집트로부터 수에즈 운하 주식을 사들였다. 이제 인도로 향하는 최단 경로를 확보했어.
디즈레일리
이집트

아프리카에는 금과 다이아몬드가 아주 많이 있어.
세실 로즈
(식민지 총리)

중국은 아편 전쟁에서 패하여 홍콩을 영국에 할양. 훗날 주룽 남부 또한 할양(169쪽)
중국
은

금·다이아몬드 광산

면제품

보어인에게서 다이아몬드를 빼앗자!

수에즈 운하

VS
아편 전쟁
(169쪽)

보어인
VS
남아프리카 전쟁

조지프 체임벌린
(훗날의 식민지 총리)

아프리카

아편을 중국에 팔아야지.

아편

임칙서

빅토리아 여왕이 인도 황제를 겸함

청나라 사회를 망치는 아편을 팔아넘기는 영국과 싸우자!

남아프리카 연방으로서 영국의 자치령이 됨

인도

더 일해!

말라카 싱가포르 피낭

고무를 채취
말레이 연합주로서 지배

인도 제국을 영국이 통치. 훗날 버마(미얀마)도 합병

목화, 차, 아편 생산을 강요

우리도 식민지 갖고 싶어. 없으면 곤란하거든.

우리도 식민지 가질래!

그 외에도 뉴질랜드와 호주, 캐나다 등을 자치령으로 삼음

다른 나라도 식민지 정책에 나섬

근대
129

이탈리아의 통일

비토리오 에마누엘레 2세의 야망

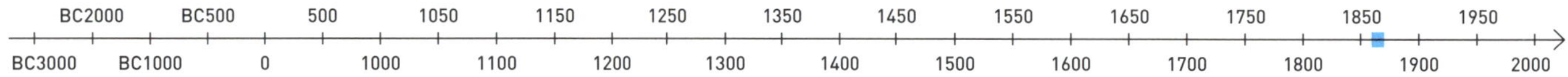

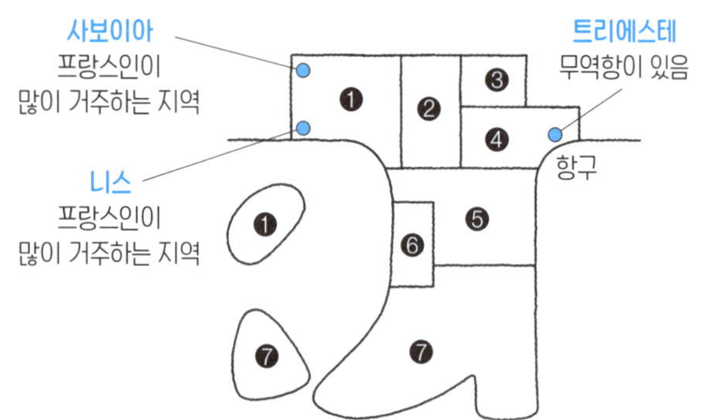

통일 이전의 이탈리아

❶ 사르데냐 왕국
❷ 롬바르디아
❸ 남티롤 ——— 오스트리아령
❹ 베네치아
❺ 중부 이탈리아(수많은 나라들)
❻ 로마 교황령
❼ 양 시칠리아 왕국

'작은 나라들이기 때문에 프랑스가 보호한다'는 명분으로 프랑스군이 주둔

이탈리아는 원래 통일 국가가 아니라 작은 나라들이 난립해 있었습니다(위 그림).

이탈리아 통일은 북이탈리아의 공업국이었던 ❶ **사르데냐 왕국**의 국왕 **비토리오 에마누엘레 2세**(재위 1849~61)와 총리 **카보우르**(1810~61)를 중심으로 전개됩니다.

이들은 우선 프랑스의 **나폴레옹 3세**(124쪽)를 한편에 끌어들여 **오스트리아**와 싸운 끝에, 당시 오스트리아의 지배 아래 있던 ❷ **롬바르디아**를 얻습니다(이탈리아 통일 전쟁). 이듬해(1859)에는 프랑스인(프랑스어가 모국어)이 많이 살던 **사보이아**와 **니스**를 프랑스에 넘겨주는 대신 ❺ **중부 이탈리아**를 합병할 수 있었습니다.

마침 그때 남이탈리아에서 혁명가 **가리발디**(1807~82)가 구시대적인 ❼ **양 시칠리아 왕국**의 왕실을 무너뜨리고 양 시칠리아 왕국의 실권을 쥐고 있었습니다. 가리발디가 양 시칠리아 왕국을 비토리오 에마누엘레 2세에게 무상으로 넘긴 덕분에 마침내 **남북이탈리아가 통일**되어, **이탈리아 왕국**(1861)이 탄생했습니다.

이후 이탈리아 왕국은 **프로이센**의 군사력에 힘입어 **트리에스테**를 제외한 ❹ **베네치아**, 그리고 ❻ **로마 교황령**도 얻었습니다(베네치아 합병132쪽, 로마 교황령 점령134쪽).

이리하여 이탈리아 통일은 ❸ **남티롤**과 **트리에스테** 정도만 남겨두게 되었습니다(미수복 이탈리아).

이탈리아의 통일

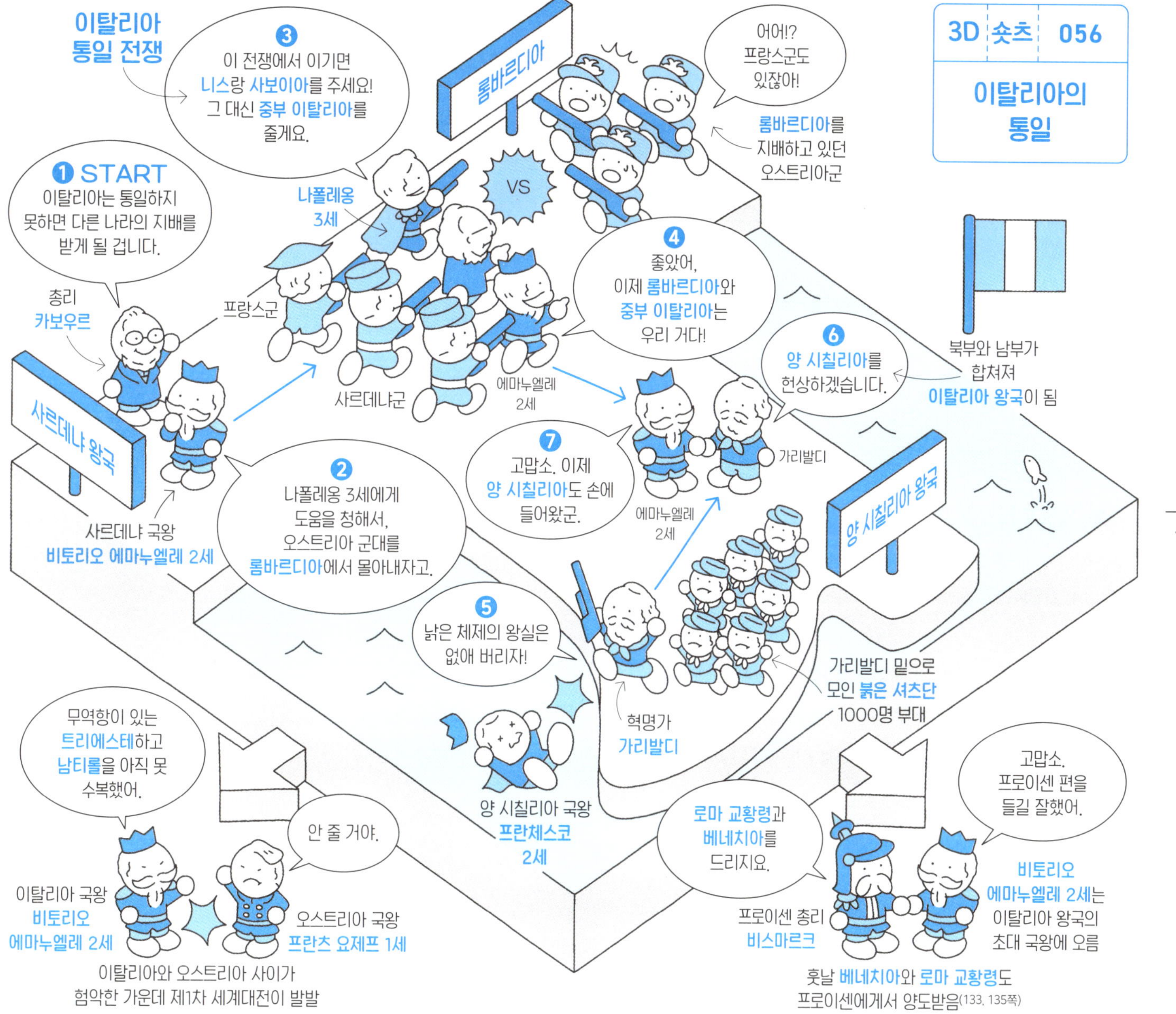
이탈리아 통일 전쟁
❸ 이 전쟁에서 이기면 니스랑 사보이아를 주세요! 그 대신 중부 이탈리아를 줄게요.
롬바르디아
어어!? 프랑스군도 있잖아!
롬바르디아를 지배하고 있던 오스트리아군
나폴레옹 3세
❶ START 이탈리아는 통일하지 못하면 다른 나라의 지배를 받게 될 겁니다.
총리 카보우르
프랑스군
VS
❹ 좋았어, 이제 롬바르디아와 중부 이탈리아는 우리 거다!
❻ 양 시칠리아를 헌상하겠습니다.
북부와 남부가 합쳐져 이탈리아 왕국이 됨
사르데냐 왕국
사르데냐군
에마누엘레 2세
사르데냐 국왕 비토리오 에마누엘레 2세
❷ 나폴레옹 3세에게 도움을 청해서, 오스트리아 군대를 롬바르디아에서 몰아내자고.
❼ 고맙소. 이제 양 시칠리아도 손에 들어왔군.
가리발디
에마누엘레 2세
양 시칠리아 왕국
❺ 낡은 체제의 왕실은 없애 버리자!
가리발디 밑으로 모인 붉은 셔츠단 1000명 부대
혁명가 가리발디
무역항이 있는 트리에스테하고 남티롤을 아직 못 수복했어.
안 줄 거야.
양 시칠리아 국왕 프란체스코 2세
로마 교황령과 베네치아를 드리지요.
고맙소. 프로이센 편을 들길 잘했어.
이탈리아 국왕 비토리오 에마누엘레 2세
오스트리아 국왕 프란츠 요제프 1세
프로이센 총리 비스마르크
비토리오 에마누엘레 2세는 이탈리아 왕국의 초대 국왕에 오름
이탈리아와 오스트리아 사이가 험악한 가운데 제1차 세계대전이 발발
훗날 베네치아와 로마 교황령도 프로이센에게서 양도받음(133, 135쪽)

057 독일의 통일 ①

비스마르크의 야망

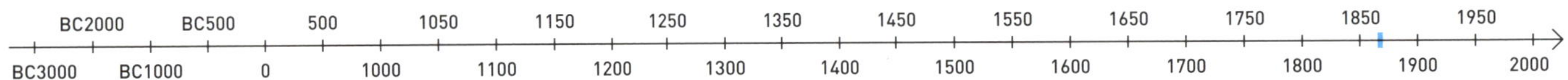

독일은 **빈 회의**에서 **독일 연방**(122쪽)으로 거듭났습니다. 하지만 독일 연방은 **오스트리아**와 **프로이센**이라는 두 국가가 주도권을 다투고 있었기 때문에, 의견이 일치하는 편은 아니었습니다.

이 상황을 타개하기 위해, 군사력에 힘을 쏟고 있던 프로이센의 총리 비스마르크는 '**대화가 아닌 무력으로 독일을 통일하자**'라는 (재임 1862~90) **철혈 정책**을 단행합니다. **프로이센·오스트리아 전쟁**(보오 전쟁)에 (1866) 서 오스트리아에 승리하고, **프로이센 주도**로 **북독일 연방**을 수립했 (1867~71) 습니다. 이에 따라 독일 연방은 해체됩니다. 한편 프로이센·오스트리아 전쟁에서 프로이센 편을 든 **이탈리아 왕국**(130쪽)은 프로이센으로부터 **베네치아**를 양도받습니다(베네치아 합병).

이후 비스마르크는 **프랑스로 진격**(프로이센·프랑스 전쟁134쪽)합니다. **남부 독일**의 나라들은 **북독일 연방**에 합류하지 않고 독립을 유지하고 있었지만, 비스마르크가 이끄는 **북독일 연방**과 함께 프랑스와 싸워야 하는 처지가 되고 말았습니다(134쪽).

그 결과 비스마르크의, 프로이센을 중심으로 한 **독일 통일**의 꿈이 결실을 맺습니다.

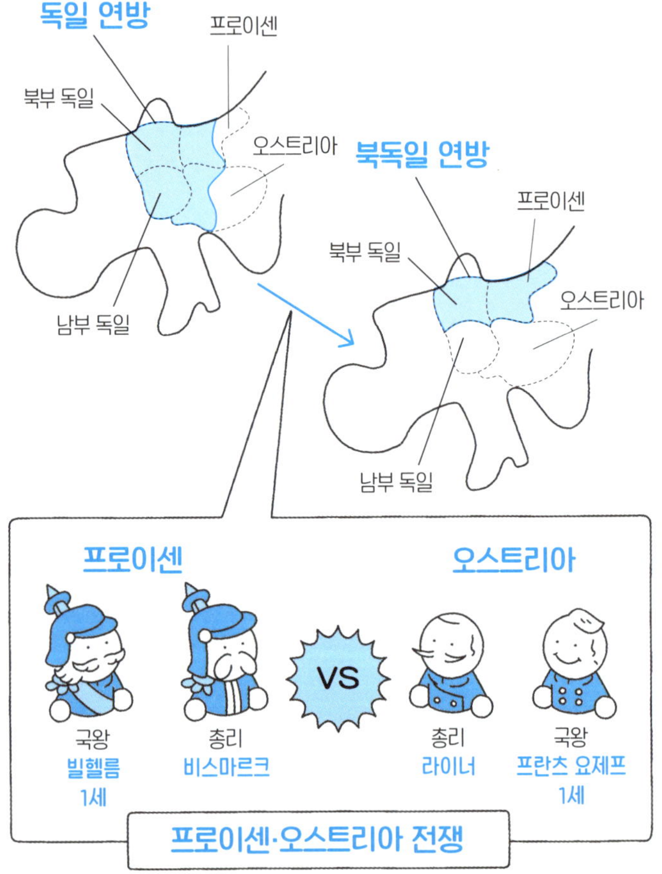

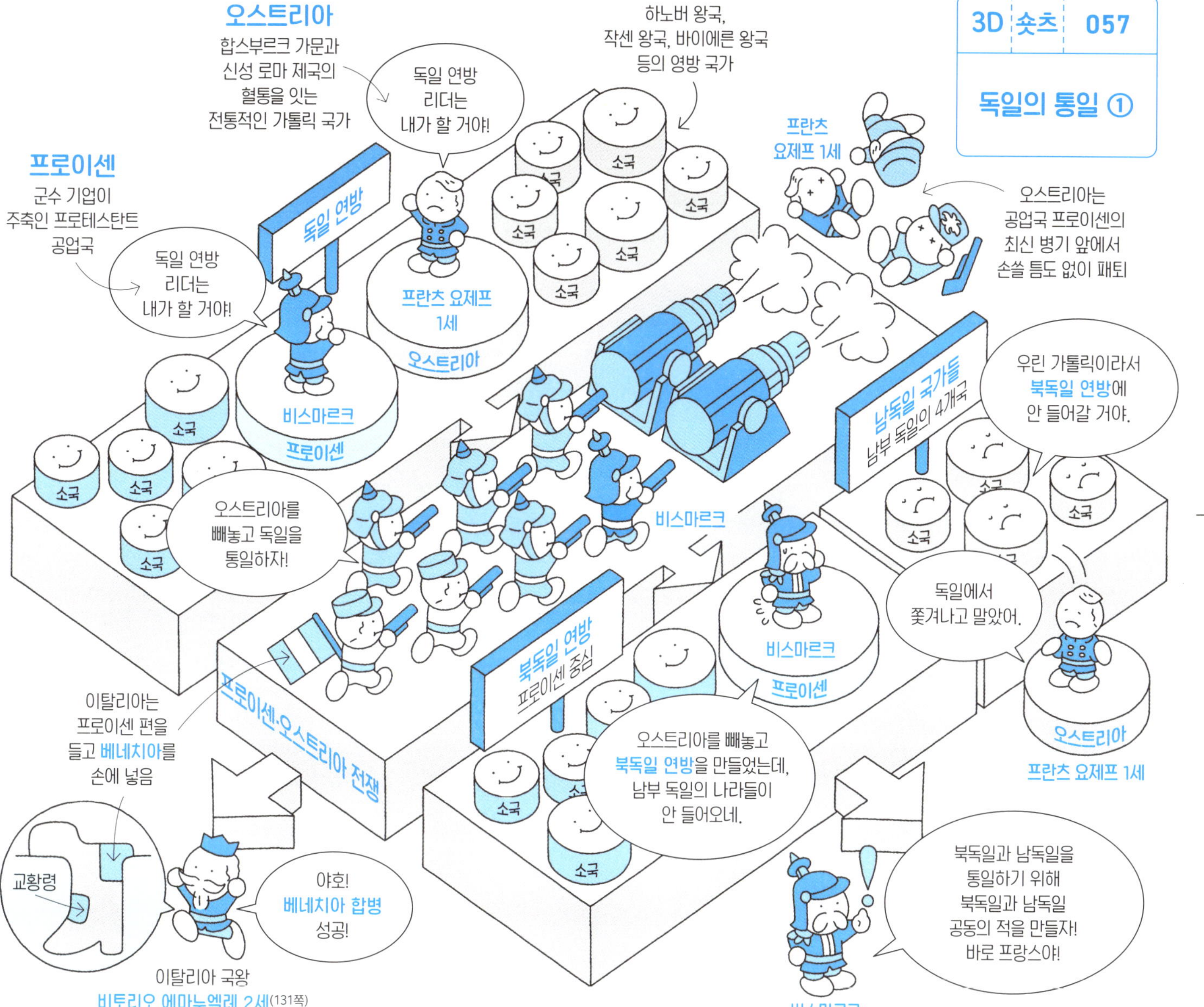
오스트리아
합스부르크 가문과 신성 로마 제국의 혈통을 잇는 전통적인 가톨릭 국가
프로이센
군수 기업이 주축인 프로테스탄트 공업국
하노버 왕국, 작센 왕국, 바이에른 왕국 등의 영방 국가
독일 연방 리더는 내가 할 거야!
독일 연방
프란츠 요제프 1세
독일 연방 리더는 내가 할 거야!
독일 연방
프란츠 요제프 1세
오스트리아
비스마르크
프로이센
프란츠 요제프 1세
오스트리아는 공업국 프로이센의 최신 병기 앞에서 손쓸 틈도 없이 패퇴
소국
소국
소국
소국
소국
소국
소국
소국
소국
오스트리아를 빼놓고 독일을 통일하자!
남독일 국가들
남부 독일의 4개국
우린 가톨릭이라서 북독일 연방에 안 들어갈 거야.
비스마르크
비스마르크
프로이센
독일에서 쫓겨나고 말았어.
프로이센·오스트리아 전쟁
북독일 연방
프로이센 중심
소국
소국
소국
소국
오스트리아
프란츠 요제프 1세
이탈리아는 프로이센 편을 들고 베네치아를 손에 넣음
교황령
야호! 베네치아 합병 성공!
오스트리아를 빼놓고 북독일 연방을 만들었는데, 남부 독일의 나라들이 안 들어오네.
북독일과 남독일을 통일하기 위해 북독일과 남독일 공동의 적을 만들자! 바로 프랑스야!
이탈리아 국왕
비토리오 에마누엘레 2세(131쪽)
비스마르크

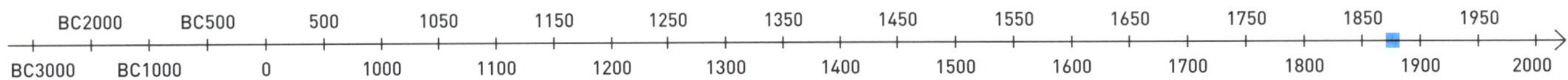

독일 통일을 완수하려는 **비스마르크**(132쪽)는 프랑스의 **나폴레옹 3세**(124쪽)에게 전쟁을 걸었습니다(프로이센·프랑스 전쟁(보불 전쟁)). 그러자 그때까지 **북독일 연방**을 따르지 않고 독립을 고수하고 있던 남부 독일의 나라들도, 프랑스와 싸우기 위해 비스마르크가 이끄는 북독일 연방을 따를 수밖에 없게 되었습니다.

프로이센·프랑스 전쟁에서 프랑스에 압도적으로 승리한 독일은 석탄이 풍부한 **알자스-로렌 지방**을 프랑스에서 **빼앗았습니다**. 비스마르크는 프랑스의 **베르사유 궁전**에서 독일 제국의 성립을 선언했습니다(독일 통일).

한편, 나폴레옹 3세는 실각했습니다. 프랑스는 자신들 지배 아래에 두고 있던 로마 교황령에서 철수하죠. 이 틈을 타서 이탈리아가 로마 교황령 점령에 성공했습니다(로마 교황령 점령). 이로써 이탈리아 통일은 남티롤과 트리에스테 등만을 남겨 두게 되었습니다(미수복 이탈리아130쪽).

이후 비스마르크는 프랑스의 역습을 막기 위해, 러시아, 오스트리아와 **3제 동맹**, 이탈리아, 오스트리아와 **3국 동맹**을 맺습니다. 이렇게 프랑스는 고립되어 갔습니다(비스마르크 체제176쪽).

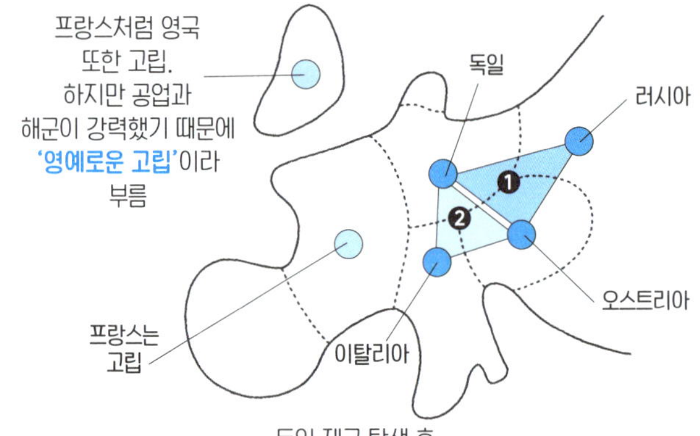

독일의 변천사

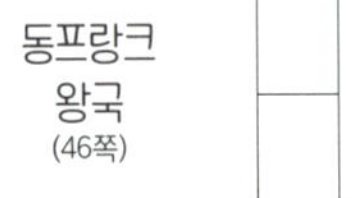
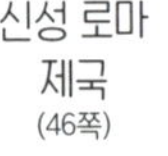
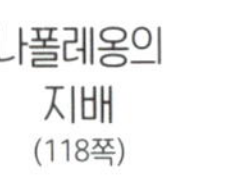
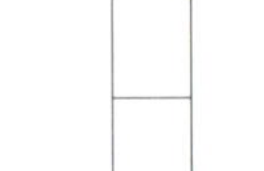

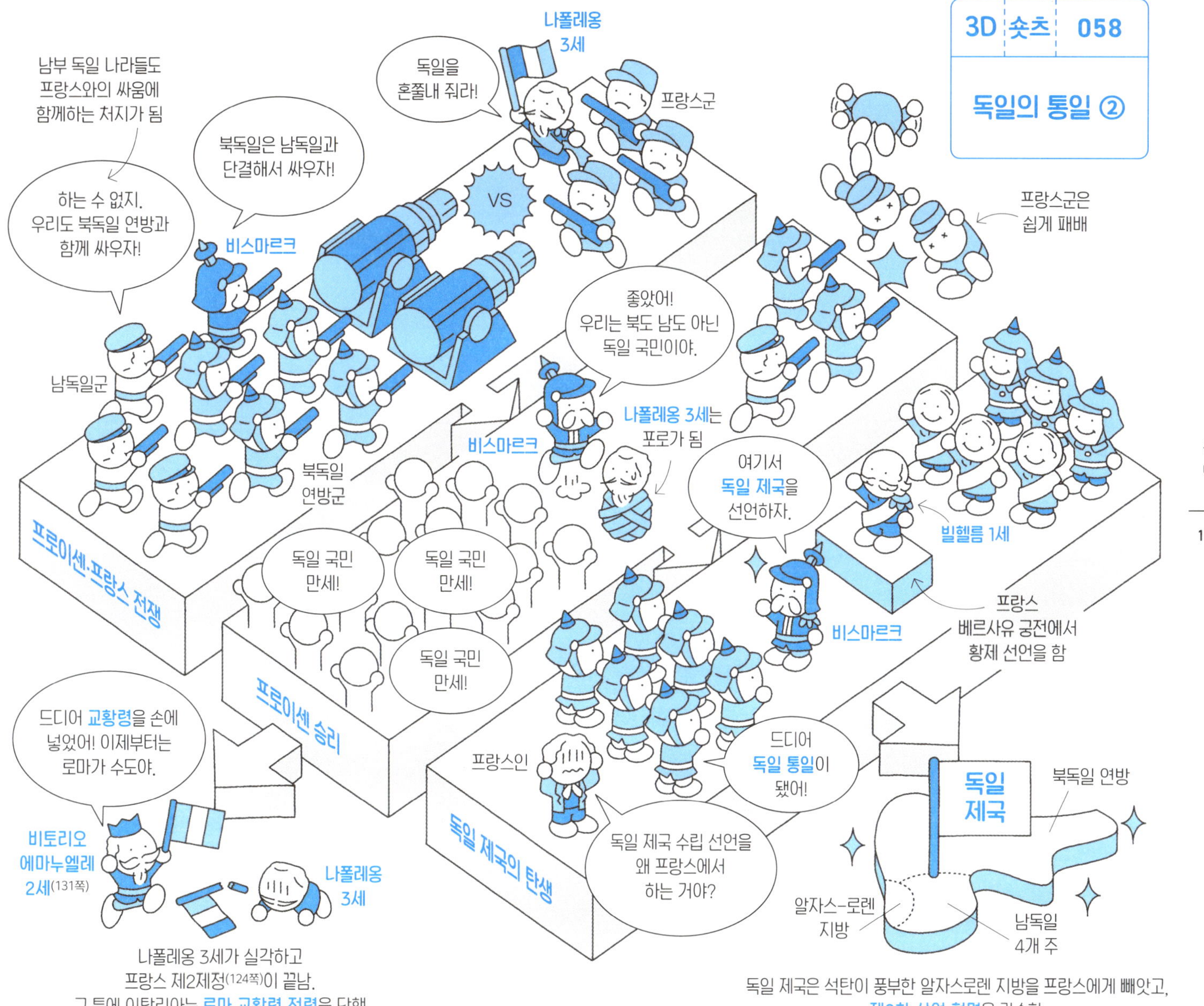

나폴레옹 3세가 실각하고 프랑스 제2제정(124쪽)이 끝남. 그 틈에 이탈리아는 로마 교황령 점령을 단행

독일 제국은 석탄이 풍부한 알자스로렌 지방을 프랑스에게 빼앗고, 제2차 산업 혁명을 가속화

고대 아메리카 문명

개화하는 중남미의 문화

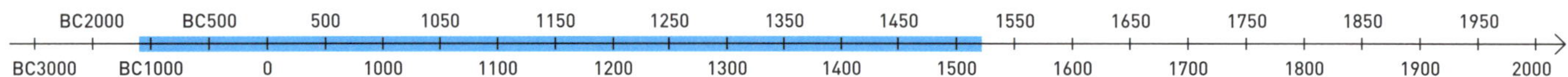

메소포타미아 문명, 이집트 문명, 인더스 문명, 중국 문명 등보다 조금 늦었지만, 오늘날의 멕시코만 부근(중앙아메리카)에서 **메소아메리카 문명**, 남아메리카 대륙에서 **안데스 문명**이 피어났습니다.

메소아메리카 문명은 **거석 인두상**으로 유명한 **올멕 문명**에서 시작합니다. 뒤이어 **마야 신전**과 **마야 문자**로 유명한 **마야 문명**, 태양의 피라미드로 유명한 **테오티우아칸 문명**이 발생했습니다. 이윽고 이 일대는 **아스테카 왕국**에 의해 통일되어 **아스테카 문자**와 **태양력** 등의 수준 높은 **아스테카 문명**이 번성합니다.

기원전 1200경까지 성립
기원전 1000경~
기원전 1~기원후 6세기
14~16세기

한편, 남아메리카 대륙의 **안데스 문명**은 **차빈 문화**에서 시작합니다. 뒤이어 **나스카 지상화**로 유명한 **나스카 문화**가 출현하고, 훗날 **잉카 제국**이 남미를 통일합니다. 잉카 제국에서는 **태양의 화신**이라 여겨지던 왕의 지배 아래 **마추픽추** 유적으로 대표되는 **잉카 문명**이 번성합니다.

기원전 1000경~
15~16세기
15~16세기

16세기, 아메리카 대륙에서 **아스테카 문명**과 **잉카 문명**이 무르익던 무렵, 유럽은 때마침 **대항해 시대**(76쪽)였습니다. 이때 은과 작물을 노린 **스페인**의 **정복자**(콩키스타도르138쪽)가 아메리카 대륙에 상륙합니다.

메소아메리카 문명

올메카 문명

거석 인두상

테오티우아칸 문명

태양의 피라미드

마야 문명
마야 문자
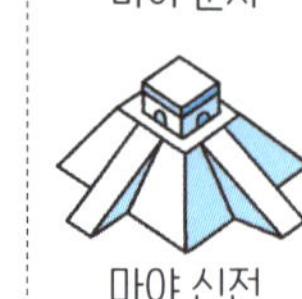
마야 신전

아스테카 문명
아스테카 문자

태양력

안데스 문명

차빈 문화

퓨마 상형 단지

나스카 문화

지상화

잉카 문명
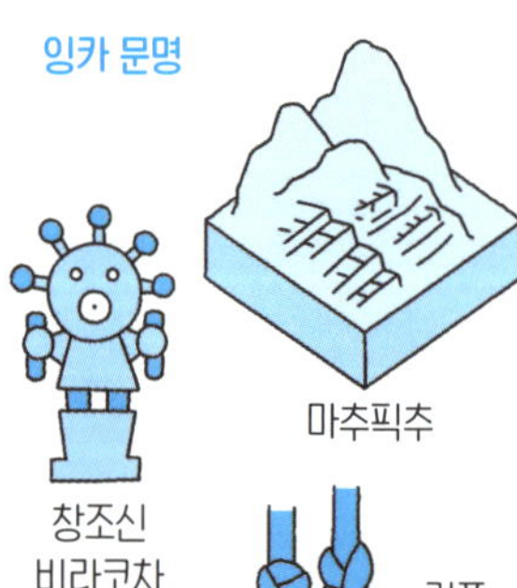
창조신 비라코차

마추픽추

키푸 (매듭 글자)

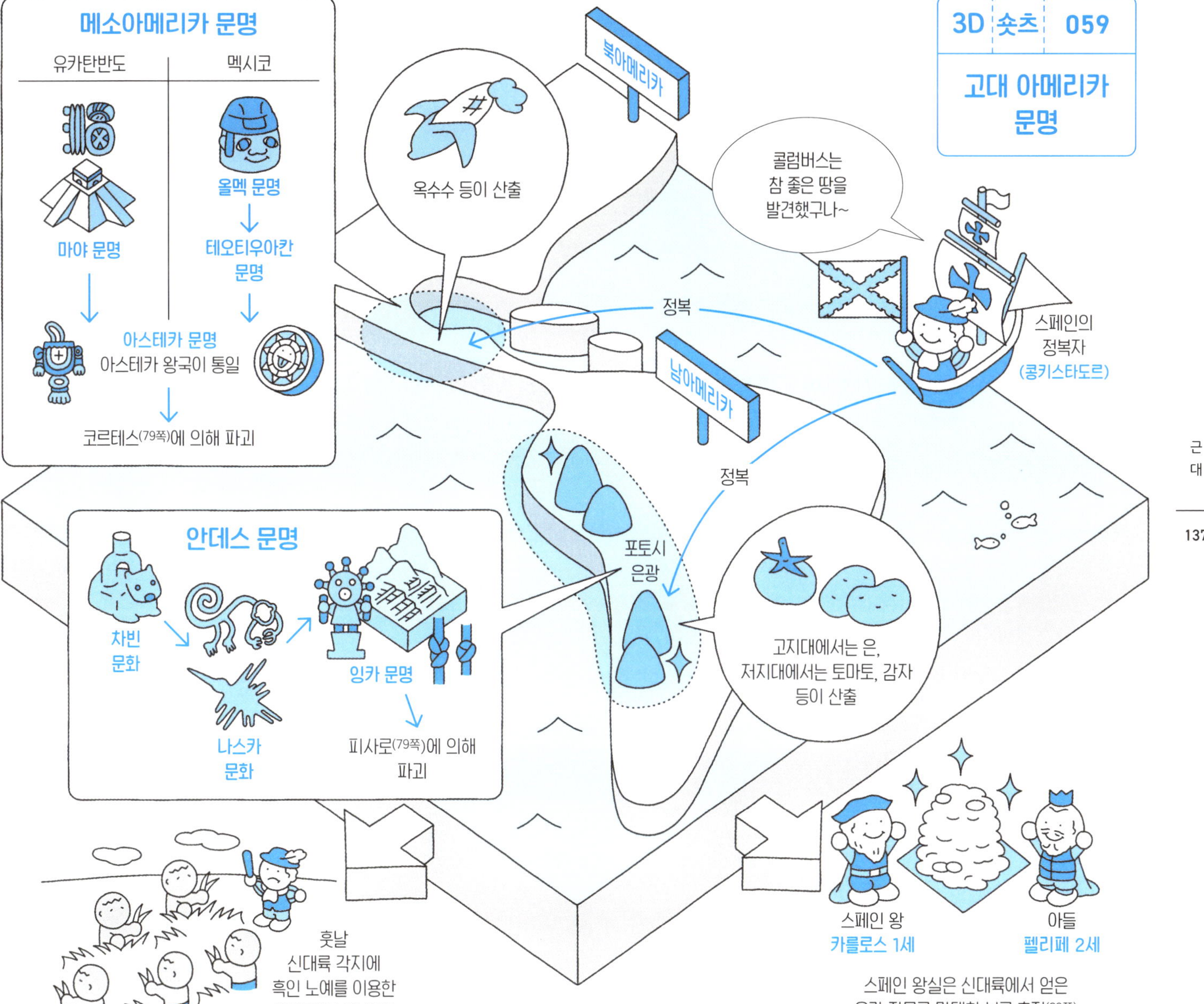
메소아메리카 문명
유카탄반도
멕시코
올멕 문명
마야 문명
테오티우아칸 문명
아스테카 문명
아스테카 왕국이 통일
코르테스(79쪽)에 의해 파괴
북아메리카
옥수수 등이 산출
콜럼버스는 참 좋은 땅을 발견했구나~
스페인의 정복자
(콩키스타도르)
정복
남아메리카
정복
안데스 문명
차빈 문화
나스카 문화
잉카 문명
피사로(79쪽)에 의해 파괴
포토시 은광
고지대에서는 은, 저지대에서는 토마토, 감자 등이 산출
훗날 신대륙 각지에 흑인 노예를 이용한 플랜테이션이 조성
스페인 왕
카를로스 1세
아들
펠리페 2세
스페인 왕실은 신대륙에서 얻은 은과 작물로 막대한 부를 축적(89쪽)

060 대서양 삼각 무역

빼앗긴 평온

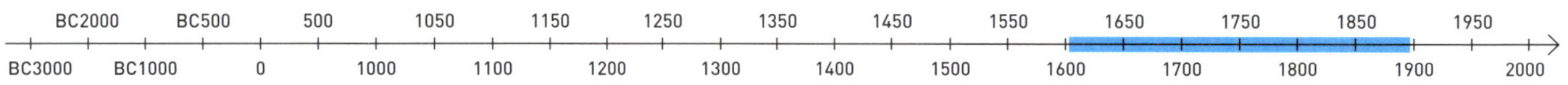

16세기에 **스페인 여왕 이사벨**의 지원을 받은 **콜럼버스**(78쪽) 일행은 **신대륙 아메리카**의 산살바도르섬에 도달했습니다.

이후 스페인은 아메리카 대륙에 계속해서 정복자(콩키스타도르)를 보냈습니다. 정복자 코르테스는 **아스테카 왕국**(136쪽)을 정복하고, 1485~1547 / 1521 피사로는 **잉카 제국**(136쪽)을 정복했습니다. 이로써 스페인은, 포르투갈이 지배하던 브라질을 제외하고 중남미를 거의 모두 지배하게 되었습니다. 1470경~1541 / 1533

스페인 사람을 비롯한 유럽인은 아메리카 대륙에 살던 원주민들을 **포토시 은광**과 농장에서 부려 먹었습니다. 가혹한 노동, 그리고 유럽인과 함께 유입된 전염병 때문에 원주민의 수는 급격히 줄어들었습니다.

유럽인들은 아메리카 대륙의 노동력이 부족해지자 **아프리카**에서 수많은 **흑인 노예**를 배에 실어 왔습니다. 흑인 노예는 설탕, 목화, 담배 등을 생산하는 대농장(플랜테이션)에서 일하게 되었습니다. 여기서 생산한 상품은 유럽으로 운반되었고, 유럽은 막대한 부를 쌓아 올렸습니다. 이 구조를 대서양 삼각 무역(96쪽)이라 합니다.

17세기가 되자 영국, 프랑스 등이 본격적으로 아메리카 대륙에 진출하기 시작했습니다. 유럽 식민지는 영국의 13개 식민지, 프랑스의 캐나다와 루이지애나 등 북미까지 퍼져 나갔습니다(140쪽).

18세기에는 영국의 주도 아래 대서양 삼각 무역이 더욱 확대되어, 유럽 여러 나라는 큰 이득을 얻었습니다. 하지만 주민을 많이 빼앗긴 아프리카의 발전은 늦어지고 말았습니다.

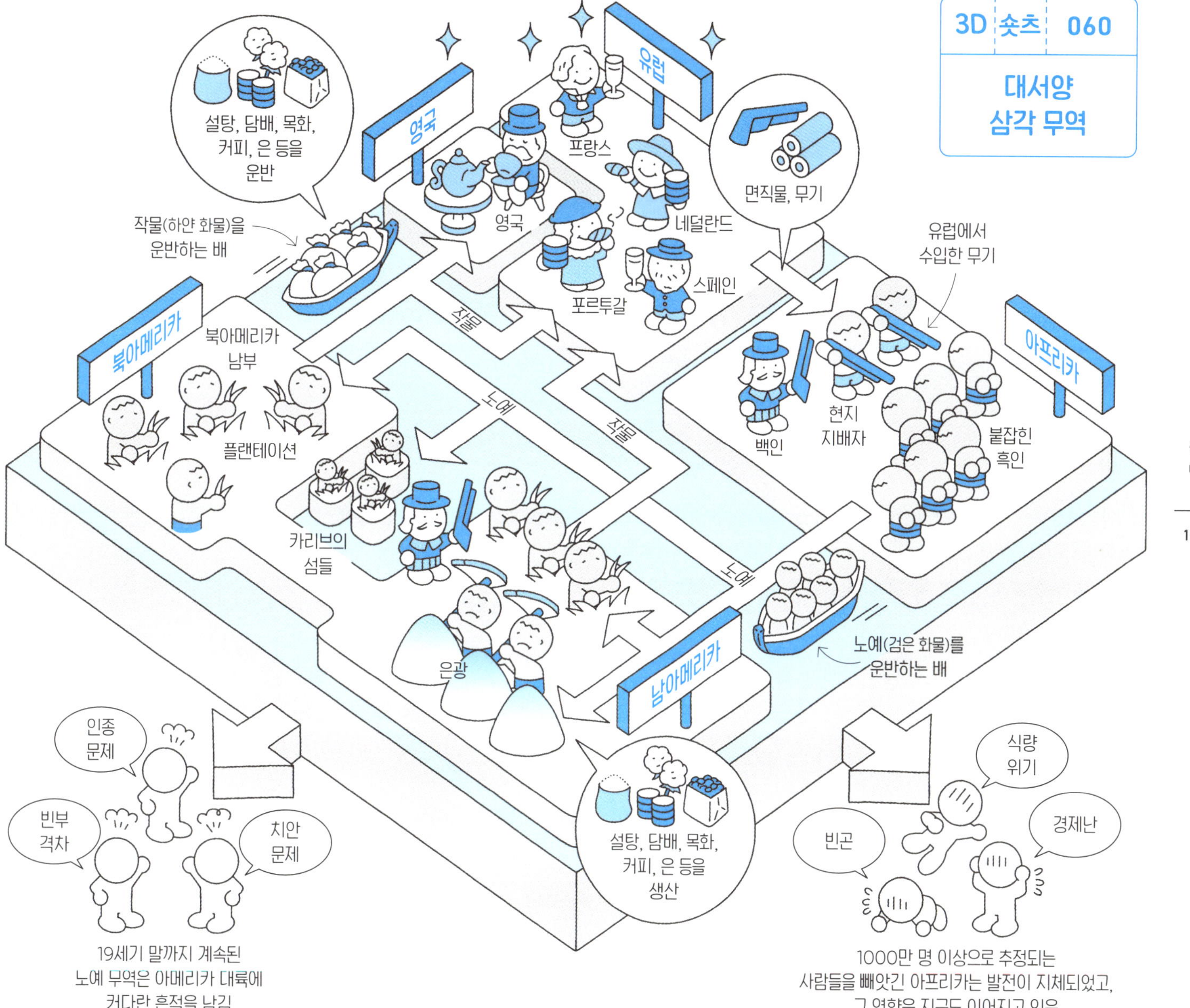
3D 숏츠 060
대서양 삼각 무역

유럽
영국
프랑스
영국
네덜란드
포르투갈
스페인

설탕, 담배, 목화, 커피, 은 등을 운반

작물(하얀 화물)을 운반하는 배

면직물, 무기

유럽에서 수입한 무기

아프리카
백인
현지 지배자
붙잡힌 흑인

북아메리카
북아메리카 남부
플랜테이션
카리브의 섬들
은광

노예
작물
노예
노예
작물

남아메리카
노예(검은 화물)를 운반하는 배

설탕, 담배, 목화, 커피, 은 등을 생산

근대
139

인종 문제
빈부 격차
치안 문제
19세기 말까지 계속된 노예 무역은 아메리카 대륙에 커다란 흔적을 남김

식량 위기
빈곤
경제난
1000만 명 이상으로 추정되는 사람들을 빼앗긴 아프리카는 발전이 지체되었고, 그 영향은 지금도 이어지고 있음

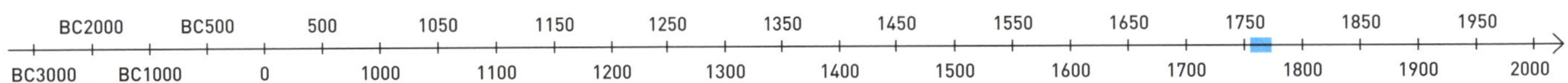

140

17세기에 영국은 북아메리카 대륙 동해안에 **버지니아 식민지**를 건설했습니다.

훗날 영국 본국에서 박해를 받던 **청교도**(92쪽)가 이 땅으로 건너와 버지니아 옆에 뉴잉글랜드 식민지(매사추세츠 등)를 건설합니다. 그리고 18세기 초반까지 뉴욕, 조지아 등의 식민지도 건설되며 **영국의 13개 식민지**가 완성되었습니다.

프랑스도 캐나다에 진출한 후, 영국의 13개 식민지 서쪽 옆에 광대한 루이지애나 식민지를 건설했습니다. 이 때문에 영국과 프랑스 사이에 영토 분쟁이 일어납니다(프렌치·인디언 전쟁). 승리한 영국은 캐나다, 미시시피 동쪽 루이지애나, 플로리다를 손에 넣었습니다.

1682

1754~63

그런데 영국은 이 전쟁으로 많은 빚을 지면서 재정난에 빠집니다. 영국은 식민지 주민에게 무거운 세금을 물려 재정을 회복하려 했습니다. 하지만 영국 본국의 의회에 출석하는 것을 허락받지 못한 식민지인들은 거세게 반발했습니다. '대표 없이는 과세도 없다'라는 표어가 탄생한 것입니다.

1773년 12월 밤, 식민지인들은 영국 동인도 회사 선박에 실려 있던 차 상자를 바다에 던져 버리는 **보스턴 차 사건**을 일으켰습니다

1773

다. 그리고 몇 년 후, 마침내 **미국 독립 전쟁**(142쪽)이 발발합니다.

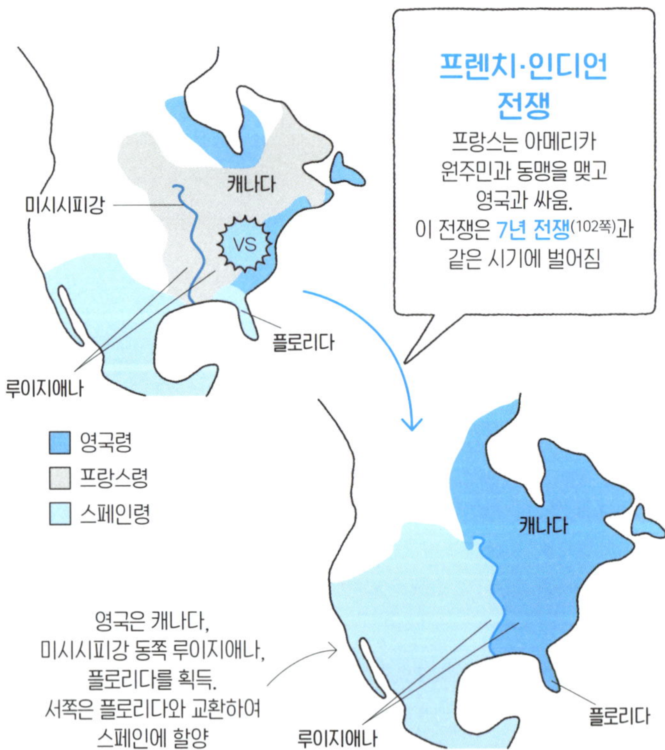

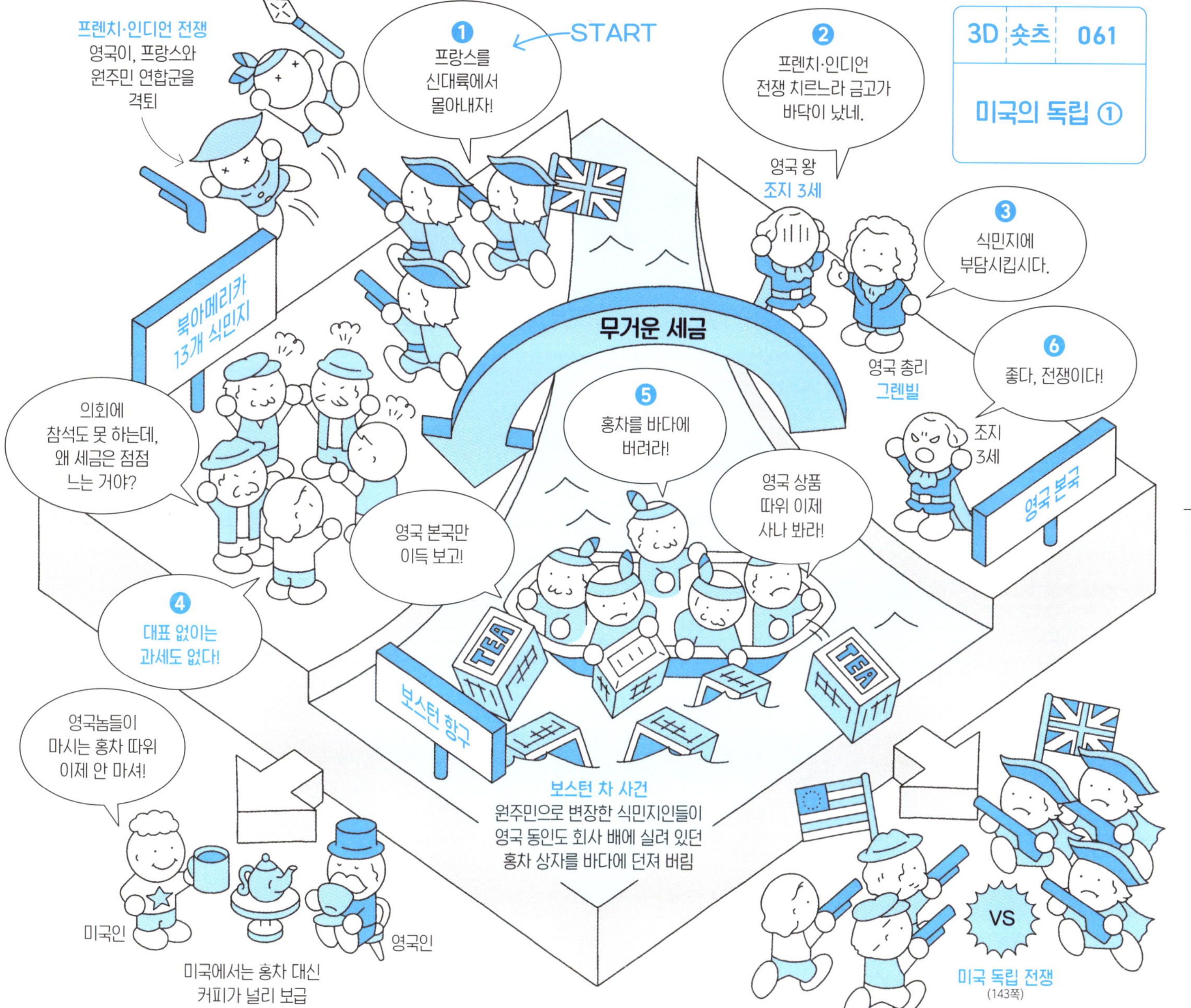
프렌치·인디언 전쟁
영국이, 프랑스와 원주민 연합군을 격퇴
북아메리카 13개 식민지
START
① 프랑스를 신대륙에서 몰아내자!
② 프렌치·인디언 전쟁 치르느라 금고가 바닥이 났네.
영국 왕 조지 3세
③ 식민지에 부담시킵시다.
영국 총리 그렌빌
⑥ 좋다, 전쟁이다!
조지 3세
영국 본국
무거운 세금
의회에 참석도 못 하는데, 왜 세금은 점점 느는 거야?
⑤ 홍차를 바다에 버려라!
영국 상품 따위 이제 사나 봐라!
영국 본국만 이득 보고!
④ 대표 없이는 과세도 없다!
영국놈들이 마시는 홍차 따위 이제 안 마셔!
보스턴 항구
TEA
TEA
보스턴 차 사건
원주민으로 변장한 식민지인들이 영국 동인도 회사 배에 실려 있던 홍차 상자를 바다에 던져 버림
미국인
영국인
미국에서는 홍차 대신 커피가 널리 보급
VS
미국 독립 전쟁
(143쪽)

미합중국의 독립 ②

062

미국 독립 선언

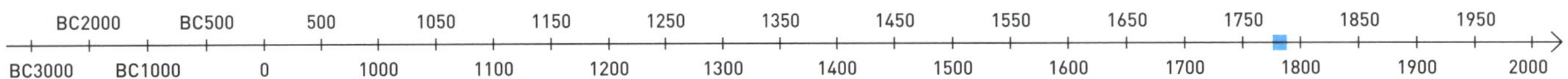

오랜 세월에 걸쳐 북미에서 펼쳐지던 영국과 프랑스의 식민지 전쟁은 **프렌치·인디언 전쟁**(140쪽)으로 막을 내렸습니다. 하지만 이번에는 영국 본국과 **13개 식민지**(140쪽) 사이에 자치 문제를 두고 심한 갈등이 벌어졌습니다.

1775년, 미국 독립 전쟁이 시작되었습니다(미국 독립 혁명). 13개
1775~83　　　　　　　　　　　1775~83
식민지 대표가 모인 대륙 회의에서 워싱턴(버지니아 식민지 대표)이
1732~99
군 총사령관에 취임했습니다. 철학자 토머스 페인이 '상식'이라
1737~1809　　　　1776
는 소책자를 통해 식민지인들에게 독립의 필요성을 설파하고, 토
1743~1826
머스 제퍼슨(버지니아 식민지 대표)이 기초한 미국 독립 선언이 발표
1776
되자, 식민지 사람들의 사기는 높아졌습니다.

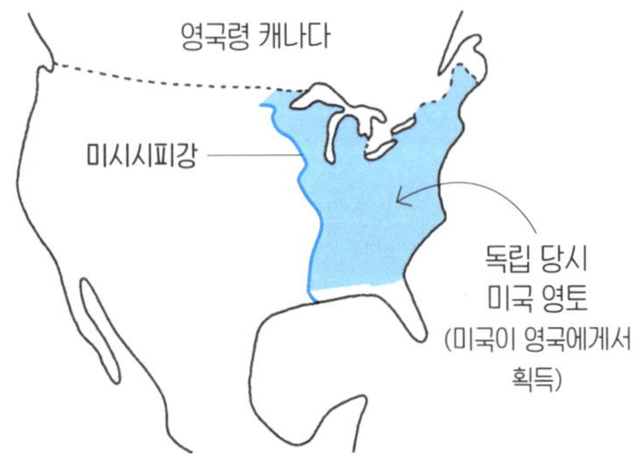

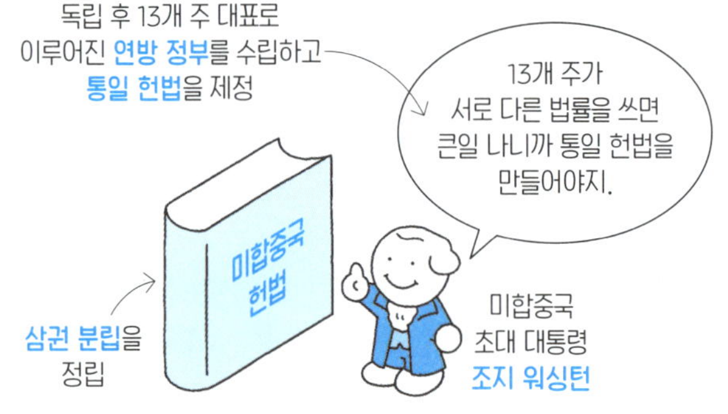

이를 본 스페인과, 프렌치·인디언 전쟁에서 영국에 패한 프랑스 역시 영국에 선전 포고를 했습니다. 게다가 영국의 세력을 경계하고 있던 러시아의 **예카테리나 2세**(104쪽)도 주변 국가들과 무장 중립 동맹을 맺고, 13개 식민지에 유리한 쪽으로 움직였습니다.

전쟁 초반에는 영국에 밀리던 13개 식민지 연합군은 각국의 원군을 얻어 요크타운 전투에서 압승을 거뒀습니다. 이로써 미합중국
1781
의 **독립**이 인정받게 되었습니다(파리 조약). 13개 식민지는 독립
1783
후 미합중국 헌법을 제정했습니다. 1789년 **워싱턴**이 **초대 대통**
1787
령에 취임하며, 미국은 **공화국**으로서 첫걸음을 내디뎠습니다.

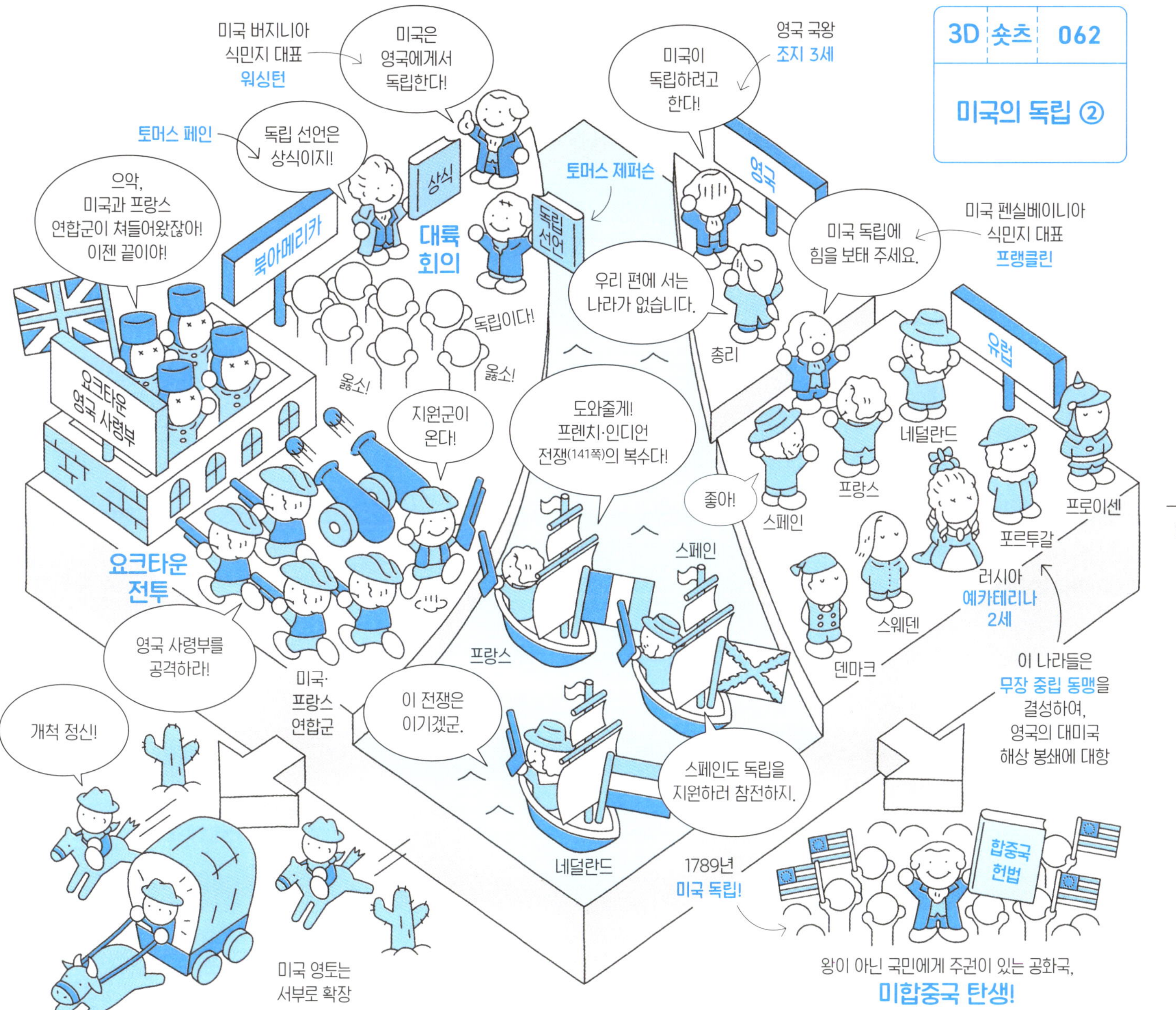

3D 숏츠 062
미국의 독립 ②

미국 버지니아 식민지 대표 워싱턴
미국은 영국에게서 독립한다!
미국이 독립하려고 한다!
영국 국왕 조지 3세
토머스 페인
독립 선언은 상식이지!
상식
토머스 제퍼슨
독립 선언
영국
으악, 미국과 프랑스 연합군이 쳐들어왔잖아! 이젠 끝이야!
북아메리카
대륙 회의
미국 독립에 힘을 보태 주세요.
미국 펜실베이니아 식민지 대표 프랭클린
요크타운 영국 사령부
우리 편에 서는 나라가 없습니다.
총리
유럽
독립이다!
옳소!
옳소!
네덜란드
지원군이 온다!
도와줄게! 프렌치·인디언 전쟁(141쪽)의 복수다!
좋아!
프랑스
요크타운 전투
스페인
러시아 예카테리나 2세
포르투갈
프로이센
영국 사령부를 공격하라!
미국·프랑스 연합군
스페인
스웨덴
덴마크
개척 정신!
프랑스
이 전쟁은 이기겠군.
이 나라들은 무장 중립 동맹을 결성하여, 영국의 대미국 해상 봉쇄에 대항
스페인도 독립을 지원하러 참전하지.
합중국 헌법
미국 영토는 서부로 확장
네덜란드
1789년 미국 독립!
왕이 아닌 국민에게 주권이 있는 공화국, 미합중국 탄생!
근대
143

063

서부 개척

명백한 운명(매니페스트 데스티니)

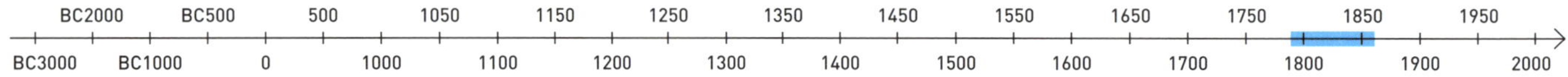

독립을 쟁취한 **미합중국**. 이후 미국은 **프런티어**(변경)를 향해 영토를 서쪽으로 서쪽으로 넓혀 갑니다. 미국인은 **서부 개척**이야말로 **명백한 운명**(매니페스트 데스티니manifest destiny)이라고 생각했던 겁니다.

개척과 함께 미국은 미시시피강 서쪽 루이지애나를 프랑스로부터 사들이고, 뒤이어 스페인으로부터 플로리다를 사들였습니다. 또, 텍사스가 멕시코로부터 독립한 틈을 노려 텍사스도 합병했으며, 오리건도 영국과 협정을 맺고 합병했습니다.

그다음에는 **멕시코·미국 전쟁**(150쪽)으로 캘리포니아를 쟁취하고, 1846~48 이 땅에서 금광을 발견했죠. 많은 사람이 캘리포니아로 이끌려 들어왔습니다(**골드러시**). 1848

영토가 넓어지자, 이번에는 미국 남부와 북부 사이의 갈등이 두드러지게 되었습니다. 농사에 적합한 땅이 있는 남부의 사람들은 목화 농장에서 수많은 노예를 부리고 있었습니다. 한편, 북부에서는 상공업이 발달했습니다. 북부 사람들은 노예를 해방하고 그들을 공장 노동자로 고용하고자 했습니다. 하지만 남부 사람들은 노예 해방에 반대했습니다. 남북의 대립은 골이 점점 깊어진 끝에 **남북 전쟁**(146쪽)으로 발전합니다.

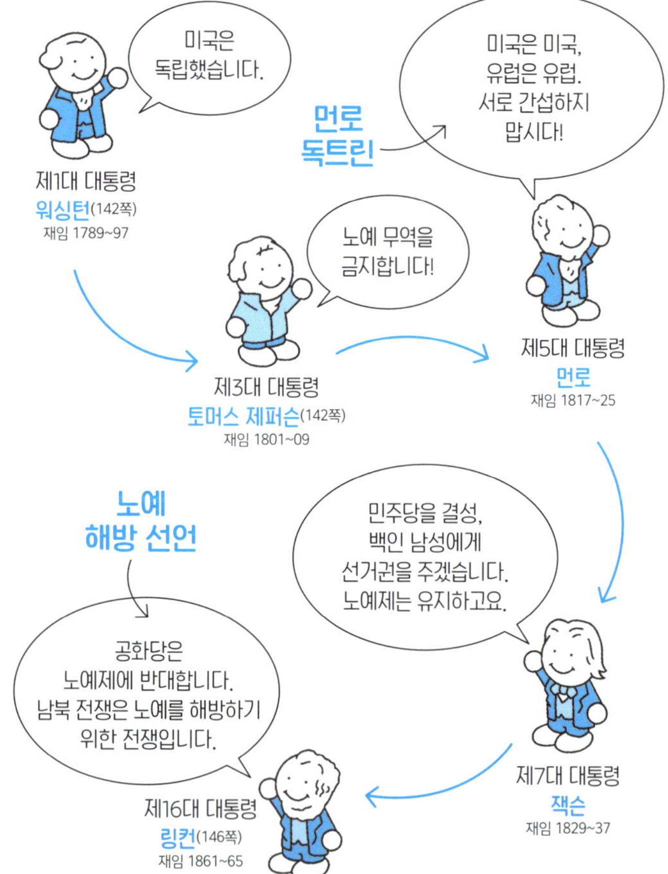

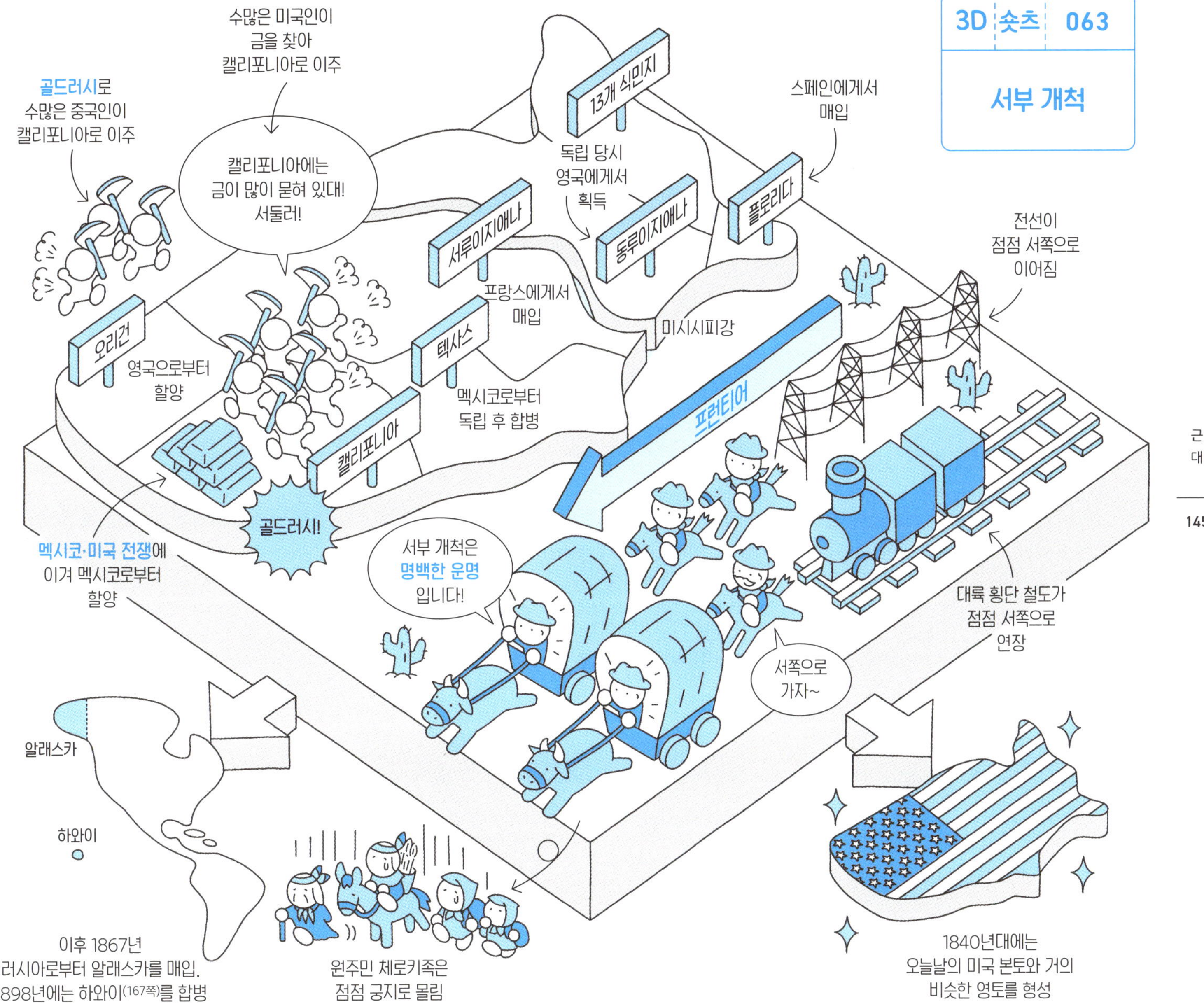

골드러시로
수많은 중국인이
캘리포니아로 이주

수많은 미국인이
금을 찾아
캘리포니아로 이주

13개 식민지

스페인에게서
매입

캘리포니아에는
금이 많이 묻혀 있대!
서둘러!

독립 당시
영국에게서
획득

루이지애나

동루이지애나

플로리다

오리건

전선이
점점 서쪽으로
이어짐

영국으로부터
할양

프랑스에게서
매입

텍사스

미시시피강

프런티어

캘리포니아

멕시코로부터
독립 후 합병

골드러시!

서부 개척은
명백한 운명
입니다!

서쪽으로
가자~

대륙 횡단 철도가
점점 서쪽으로
연장

멕시코·미국 전쟁에
이겨 멕시코로부터
할양

알래스카

하와이

이후 1867년
러시아로부터 알래스카를 매입.
1898년에는 하와이(167쪽)를 합병

원주민 체로키족은
점점 궁지로 몰림

1840년대에는
오늘날의 미국 본토와 거의
비슷한 영토를 형성

064

남북 전쟁

'인민의, 인민에 의한, 인민을 위한 정치'

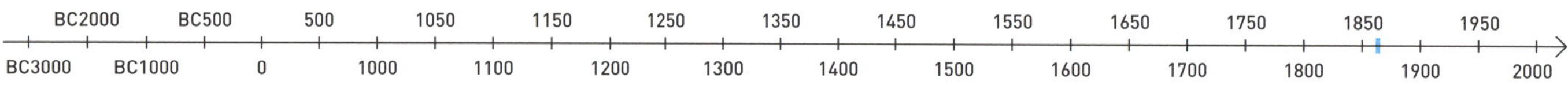

농사에 적합했던 미국 **남부**에서는 목화 농장으로 생계를 꾸리던 사람들이 수많은 노예를 부리고 있었습니다. 한편, 산업 혁명을 통해 상공업화가 진행된 **북부**에서는 노예제가 필요 없었고, 자유로운 계약 노동자가 필요했습니다. 따라서 북부에서는 일찍이 **노예 해방 운동**이 진행되었습니다.

1861년, 노예 해방파인 **링컨**(공화당)이 미합중국 **대통령**으로 취임했습니다. 그러자 남부의 **제퍼슨 데이비스**(민주당)가 이에 반발합니다. 제퍼슨 데이비스는 **미합중국**을 탈퇴하고, 독자적으로 **아메리카 연합국**을 세웁니다. 상공업 중심의 **미합중국(북부)**과 농업 중심의 **아메리카 연합국(남부)**의 대립은 깊어졌고, 결국 **남북 전쟁**이 일어나고 맙니다.

전쟁 초기에는 **남부**가 우세했습니다. 그래서 **북부**의 링컨은 **홈스테드법**(5년 이상 개척에 참여하면 무상으로 토지를 주는 법률)을 실시해서 미국 **서부** 사람들을 같은 편으로 끌어들였습니다. 그리고 링컨은 **노예 해방 선언**을 발표했습니다. 이로써 '남북 전쟁은 노예를 해방하기 위한 전쟁이다'라는 명분이 북부 측에 생겼습니다.

노예 해방 선언이 발표되자, 전세는 북부 쪽으로 크게 기울었습니다. 1863년에 **게티즈버그 전투**에서 북부가 승리하자, 1865년 남부가 항복하면서 남북 전쟁은 종료됩니다. 링컨이 말한 '**인민의, 인민에 의한, 인민을 위한 정치**'는 게티즈버그 전투 4개월 뒤에 게티즈버그에서 행한 연설에서 나온 발언이었습니다.

남북 전쟁이 끝난 후, 미국에서는 북부를 중심으로 **제2차 산업 혁명**(154쪽)이 일어납니다. 그리고 노동력을 보충하기 위해 적극적인 이민 수용 정책을 시행하게 되었습니다.

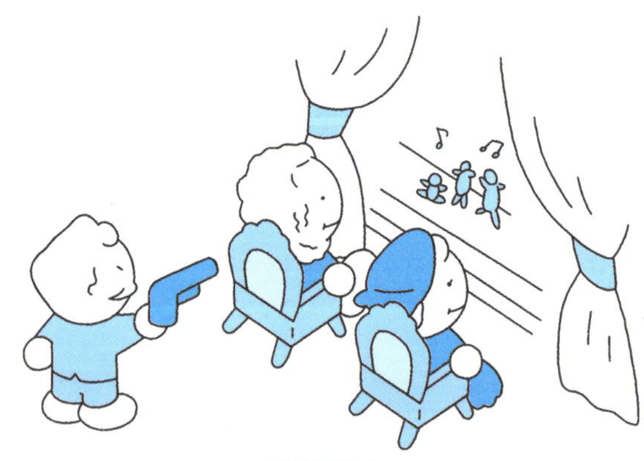

남북 전쟁 후,
링컨은 극장에서 아메리카 연합국(남부)을
지지하던 인물에게 저격당함

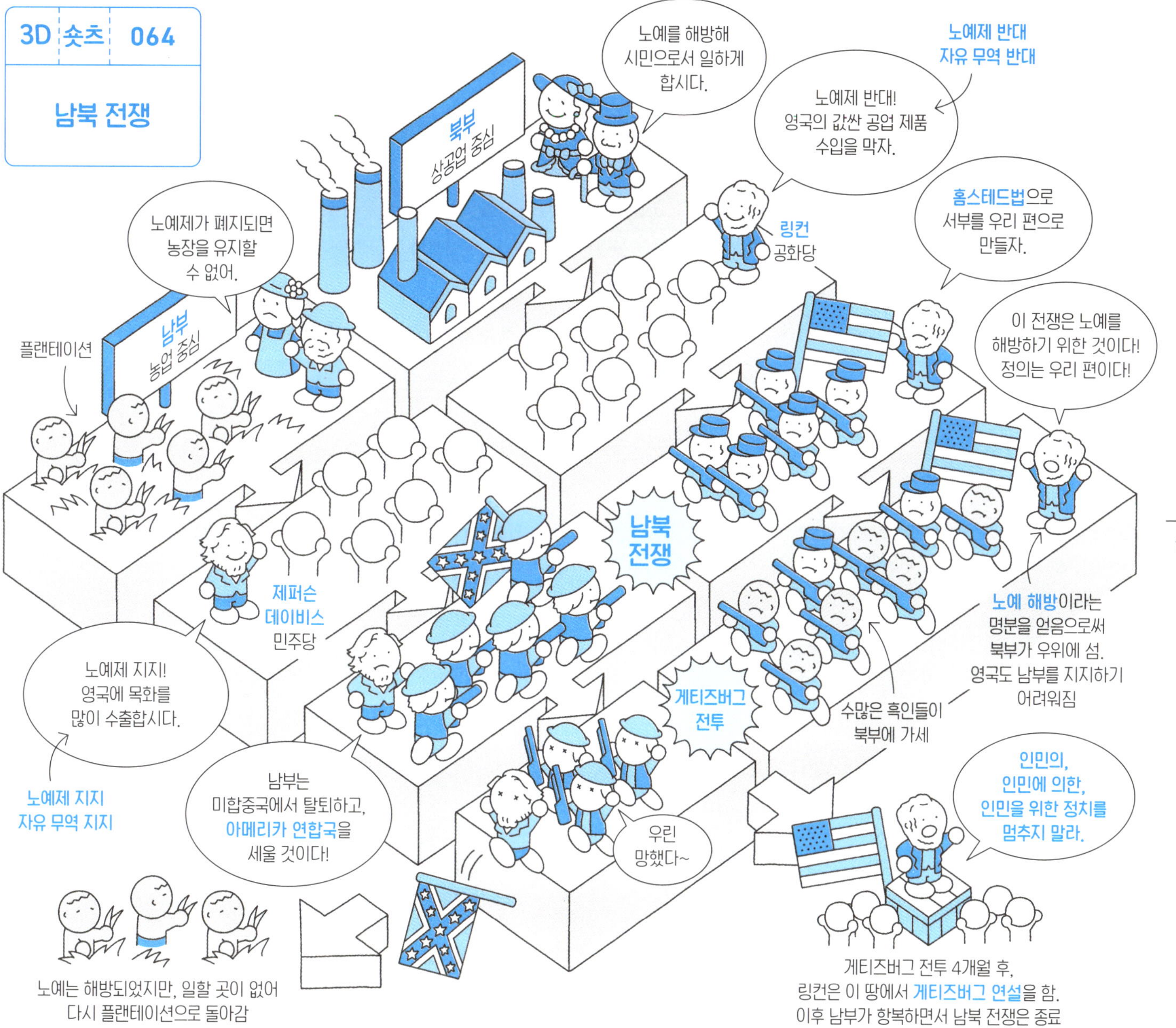

3D 숏츠 064
남북 전쟁
근대
147

노예를 해방해 시민으로서 일하게 합시다.
노예제 반대 자유 무역 반대
노예제 반대! 영국의 값싼 공업 제품 수입을 막자.
홈스테드법으로 서부를 우리 편으로 만들자.

북부 상공업 중심

링컨 공화당

노예제가 폐지되면 농장을 유지할 수 없어.

이 전쟁은 노예를 해방하기 위한 것이다! 정의는 우리 편이다!

플랜테이션
남부 농업 중심

남북 전쟁

제퍼슨 데이비스 민주당

노예 해방이라는 명분을 얻음으로써 북부가 우위에 섬. 영국도 남부를 지지하기 어려워짐

노예제 지지! 영국에 목화를 많이 수출합시다.

게티즈버그 전투

수많은 흑인들이 북부에 가세

노예제 지지 자유 무역 지지

남부는 미합중국에서 탈퇴하고, 아메리카 연합국을 세울 것이다!

우린 망했다~

인민의, 인민에 의한, 인민을 위한 정치를 멈추지 말라.

노예는 해방되었지만, 일할 곳이 없어 다시 플랜테이션으로 돌아감

게티즈버그 전투 4개월 후, 링컨은 이 땅에서 게티즈버그 연설을 함. 이후 남부가 항복하면서 남북 전쟁은 종료

이민의 나라 미국

아메리칸 드림을 좇아서

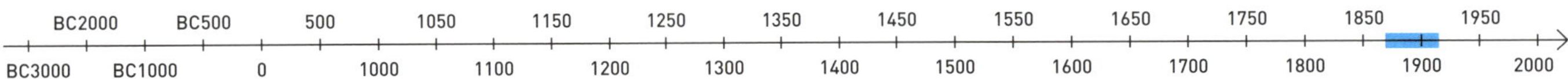

남북 전쟁(146쪽)은 **상공업 중심**의 **북부**가 승리했습니다. 이후 철강 산업과 기계 공업이 비약적으로 발전하면서 미국에서도 **제2차 산업 혁명**(154쪽)이 일어납니다.

1869년, 대륙 횡단 철도가 개통되었습니다. 1890년대에는 **프런티어**(144쪽)가 **소멸**했습니다. 미국은 영국과 독일을 제치고 세계 제일의 공업 국가로 변모했습니다.

그러면서 미국은 노동력 부족에 시달렸고, 해외에서 적극적으로 이민을 받아들이게 되었습니다. 1910년대까지 수많은 이민자가 아메리칸 드림을 좇아 미국으로 건너왔습니다. 영국과 미국을 잇던 타이태닉호 삼등실에는 수많은 이민자가 승선해 있었다고도 하죠.

이후 미국은 새로운 시장을 찾아서 **식민지 정책**에 나섭니다. 미국도 유럽 국가들처럼 **제국주의**(카리브해 정책152쪽)로 기울게 된 것이죠.

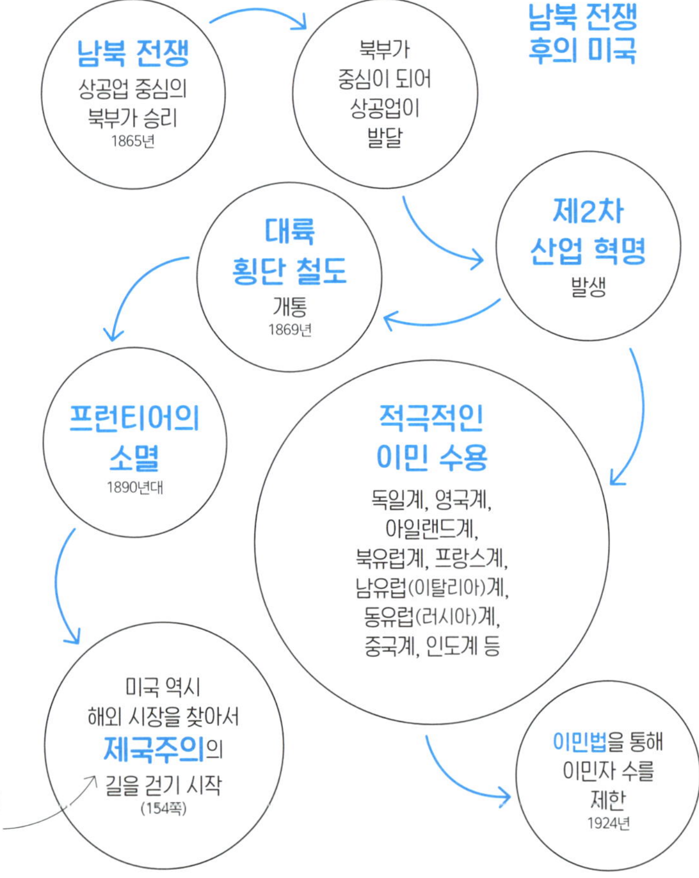

이민의 나라 미국

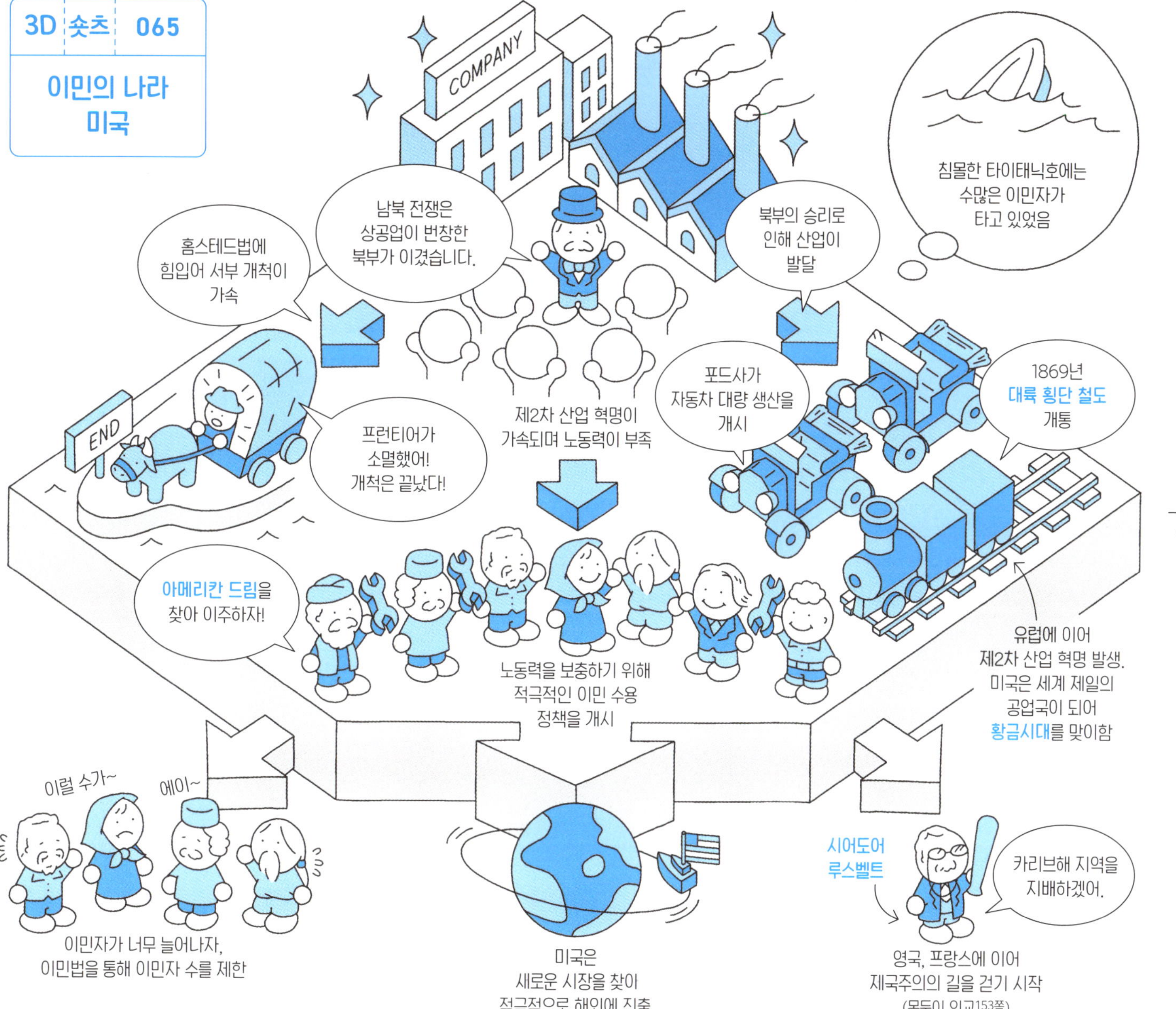
COMPANY
홈스테드법에 힘입어 서부 개척이 가속
남북 전쟁은 상공업이 번창한 북부가 이겼습니다.
북부의 승리로 인해 산업이 발달
침몰한 타이태닉호에는 수많은 이민자가 타고 있었음
END
프런티어가 소멸했어! 개척은 끝났다!
제2차 산업 혁명이 가속되며 노동력이 부족
포드사가 자동차 대량 생산을 개시
1869년 대륙 횡단 철도 개통
아메리칸 드림을 찾아 이주하자!
노동력을 보충하기 위해 적극적인 이민 수용 정책을 개시
유럽에 이어 제2차 산업 혁명 발생. 미국은 세계 제일의 공업국이 되어 황금시대를 맞이함
이럴 수가~
에이~
이민자가 너무 늘어나자, 이민법을 통해 이민자 수를 제한
미국은 새로운 시장을 찾아 적극적으로 해외에 진출
시어도어 루스벨트
카리브해 지역을 지배하겠어.
영국, 프랑스에 이어 제국주의의 길을 걷기 시작
(몽둥이 외교153쪽)

라틴아메리카의 독립

독립으로 들끓는 중남미

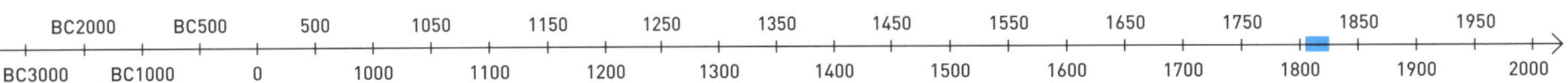

1700년대에 **중남미(라틴아메리카)**는 스페인과 포르투갈, 그리고 프랑스의 지배 아래 있었습니다. 이 시대에는 수많은 흑인 노예가 플랜테이션에서 일하고 있었죠(대서양 삼각 무역[138쪽]). 그런데 **미국 독립 혁명**[142쪽]과 **프랑스 혁명**[110쪽]이 일어나자, 그 영향을 받아 중남미에서도 독립을 하자는 목소리가 커지기 시작했습니다.

중남미에서 처음으로 독립에 성공한 나라는 **아이티**였습니다. 흑인 노예의 아들로 태어난 **투생 루베르튀르**[1743~1803]가 **노예 해방 선언**을 하고, 그 부하들이 프랑스군을 물리쳐 세계 최초의 **흑인 공화국**을 건국했습니다. 아이티에서는 **노예제가 폐지**되고, 이후 노예제에 대한 비판이 아메리카 대륙 전역에 퍼졌습니다.

다음으로 식민지에서 태어난 **백인(크리오요) 시몬 볼리바르**[1783~1830]가 **베네수엘라, 콜롬비아, 에콰도르, 볼리비아** 등의 독립을 지원했습니다. 스페인을 물리치며 여러 나라를 독립으로 이끌었죠.

그 무렵 같은 크리오요 출신인 **산마르틴**[1778~1850]의 활약으로 **아르헨티나, 칠레, 페루**도 독립했습니다.

성직자 **이달고**[1753~1811]는 **멕시코** 독립에 온 힘을 쏟았고, 마침내 멕시코는 스페인을 물리치고 독립에 성공했습니다. 하지만 멕시코는 이후 미국과의 영토 분쟁에서 패해 **캘리포니아**를 비롯한 국토의 태반을 미국에 빼앗기고 말았습니다(**멕시코·미국 전쟁**[144쪽]).

포르투갈의 지배 아래 있던 **브라질**에는, **나폴레옹**[118쪽]의 지배를 피해 도망친 **포르투갈 왕자**가 망명해 왔습니다. 포르투갈 왕자는 현지에 뿌리를 내리고 브라질의 독립을 선언했으며, 스스로 **페드루 1세**[재위 1822~31]라 칭하며 제위에 올랐습니다.

이렇듯 수많은 독립국이 태어난 남아메리카 대륙이었지만, 수출용 농작물 생산에만 힘을 쏟았기 때문에 공업화에서 뒤처지고 맙니다. 그리고 **남북 전쟁**[146쪽]을 끝낸 미국의 식민지 정책에 농락당하기에 이르렀습니다.

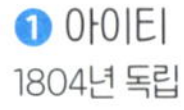

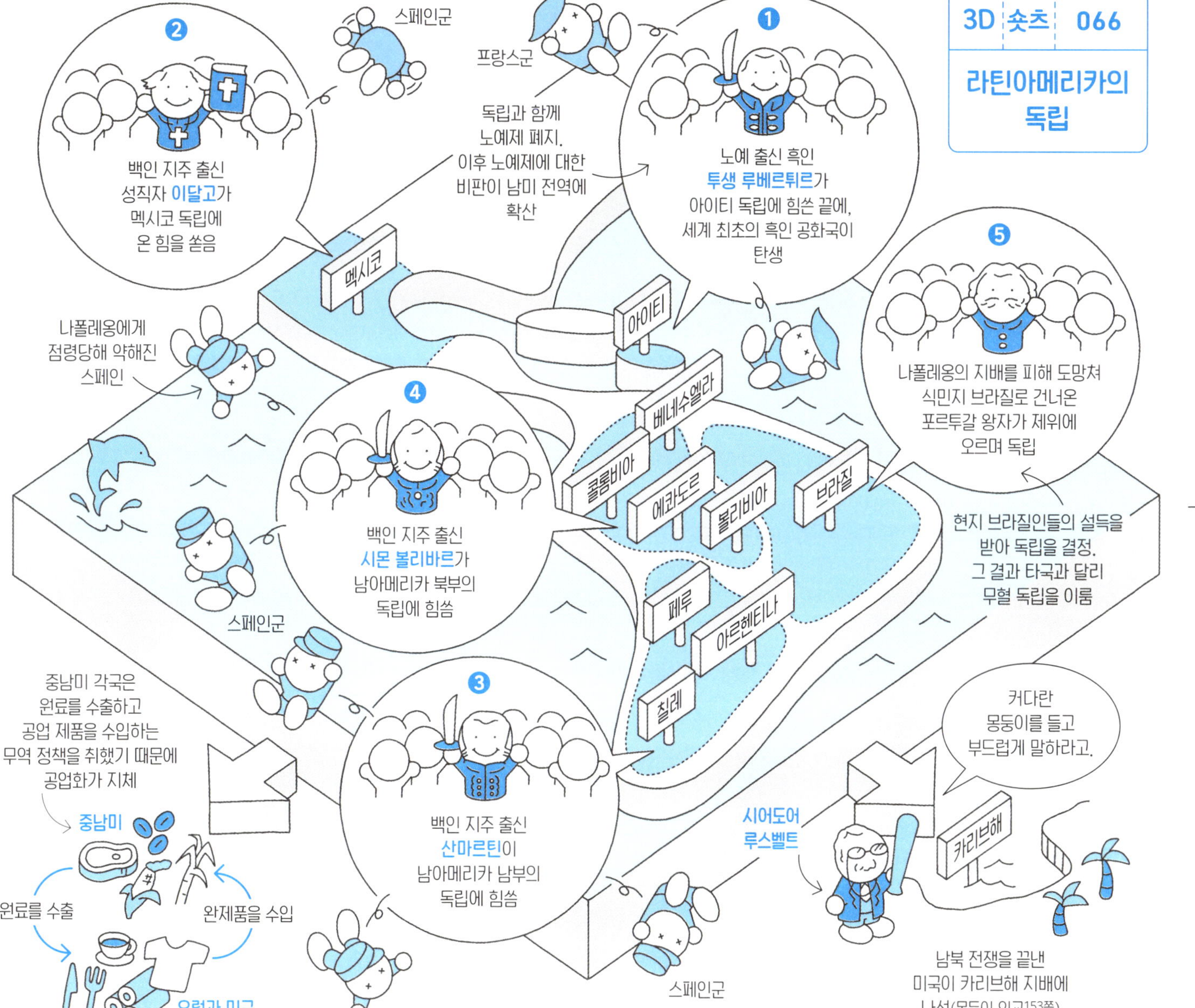
라틴아메리카의 독립
① 노예 출신 흑인 투생 루베르튀르가 아이티 독립에 힘쓴 끝에, 세계 최초의 흑인 공화국이 탄생
② 백인 지주 출신 성직자 이달고가 멕시코 독립에 온 힘을 쏟음
스페인군
프랑스군
독립과 함께 노예제 폐지. 이후 노예제에 대한 비판이 남미 전역에 확산
멕시코
아이티
나폴레옹에게 점령당해 약해진 스페인
⑤ 나폴레옹의 지배를 피해 도망쳐 식민지 브라질로 건너온 포르투갈 왕자가 제위에 오르며 독립
④ 백인 지주 출신 시몬 볼리바르가 남아메리카 북부의 독립에 힘씀
베네수엘라
콜롬비아
에콰도르
볼리비아
브라질
페루
아르헨티나
칠레
현지 브라질인들의 설득을 받아 독립을 결정. 그 결과 타국과 달리 무혈 독립을 이룸
스페인군
중남미 각국은 원료를 수출하고 공업 제품을 수입하는 무역 정책을 취했기 때문에 공업화가 지체
중남미
원료를 수출
완제품을 수입
유럽과 미국
③ 백인 지주 출신 산마르틴이 남아메리카 남부의 독립에 힘씀
커다란 몽둥이를 들고 부드럽게 말하라고.
시어도어 루스벨트
카리브해
남북 전쟁을 끝낸 미국이 카리브해 지배에 나섬(몽둥이 외교153쪽)
스페인군

067 미국의 카리브해 정책

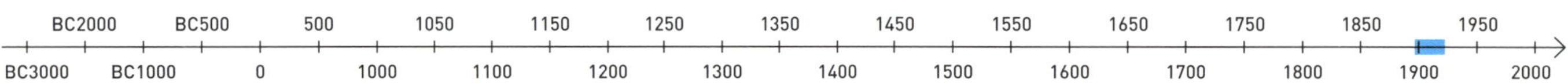

미국에서 **남북 전쟁**(146쪽)이 한창일 무렵, 유럽에서는 **제2차 산업 혁명**(154쪽)이 진전되면서 **제국주의**(154쪽)가 대두합니다. 유럽 각국은 식민지 획득에 골몰하고 있었죠.

프런티어가 소멸한 19세기 말, 미국도 카리브해 지배를 발판으로 제국화의 움직임을 보이게 됩니다(카리브해 정책). 먼저 대통령 **매킨리**(재임 1897~1901)가 스페인에 속해 있던 **쿠바**의 독립 운동에 개입해, **미국·스페인 전쟁**(1898)을 일으킵니다. 승리한 미국은 스페인 영토였던 **필리핀**과 **괌**을 손에 넣습니다. 쿠바에 대해서는 독립을 지원하면서도, 막상 독립하자 보호국으로 만들었습니다.

후임 대통령 **시어도어 루스벨트**(재임 1901~09)는 콜롬비아에 속해 있던 **파나마 공화국**의 독립을 지원했습니다. 그리고 그의 주도 아래 파나마에 태평양과 대서양을 잇는 **파나마 운하**(1914 개통)가 건설되었습니다. 자국의 무력을 과시하며 타국의 내정에 개입하던 그의 외교 정책은 **몽둥이 외교**라 부릅니다.

대통령 **윌슨**(재임 1913~21)의 정책은 **선교사 외교**라고 하는데, '개발 도상국'에 민주주의를 뿌리내리게 하겠다는 의미였습니다. 하지만 겉과 달리 이 외교 정책은 '민주주의'를 타국의 내정에 간섭하기 위한 구실로 삼았습니다.

여기에 더해 미국은 중남미 나라들과 **범아메리카 회의**를 여러 차례 열어 중남미에 대한 영향력을 키웠습니다.

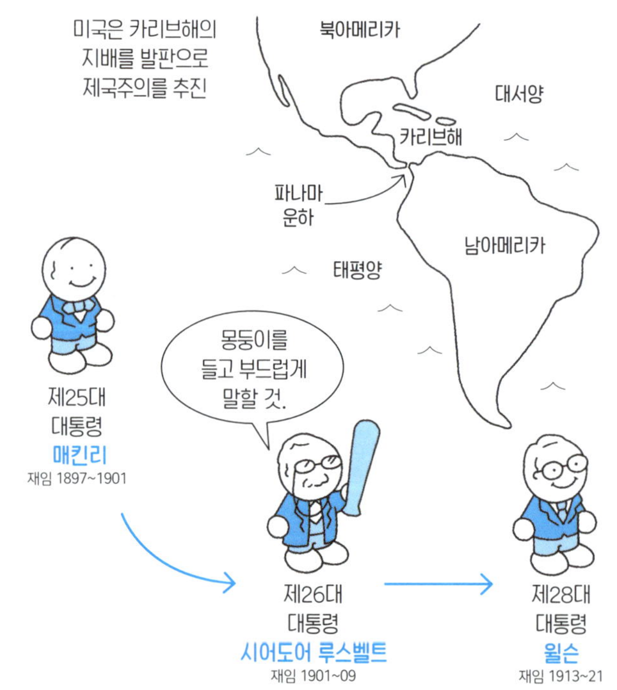

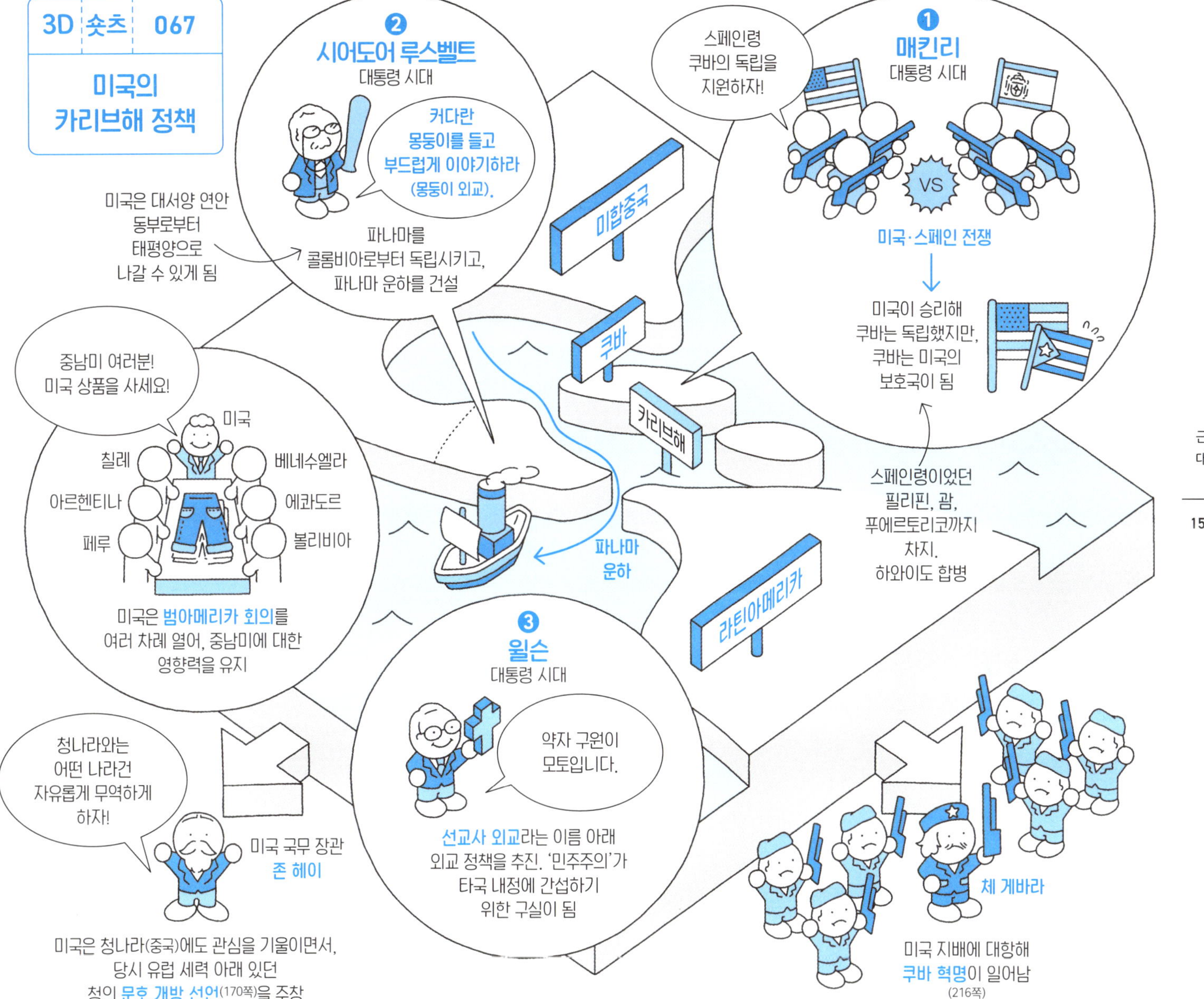

3D 숏츠 067
미국의 카리브해 정책

❶ 매킨리
대통령 시대

스페인령 쿠바의 독립을 지원하자!

VS

미국·스페인 전쟁

미국이 승리해 쿠바는 독립했지만, 쿠바는 미국의 보호국이 됨

❷ 시어도어 루스벨트
대통령 시대

커다란 몽둥이를 들고 부드럽게 이야기하라 (몽둥이 외교).

미국은 대서양 연안 동부로부터 태평양으로 나갈 수 있게 됨

파나마를 콜롬비아로부터 독립시키고, 파나마 운하를 건설

미합중국
쿠바
카리브해
라틴아메리카
파나마 운하

스페인령이었던 필리핀, 괌, 푸에르토리코까지 차지. 하와이도 합병

중남미 여러분! 미국 상품을 사세요!

미국
칠레
베네수엘라
아르헨티나
에콰도르
페루
볼리비아

미국은 범아메리카 회의를 여러 차례 열어, 중남미에 대한 영향력을 유지

❸ 윌슨
대통령 시대

약자 구원이 모토입니다.

선교사 외교라는 이름 아래 외교 정책을 추진. '민주주의'가 타국 내정에 간섭하기 위한 구실이 됨

청나라와는 어떤 나라건 자유롭게 무역하게 하자!

미국 국무 장관 존 헤이

미국은 청나라(중국)에도 관심을 기울이면서, 당시 유럽 세력 아래 있던 청의 문호 개방 선언(170쪽)을 주창

체 게바라

미국 지배에 대항해 쿠바 혁명이 일어남 (216쪽)

제국주의의 등장

식민지 정책에 나서는 유럽

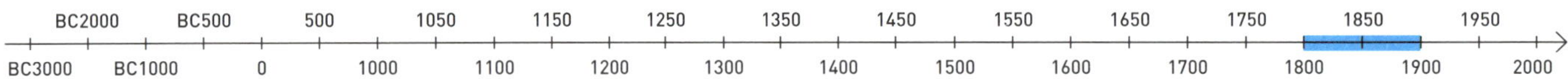

영국에서 일어난 기술 혁신(산업 혁명108쪽)은 발전을 거듭하여, 연료는 석탄이 석유로, 동력은 증기 기관이 전기로 대체되어 갔습니다(제2차 산업 혁명).

석유와 전기는 더욱 많은 대량 생산을 가능하게 했습니다. 대량 생산을 통해 대량의 상품을 팔 수 있게 되자, 더 넓은 시장과 더 많은 자원을 확보하겠다는 생각을 품게 되었습니다. 시장의 확대와 자원 확보를 노리는 유럽 여러 나라는 아시아, 아프리카, 신대륙으로 식민지를 넓히며 제국주의의 길로 나아갔습니다.

19세기에서 20세기에 이르는 시기의 식민지 대국이라면 단연 영국과 프랑스를 꼽을 수 있습니다. 영국은 **디즈레일리**(126쪽) **내각** 출범을 계기로 식민지 정책에 힘을 쏟게 되었고, 프랑스는 **제3공화정**(125쪽) 성립 후 힘을 쏟기 시작했습니다. 당시 이 두 나라는 무려 100여 곳의 식민지를 보유했습니다.

미국 대통령 **매킨리**(152쪽)와 **시어도어 루스벨트**(152쪽), 독일의 젊은 황제 **빌헬름 2세**(176쪽), 러시아 황제 **니콜라이 2세**(184쪽)와 같은 지도자들 또한 제국주의를 추진해 나갔습니다. 머나먼 곳에 있던 일본도 제국주의의 세계에 뛰어들었습니다.

제국이 된 영국과 프랑스

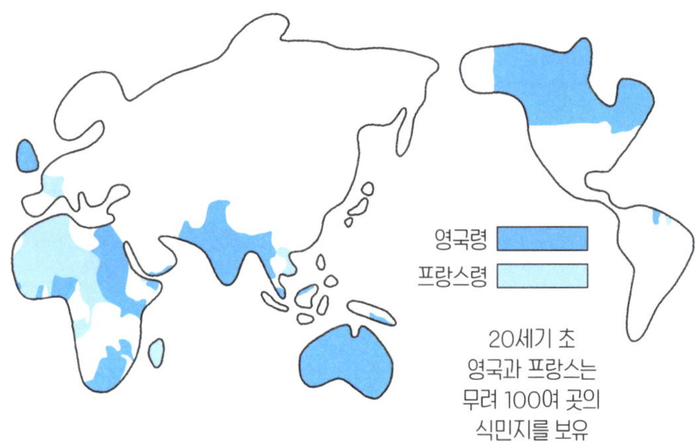

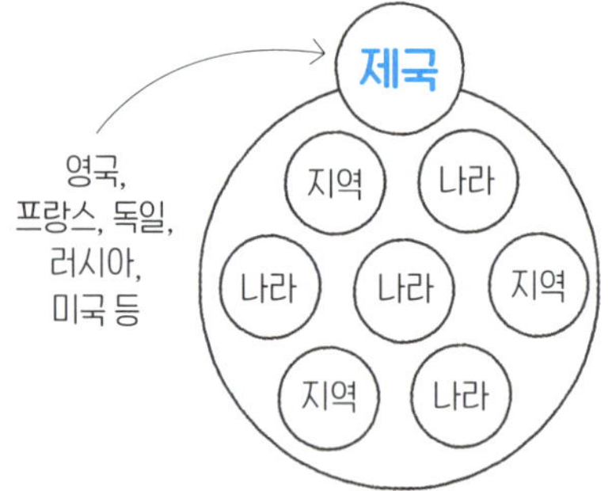

제국이란 여러 나라나 지역을 지배하는 나라를 가리킴.
영국과 프랑스는 제국의 대명사였음

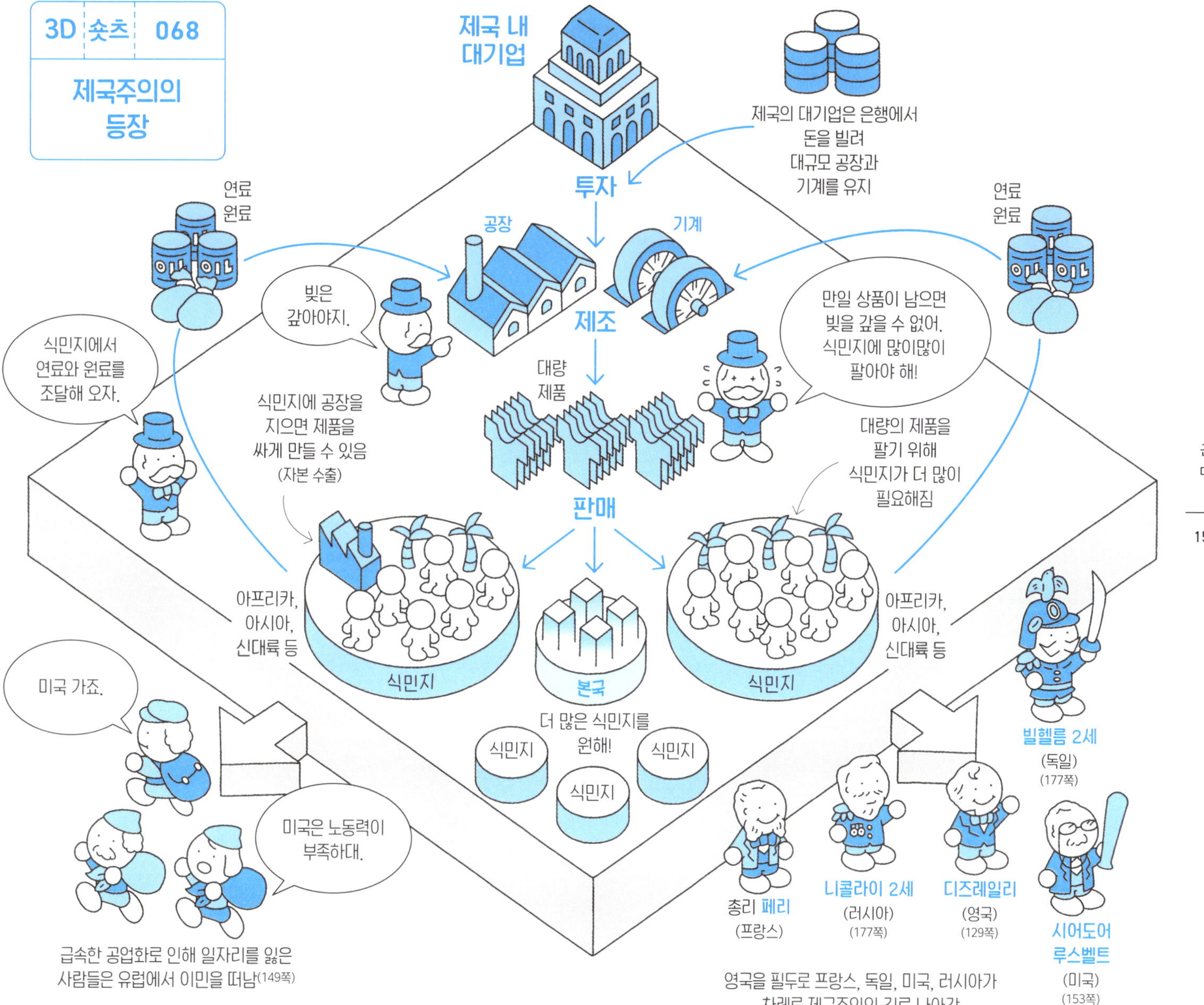
3D 숏츠 068
제국주의의 등장

제국 내 대기업

제국의 대기업은 은행에서 돈을 빌려 대규모 공장과 기계를 유지

투자

연료 원료

연료 원료

공장

기계

빚은 갚아야지.

제조

만일 상품이 남으면 빚을 갚을 수 없어. 식민지에 많이많이 팔아야 해!

식민지에서 연료와 원료를 조달해 오자.

식민지에 공장을 지으면 제품을 싸게 만들 수 있음 (자본 수출)

대량 제품

대량의 제품을 팔기 위해 식민지가 더 많이 필요해짐

판매

아프리카, 아시아, 신대륙 등

식민지

본국

식민지

아프리카, 아시아, 신대륙 등

미국 가죠.

더 많은 식민지를 원해!

식민지

식민지

식민지

빌헬름 2세
(독일)
(177쪽)

미국은 노동력이 부족하대.

급속한 공업화로 인해 일자리를 잃은 사람들은 유럽에서 이민을 떠남(149쪽)

총리 페리
(프랑스)

니콜라이 2세
(러시아)
(177쪽)

디즈레일리
(영국)
(129쪽)

시어도어 루스벨트
(미국)
(153쪽)

영국을 필두로 프랑스, 독일, 미국, 러시아가 차례로 제국주의의 길로 나아감

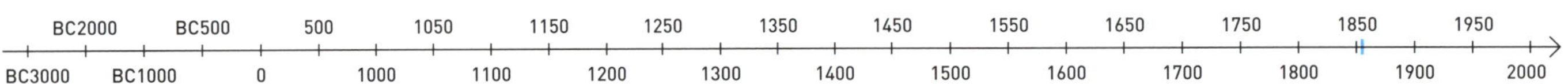

러시아의 여제 **예카테리나 2세**(104쪽)는 흑해와 접한 크림반도를 확보하고, 그토록 염원하던 **부동항**을 손에 넣었습니다. 하지만 러시아가 지중해, 나아가서는 대서양까지 진출하려면 우선 흑해와 지중해 사이에 있는 **다르다넬스 해협**과 **보스포루스 해협**, 두 해협을 거치지 않으면 안 되었습니다. 당시 이 해협들은 **오스만 제국** 영토였습니다.

러시아 황제 **니콜라이 1세**는 해협을 빼앗기 위해 오스만 제국에 선전 포고를 했습니다. 재위 1825~55 **크림 전쟁**의 발발이었습니다. 그런데 러시아가 강대해지는 것을 두려워한 영국의 **빅토리아 여왕**(126쪽)과 프랑스의 **나폴레옹 3세**(124쪽)가 오스만 제국에 가세하는 바람에 러시아는 패퇴하고, **파리 조약**으로 해협은 폐쇄되었습니다. 1853~56 1856

하지만 다른 유럽 국가들이 세계를 무대로 교역하고 있는데, 러시아만 가만히 있을 수는 없었습니다. 어떻게든 외해로 나가야만 했죠. 니콜라이 1세의 아들 **알렉산드르 2세**(158쪽)는 흑해로부터 외해로 나가는 길을 포기하고, 발칸반도를 통해 외해로 나가기로 결심합니다.

크림 전쟁은
영국 출신 나이팅게일의
활약으로 유명

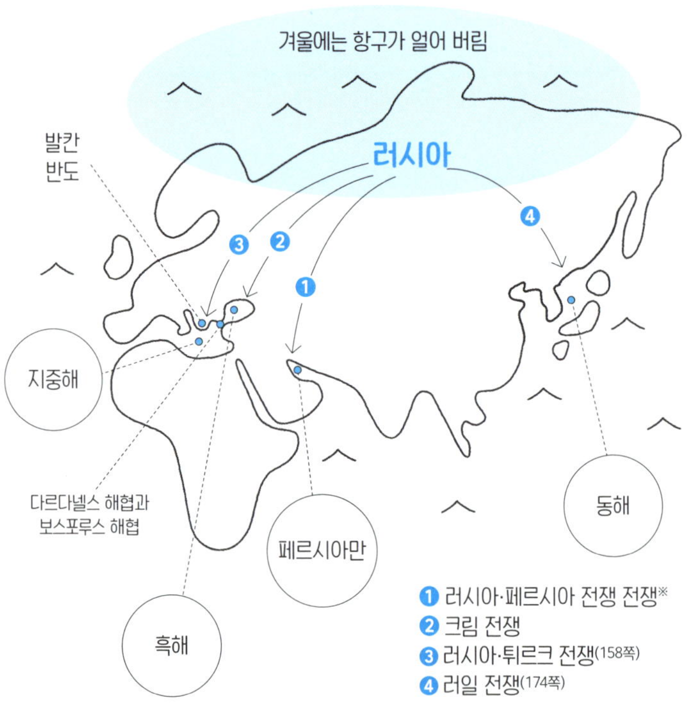

※ 러시아는 1828년 카자르조 페르시아(이란)와의 싸움에서 승리하고 이란으로부터 많은 권리를 얻어 냄. 다만 가장 중요한 페르시아만 연안 지역은 빼앗지 못함(투르크만차이 조약160쪽)

러시아의 남하 정책 ①

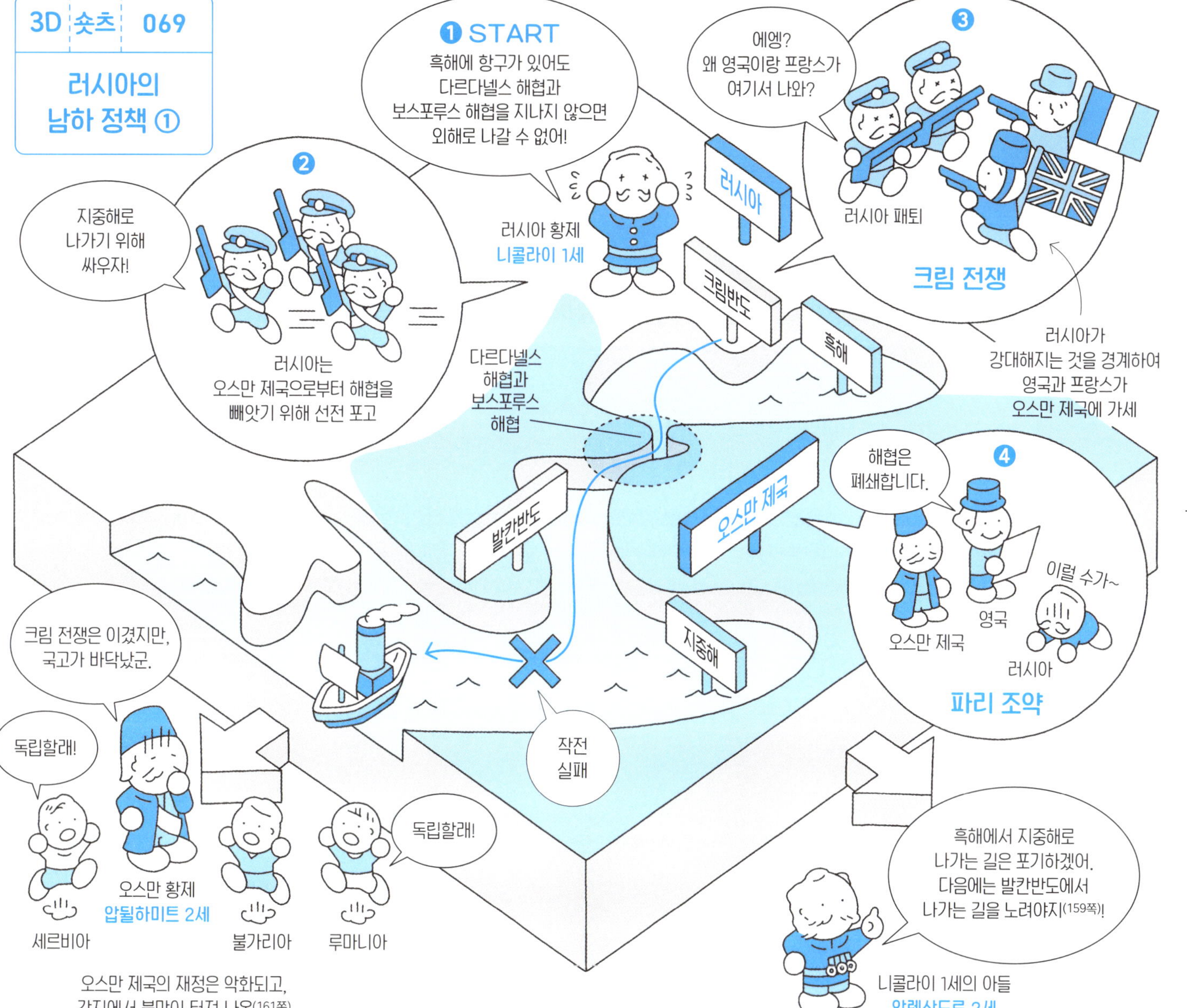
❶ START
흑해에 항구가 있어도 다르다넬스 해협과 보스포루스 해협을 지나지 않으면 외해로 나갈 수 없어!
러시아 황제 니콜라이 1세
러시아

❷
지중해로 나가기 위해 싸우자!
러시아는 오스만 제국으로부터 해협을 빼앗기 위해 선전 포고

에엥? 왜 영국이랑 프랑스가 여기서 나와?
❸
러시아 패퇴
크림 전쟁
러시아가 강대해지는 것을 경계하여 영국과 프랑스가 오스만 제국에 가세

다르다넬스 해협과 보스포루스 해협
크림반도
흑해

발칸반도
오스만 제국
지중해

해협은 폐쇄합니다.
❹
오스만 제국
영국
이럴 수가~
러시아
파리 조약

작전 실패

크림 전쟁은 이겼지만, 국고가 바닥났군.
독립할래!
오스만 황제 압뒬하미트 2세
세르비아
불가리아
독립할래!
루마니아
오스만 제국의 재정은 약화되고, 각지에서 불만이 터져 나옴(161쪽)

흑해에서 지중해로 나가는 길은 포기하겠어. 다음에는 발칸반도에서 나가는 길을 노려야지(159쪽)!
니콜라이 1세의 아들 알렉산드르 2세

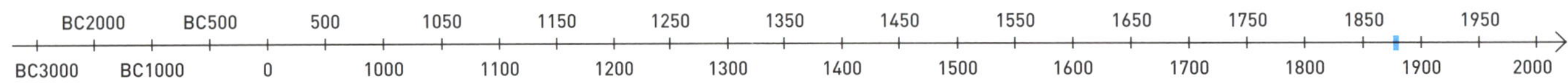

근대

158

오스만 제국에 패하며 흑해에서 지중해로 나가는 길이 막혀 버린 러시아(크림 전쟁^{156쪽}). 이번에는 **발칸반도**에서 지중해로 나가는 길을 노렸습니다.

당시 발칸반도에는 **불가리아**, **세르비아**, **몬테네그로** 등, 러시아와 같은 **슬라브인**들의 나라가 있었는데, 이 발칸 나라들 또한 오스만 제국이 지배하던 상태였습니다.

러시아 황제 알렉산드르 2세^{재위 1855~81}는 발칸 나라들의 독립을 지원해 주는 대가로 지중해로 나가는 길을 이들에게서 확보하고자 했습니다.

러시아는 다시 한번 오스만 제국을 침공했습니다(러시아·튀르크 전쟁^{1877~78}). 이번에는 승리를 거두면서, 발칸 나라들은 독립하게 되었죠(산스테파노 조약)¹⁸⁷⁸.

그런데 영국과 오스트리아는 러시아의 세력 확대를 경계하고 있었습니다. 이에 독일 총리 **비스마르크**^(132쪽)가 '공정한 중재자'가 되어 베를린 회의¹⁸⁷⁸를 열고, 러시아가 지중해로 나갈 수 없도록 베를린 조약¹⁸⁷⁸을 체결해 버리고 맙니다. 발칸반도 쪽 길도 막혀 버린 러시아. 이번에는 시베리아 철도를 건설해서 동해를 목표로 삼습니다(러일 전쟁^{174쪽}).

한편 알렉산드르 2세는, **차리즘**^(104쪽)에 반대하고 근대화를 추진하던 **사회 운동가**(나로드니키)의 손에 암살당하고 맙니다.¹⁸⁸¹

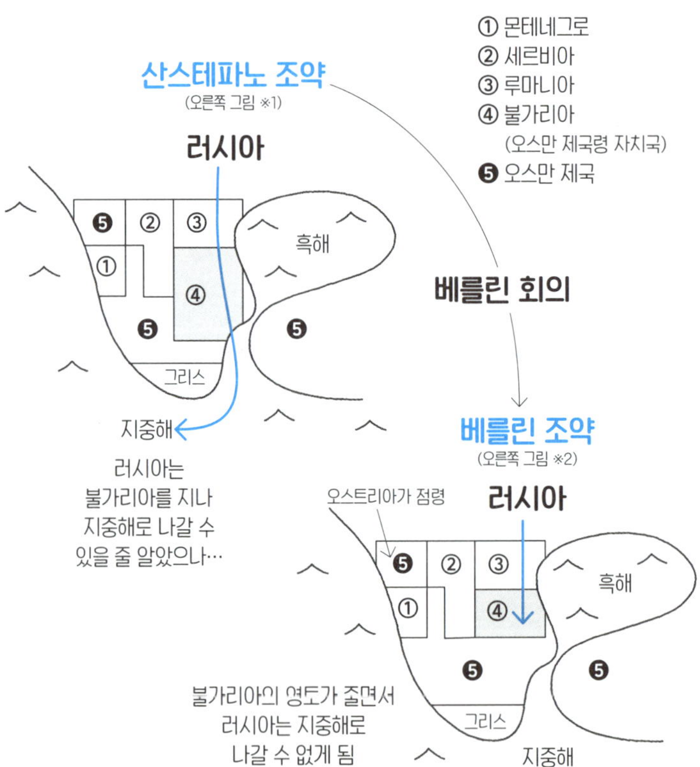

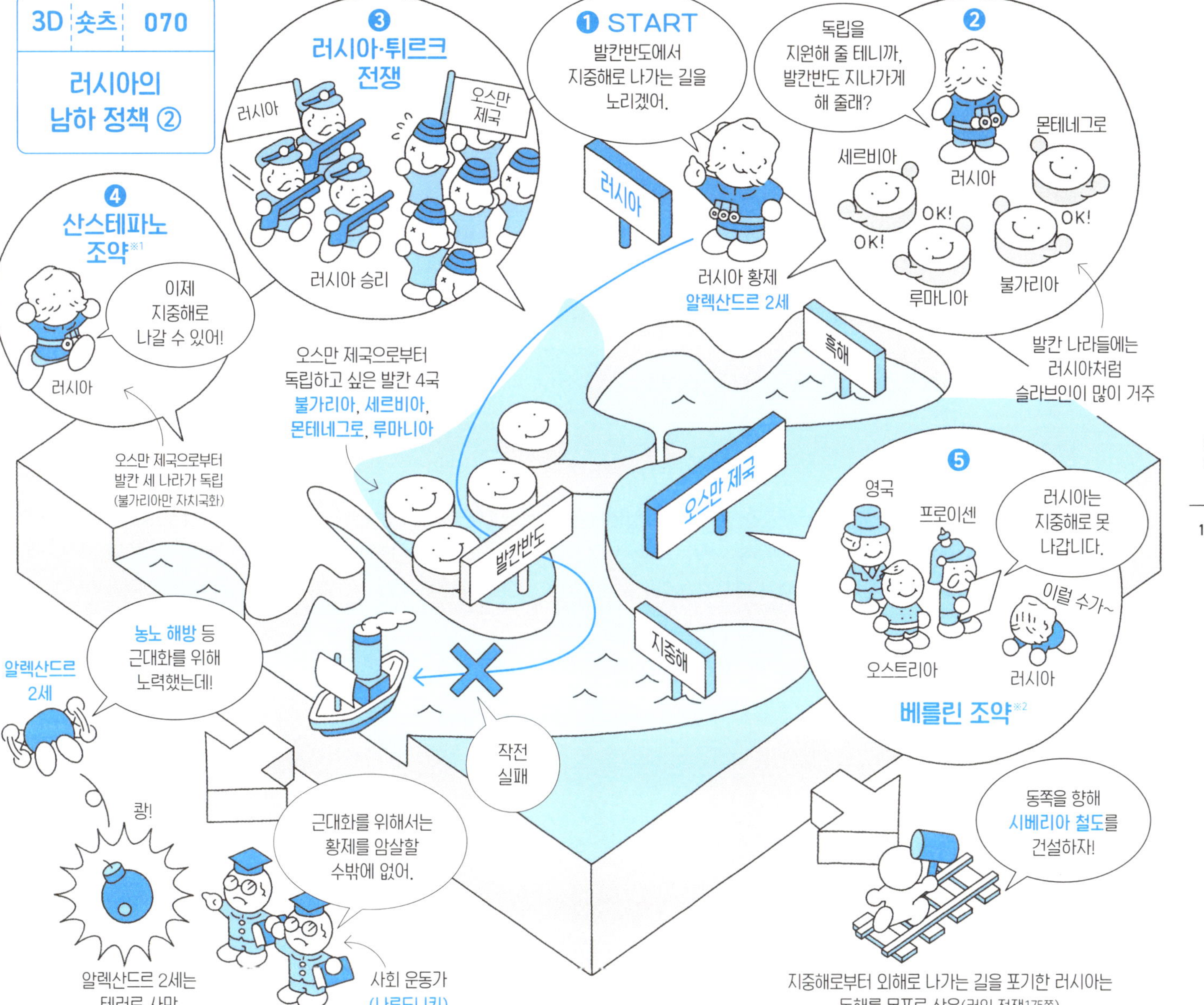
❸ 러시아·튀르크 전쟁
러시아
오스만 제국
러시아 승리

❶ START
발칸반도에서 지중해로 나가는 길을 노리겠어.
러시아
러시아 황제
알렉산드르 2세

독립을 지원해 줄 테니까, 발칸반도 지나가게 해 줄래?
❷
러시아
세르비아
OK!
몬테네그로
OK!
루마니아
불가리아

발칸 나라들에는 러시아처럼 슬라브인이 많이 거주

❹ 산스테파노 조약※1
이제 지중해로 나갈 수 있어!
러시아

오스만 제국으로부터 발칸 세 나라가 독립
(불가리아만 자치국화)

오스만 제국으로부터 독립하고 싶은 발칸 4국
불가리아, 세르비아, 몬테네그로, 루마니아

흑해
오스만 제국
발칸반도
지중해

❺
영국
프로이센
러시아는 지중해로 못 나갑니다.
이럴 수가~
오스트리아
러시아
베를린 조약※2

농노 해방 등 근대화를 위해 노력했는데!
알렉산드르 2세

작전 실패

콰!
알렉산드르 2세는 테러로 사망

근대화를 위해서는 황제를 암살할 수밖에 없어.
사회 운동가 (나로드니키)

동쪽을 향해 시베리아 철도를 건설하자!

지중해로부터 외해로 나가는 길을 포기한 러시아는 동해를 목표로 삼음(러일 전쟁175쪽)

071

황혼의 오스만 제국

빈사 상태의 병자

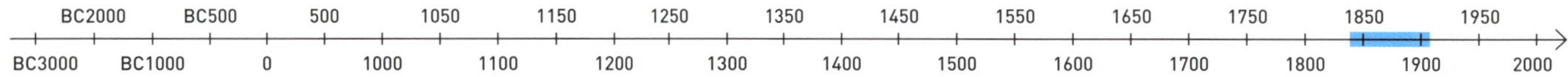

유럽 여러 나라는 **산업 혁명**(108쪽)이나 **헌법 제정** 등을 통해 근대화에 성공했습니다. 이 무렵부터, 한때 **비잔틴 제국**(54쪽)마저 무너뜨리고 광대한 영토를 자랑했던 **오스만 제국**은 경제적으로도, 군사적으로도 뒤처지기 시작합니다.

오스만 제국은 수많은 민족과 종교가 뒤섞인 **다민족 국가**였기 때문에, 쇠퇴하자 즉시 각지에서 독립하려는 움직임이 일어나기 시작했습니다. 그래서 오스만 제국 황제 압뒬메지트 1세는 낡은 제도를 뜯어고치고자 탄지마트라는 근대화 개혁을 실시했습니다.
재위 1839~61
1839~76

그러던 와중에 **남하 정책**을 펼치던 러시아와 **크림 전쟁**(156쪽)을 벌이게 됩니다. 비록 오스만 제국이 승리하기는 했지만, 이 전쟁은 제국의 재정을 압박했습니다. 새로운 황제 압뒬하미트 2세는 아시아 최초의 헌법인 미드하트 헌법을 제정하여 나라를 안정시키고 위기를 넘기고자 했습니다.
재위 1876~1909
1876

하지만 러시아가 또다시 오스만 제국을 침공해 왔습니다(러시아·튀르크 전쟁158쪽). 그리고 이 전쟁에서 패배함으로써, 오스만 제국이 지배하고 있던 세르비아, 루마니아, 몬테네그로가 독립했습니다. 오스만 제국의 국력은 한층 더 쇠퇴했습니다.

당황한 압뒬하미트 2세는 미드하트 헌법을 정지시키고 제국을 독재 체제로 되돌려 버렸습니다. 그러나 1908년 청년 튀르크당 혁명이 일어나 미드하트 헌법이 부활하고 독재 체제는 폐지되었습니다. 하지만 이런 혼란의 틈에 **오스트리아**가 오스만 제국 영토였던 **보스니아·헤르체고비나 지방**(세르비아인이 많이 거주)을 합병해 버립니다(180쪽). 이 합병은 훗날 **제1차 세계대전**의 도화선이 됩니다.
1908

오스만 제국 동쪽에 이웃한 **이란** 또한, 남하 정책을 펼치던 러시아에게 침략당하고(러시아·페르시아 전쟁), 불평등 조약을 맺게 되었습니다(투르크만차이 조약).
1828

러시아의 남하 정책
❶ 러시아·페르시아 전쟁
❷ 크림 전쟁(156쪽)
❸ 러시아·튀르크 전쟁(158쪽)
❹ 러일 전쟁(174쪽)

3D 숏츠 071
황혼의 오스만 제국

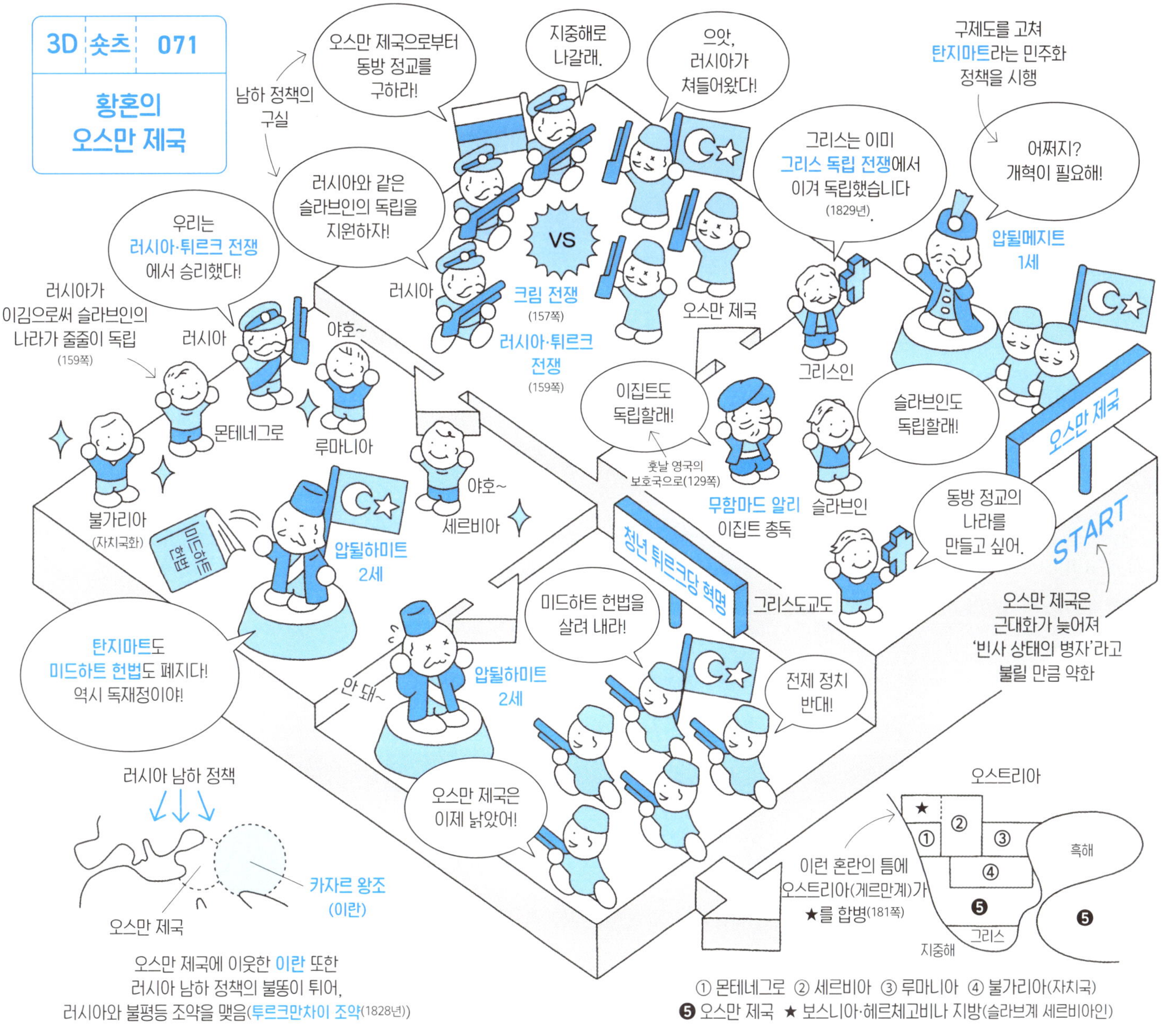

남하 정책의 구실
오스만 제국으로부터 동방 정교를 구하라!
지중해로 나갈래.
으앗, 러시아가 쳐들어왔다!
구제도를 고쳐 탄지마트라는 민주화 정책을 시행
그리스는 이미 그리스 독립 전쟁에서 이겨 독립했습니다 (1829년).
어쩌지? 개혁이 필요해!
러시아와 같은 슬라브인의 독립을 지원하자!
우리는 러시아·튀르크 전쟁에서 승리했다!
러시아가 이김으로써 슬라브인의 나라가 줄줄이 독립 (159쪽)
러시아
크림 전쟁 (157쪽)
러시아·튀르크 전쟁 (159쪽)
오스만 제국
VS
압뒬메지트 1세
그리스인
오스만 제국
야호~
몬테네그로
루마니아
불가리아 (자치국화)
야호~
세르비아
이집트도 독립할래!
훗날 영국의 보호국으로 (129쪽)
무함마드 알리 이집트 총독
슬라브인도 독립할래!
슬라브인
동방 정교의 나라를 만들고 싶어.
압뒬하미트 2세
미드하트 헌법
탄지마트도 미드하트 헌법도 폐지다! 역시 독재정이야!
미드하트 헌법을 살려 내라!
청년 튀르크당 혁명
그리스도교도
START
오스만 제국은 근대화가 늦어져 '빈사 상태의 병자'라고 불릴 만큼 약화
안 돼~
압뒬하미트 2세
전제 정치 반대!
오스만 제국은 이제 낡았어!
러시아 남하 정책
오스만 제국
카자르 왕조 (이란)
오스만 제국에 이웃한 이란 또한 러시아 남하 정책의 불똥이 튀어, 러시아와 불평등 조약을 맺음 (투르크만차이 조약 (1828년))
오스트리아
흑해
이런 혼란의 틈에 오스트리아 (게르만계)가 ★를 합병 (181쪽)
그리스
지중해
① 몬테네그로 ② 세르비아 ③ 루마니아 ④ 불가리아 (자치국)
❺ 오스만 제국 ★ 보스니아·헤르체고비나 지방 (슬라브계 세르비아인)

072

인도 제국의 성립

인도를 지배하는 영국

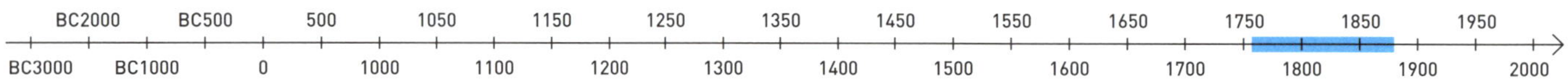

근
대

162

영국은 **플라시 전투**(96쪽)에서 프랑스에 승리한 후, 인도를 단독으로 지배할 수 있게 되었습니다. 인도와의 무역권은 영국 무역 회사인 **동인도 회사**(92쪽)가 독점했습니다.

그런데 **산업 혁명**(108쪽) 이후 자유 무역을 원하는 목소리가 높아지면서, 인도 무역을 독점하던 동인도 회사에 대한 영국 국내의 불만이 터져 나오기 시작했습니다. 그래서 영국 정부는 동인도 회사에 상업 활동 정지를 통보합니다. 이를 계기로 동인도 회사는 무역 회사에서 인도 통치 기관으로 바뀌었습니다.

하지만 통치 기관이 된 동인도 회사에 대한 인도인의 불만이 폭발하여 **세포이 항쟁**이 일어났습니다. 동인도 회사는 영국 정부에 도
1857~59
움을 요청했고, 영국 정규군이 이 대반란을 진압했습니다.

동인도 회사는 반란의 책임을 지고 해산당하고 말았습니다. 대신 영국 정부가 인도 통치권을 넘겨받았죠. 영국 정부는 **빅토리아 여왕**(128쪽)을 인도 **황제**로 세우고, **인도 제국**을 수립합니다.
1877~1947

그에 더해 영국 정부는 러시아가 인도까지 **남하**(156쪽)해 오는 것을 막기 위해, 인도 북쪽에 있는 **아프가니스탄** 또한 **보호국**(아프가니스
1880
탄 보호국화)으로 만들었습니다.

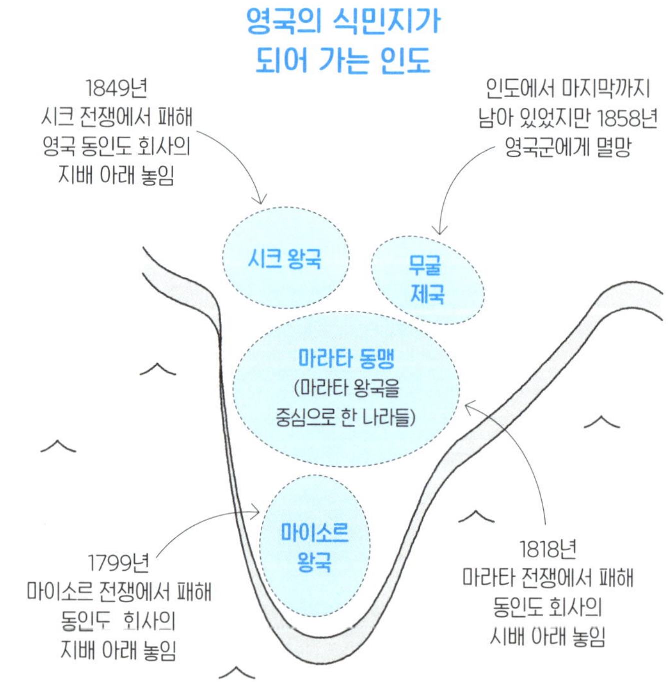

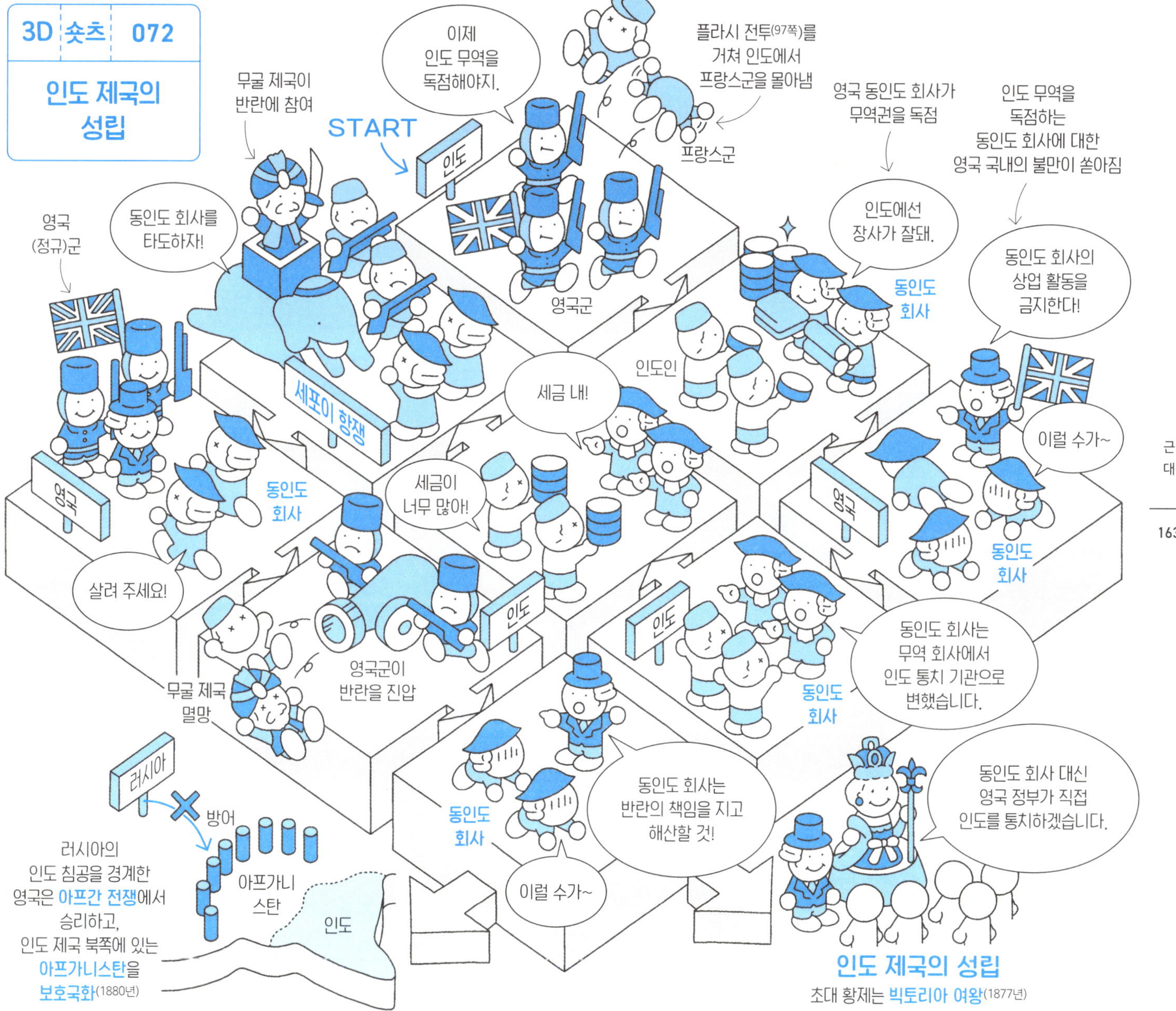

3D 숏츠 072
인도 제국의 성립
무굴 제국이 반란에 참여
이제 인도 무역을 독점해야지.
START
인도
플라시 전투(97쪽)를 거쳐 인도에서 프랑스군을 몰아냄
프랑스군
영국 동인도 회사가 무역권을 독점
인도 무역을 독점하는 동인도 회사에 대한 영국 국내의 불만이 쏟아짐
영국 (정규)군
동인도 회사를 타도하자!
인도에선 장사가 잘돼.
동인도 회사
동인도 회사의 상업 활동을 금지한다!
영국군
세포이 항쟁
세금 내!
인도인
영국
동인도 회사
이럴 수가~
영국
세금이 너무 많아!
살려 주세요!
동인도 회사
세금이 너무 많아!
인도
영국
동인도 회사
인도
동인도 회사는 무역 회사에서 인도 통치 기관으로 변했습니다.
무굴 제국 멸망
영국군이 반란을 진압
동인도 회사
러시아
방어
러시아의 인도 침공을 경계한 영국은 아프간 전쟁에서 승리하고, 인도 제국 북쪽에 있는 아프가니스탄을 보호국화(1880년)
아프가니스탄
인도
동인도 회사
동인도 회사는 반란의 책임을 지고 해산할 것!
이럴 수가~
동인도 회사 대신 영국 정부가 직접 인도를 통치하겠습니다.
인도 제국의 성립
초대 황제는 빅토리아 여왕(1877년)
근대
163

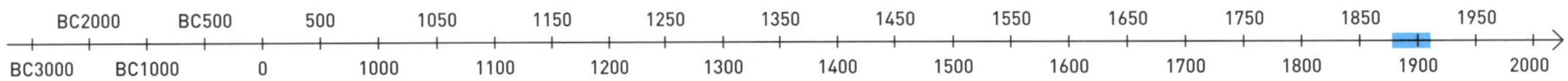

중화학 공업이 발달한 19세기 후반, 유럽과 미국은 공업 자원을 찾기 위해 **아프리카 대륙**에 관심을 보이기 시작했습니다. 그러던 중 미국의 신문 기자 **스탠리**가 아프리카에서 전기 화학 공업에 필수적인 구리 자원을 발견했습니다.
_{1841~1904}

스탠리는 벨기에 왕 **레오폴드 2세**의 지원을 받아 콩고를 탐사하고, 현지 수장들과 **무역 독점 조약**을 맺었습니다. 하지만 이 독점 조약에 다른 유럽 국가들이 불만을 쏟아 내죠. 그래서 독일 총리 **비스마르크**(132쪽)가 의장이 되어 **베를린 회의**를 열고, 아프리카 분할은 '먼저 차지하는 쪽이 임자'라고 결정했습니다. 이때부터 서구 열강은 앞다투어 아프리카로 진입하기 시작했습니다.

영국은 **이집트** 정부로부터의 **수에즈 운하 주식 매수**를 계기로 **카이로-케이프타운-콜카타**를 잇는 **3C 정책**을 전개했습니다. 그러는 한편 프랑스와는 이집트, 수단의 우선권을 두고 충돌하기도 했습니다(**파쇼다 사건**). 하지만 프랑스가 모로코로 관심을 돌렸기 때문에 **영불 협상**이 체결됩니다. 이후 금과 다이아몬드 산출로 유명한 영국령 **남아프리카 연방**도 탄생했습니다.

이런 흐름 속에서 독일 황제 **빌헬름 2세**(176쪽)는 영국과 프랑스의 아프리카 분할에 항의하며 두 번에 걸쳐 **모로코**에 군함을 파견했습니다(**모로코 위기**). 영국·프랑스와 독일 사이의 긴장은 고조되어 갑니다.

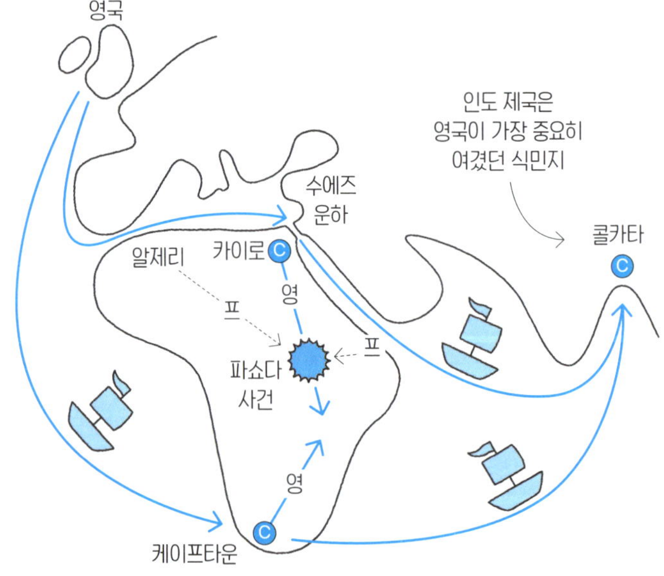

C 영국의 3C 정책

영국은 인도 제국의 콜카타로 가는 두 가지 경로를 확보하기 위해, 중계지인 케이프타운(케이프 식민지)과 수에즈 운하가 있는 카이로(이집트)를 식민지화

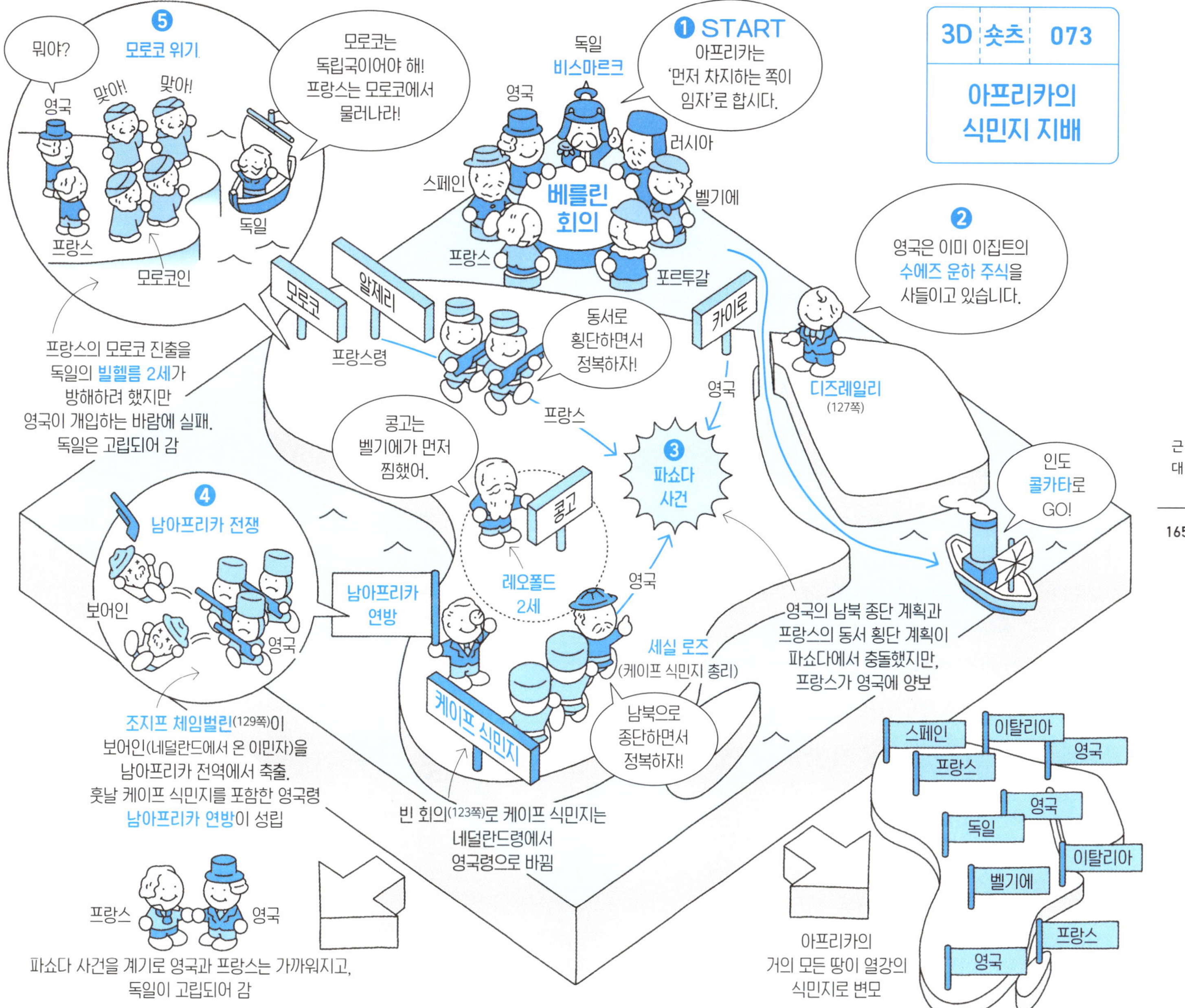
3D 숏츠 073
아프리카의 식민지 지배

❶ START
아프리카는 '먼저 차지하는 쪽이 임자'로 합시다.

독일
비스마르크

영국
러시아
스페인
벨기에
베를린 회의
프랑스
포르투갈

❷
영국은 이미 이집트의 수에즈 운하 주식을 사들이고 있습니다.

디즈레일리
(127쪽)

인도 콜카타로 GO!

모로코
알제리
프랑스령

동서로 횡단하면서 정복하자!

카이로
영국

프랑스

❸ 파쇼다 사건

콩고는 벨기에가 먼저 찜했어.

레오폴드 2세
콩고

영국

세실 로즈
(케이프 식민지 총리)

영국의 남북 종단 계획과 프랑스의 동서 횡단 계획이 파쇼다에서 충돌했지만, 프랑스가 영국에 양보

❺ 모로코 위기

뭐야?
영국
맞아!
맞아!
프랑스
모로코인
독일

모로코는 독립국이어야 해! 프랑스는 모로코에서 물러나라!

프랑스의 모로코 진출을 독일의 빌헬름 2세가 방해하려 했지만 영국이 개입하는 바람에 실패. 독일은 고립되어 감

❹ 남아프리카 전쟁

보어인
영국

남아프리카 연방

조지프 체임벌린(129쪽)이 보어인(네덜란드에서 온 이민자)을 남아프리카 전역에서 축출. 훗날 케이프 식민지를 포함한 영국령 남아프리카 연방이 성립

케이프 식민지

남북으로 종단하면서 정복하자!

빈 회의(123쪽)로 케이프 식민지는 네덜란드령에서 영국령으로 바뀜

프랑스
영국

파쇼다 사건을 계기로 영국과 프랑스는 가까워지고, 독일이 고립되어 감

스페인
이탈리아
프랑스
영국
독일
영국
벨기에
이탈리아
영국
프랑스

아프리카의 거의 모든 땅이 열강의 식민지로 변모

동남아시아와 태평양 지역의 식민지 지배

확대되는 세력권

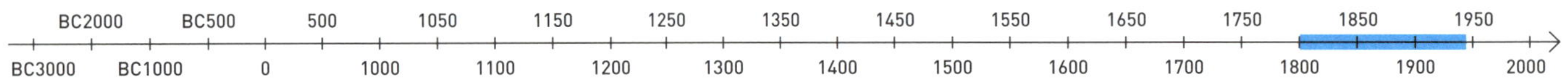

유럽 각국은 **중국**, **인도**, **아프리카**뿐만 아니라 **동남아시아**, **태평양의 섬들**, **오세아니아**로도 세력권을 넓혀 갔습니다.

프랑스는 프랑스령 인도차이나 연방(베트남, 라오스, 캄보디아)을 세우고, 이 땅에서 쌀농사와 석탄 광업을 통해 커다란 이익을 얻었습니다. **영국**은 말레이 연합주(피낭, 믈라카, 싱가포르)를 수립하여, 고무 재배와 주석 광업에 힘을 쏟았습니다. **네덜란드**는 네덜란드령 동인도(자바, 수마트라 등 인도네시아 전역)를 세우고, 강제 재배 제도를 도입하여 현지 주민들에게 커피 재배를 의무화했습니다. 이 제도로 네덜란드 본국은 파산이나 다름없는 상태에서 벗어날 수 있었습니다. 또 **프랑스**는 **타히티**, **영국**은 **피지**와 **통가**, **독일**은 **마리아나 제도**와 **비스마르크 제도** 등을 식민지로 삼았습니다. **미국**은 **필리핀**과 **괌** 등을 식민지로 만들고, **하와이**를 합병했습니다.

또 **영국**은 **호주**와 **뉴질랜드**를 자치령으로 만든 다음 금을 채굴해 커다란 이익을 손에 넣었습니다.

이들 식민지 중 대부분은 **제2차 세계대전**이 끝난 후 독립하게 됩니다.

(프랑스령 인도차이나 연방 1887)
(말레이 연합주 1895)

식민지가 되어 가는 동남아시아와 태평양 지역

1810년 **카메하메하 대왕**이 하와이를 통일하면서 하와이 왕국이 탄생.
1893년 하와이 왕국 최후의 여왕 **릴리우오칼라니**가 퇴위당하고, 1898년 미국에 합병

영국은 말레이시아의
고무 농장에
인도인 노동자들을 투입해서
막대한 이익을 거둠

네덜란드는 커피 플랜테이션으로
막대한 이익을 획득.
자바섬에서 시행한 강제 재배 제도는
특히 가혹했음

동남아시아와 태평양 지배

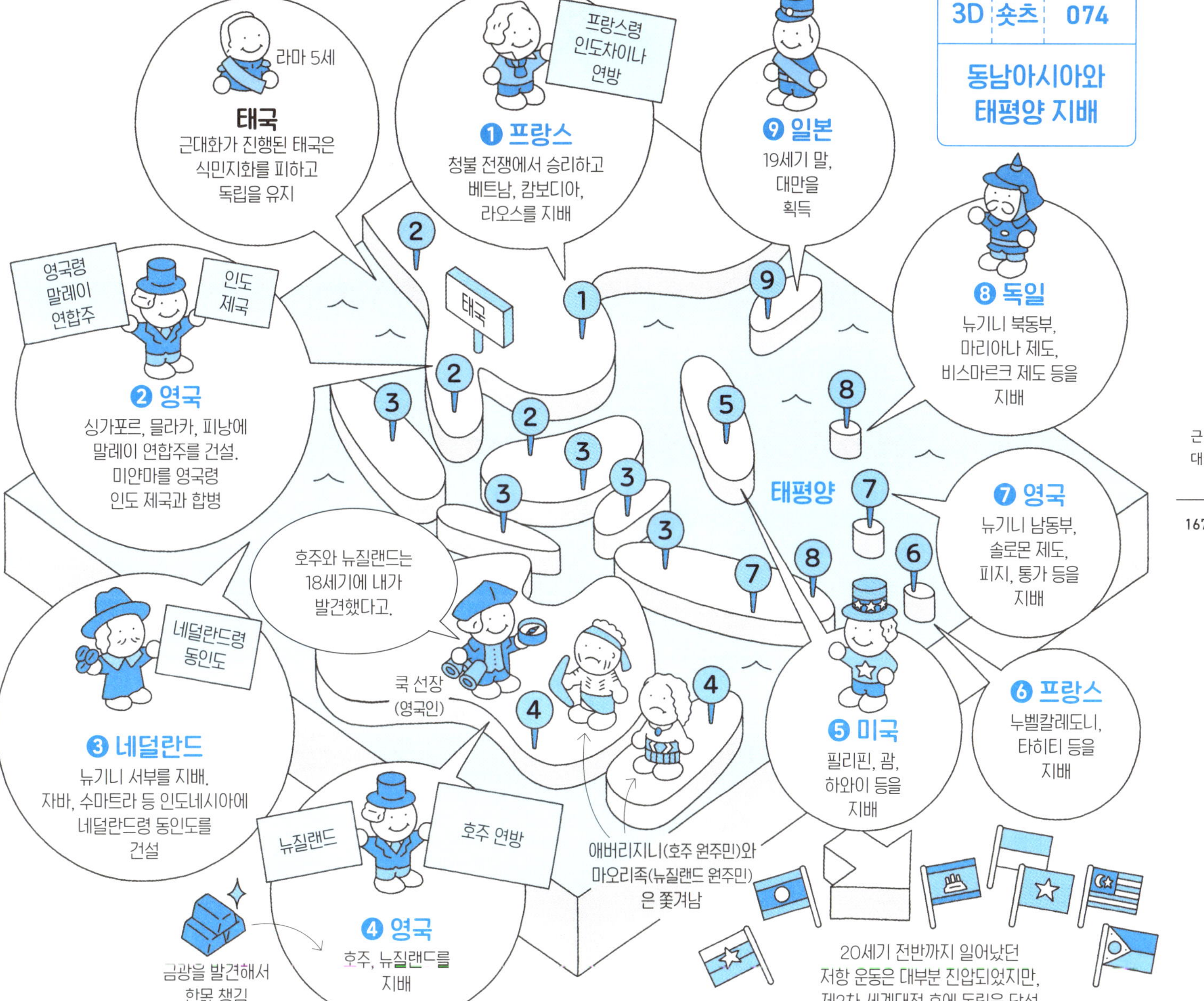

동요하는 중국 ①

아편 전쟁

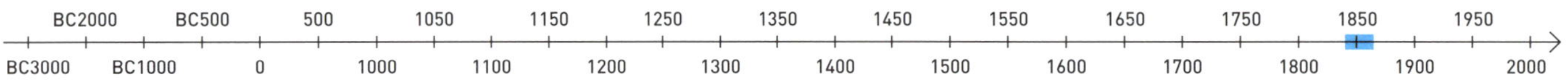

근대

168

18세기 후반, 자유무역주의를 추진한 영국은 자국에서 값싸게 생산하는 **면직물**을 외국에 팔아넘기고 있었습니다. 영국은 면직물의 수출처를 멀리 **청나라(중국)**까지 넓히려 했습니다.

하지만 **청나라**에서 영국산 면직물은 잘 팔리지 않았습니다. 당시 영국은 청나라에서 차를 수입했기 때문에, 영국 돈(은)은 일방적으로 청나라로 흘러가기만 했습니다. 곤란해진 영국은 인도에서 만든 **아편**을 청나라에 수출하고, 청나라에서 차를 사 오는 **아시아 삼각 무역**을 시작했습니다.

아편은 청나라 사회를 혼란에 빠뜨렸습니다. 이에 청나라 정치가 **임칙서**는 아편 수입을 금지했습니다. 그러자 영국이 반발하면서 **아편 전쟁**이 발발합니다.

1785~1850

1840~42

최신식 영국 함대의 공격에 청나라는 허무하게 패하고 말았습니다. 그다음에 일어난 **제2차 아편 전쟁**에서도 패한 청나라는 홍콩과 주룽 남부를 영국에 할양할 수밖에 없었죠. 또한 수입을 제한하기 위해 닫아 두었던 총 16개 항구를 개항하고, 어마어마한 배상금까지 내야만 했습니다.

1856~60

청나라 **함풍제**는 세금을 늘려 전쟁 배상금을 지불하고자 했습니다. 그 결과 청나라 백성의 형편은 몹시 곤궁해졌습니다.

재위 1850~61

이런 상황에서, 과거 시험에 낙방한 **홍수전**이라는 인물이 **배상제회**라는 종교 결사를 조직하고, 청나라를 대신할 새로운 나라를 만들겠다며 반란을 일으켰습니다. 배상제회는 민중의 지지를 얻어 난징을 점령하는 데 성공하고, **태평천국**이라는 정권을 수립했습니다(**태평천국 운동**).

1813~64

1851~64

1851~64

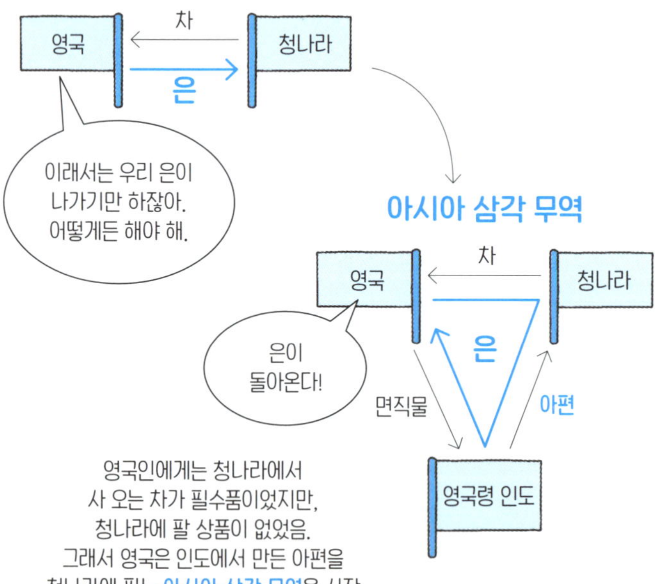

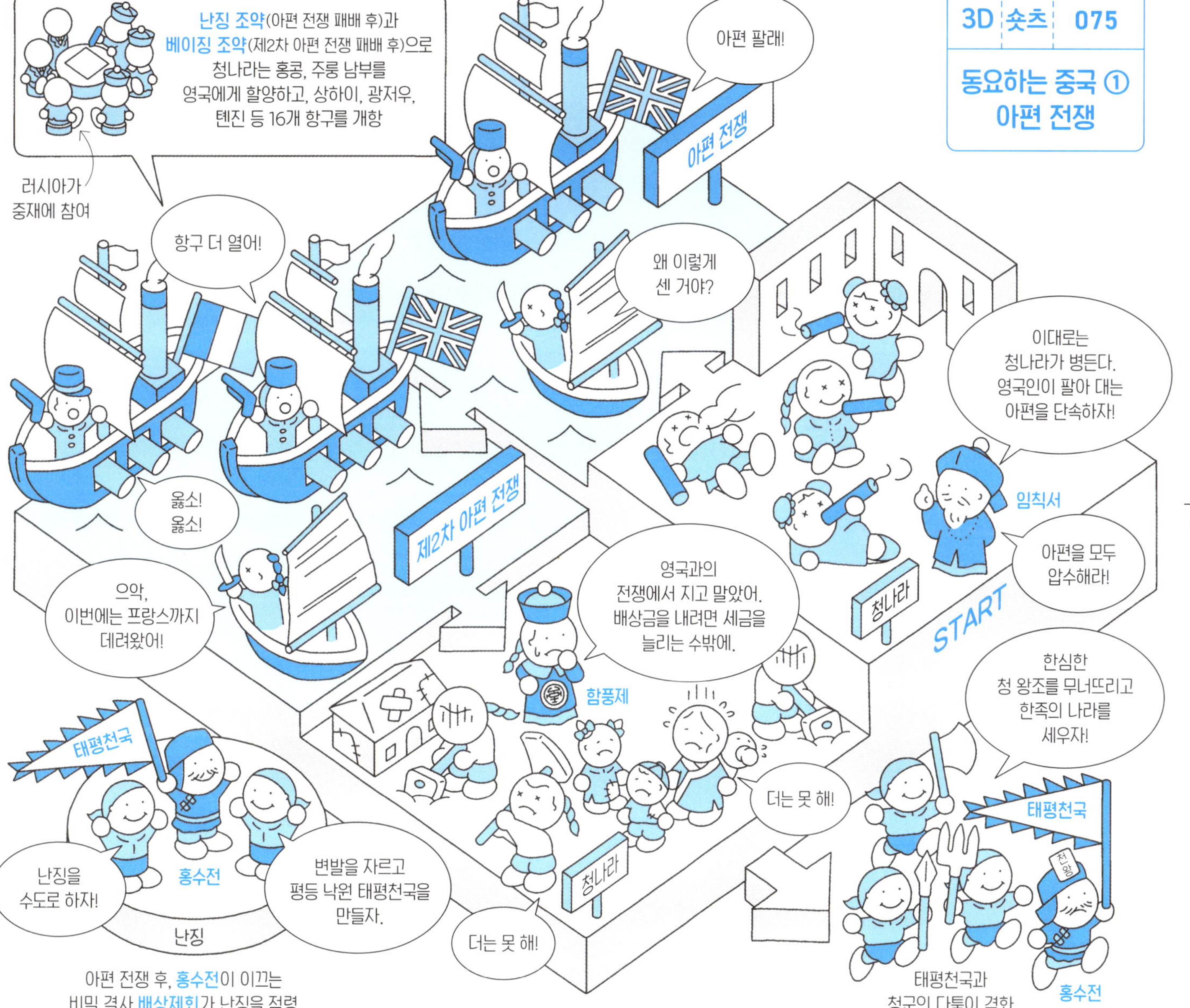
난징 조약(아편 전쟁 패배 후)과
베이징 조약(제2차 아편 전쟁 패배 후)으로
청나라는 홍콩, 주룽 남부를
영국에게 할양하고, 상하이, 광저우,
톈진 등 16개 항구를 개항
러시아가
중재에 참여
아편 팔래!
아편 전쟁
왜 이렇게
센 거야?
항구 더 열어!
이대로는
청나라가 병든다.
영국인이 팔아 대는
아편을 단속하자!
임칙서
아편을 모두
압수해라!
청나라
START
옳소!
옳소!
제2차 아편 전쟁
영국과의
전쟁에서 지고 말았어.
배상금을 내려면 세금을
늘리는 수밖에.
함풍제
으악,
이번에는 프랑스까지
데려왔어!
한심한
청 왕조를 무너뜨리고
한족의 나라를
세우자!
태평천국
더는 못 해!
홍수전
난징을
수도로 하자!
변발을 자르고
평등 낙원 태평천국을
만들자.
청나라
더는 못 해!
난징
태평천국
전왕
홍수전
아편 전쟁 후, 홍수전이 이끄는
비밀 결사 배상제회가 난징을 점령
태평천국과
청군의 다툼이 격화

동요하는 중국 ②

멸망해 가는 청나라

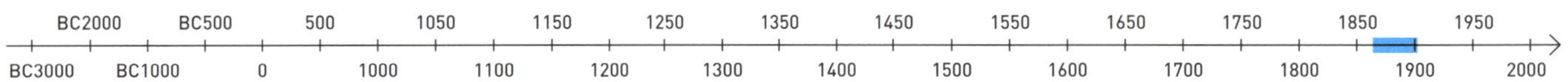

청나라를 대신할 새 나라를 만들기 위해 **태평천국 운동**을 일으켜 난징 점령에 성공한 **홍수전**(168쪽). 하지만 **태평천국**은 영국의 군인 **고든**(1833~85)이 지휘하는 **상승군**과 한인(漢人) 지주들이 이끄는 사병에 의해 무너졌습니다. 그러기는 했어도, 청나라는 이런 반란을 자력으로 진압하지 못할 정도로 약해져 있었습니다.

그래서 **증국번**(1811~72)과 **이홍장**(1823~1901)을 비롯한 청나라 관료들은 청나라의 전통적인 체제를 유지하면서 서양의 과학 기술을 받아들여 청나라를 다시 강대국으로 만들고자 했습니다(**양무 운동**, 1860). 그런데 그 와중에 청나라의 영향 아래 있던 **한반도**를 둘러싸고 일본과 **청일 전쟁**(174쪽, 1894~95)을 벌이게 됩니다.

이 전쟁에서 청나라는 일본에 패합니다. 청나라 학자 **캉유웨이**(1858~1927)는 패배의 원인이 청나라의 근대화가 늦어진 데에 있다고 생각했습니다. 캉유웨이는 **광서제**(재위 1875~1908)를 설득해 헌법에 기초한 입헌 군주정을 도입하려 합니다(**변법자강 운동**, 1898). 하지만 이 정책도 **서태후**(광서제의 숙모, 1835~1908)를 비롯한 보수파에게 저지당하고 말았습니다(**무술정변**, 1898).

이처럼 근대화가 좀처럼 궤도에 오르지 못하는 사이, 열강들이 줄지어 침입해 왔습니다. 각지에 열강의 군대가 주둔하고, 청나라는 식민지나 다름없는 상태가 되었습니다. 이사이, 중국 진출이 한발 늦었던 미국 역시 질세라 **문호 개방 선언**(153쪽)으로 존재감을 드러냈습니다.

앞다투어 청나라에 침입하는 열강에 반발한 것이 바로 **의화단**이라는 반그리스도교·배외주의(排外主義) 신앙 결사였습니다. 의화단은 철도와 그리스도교 교회를 잇달아 습격하고 베이징에 진입해 외국 공사관을 포위했습니다. 이 반란을 본 서태후는 의화단을 이용해 열강을 청나라에서 몰아내고자 합니다(**의화단 운동**, 1900~01). 하지만 이 반란은 열강의 출병으로 진압당했습니다. 오히려 청나라는 의화단 운동의 책임을 지고 거액의 배상금까지 내야만 했습니다. 그리고 **신축조약**(1901)을 맺고, 마침내 수도인 베이징에까지 외국 군대의 주둔을 허락하고 맙니다.

이런 상황에서 '청나라를 무너뜨리고 새 나라를 건설하자'라고 생각한 사람이, 해외에 망명 중이던 혁명가 **쑨원**(172쪽)입니다.

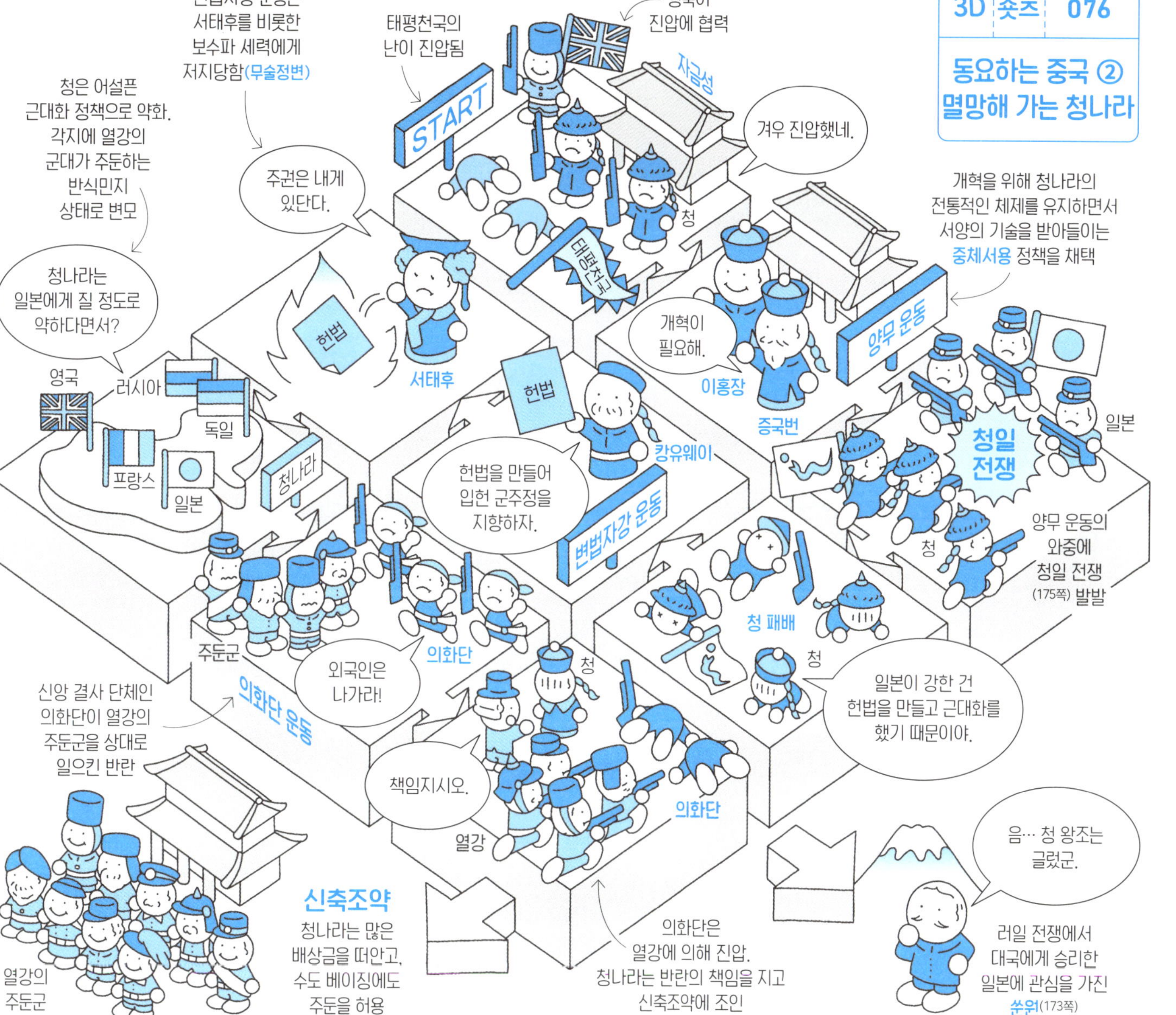
동요하는 중국 ②
멸망해 가는 청나라

변법자강 운동은 서태후를 비롯한 보수파 세력에게 저지당함(무술정변)

청은 어설픈 근대화 정책으로 약화. 각지에 열강의 군대가 주둔하는 반식민지 상태로 변모

태평천국의 난이 진압됨

영국이 진압에 협력

자금성

겨우 진압했네.

청

주권은 내게 있단다.

청나라는 일본에게 질 정도로 약하다면서?

개혁을 위해 청나라의 전통적인 체제를 유지하면서 서양의 기술을 받아들이는 중체서용 정책을 채택

START

태평천국

헌법

서태후

영국
러시아
독일
프랑스
일본
청나라

헌법

개혁이 필요해.

이홍장

증국번

양무 운동

청일 전쟁

일본

캉유웨이

헌법을 만들어 입헌 군주정을 지향하자.

변법자강 운동

청

양무 운동의 와중에 청일 전쟁 (175쪽) 발발

주둔군

의화단

외국인은 나가라!

의화단 운동

청 패배

청

일본이 강한 건 헌법을 만들고 근대화를 했기 때문이야.

신앙 결사 단체인 의화단이 열강의 주둔군을 상대로 일으킨 반란

책임지시오.

청

열강

의화단

신축조약
청나라는 많은 배상금을 떠안고, 수도 베이징에도 주둔을 허용

열강의 주둔군

의화단은 열강에 의해 진압. 청나라는 반란의 책임을 지고 신축조약에 조인

음… 청 왕조는 글렀군.

러일 전쟁에서 대국에게 승리한 일본에 관심을 가진 쑨원(173쪽)

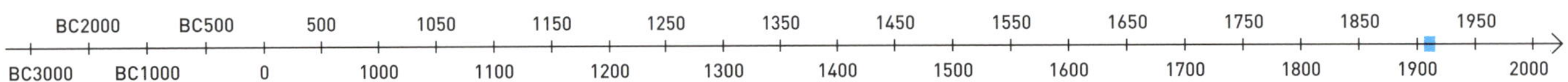

의화단 운동(170쪽) 이후, 중국인 사이에서는 청 왕조에 대한 불신이 빠르게 퍼져 나갔습니다. 청 왕조는 입헌 군주정을 지향하는 **근대화 개혁**(청말 신정)으로 이 위기를 극복하려고 했지만, 뜻대로 되지 않았습니다. 이에 혁명 말고는 다른 길이 없다고 **쑨원**은 판단했습니다. 1866~1925 그는 청 왕조의 입김이 닿지 않은 자본가와 화교, 학생, 지식인들을 모아 일본 도쿄에서 **중국 동맹회**를 결성했습니다. 1905
그러던 중, 청나라 국내에서 청 왕조에 불만을 품은 혁명가와 일부 군인들이 폭동을 일으켰습니다. 이 폭동을 계기로 청나라를 구성하고 있던 각 주가 연이어 청나라로부터의 독립을 선언했습니다. 쑨원은 즉시 귀국해 난징에서 국내의 혁명가, 중국 동맹회 회원들과 함께 **중화민국**이라는 **공화정 국가**의 건국을 선언합니다. 1912.1.1

청나라와 중화민국

1912년 1월 1일, 쑨원은 난징에서 아시아 최초의 공화정 국가인 중화민국의 건국을 선언

그러고 나서 쑨원은 청 왕조를 무너뜨리기 위해, '중화민국의 차기 대총통으로 만들어 주겠다'는 조건을 걸고 청나라 군대의 지도자였던 **위안스카이**를 한편에 끌어들입니다. 위 1859~1916 안스카이는 청군의 지도자라는 입장을 이용해 청나라 **선통제**(푸이)에게 퇴위할 것을 강요했습니다. 재위 1908~12 선통제는 퇴위를 수락하죠. 이렇게 해서 **청 왕조는 멸망**했습니다. 이 일련의 혁명을 **신해혁명**이라고 부릅니다. 1911~12
중화민국의 대총통이 된 위안스카이는 베이징에서 자신이 바로 황제라고 주장하기 시작했습니다. 게다가 위안스카이는 일본에 유리하고 중국에는 불리한 **21개조 요구**를 수락했습니다. 국민들은 21개조 요구를 수락한 것에 강하게 반발했습니다. 결국 위안스카이는 1915 퇴위합니다. 중국 내에서는 반일 감정이 커져, 훗날 학생들을 중심으로 항일 운동(5·4 운동)이 일어나게 됩니다. 1919
위안스카이가 사망한 뒤, 중국은 위안스카이의 부하나 지역의 힘 있는 군인(군벌)이 실권을 다투는 **군벌 시대**로 돌입합니다. 1916~28

21개조 요구

일본은 포츠머스 조약(174쪽) 이후 중국 진출을 추진. 제1차 세계대전에서 독일과 싸운 일본은 독일이 지니고 있던 산둥성의 이권을 양도해 줄 것을 중국에 요구

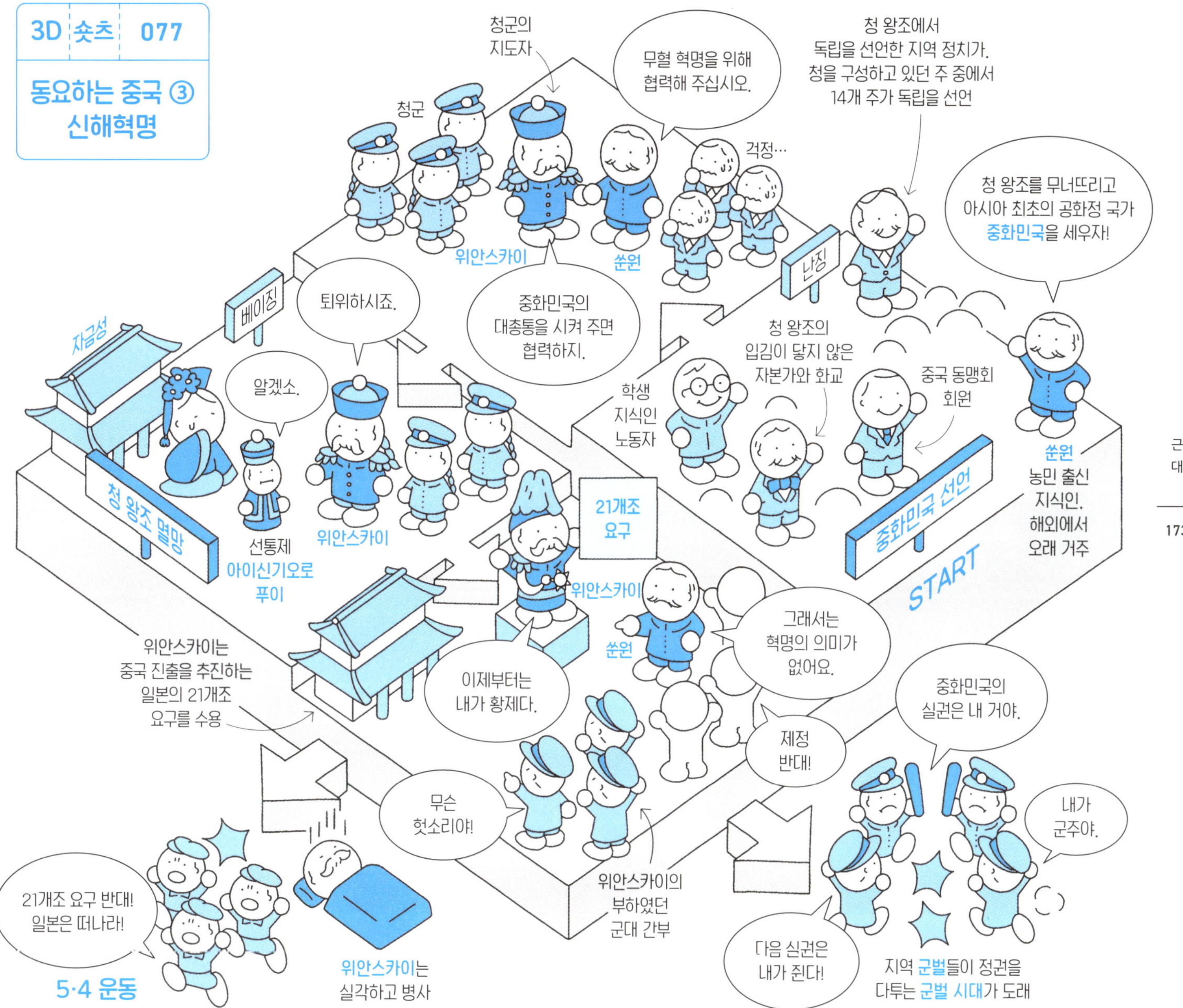
동요하는 중국 ③
신해혁명
청군의 지도자
청군
무혈 혁명을 위해 협력해 주십시오.
청 왕조에서 독립을 선언한 지역 정치가. 청을 구성하고 있던 주 중에서 14개 주가 독립을 선언
위안스카이
걱정…
쑨원
난징
청 왕조를 무너뜨리고 아시아 최초의 공화정 국가 중화민국을 세우자!
베이징
퇴위하시죠.
중화민국의 대총통을 시켜 주면 협력하지.
자금성
알겠소.
선통제 아이신기오로 푸이
위안스카이
학생 지식인 노동자
청 왕조의 입김이 닿지 않은 자본가와 화교
중국 동맹회 회원
청 왕조 멸망
21개조 요구
위안스카이
쑨원
쑨원 농민 출신 지식인. 해외에서 오래 거주
중화민국 선언
START
위안스카이는 중국 진출을 추진하는 일본의 21개조 요구를 수용
이제부터는 내가 황제다.
그래서는 혁명의 의미가 없어요.
중화민국의 실권은 내 거야.
제정 반대!
무슨 헛소리야!
위안스카이의 부하였던 군대 간부
내가 군주야.
21개조 요구 반대! 일본은 떠나라!
다음 실권은 내가 쥔다!
지역 군벌들이 정권을 다투는 군벌 시대가 도래
5·4 운동
위안스카이는 실각하고 병사

러일 전쟁

세력을 키우는 일본

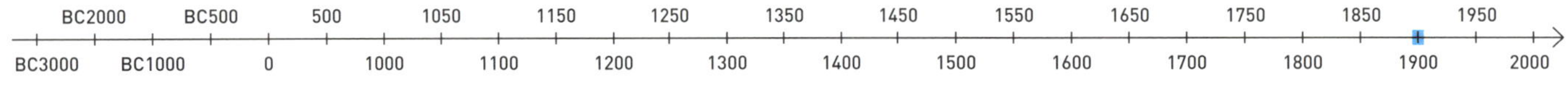

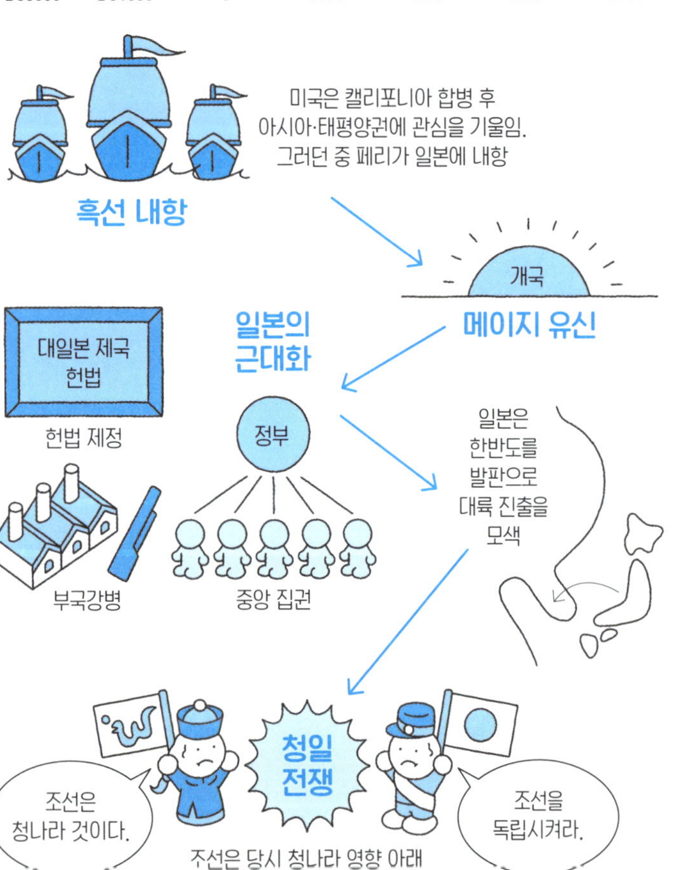

일본은 **청일 전쟁**(170쪽)에서 청나라에 승리했습니다. 조선은 청나라의 영향력에서 벗어나고, 일본은 청나라로부터 대만과 랴오둥반도를 넘겨받았습니다(**시모노세키 조약**). 1895

하지만 러시아가 **시베리아 철도**(158쪽)를 건설하며 아시아 방면으로 남하하고 있었습니다. 러시아는 프랑스, 독일과 함께, 일본에 랴오둥반도를 청나라에 반환할 것을 요구하며 일본의 아시아 진출을 막으려 했습니다(**삼국 간섭**). 이윽고 두 나라는 충돌해 **러일 전쟁**이 일어나고 맙니다. 1895 / 1904~05

일본은, 러시아의 세력 확대를 두려워한 영국의 지원을 받아 우세했습니다. 게다가 이 시기에 러시아는 국내에서 **제1차 러시아 혁명**(184쪽)이 일어나 전쟁을 계속하기 어려운 상태였습니다.

미국 대통령 **시어도어 루스벨트**(152쪽)의 중재로 **포츠머스 조약**이 체결되면서 일본은 승전국이 되었습니다. 일본은 남만주를 세력권에 넣고, 한국에 대한 우선권도 획득했습니다. 1905

극동 남하에 실패한 러시아는 발칸반도로 눈을 돌렸습니다. 그런데 이번에는 독일의 **3B 정책**(176쪽)과 충돌하게 됩니다.

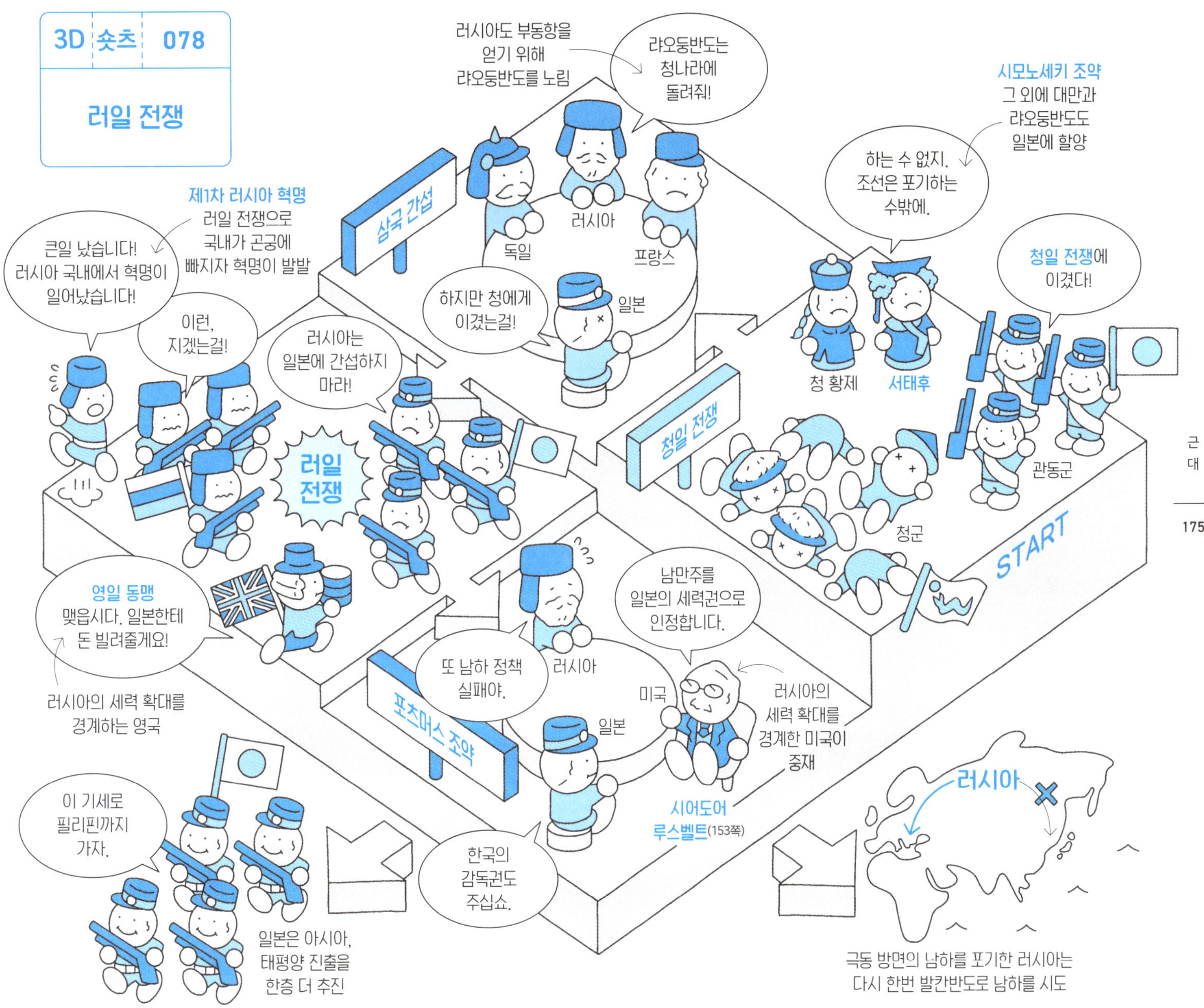
3D 숏츠 078
러일 전쟁

러시아도 부동항을 얻기 위해 랴오둥반도를 노림
랴오둥반도는 청나라에 돌려줘!
시모노세키 조약
그 외에 대만과 랴오둥반도도 일본에 할양
하는 수 없지. 조선은 포기하는 수밖에.
청일 전쟁에 이겼다!

삼국 간섭
독일
러시아
프랑스
일본

하지만 청에게 이겼는걸!

청 황제
서태후

제1차 러시아 혁명
러일 전쟁으로 국내가 곤궁에 빠지자 혁명이 발발
큰일 났습니다! 러시아 국내에서 혁명이 일어났습니다!
이런, 지겠는걸!
러시아는 일본에 간섭하지 마라!

러일 전쟁

청일 전쟁
관동군
청군

영일 동맹
맺읍시다. 일본한테 돈 빌려줄게요!
러시아의 세력 확대를 경계하는 영국

남만주를 일본의 세력권으로 인정합니다.
러시아의 세력 확대를 경계한 미국이 중재
시어도어 루스벨트(153쪽)

또 남하 정책 실패야.
러시아
미국
일본

포츠머스 조약

START

근대
175

이 기세로 필리핀까지 가자.
일본은 아시아, 태평양 진출을 한층 더 추진

한국의 감독권도 주십쇼.

러시아

극동 방면의 남하를 포기한 러시아는 다시 한번 발칸반도로 남하를 시도

079 비스마르크 체제와 그 붕괴

비스마르크와 빌헬름 2세의 즉위

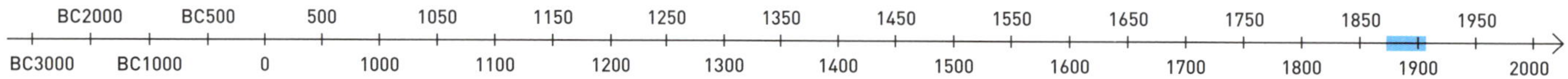

독일은 **프로이센·프랑스 전쟁**(134쪽)에서 프랑스에 승리했습니다. 이후 독일 총리 **비스마르크**는 **러시아**, **오스트리아**와 **삼제 동맹**, **이탈리아**, **오스트리아**와 **삼국 동맹**을 맺었습니다(비스마르크 체제). 이러한 동맹을 맺음으로써 프랑스를 고립시키고 프랑스의 역습을 막으려 했던 것이죠. 비스마르크는 되도록 전쟁과 식민지 정책을 펼치지 않은 채 독일을 안정시키고자 했습니다.

하지만 젊은 황제 **빌헬름 2세**가 독일 황제에 오르자 그 방침은 뒤집혔습니다. **해군 대확장**을 내세우며 적극적으로 제국주의 정책을 밀고 나가기 시작했죠. 빌헬름 2세는 늙은 비스마르크를 사임시키고, 남아프리카 진출을 꾀하는 동시에 중국 내 세력권 획득에 나섰습니다.

그에 더해 빌헬름 2세는 발칸반도로 향하는 **철도 계획**(3B 정책)에 착수했습니다. 하지만 이 계획은 영국의 **3C 정책**(164쪽)과 충돌할 뿐만 아니라, 러시아의 니콜라이 2세가 추진하던 **남하 정책**과도 대립하는 것이었습니다.

러시아는 독일에 대항하기 위해 **영국**, **프랑스**와 **삼국 협상**을 결성했습니다. 러시아와 독일 사이의 골은 나날이 깊어만 갔고, 이윽고 세계는 **제1차 세계대전**(180쪽)을 겪게 됩니다.

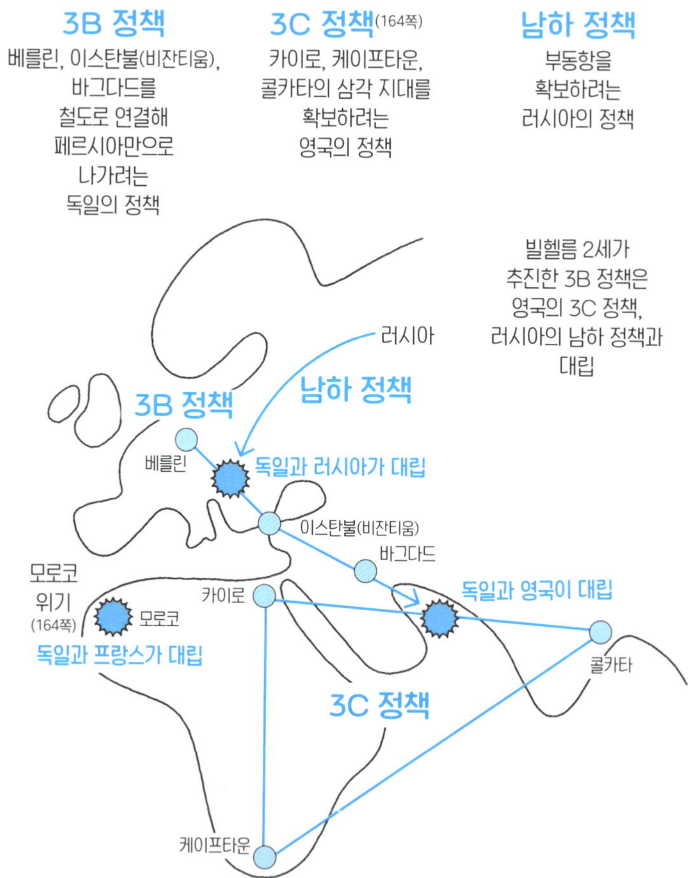

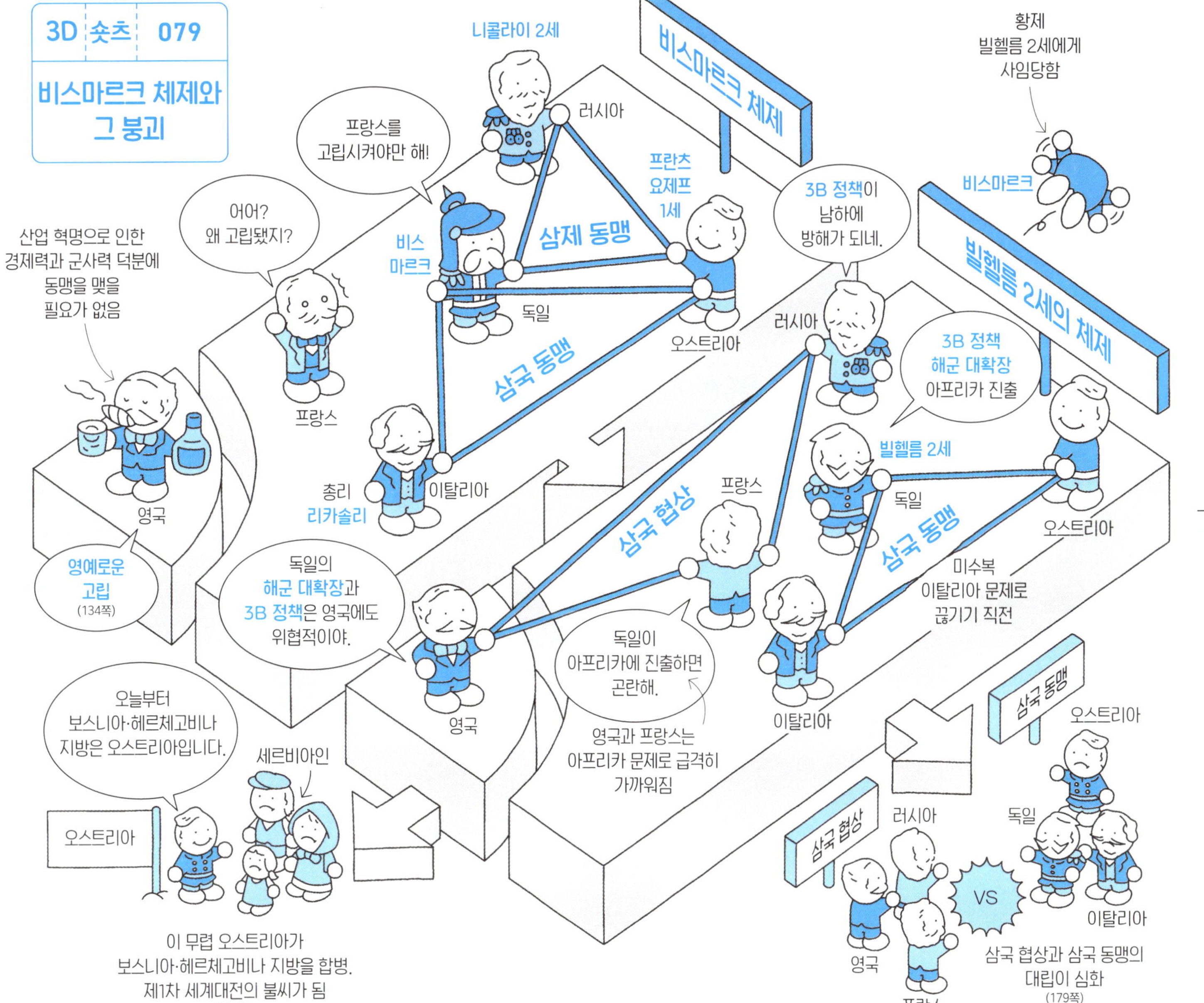
비스마르크 체제와
그 붕괴

니콜라이 2세
러시아

비스마르크 체제

황제
빌헬름 2세에게
사임당함

비스마르크

프랑스를
고립시켜야만 해!

어어?
왜 고립됐지?

프랑츠
요제프
1세

삼제 동맹

3B 정책이
남하에
방해가 되네.

빌헬름 2세의 체제

산업 혁명으로 인한
경제력과 군사력 덕분에
동맹을 맺을
필요가 없음

비스
마르크

독일

오스트리아

러시아

3B 정책
해군 대확장
아프리카 진출

프랑스

삼국 동맹

빌헬름 2세

근
대

영국

프랑스

총리
리카솔리

이탈리아

삼국 협상

프랑스

독일

삼국 동맹

오스트리아

177

영예로운
고립
(134쪽)

독일의
해군 대확장과
3B 정책은 영국에도
위협적이야.

미수복
이탈리아 문제로
끊기기 직전

오늘부터
보스니아·헤르체고비나
지방은 오스트리아입니다.

세르비아인

독일이
아프리카에 진출하면
곤란해.

영국과 프랑스는
아프리카 문제로 급격히
가까워짐

삼국 동맹

오스트리아

오스트리아

영국

이탈리아

삼국 협상

러시아

독일

이 무렵 오스트리아가
보스니아·헤르체고비나 지방을 합병.
제1차 세계대전의 불씨가 됨
(181쪽)

영국

프랑스

VS

이탈리아

삼국 협상과 삼국 동맹의
대립이 심화
(179쪽)

<table>
<tr><td>080</td><td><h1>제1차 세계대전 전야</h1>
<h2>저마다 다른 속셈</h2></td></tr>
</table>

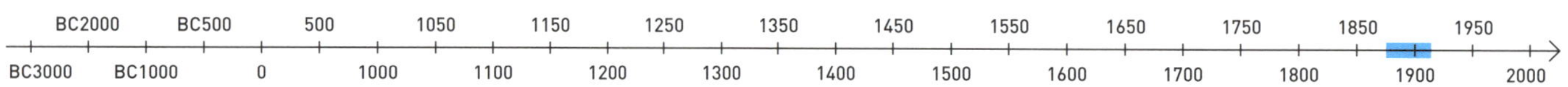

제1차 세계대전(180쪽)은 **사라예보 사건**(180쪽)이라고 불리는 한 발의 총탄을 계기로 발발했습니다.

왜 제1차 세계대전이 일어나고 만 것일까요? 오른쪽 페이지의 일러스트와 함께 제1차 세계대전 직전의 각 나라 관계를 알아봅시다. (오른쪽 페이지) ❶ **영국 vs 독일** … 독일의 **3B 정책**(176쪽)은 영국의 **3C 정책**(164쪽)과 대립. 독일이 추진하는 **해군 대확장**(176쪽)은 영국을 위협.

❷ **프랑스 vs 독일** … **프로이센·프랑스 전쟁**(134쪽)의 응어리가 남아 있음. 독일은 아프리카에서 식민지 정책을 개시하여, 프랑스의 모로코 지배를 방해(모로코 위기164쪽).

❸ **러시아 vs 독일** … 독일의 **3B 정책**은 러시아의 **남하 정책**과 대립. 독일의 **범게르만주의**는 러시아의 **범슬라브주의**와 공존할 수 없음.

❹ **러시아 vs 오스트리아** … 러시아는 세르비아를 비롯한 **발칸 동맹**(세르비아, 몬테네그로, 그리스, 불가리아)의 보호국임. 따라서 러시아는 오스트리아에 보스니아·헤르체고비나 지방을 빼앗긴 세르비아 편을 들어야 함(180쪽).
1912

❺ **세르비아 vs 오스트리아** … 세르비아인(슬라브 민족)이 많이 사는 보스니아·헤르체고비나 지방을, 범게르만주의를 표방하는 오스트리아가 합병(160쪽).

❻ **발칸 동맹 vs 오스만 제국** … 오스만 제국은 자국으로부터 독립한 발칸 국가들과 독립을 지원한 러시아에 원한이 있음(160쪽). 이후 오스만 제국은 **발칸 동맹**에게 전쟁을 선포당해(제1차 발칸 전쟁) 영토를 추가로 상실.
1912~13

❼ **발칸 동맹 vs 불가리아** … **불가리아**는 발칸 동맹에 속해 있었지만, 영토 싸움(제2차 발칸 전쟁)으로 인해 발칸 동맹을 이탈.
1913

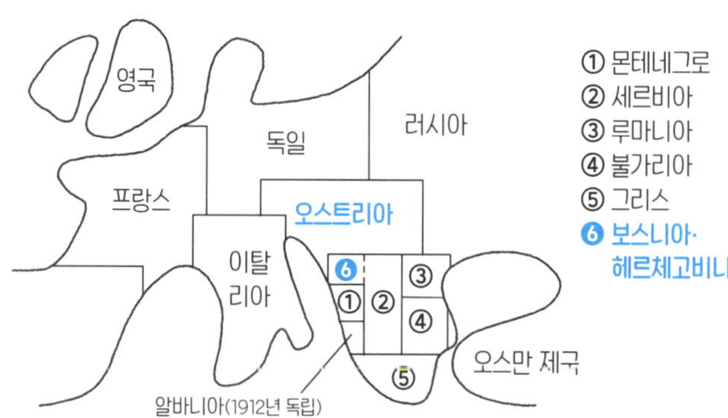

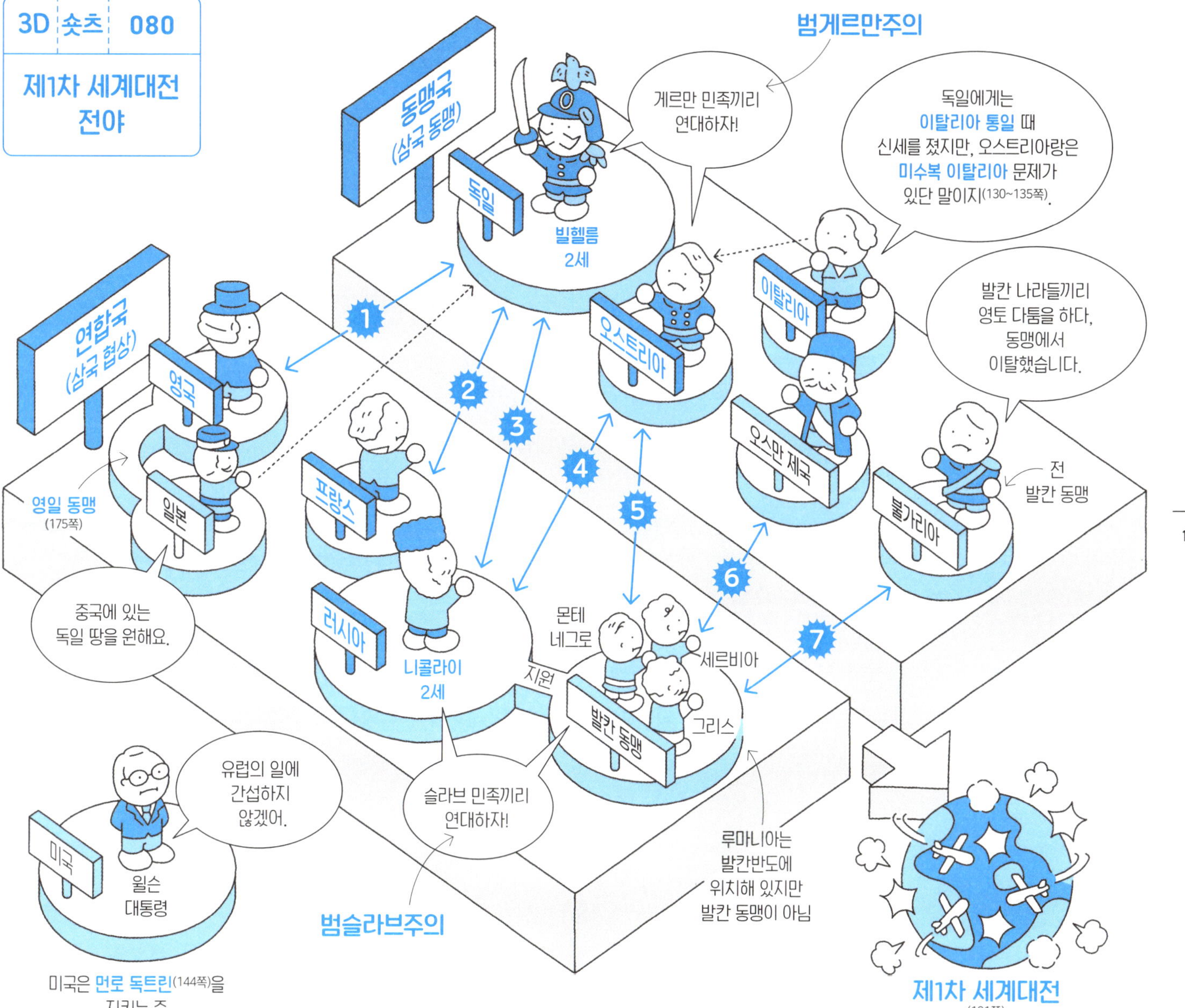
3D 숏츠 080
제1차 세계대전 전야
동맹국 (삼국 동맹)
독일
빌헬름 2세
범게르만주의
게르만 민족끼리 연대하자!
독일에게는 이탈리아 통일 때 신세를 졌지만, 오스트리아랑은 미수복 이탈리아 문제가 있단 말이지(130~135쪽).
발칸 나라들끼리 영토 다툼을 하다, 동맹에서 이탈했습니다.
연합국 (삼국 협상)
영국
일본
오스트리아
이탈리아
오스만 제국
불가리아
전 발칸 동맹
영일 동맹 (175쪽)
중국에 있는 독일 땅을 원해요.
프랑스
러시아
니콜라이 2세
몬테 네그로
세르비아
그리스
지원
발칸 동맹
미국
윌슨 대통령
유럽의 일에 간섭하지 않겠어.
슬라브 민족끼리 연대하자!
범슬라브주의
루마니아는 발칸반도에 위치해 있지만 발칸 동맹이 아님
미국은 먼로 독트린(144쪽)을 지키는 중
제1차 세계대전 (181쪽)
근대
179

081 제1차 세계대전 ①

사라예보 사건

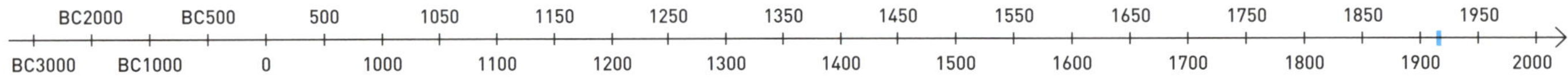

오스트리아는 **청년 튀르크당 혁명**(160쪽)이 일어난 틈을 노려, 오스만 제국 내 **보스니아·헤르체고비나 지방**을 합병했습니다(베를린 회의158쪽에서 이미 보스니아·헤르체고비나의 점령과 통치권을 인정받았지만 1908년에야 완전히 합병).

보스니아·헤르체고비나 지방에는 원래 **세르비아인**(세르비아어가 모국어. 러시아와 같은 슬라브계)과 크로아티아인, 무슬림(이슬람교도)이 많이 살고 있었습니다. 하지만 오스트리아인(게르만계)이 보스니아·헤르체고비나 지방을 통치하기 시작하자, 이곳의 세르비아인들은 오스트리아에 반감을 갖게 되었습니다.

1914년 6월, 보스니아·헤르체고비나에 있는 **사라예보**를 방문 중이던 오스트리아 제위 계승자 부부가 세르비아인 청년의 총에 맞아 죽는 **사라예보 사건**(1914)이 일어났습니다. 이를 계기로 오스트리아는 세르비아에 선전 포고 했습니다. 그러자 즉시 **범게르만 정책**(178쪽)을 펴던 **독일**의 **빌헬름 2세**가 게르만계인 오스트리아에 가세했습니다. 이에 **범슬라브 정책**(178쪽)을 펴던 **러시아**의 **니콜라이 2세**가 슬라브계인 세르비아에 가세했습니다.

이후 **3국 동맹**(176쪽), **3국 협상**(176쪽)으로 묶여 있던 나라들이 잇달아 참전하면서, **동맹국**(독일, 오스트리아, 오스만 제국, 불가리아 등)과 **협**

상국(연합국)(러시아, 영국, 프랑스, 일본 등)이 양편으로 갈라져 싸운 **제1차 세계대전**(1914~18)이 시작되었습니다.

제1차 세계대전 중, 영국(협상국)은 다른 나라와 여러 밀약을 맺었습니다. 우선 적측(동맹국 편)인 이탈리아를, **미수복 이탈리아**(130쪽)를 양도해 준다는 조건으로 같은 편에 끌어들였습니다. 그 외에도 **맥마흔 선언**(222쪽), **밸푸어 선언**(222쪽)을 통해 자국에 유리하도록 상황을 이끌었습니다.

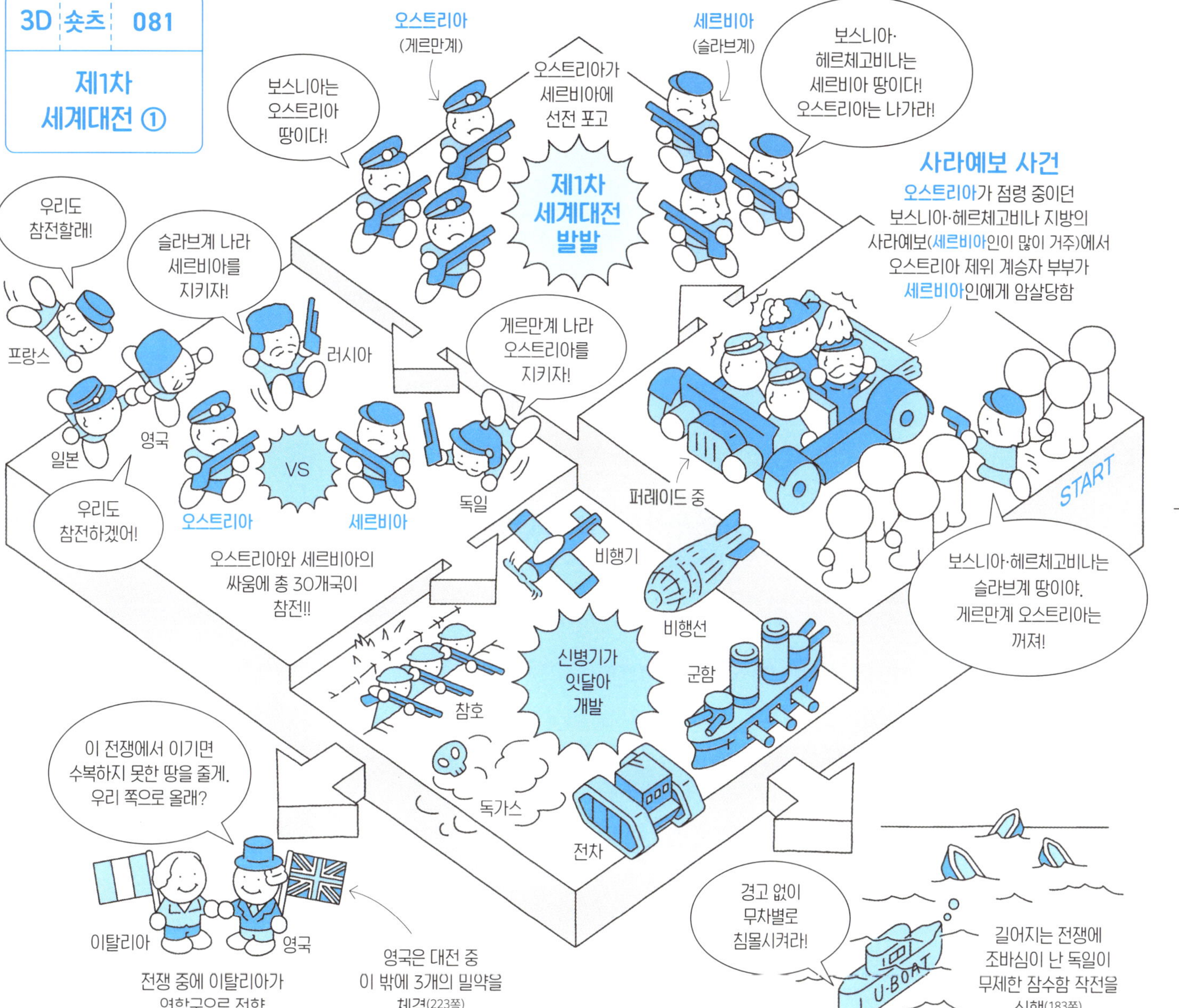

3D 숏츠 081
제1차 세계대전 ①
근대
181
오스트리아 (게르만계)
세르비아 (슬라브계)
오스트리아가 세르비아에 선전 포고
보스니아·헤르체고비나는 세르비아 땅이다! 오스트리아는 나가라!
보스니아는 오스트리아 땅이다!
제1차 세계대전 발발
사라예보 사건
오스트리아가 점령 중이던 보스니아·헤르체고비나 지방의 사라예보(세르비아인이 많이 거주)에서 오스트리아 제위 계승자 부부가 세르비아인에게 암살당함
우리도 참전할래!
슬라브계 나라 세르비아를 지키자!
러시아
게르만계 나라 오스트리아를 지키자!
프랑스
일본
영국
우리도 참전하겠어!
VS
오스트리아
세르비아
독일
퍼레이드 중
START
보스니아·헤르체고비나는 슬라브계 땅이야. 게르만계 오스트리아는 꺼져!
오스트리아와 세르비아의 싸움에 총 30개국이 참전!!
비행기
비행선
군함
신병기가 잇달아 개발
참호
독가스
전차
이 전쟁에서 이기면 수복하지 못한 땅을 줄게. 우리 쪽으로 올래?
이탈리아
영국
전쟁 중에 이탈리아가 연합국으로 전향
영국은 대전 중 이 밖에 3개의 밀약을 체결(223쪽)
경고 없이 무차별로 침몰시켜라!
U-BOAT
길어지는 전쟁에 조바심이 난 독일이 무제한 잠수함 작전을 실행(183쪽)

제1차 세계대전 ②

미국의 참전과 대전의 종결

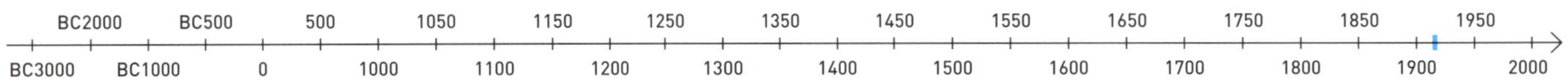

제1차 세계대전(180쪽)은 각국 모두 **총력전**을 펼치며, 개전 당시 예측보다 훨씬 장기화했습니다. 영국과 프랑스가 자국 식민지에서 물자를 조달해 온 것과 달리 독일은 국내 식량 부족이 심각한 수준이었습니다.

초조해진 독일은 적국의 군함뿐만 아니라 상선마저 공격하기 시작했습니다(**무제한 잠수함 작전**). 이에 미국 대통령 **윌슨**이 반발하여 **독일**에 선전 포고 합니다. 미국은 어마어마한 병력을 전선으로 보내 독일을 궁지에 몰아넣었습니다.

미국이 참전하자 **연합국**(180쪽)은 압도적 우위에 서게 되었습니다. 이런 상황에서 1918년 봄부터 전 세계에 신형 독감(스페인 독감)이 유행했습니다. 병사들 사이에서도 '전쟁은 이제 지긋지긋하다'는 생각이 퍼져 나갔고, 가을에는 **동맹국**(180쪽) 측의 불가리아, 오스만 제국, 오스트리아에서 항복 아니면 휴전을 바라는 소리가 높아졌습니다. 11월이 되자, 독일 국내에서 병사와 노동자들이 **독일 혁명**을 일으켰습니다. 황제 **빌헬름 2세**(176쪽)는 네덜란드로 망명하고, 독일에 공화정이 탄생합니다(**독일 공화국/바이마르 공화국**). 그리고 1918년 11월 11일, 독일은 **연합군**과 휴전 협정을 맺었습니다. 이로써 제1차 세계대전은 **연합군**의 승리로 끝났습니다.

종전 후, **파리 강화 회의**(188쪽)에서 맺어진 **베르사유 조약**(188쪽)은 독일에게 너무나도 가혹한 내용이었습니다. 독일은 상당한 영토를 잃고 막대한 배상금을 떠안게 되었습니다.

전쟁 말기, 군수 공장은 일손이 부족해 일반 여성까지 동원. 이로 인해 전쟁 후에는 여성의 사회 진출이 증가

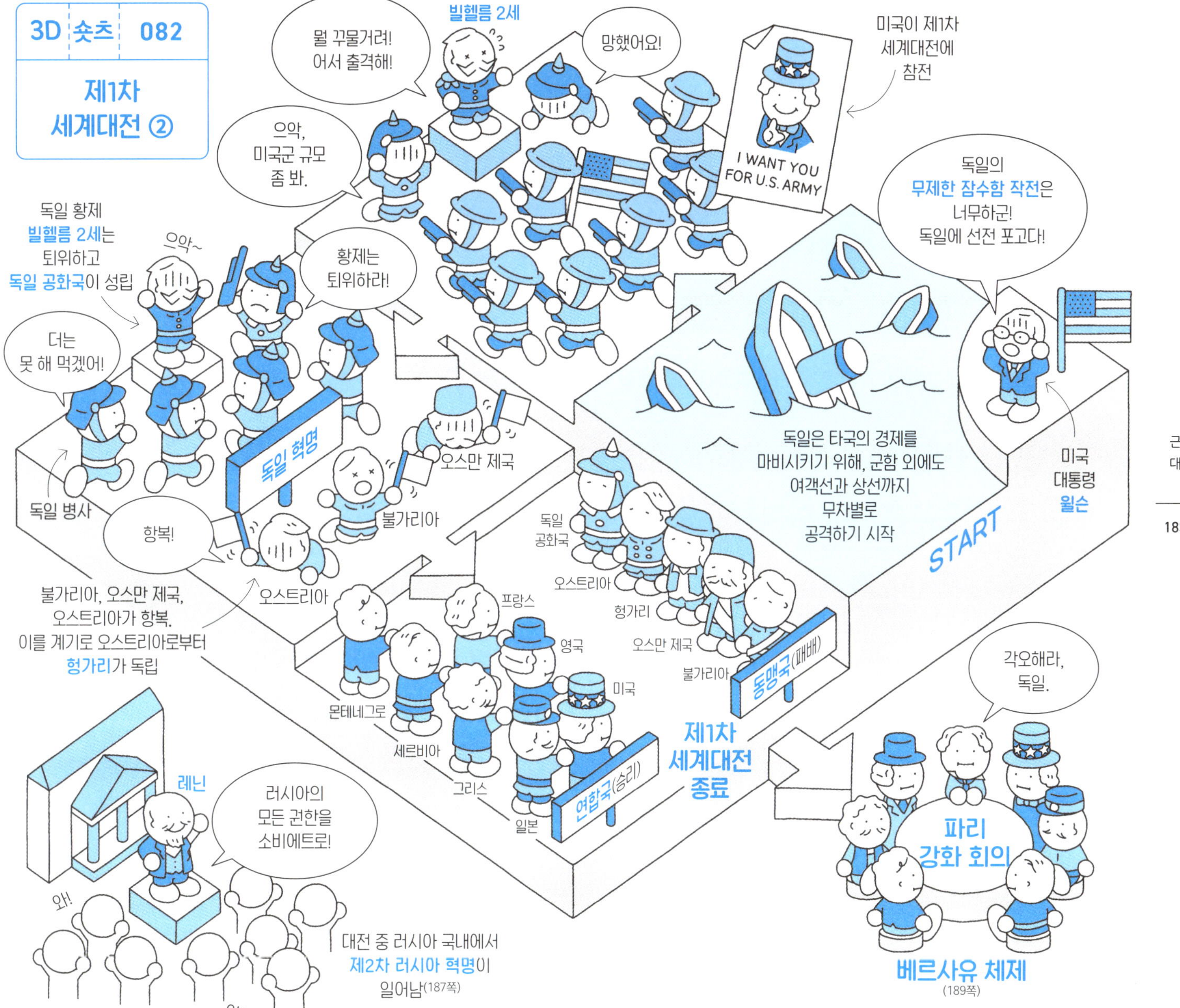
3D 숏츠 082
제1차 세계대전 ②
빌헬름 2세
뭘 꾸물거려! 어서 출격해!
망했어요!
미국이 제1차 세계대전에 참전
I WANT YOU FOR U.S. ARMY
으악, 미국군 규모 좀 봐.
독일의 무제한 잠수함 작전은 너무하군! 독일에 선전 포고다!
독일 황제 빌헬름 2세는 퇴위하고 독일 공화국이 성립
으악~
황제는 퇴위하라!
더는 못 해 먹겠어!
독일은 타국의 경제를 마비시키기 위해, 군함 외에도 여객선과 상선까지 무차별로 공격하기 시작
미국 대통령 윌슨
독일 병사
항복!
독일 혁명
오스만 제국
불가리아
근대
183
START
불가리아, 오스만 제국, 오스트리아가 항복. 이를 계기로 오스트리아로부터 헝가리가 독립
오스트리아
독일 공화국
오스트리아
헝가리
오스만 제국
불가리아
동맹국 (패배)
프랑스
영국
몬테네그로
세르비아
미국
그리스
일본
연합국 (승리)
제1차 세계대전 종료
각오해라, 독일.
레닌
러시아의 모든 권한을 소비에트로!
와!
와!
대전 중 러시아 국내에서 제2차 러시아 혁명이 일어남(187쪽)
파리 강화 회의
베르사유 체제
(189쪽)

제1차 러시아 혁명

혁명가 레닌

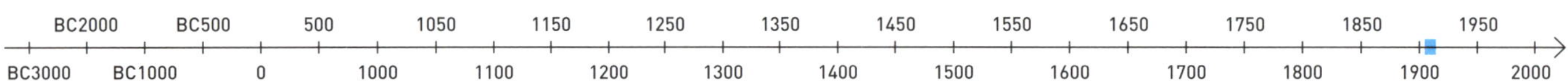

러시아는 19세기 이후 극동으로 세력을 확장해 왔습니다. 이것이 배경이 되어 **러일 전쟁**(174쪽)이 일어났습니다. 러시아 정부는 내정보다도 이 전쟁을 우선시했기 때문에, 러시아 국내에서는 식량 부족이 심각해졌습니다.

1905년 1월, 수도 상트페테르부르크에서 대규모 시위가 발생했습니다. 민중은 이 시위에서 **입헌 정치 도입**과 **노동자 대우 개선** 등을 요구했지만, 정부는 무력으로 시위를 진압했습니다(**피의 일요일 사건**, 1905). 그러자 이번에는 전함 포툠킨호의 수병들이 러일 전쟁 반대를 외치며 반란을 일으켰습니다. 결국 정부는 러일 전쟁을 지속하는 것을 단념했습니다.

같은 시기에, 무장봉기를 일으켜 '**모든 권력을 소비에트**(노동자·병사의 평의회)**로 옮기는**' 것으로 **사회주의**를 실현하려 한 인물이 혁명가 **레닌**(1870~1924)이었습니다.

러시아 황제 **니콜라이 2세**(재위 1894~1917)는 혁명 세력과의 합의점을 찾아 **10월 선언**(1905)을 발표하며 **두마**(국회)의 설립을 공약했습니다(**제1차 러시아 혁명**, 1905). 국민은 자유와 민주주의, 입헌 군주정의 도입을 지지했습니다. 한편, 정부에 쫓기는 몸이 된 레닌은 국외로 도피, 스위스로 망명했습니다.

니콜라이 2세는 다시 발칸 방면으로 **남하**(176쪽)를 개시했습니다. 러시아와 독일, 오스트리아, 오스만 제국 사이의 대립은 깊어지고, 결국 **제1차 세계대전**(180쪽)으로 이어집니다.

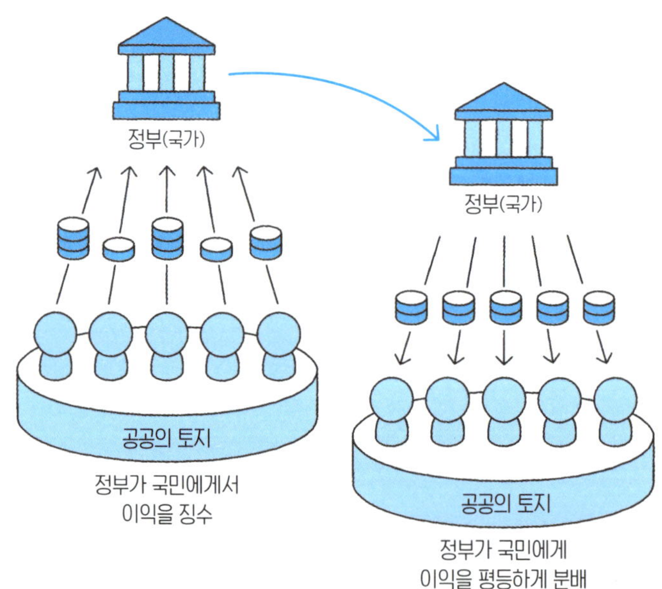

제1차 러시아 혁명

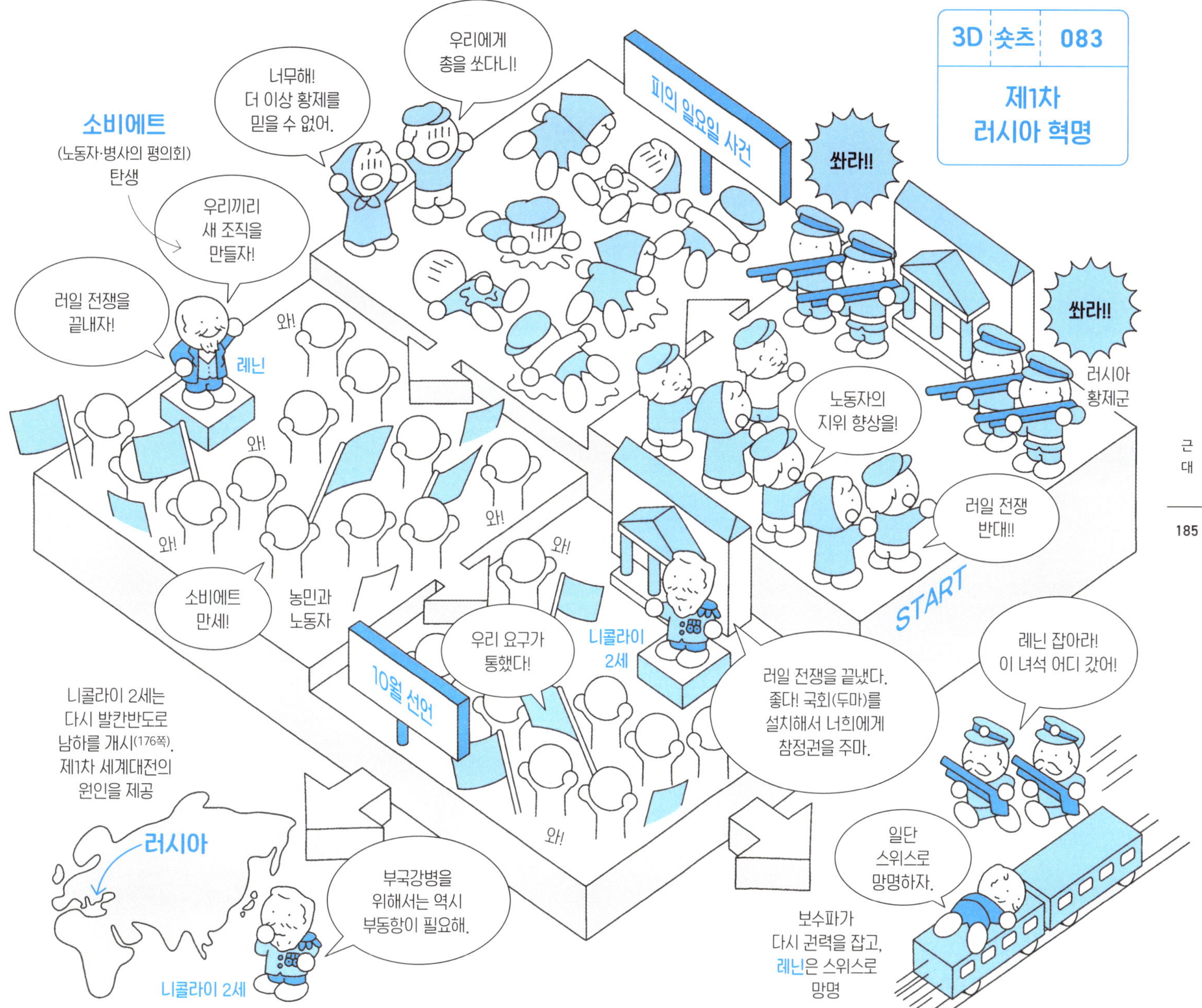
소비에트
(노동자·병사의 평의회)
탄생
너무해! 더 이상 황제를 믿을 수 없어.
우리에게 총을 쏘다니!
피의 일요일 사건
쏴라!!
쏴라!!
우리끼리 새 조직을 만들자!
러일 전쟁을 끝내자!
레닌
러시아 황제군
노동자의 지위 향상을!
러일 전쟁 반대!!
와!
와!
와!
와!
와!
START
소비에트 만세!
농민과 노동자
우리 요구가 통했다!
니콜라이 2세
10월 선언
러일 전쟁을 끝냈다. 좋다! 국회(두마)를 설치해서 너희에게 참정권을 주마.
레닌 잡아라! 이 녀석 어디 갔어!
와!
니콜라이 2세는 다시 발칸반도로 남하를 개시(176쪽). 제1차 세계대전의 원인을 제공
러시아
부국강병을 위해서는 역시 부동항이 필요해.
니콜라이 2세
일단 스위스로 망명하자.
보수파가 다시 권력을 잡고, 레닌은 스위스로 망명

제2차 러시아 혁명

사회주의 국가의 탄생

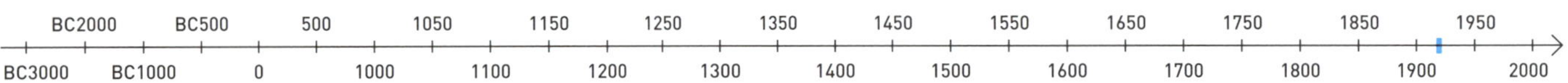

제1차 세계대전(180쪽)은 예측과 달리 장기전이 되었습니다. 러시아 국내에서는 나날이 전쟁 중단의 목소리가 높아져 갔습니다. 결국 1917년, **러시아 2월 혁명**이 일어나 **니콜라이 2세**(184쪽)는 퇴위합니다. 이로써 **로마노프 왕조**(104쪽)는 멸망하고 말았습니다.

이 소식을 접한 **사회주의자 레닌**(184쪽)과 그의 동지들은 적국인 독일이 준비한 전용 열차로 급히 망명지인 스위스에서 귀국했습니다. 그리고 '전쟁 중지'와 **'소비에트**(184쪽)에 모든 권력을 넘길 것'을 주장했습니다.

로마노프 왕조가 멸망한 후, **임시 정부**를 수립한 것은 전쟁 지속을 주장하던 **케렌스키**가 이끄는 **사회혁명당**이었습니다. 하지만 레닌 측은 무장봉기로 사회혁명당을 무너뜨리고 **소비에트 정권**을 세웠습니다(**러시아 10월 혁명, 제2차 러시아 혁명**).

1918년 3월, 소비에트 정권은 독일 측과 강화 조약을 맺고 제1차 세계대전에서 발을 뺐습니다. 레닌 측은 당 명칭을 **공산당**으로 정하고, 수도를 상트페테르부르크에서 내륙인 모스크바로 옮겼습니다.

혁명의 파급을 경계한 영국, 미국, 프랑스, 일본은 당시 러시아의 포로가 되었던 체코군을 구출하기 위해 러시아에 군대를 보냈습니

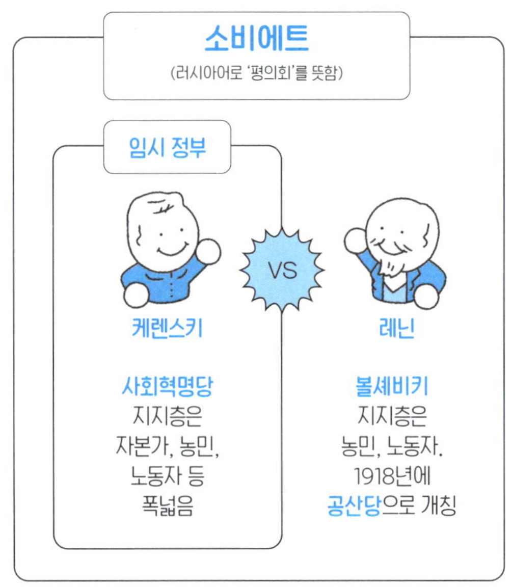

다(**대소 간섭 전쟁**).

그러자 러시아는 인접해 있던 벨라루스, 우크라이나, 자캅카스를 제압하여 **소비에트 사회주의 공화국 연방**(소련)을 결성했습니다. 이때부터 러시아의 공포 정치가 시작됩니다.

3D 숏츠 084
제2차
러시아 혁명

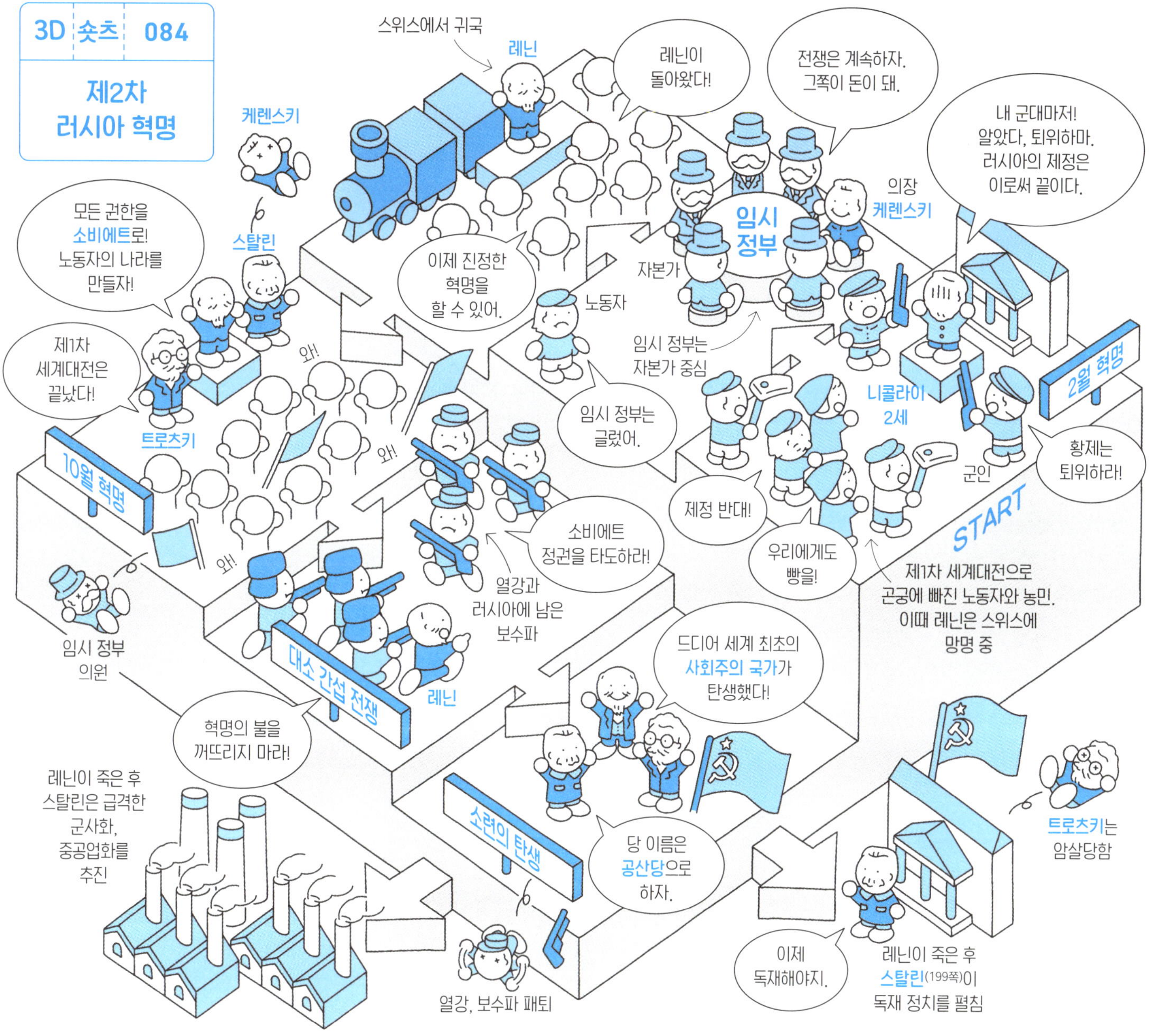

스위스에서 귀국
레닌
레닌이 돌아왔다!
전쟁은 계속하자. 그쪽이 돈이 돼.
내 군대마저! 알았다, 퇴위하마. 러시아의 제정은 이로써 끝이다.
케렌스키
의장 케렌스키
임시 정부
자본가
모든 권한을 소비에트로! 노동자의 나라를 만들자!
스탈린
이제 진정한 혁명을 할 수 있어.
노동자
임시 정부는 자본가 중심
제1차 세계대전은 끝났다!
트로츠키
와!
임시 정부는 글렀어.
니콜라이 2세
군인
2월 혁명
황제는 퇴위하라!
10월 혁명
와!
와!
제정 반대!
우리에게도 빵을!
START
제1차 세계대전으로 곤궁에 빠진 노동자와 농민. 이때 레닌은 스위스에 망명 중
임시 정부 의원
와!
소비에트 정권을 타도하라!
열강과 러시아에 남은 보수파
대소 간섭 전쟁
레닌
드디어 세계 최초의 사회주의 국가가 탄생했다!
혁명의 불을 꺼뜨리지 마라!
레닌이 죽은 후 스탈린은 급격한 군사화, 중공업화를 추진
소련의 탄생
당 이름은 공산당으로 하자.
트로츠키는 암살당함
열강, 보수파 패퇴
이제 독재해야지.
레닌이 죽은 후 스탈린(199쪽)이 독재 정치를 펼침

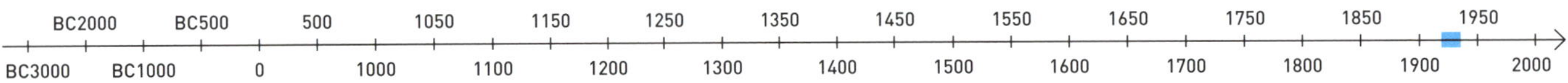

미국의 참전으로 인해 **제1차 세계대전**은 **연합국**의 승리로 막을 내립니다(182쪽). 그리고 전후 처리를 논의하기 위해 개최한 **파리 강화 회의**(1919)에서는 미국 대통령 **윌슨**(재임 1913~21)이 **14개조 평화 원칙**을 주창했습니다. 이 평화 원칙 아래 **국제 연맹**(1920) 설립이 결정되었습니다.

패전국과 **소비에트 정권**(러시아)으로부터는 헝가리, 폴란드, 유고슬라비아, 핀란드, 체코슬로바키아, 라트비아, 에스토니아 등 많은 나라가 독립할 수 있었습니다. 그러나 영국과 프랑스 같은 승전국이 보유한 아프리카 및 아시아 식민지는 독립할 수 없었습니다. **오스만 제국** 영토는 승전국에 의해 분할되었습니다(190쪽).

독일(독일 공화국182쪽)은 모든 식민지를 **빼앗기고**, 알자스로렌 지방 등의 본토도 잃고 말았습니다. 군비 축소도 해야 했고, 거액의 배상금도 내야만 했습니다(파리 강화 회의에서 배상금 지불 의무가 결정되고, 1921년 런던 회의에서 1320억 마르크=약 2000조 원에 이르는 배상 금액이 결정). 독일에게 매우 가혹한 이 **조약**(베르사유 조약)(1919)과 **체제**(베르사유 체제)는 훗날 **나치**(196쪽)가 대두하는 기회를 제공하면서 파시즘을 낳고 맙니다.

파리 강화 회의로부터 얼마 후, 미국의 제안으로 **워싱턴 회의**(1921~22)가 열렸습니다. 여기에서는 **전후 아시아·태평양 지역의 질서**가 논의되었습니다. 회의의 주목적은 일본 세력을 견제하는 것이었습니다. 일본은 **21개조 요구**(172쪽)의 효력을 잃었고, 군비도 제한되었습니다. **영일 동맹**(179쪽)의 해체도 결정되면서 일본은 국제 사회로부터 고립되고 맙니다(워싱턴 체제).

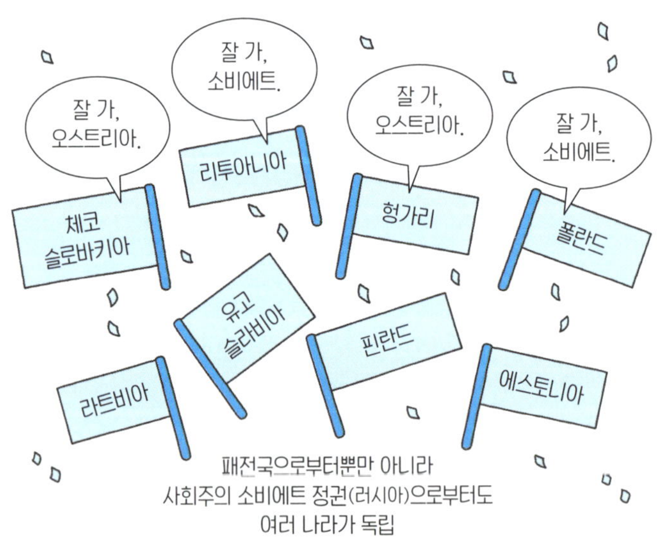

패전국으로부터뿐만 아니라
사회주의 소비에트 정권(러시아)으로부터도
여러 나라가 독립

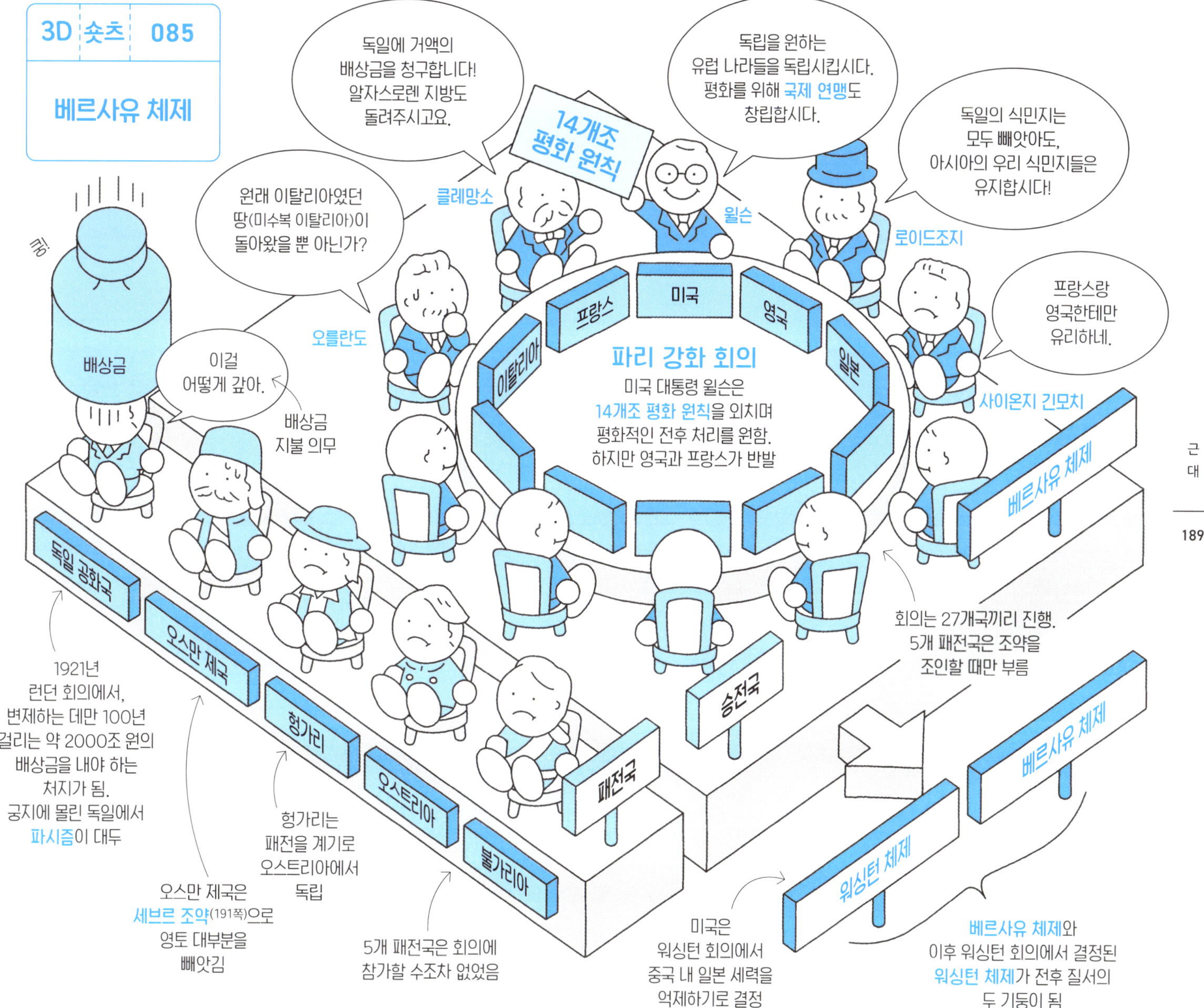
3D 숏츠 085
베르사유 체제
독일에 거액의 배상금을 청구합니다! 알자스로렌 지방도 돌려주시고요.
독립을 원하는 유럽 나라들을 독립시킵시다. 평화를 위해 국제 연맹도 창립합시다.
독일의 식민지는 모두 빼앗아도, 아시아의 우리 식민지들은 유지합시다!
원래 이탈리아였던 땅(미수복 이탈리아)이 돌아왔을 뿐 아닌가?
14개조 평화 원칙
클레망소
윌슨
로이드조지
프랑스랑 영국한테만 유리하네.
오를란도
쾅!
배상금
이걸 어떻게 갚아.
배상금 지불 의무
프랑스
미국
영국
이탈리아
일본
파리 강화 회의
미국 대통령 윌슨은 14개조 평화 원칙을 외치며 평화적인 전후 처리를 원함. 하지만 영국과 프랑스가 반발
사이온지 긴모치
베르사유 체제
근대
189
독일 공화국
오스만 제국
헝가리
오스트리아
불가리아
패전국
승전국
회의는 27개국끼리 진행. 5개 패전국은 조약을 조인할 때만 부름
1921년 런던 회의에서, 변제하는 데만 100년 걸리는 약 2000조 원의 배상금을 내야 하는 처지가 됨. 궁지에 몰린 독일에서 파시즘이 대두
오스만 제국은 세브르 조약(191쪽)으로 영토 대부분을 빼앗김
헝가리는 패전을 계기로 오스트리아에서 독립
5개 패전국은 회의에 참가할 수조차 없었음
미국은 워싱턴 회의에서 중국 내 일본 세력을 억제하기로 결정
워싱턴 체제
베르사유 체제
베르사유 체제와 이후 워싱턴 회의에서 결정된 워싱턴 체제가 전후 질서의 두 기둥이 됨

오스만 제국의 멸망

무스타파 케말의 튀르키예 혁명

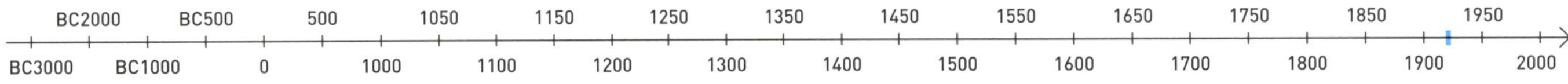

18세기 말 이후, **오스만 제국은 부동항**을 찾아 남하하는 **러시아**의 압력으로 많은 영토를 잃고 있었습니다(160쪽).

제1차 세계대전에서 오스만 제국은 **동맹국**(180쪽) 측에 가담해서 **연합군** 측인 영국, 프랑스, 그리고 **러시아**와 싸웠습니다. 하지만 결국 전쟁은 연합국이 승리했습니다. 오스만 제국은 세브르 조약을 (1920) 맺으면서 이라크, 팔레스타인, 시리아 전역 등 영토 태반을 잃게 되었습니다.

이 조약을 받아들일 수 없던 인물이 바로 군인이자 혁명가 무스타파 케말이었습니다. (1881~1938) 무스타파 케말은 튀르키예 혁명을 일으켜 오스만 제국을 해체하고 세브르 조약을 파기시킵니다. 그리고 튀르키예 공화국을 건국하여 초대 대통령이 되었습니다. (1923)

무스타파 케말은 연합국 측과 새로이 로잔 조약을 맺어 튀르키예 (1923) 인(튀르키예어가 모국어)들의 영토를 지키고, 혁명의 거점이 된 앙카라를 튀르키예 공화국의 수도로 삼았습니다. 또한 아랍 문자 대신 로마자를 사용하고, 태양력을 채택했으며, 여성 참정권을 실시하고, 칼리프제(이슬람교의 지도 체제)를 폐지하는 등 이슬람적인 정책을 폐기하고 근대화를 추진했습니다. 하지만 튀르키예 공화국은 아랍인(아랍어가 모국어) 문화권은 떠나보냈습니다. 이 때문에 오늘날의 시리아, 레바논은 프랑스의 위임 통치령(식민지)이 되었고, 요르단, 이라크, 팔레스타인은 영국의 위임 통치령이 되었습니다.

제1차 세계대전이 한창일 때 영국은 오스만 제국 내 아랍인에게 전쟁에 협력하는 것을 조건으로 아랍 지역의 독립을 약속했습니다(맥마혼 선언222쪽). 영국은 또 유대인 재벌에게서 전쟁 자금을 얻기 위해, 팔레스타인에 유대인의 민족적 고향(national home)을 건설하는 것을 허락했습니다(밸푸어 선언222쪽). 그 후 1930년대에 많은 유대인이 팔레스타인으로 이주하면서, 팔레스타인에 사는 아랍인과 유대인 사이에 충돌이 일어나게 됩니다.

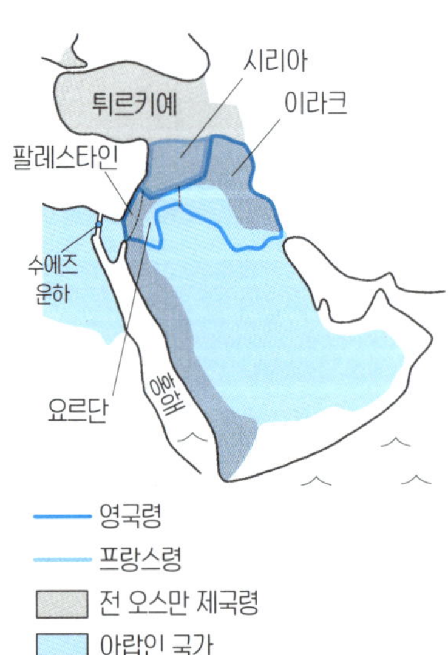

오스만 제국의 멸망

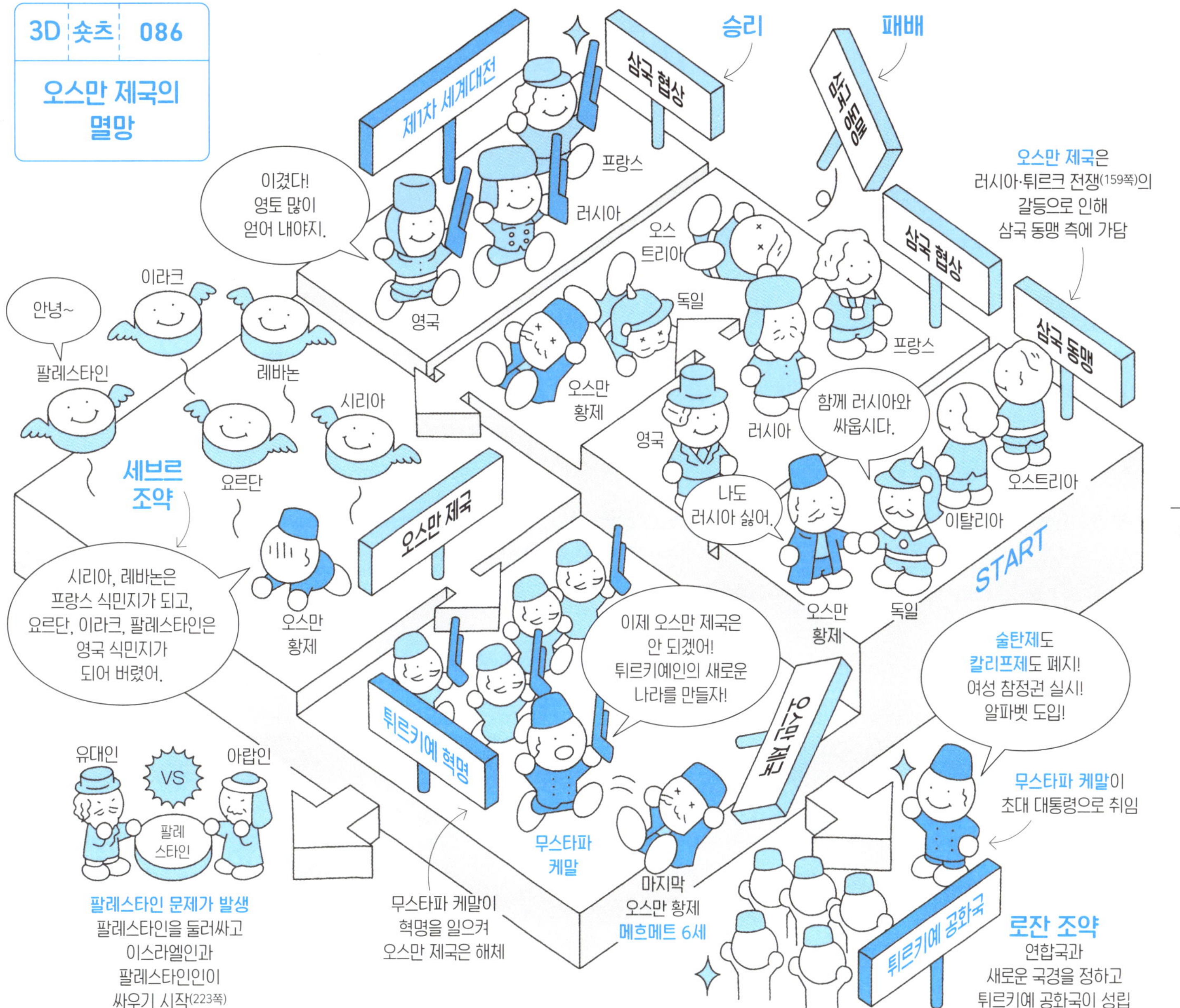
승리
패배
제1차 세계대전
삼국 협상
삼국 동맹
오스만 제국은
러시아·튀르크 전쟁(159쪽)의
갈등으로 인해
삼국 동맹 측에 가담
삼국 협상
삼국 동맹
이겼다!
영토 많이
얻어 내야지.
프랑스
러시아
영국
오스
트리아
독일
오스만
황제
프랑스
안녕~
이라크
레바논
시리아
팔레스타인
요르단
함께 러시아와
싸웁시다.
영국
러시아
나도
러시아 싫어.
오스트리아
세브르
조약
시리아, 레바논은
프랑스 식민지가 되고,
요르단, 이라크, 팔레스타인은
영국 식민지가
되어 버렸어.
오스만
황제
오스만 제국
이탈리아
오스만
황제
독일
START
술탄제도
칼리프제도 폐지!
여성 참정권 실시!
알파벳 도입!
이제 오스만 제국은
안 되겠어!
튀르키예인의 새로운
나라를 만들자!
튀르키예 혁명
오스만 제국
무스타파 케말이
초대 대통령으로 취임
유대인
VS
아랍인
팔레
스타인
무스타파
케말
마지막
오스만 황제
메흐메트 6세
팔레스타인 문제가 발생
팔레스타인을 둘러싸고
이스라엘인과
팔레스타인인이
싸우기 시작(223쪽)
무스타파 케말이
혁명을 일으켜
오스만 제국은 해체
튀르키예 공화국
로잔 조약
연합국과
새로운 국경을 정하고
튀르키예 공화국이 성립
근대
191

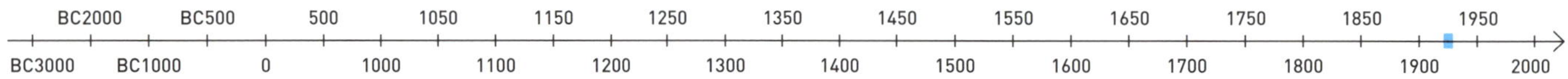

제1차 세계대전(180쪽) 후, 미국은 온 세계에 그 이름을 떨치게 되었습니다. 대전 중에 미국은 **연합국**(180쪽)에 무기를 수출하는 등 막대한 이익을 얻었습니다. 본토가 전장이 되지 않았던 것 또한 유럽 각국과 경제적 차이를 벌리게 된 요인이었습니다.

반대로 유럽 각국의 경제는 뒤처지기 시작했습니다. 패전국 **독일**(독일 공화국182쪽)은 특히 심각해서, 프랑스와 영국에게 막대한 **배상금**(188쪽)을 갚는 것조차 불가능한 상황이었습니다. 국토가 전장이 되었던 승전국 프랑스 또한 많은 부채를 떠안고 있었습니다.

그래서 미국은 **도스 플랜**을 제안했습니다. **도스 플랜**이란 독일 경제를 안정시키기 위해 우선 미국이 독일에 돈을 빌려주고, 독일의 경제가 안정되면 영국과 프랑스가 독일의 배상금을 받고, 그 배상금을 미국에 줘서 빚을 갚는다는 계획이었습니다. 도스 플랜은 효과적이었고, 독일의 경제는 다시 살아날 수 있었습니다. 유럽의 경제는 회복되고, 각국의 협조 체제가 복원되었습니다.

초강대국이 된 미국은 **황금의 1920년대**라 불리는 대중 소비 시대를 맞이합니다. '정부는 시장에 개입하지 않는다'라는 **자유주의·자본주의**의 원칙을 지킨 것 또한 미국의 번영에 크게 기여했습니다.

미국은 **영원한 번영**을 손에 넣은 것처럼 보였습니다.

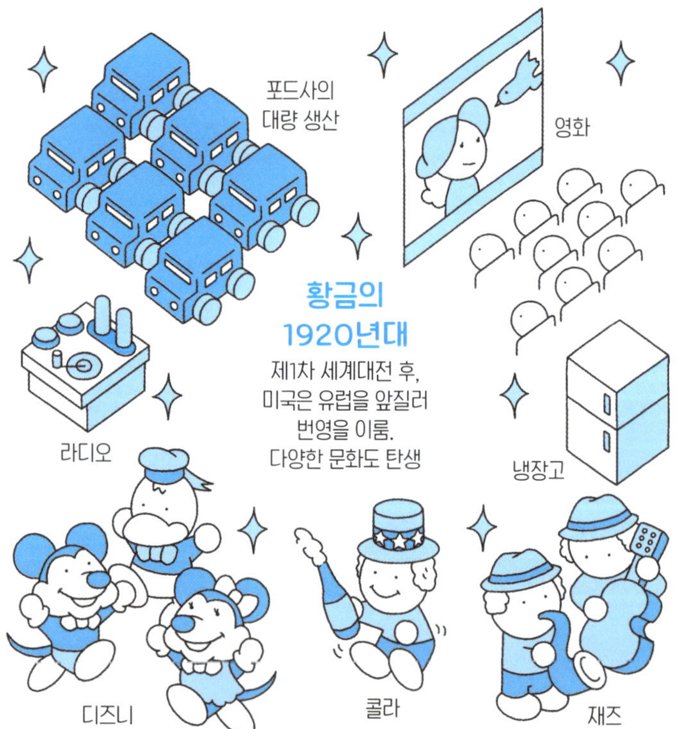

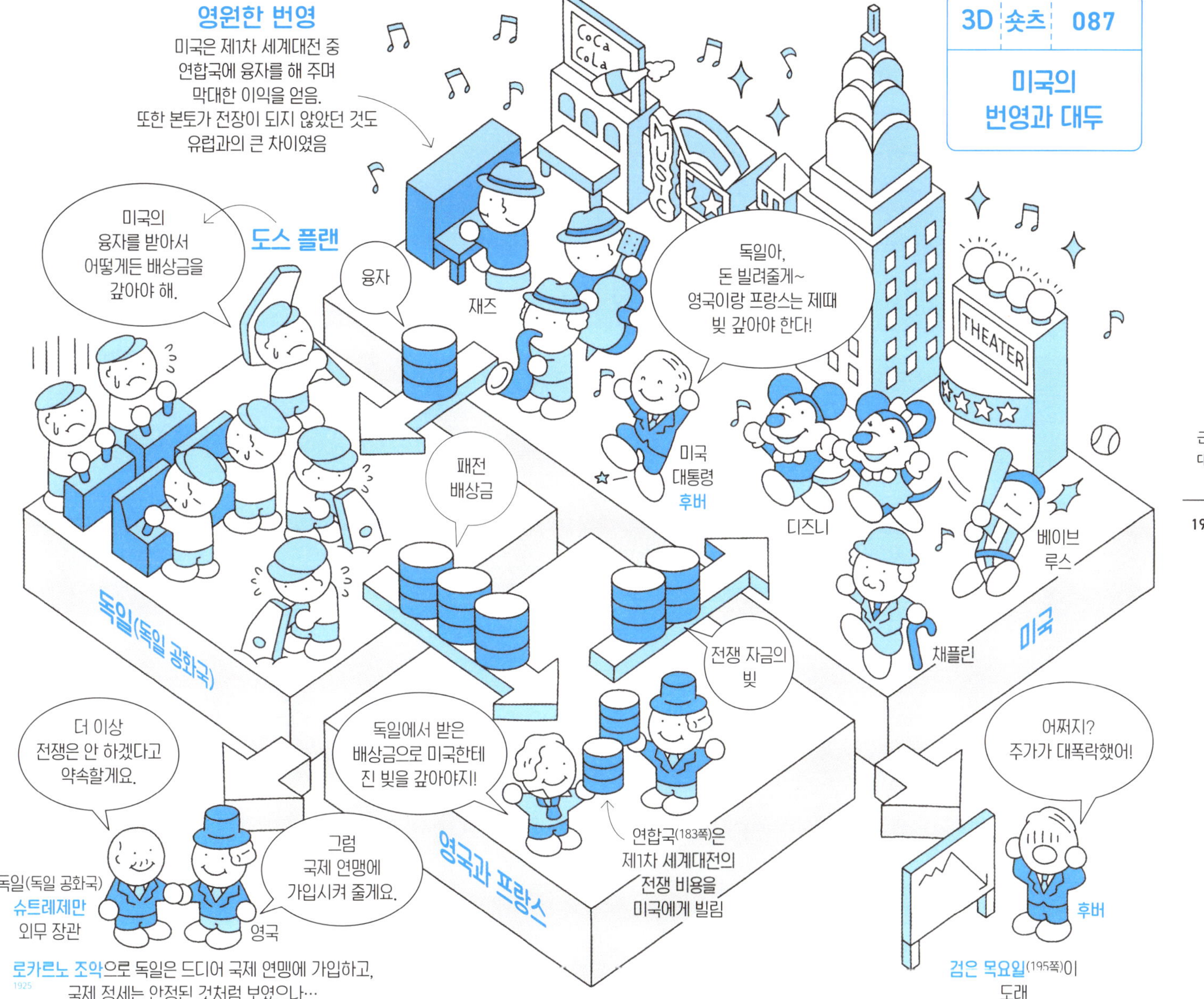
영원한 번영
미국은 제1차 세계대전 중
연합국에 융자를 해 주며
막대한 이익을 얻음.
또한 본토가 전장이 되지 않았던 것도
유럽과의 큰 차이였음
도스 플랜
미국의
융자를 받아서
어떻게든 배상금을
갚아야 해.
융자
재즈
독일아,
돈 빌려줄게~
영국이랑 프랑스는 제때
빚 갚아야 한다!
패전
배상금
미국
대통령
후버
디즈니
THEATER
베이브
루스
채플린
미국
독일(독일 공화국)
더 이상
전쟁은 안 하겠다고
약속할게요.
독일에서 받은
배상금으로 미국한테
진 빚을 갚아야지!
전쟁 자금의
빚
어쩌지?
주가가 대폭락했어!
그럼
국제 연맹에
가입시켜 줄게요.
독일(독일 공화국)
슈트레제만
외무 장관
영국
영국과 프랑스
연합국(183쪽)은
제1차 세계대전의
전쟁 비용을
미국에게 빌림
후버
로카르노 조약으로 독일은 드디어 국제 연맹에 가입하고,
1925
국제 정세는 안정된 것처럼 보였으나…
검은 목요일(195쪽)이
도래

검은 목요일

제2차 세계대전을 불러일으키는 세계 공황

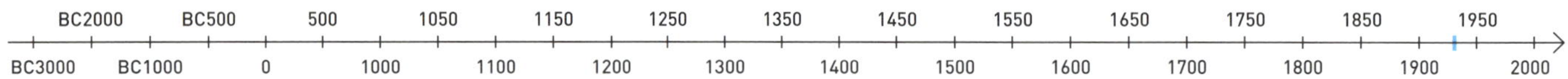

제1차 세계대전 후, 미국은 **황금의 1920년대**(192쪽)라 일컫는 전성기를 맞이했습니다. 하지만 그 뒤에서는 공업 제품과 농작물의 과잉 생산, 저임금 노동자의 증가 등이 서서히 미국 경제의 목을 죄어 오고 있었습니다.

1929년 10월 24일 목요일, **뉴욕 주식 시세**가 **대폭락**했습니다(검은 목요일). 기업과 은행이 줄줄이 도산하며 미국 경제는 순식간에 불황으로 굴러떨어졌고, 유럽 국가들에 해 주던 융자도 중지되었습니다. 독일은 영국과 프랑스에 **배상금**(188쪽)을 낼 수 없게 되었고, 공황의 파도는 전 세계로 퍼져 나갔습니다. 세계 공황의 시작이었습니다.

미국 대통령 프랑클린 루스벨트는 전임 대통령 후버의 자유방임주의와는 반대로 정부가 시장에 적극적으로 개입하는 뉴딜 정책으로 공황을 타개하고자 했습니다. 식민지를 **'가진 나라'**인 미국, 영국, 프랑스는 자국 식민지로부터 자원을 공급받으면서, 높은 관세를 매겨 수입품을 규제하고, 국내 산업을 지켰습니다(블록 경제).

하지만 식민지를 **'가지지 못한 나라'**인 이탈리아, 일본, 독일은 점점 궁지에 몰렸습니다. 이탈리아와 독일은 타국을 침략해 이 불황을 해결하고자 하면서 **파시즘**의 대두를 허용하고 맙니다.

재임 1933~45 (프랑클린 루스벨트)
재임 1929~33 (후버)
1933 (뉴딜 정책)

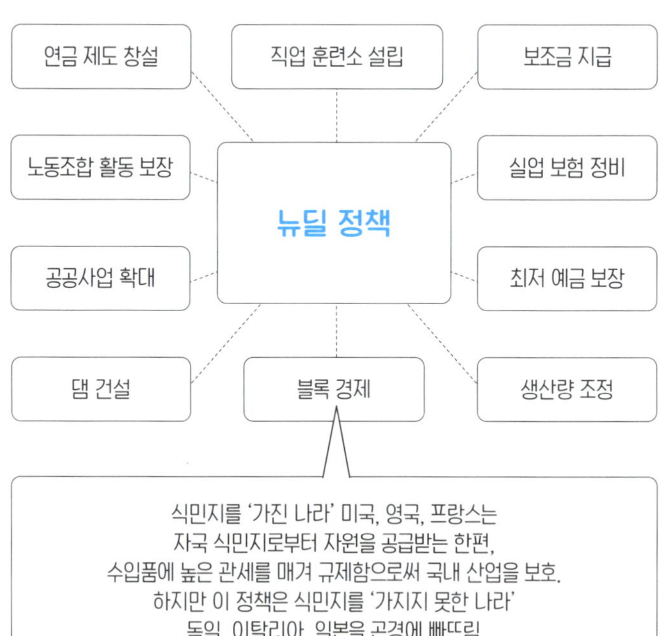

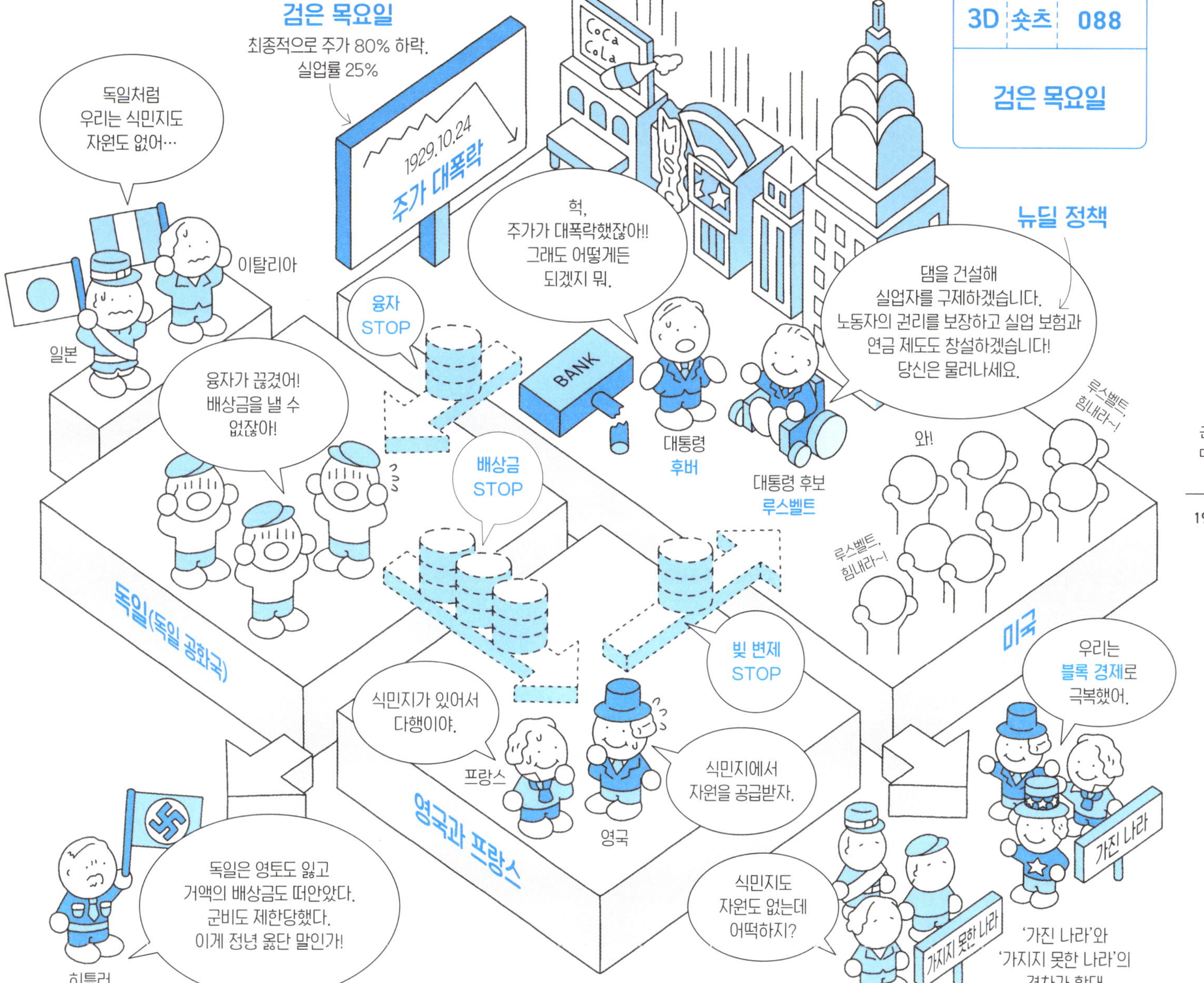
검은 목요일
최종적으로 주가 80% 하락.
실업률 25%
1929.10.24
주가 대폭락

독일처럼
우리는 식민지도
자원도 없어…
이탈리아
일본

헉,
주가가 대폭락했잖아!!
그래도 어떻게든
되겠지 뭐.

뉴딜 정책
댐을 건설해
실업자를 구제하겠습니다.
노동자의 권리를 보장하고 실업 보험과
연금 제도도 창설하겠습니다!
당신은 물러나세요.

융자
STOP

융자가 끊겼어!
배상금을 낼 수
없잖아!

BANK

대통령
후버

대통령 후보
루스벨트

루스벨트,
힘내라~!

와!

루스벨트,
힘내라~!

배상금
STOP

독일(독일 공화국)

빚 변제
STOP

미국

우리는
블록 경제로
극복했어.

식민지가 있어서
다행이야.

프랑스

영국

식민지에서
자원을 공급받자.

영국과 프랑스

가진 나라

독일은 영토도 잃고
거액의 배상금도 떠안았다.
군비도 제한당했다.
이게 정녕 옳단 말인가!

히틀러

식민지도
자원도 없는데
어떡하지?

가지지 못한 나라

'가진 나라'와
'가지지 못한 나라'의
격차가 확대

대두하는 파시즘

나치의 탄생

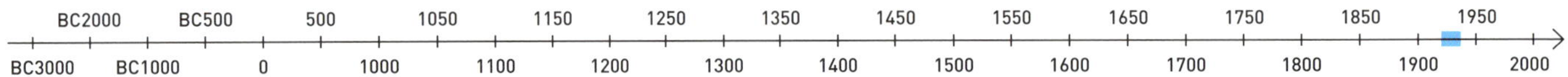

세계 공황(194쪽)으로 인해 가장 혼란에 빠진 것은 독일이었습니다. 경제는 침체에 빠지고, 민중의 불만이 쌓이기 시작했습니다. 그런 가운데 나타난 것이 '민족 공동체의 건설'을 표방하는 **나치**(**국가사회주의 독일 노동자당**)였습니다.

나치를 이끄는 히틀러는 민중에게 **베르사유 조약**(188쪽)의 부조리함을 설파하며, 독일인(독일어를 모국어로 하는 민족)의 우수함을 역설했습니다. 이러한 히틀러의 연설에 민중은 열광했습니다. 또한 실업자에게 일자리를 주는 등 구체적인 정책을 펼쳐 민중의 지지를 얻었습니다.

히틀러는 순식간에 독일 내의 **공산당**을 몰아내고 **일당 독재 체제**인 파시즘 정권을 수립했습니다. 입법·행정·사법 전권을 손에 넣고, **총통**이라 불리게 되었죠. 히틀러는 '**반공산당**', '**독일인의 결집**'을 내건 외교로, 체코슬로바키아령 주데텐란트, 오스트리아 등 독일인이 거주하는 나라와 지역을 차례로 합병해 갔습니다. 징병 제도 재개하고, **재군비**도 선언했습니다.

파시즘 정권은 독일과 같은 '**가지지 못한 나라**'(194쪽)였던 **이탈리아**에도 탄생했습니다. 히틀러는 스페인 내전(오른쪽 위 그림)을 계기로, 이 정권을 이끌고 있던 무솔리니에게 접근했습니다(로마·베를린 1936

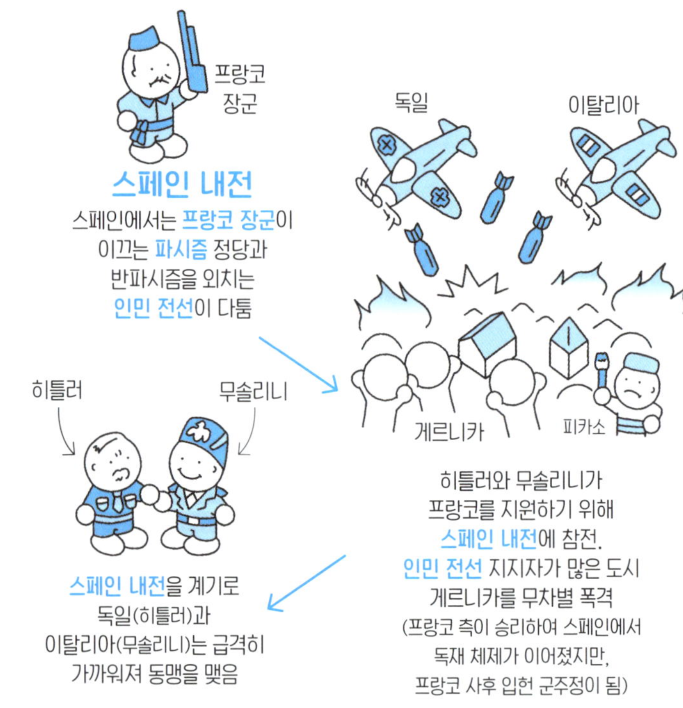

추축). 또한 히틀러는 **소련**(186쪽)을 동서로 포위하기 위해 동양의 '가지지 못한 나라' **일본**과도 동맹을 맺었습니다. 이리하여 독일, 이탈리아, 일본의 **삼국 방공 협정**이 탄생합니다. 1937

대두하는 파시즘

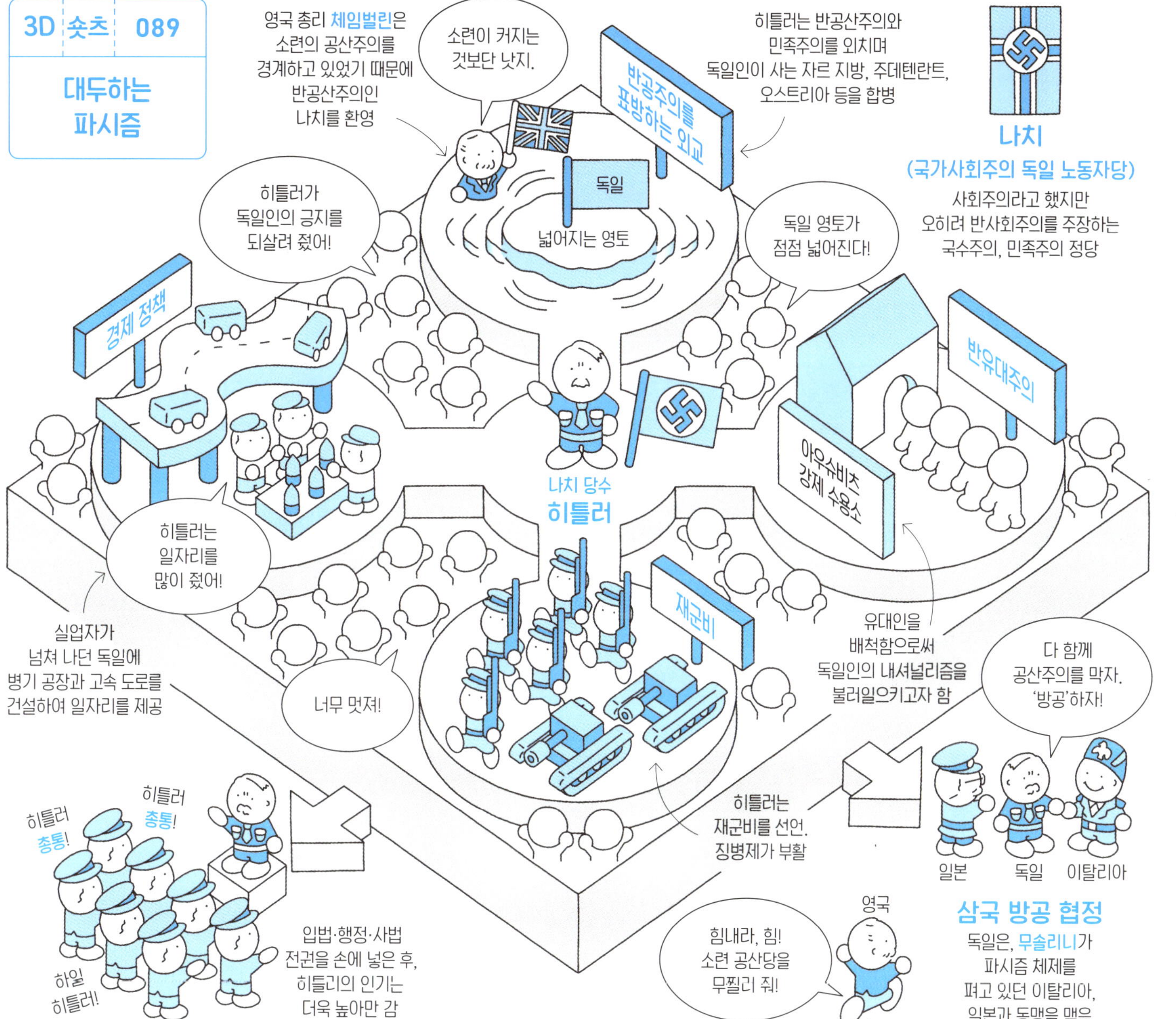

영국 총리 체임벌린은 소련의 공산주의를 경계하고 있었기 때문에 반공산주의인 나치를 환영
소련이 커지는 것보단 낫지.
히틀러는 반공산주의와 민족주의를 외치며 독일인이 사는 자르 지방, 주데텐란트, 오스트리아 등을 합병
반공주의를 표방하는 외교
독일
넓어지는 영토
나치
(국가사회주의 독일 노동자당)
사회주의라고 했지만 오히려 반사회주의를 주장하는 국수주의, 민족주의 정당
히틀러가 독일인의 긍지를 되살려 줬어!
독일 영토가 점점 넓어진다!
경제 정책
반유대주의
나치 당수 히틀러
아우슈비츠 강제 수용소
히틀러는 일자리를 많이 줬어!
실업자가 넘쳐 나던 독일에 병기 공장과 고속 도로를 건설하여 일자리를 제공
너무 멋져!
재군비
유대인을 배척함으로써 독일인의 내셔널리즘을 불러일으키고자 함
다 함께 공산주의를 막자. '방공'하자!
히틀러 총통!
히틀러 총통!
히틀러 총통!
하일 히틀러!
입법·행정·사법 전권을 손에 넣은 후, 히틀러의 인기는 더욱 높아만 감
히틀러는 재군비를 선언. 징병제가 부활
일본
독일
이탈리아
힘내라, 힘! 소련 공산당을 무찔러 줘!
영국
삼국 방공 협정
독일은, 무솔리니가 파시즘 체제를 펴고 있던 이탈리아, 일본과 동맹을 맺음

090 제2차 세계대전 전야

폭주하는 나치

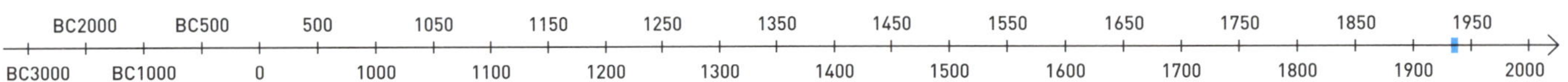

1933년 1월, 독일에 **히틀러**를 총리로 하는 **나치**(196쪽) 정권이 탄생했습니다. 히틀러는 독일에 영토 포기와 군비 축소 등을 요구한 **베르사유 체제**(188쪽)의 타파, 그리고 세계 공황에서의 탈출을 국민에게 호소했습니다.

나치 정권이 처음으로 실행한 외교는 **국제 연맹 탈퇴**였습니다. 군비 축소를 독일뿐 아니라 모든 가맹국이 평등하게 해야 한다는 제안이 받아들여지지 않았기 때문입니다.

프랑스와 소련은 국제 연맹을 탈퇴한 나치 세력을 경계했습니다. 1935년 5월, 양국은 **프랑스·소련 상호 원조 조약**을 맺고 독일을 견제했습니다. 한편 영국은 나치가 '**방공**'(=반공산주의)의 깃발을 내걸고 있으니, 소련을 쓰러뜨릴 것이라고 기대했습니다. 그해 6월, 영국은 독일에 양보하기 시작하며(유화 정책) 독일의 **재군비**를 용인했습니다(영독 해군 협정). 프랑스도 이를 따를 수밖에 없었습니다.

1938년 9월, 독일은 **뮌헨 회담**에서 영국의 **네빌 체임벌린**(재임 1937~40), 프랑스의 **달라디에**(재임 1933, 34, 38~40), 두 총리의 합의 아래 독일인이 많이 거주하는 체코슬로바키아령 주데텐란트를 획득했습니다. 이듬해인 1939년 3월, 히틀러는 **체코슬로바키아의 해체**를 강행하며 체코슬로바키아를 점령, 지배하기에 이릅니다.

그에 더해 독일은 **폴란드**에 단치히시의 반환과 동프로이센으로의 육상 교통을 요구했습니다. 하지만 영국과 프랑스 양국이 폴란드와 **상호 원조 조약**을 맺으면서 독일의 움직임이 멈췄습니다. 마침 영국과 프랑스의 태도에 불만을 품고 있던 소련이 이를 계기로 독일에 접근했습니다. 1939년 8월, 소련과 독일은 **폴란드 분할**이라는 비밀 협정을 포함한 **독소 불가침 조약**을 맺었습니다. 그리고 9월 1일, 독일군은 소련과 협의한 대로 **폴란드** 침공을 개시했습니다. 이를 본 영국과 프랑스가 독일에 선전 포고 하면서 **제2차 세계대전**이 시작되었습니다.

9월 17일, 소련군도 독일에 뒤이어 폴란드를 침공합니다.

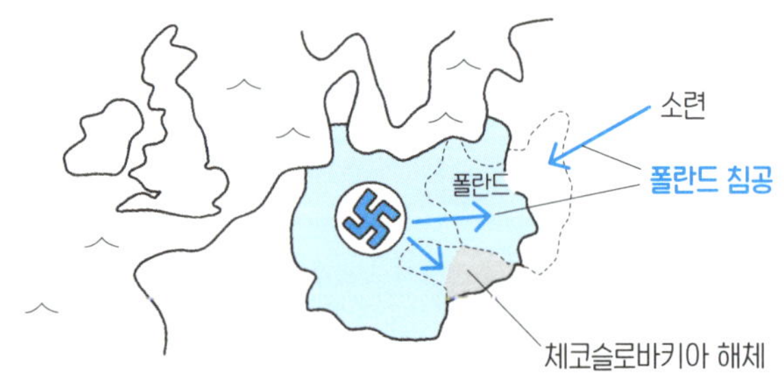

❶ 국제 연맹 ❷ 프랑스·소련 상호 원조 조약
❸ 삼국 방공 협정(1940년부터 독일·이탈리아·일본 삼국 동맹이 됨)
❹ 국제 연맹 ❺ 독소 불가침 조약
Ⓐ 나치는 반공산주의를 내걺 Ⓑ 프랑스가 ❷를 맺었기 때문에 적대
Ⓒ 영국 등 자본주의 국가는 사회주의 국가와 사이가 나쁨
Ⓓ 워싱턴 회의(189쪽)에서 중국 내 이권을 파기당하는 등 일본에 불리한 조약을 맺음

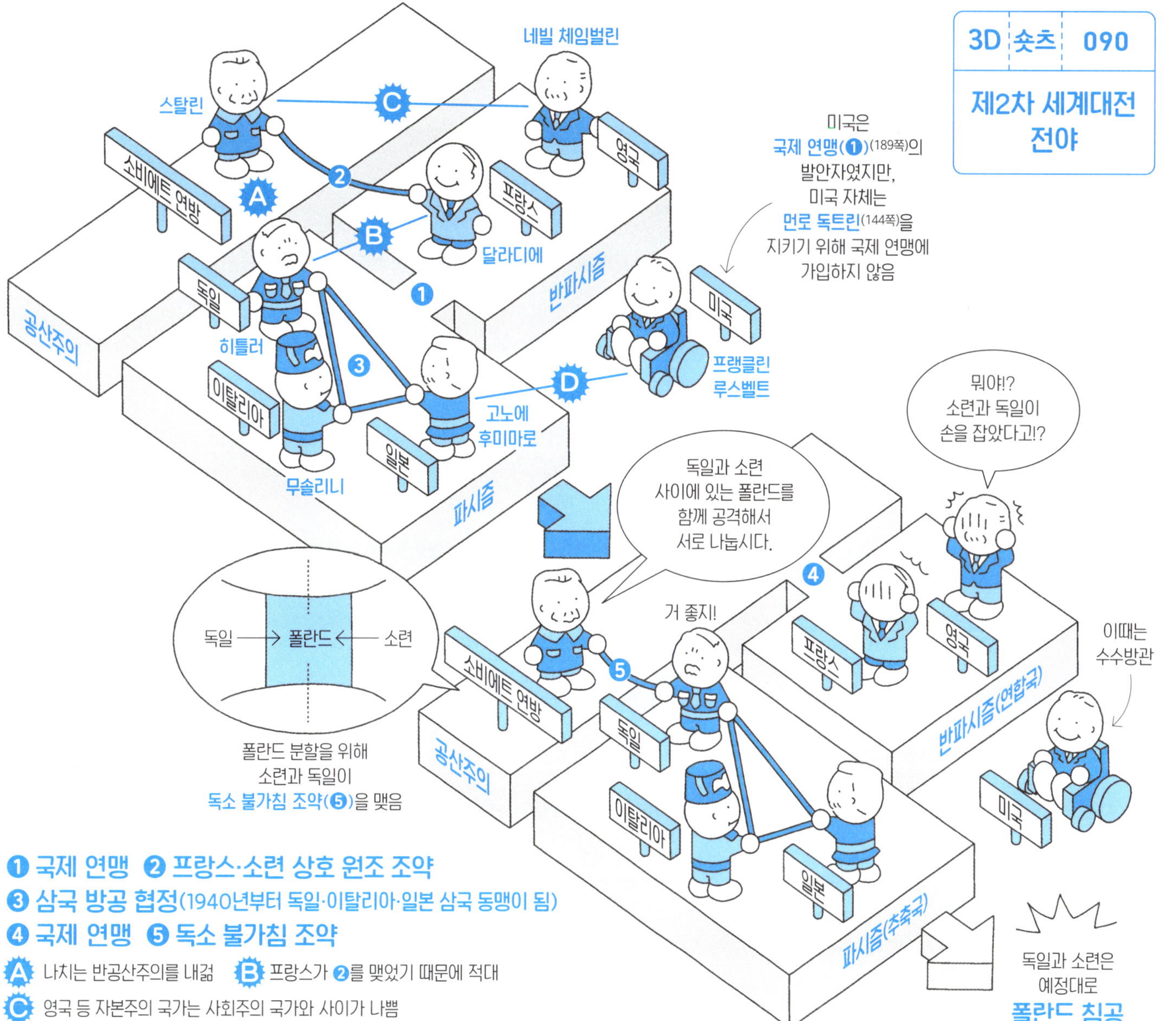

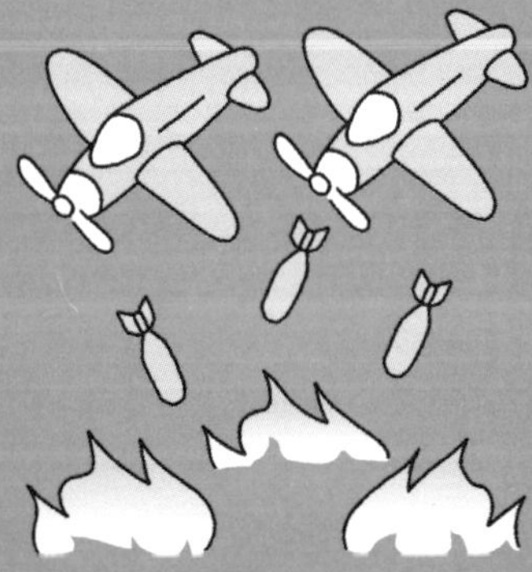

현대

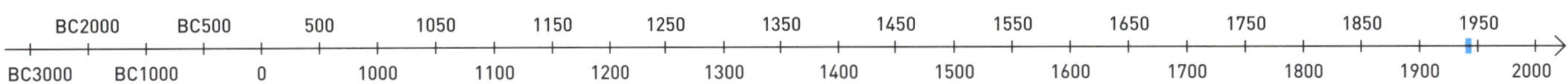

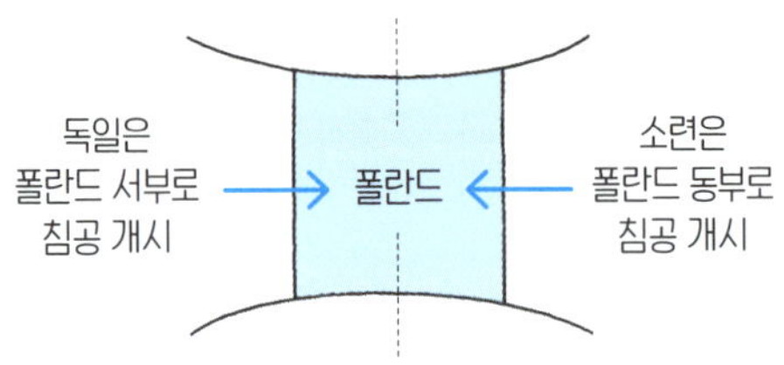

1939년 9월 1일, **제2차 세계대전**이 개전되었습니다. 독일군은 소련과 사전에 협의한 대로(독소 불가침 조약198쪽), **폴란드 서부**로 침공을 개시했습니다(폴란드 침공). 이듬해인 1940년에는 덴마크, 노르웨이, 네덜란드, 벨기에를 점령하고, 6월에는 프랑스로 침공해 **파리 입성**을 달성했습니다. 이탈리아 또한 독일에 가세했죠.

이리하여 파리가 있는 북프랑스는 독일군의 직접적인 지배 아래 놓였습니다. 프랑스령은 남부만 남았고, 친독일파인 **페탱 정부**가 남부 도시 **비시**에 들어섰습니다. 이때 프랑스 군인 **드골**이 영국 런던으로 망명하여 **자유 프랑스 정부**의 수립을 선언하고, 라디오 방송을 통해 독일에 맞서 **레지스탕스(저항 운동)**를 펼칠 것을 프랑스 본토에 호소했습니다.

한편 소련은 1939년 9월 17일 **폴란드 동부**를 침공하고, 이어 11월에는 핀란드를 침공했습니다. 이것이 원인이 되어 소련은 **국제 연맹**에서 제명되었습니다.

소련은 이듬해인 1940년에 발트 3국(에스토니아, 라트비아, 리투아니아)을 합병했습니다. 그 결과, 세계대전에 개입하지 않겠다는 입장을 취한 스웨덴, 스페인, 포르투갈을 제외한 유럽 대륙은 **전체주의 국가**인 독일, 소련, 이탈리아에 점령, 지배당하게 되었습니다.

이를 본 미국은 1941년 3월 **무기 대여법**을 제정하고, 민주주의와 독립을 유지하고 있던 영국을 원조하기 시작했습니다. 그러자 6월에 독일은 빵과 석유를 확보하기 위해 **독소 불가침 조약**(198쪽)을 깨고 갑자기 소련 땅으로 쳐들어갔습니다. **독소 전쟁**의 시작이었습니다. 7월, 독일에 대항하기 위해 소련과 영국은 **영국·소련 협정**을 맺었습니다. 소련은 이때부터 민주주의 진영에 서게 됩니다.

8월, 미국 대통령 **프랭클린 루스벨트**(재임 1933~45)와 영국 총리 **처칠**(재임 1940~45, 51~55)은 **대서양 회담**을 가졌습니다. 이 회담에서 전체주의에 맞서 자유와 민주주의를 지향하는 신세계의 구상을 담은 **대서양 헌장**을 발표했습니다. 이때부터 제2차 세계대전은 새로운 국면에 접어듭니다.

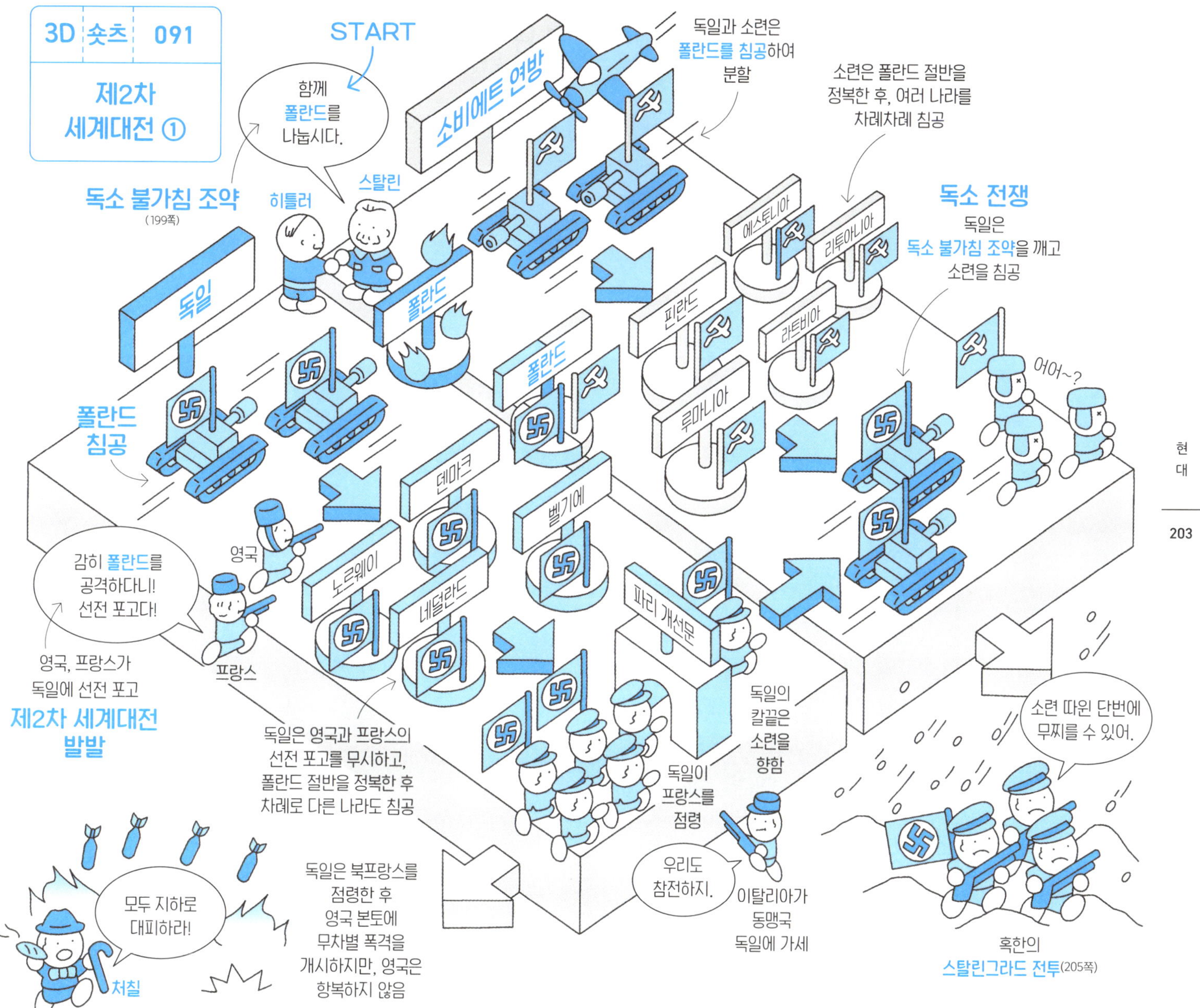
제2차
세계대전 ①

START

독소 불가침 조약
(199쪽)

함께
폴란드를
나눕시다.

히틀러

스탈린

소비에트 연방

독일과 소련은
폴란드를 침공하여
분할

소련은 폴란드 절반을
정복한 후, 여러 나라를
차례차례 침공

독소 전쟁
독일은
독소 불가침 조약을 깨고
소련을 침공

독일

폴란드

에스토니아

리투아니아

폴란드
침공

폴란드

피란드

라트비아

루마니아

어어~?

데마크

벨기에

영국

노르웨이

감히 폴란드를
공격하다니!
선전 포고다!

네덜란드

파리 개선문

영국, 프랑스가
독일에 선전 포고

프랑스

제2차 세계대전
발발

독일은 영국과 프랑스의
선전 포고를 무시하고,
폴란드 절반을 정복한 후
차례로 다른 나라도 침공

독일의
칼끝은
소련을
향함

소련 따윈 단번에
무찌를 수 있어.

독일은 북프랑스를
점령한 후
영국 본토에
무차별 폭격을
개시하지만, 영국은
항복하지 않음

독일이
프랑스를
점령

우리도
참전하지.

이탈리아가
동맹국
독일에 가세

모두 지하로
대피하라!

처칠

혹한의
스탈린그라드 전투(205쪽)

092

제2차 세계대전 ②

유럽의 전쟁, 그 두 번째

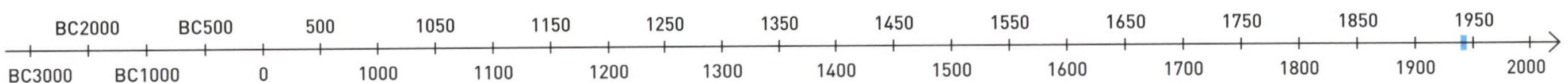

현대

204

1942년 1월, 워싱턴 DC에서 미국, 영국, 중국, 소련을 주요국으로 하는 **연합국 공동 선언**이 발표되었습니다. 전체주의였던 **추축국**(독일, 이탈리아 등)에 대항하는 민주주의 진영, 즉 **연합국**의 결성이었습니다.

1943년 2월, **독소 전쟁**(202쪽)에서 고전하고 있던 소련은 미국으로부터 무기 원조를 받고 **스탈린그라드 전투**에서 독일에 승리했습니다. 소련은 나치로부터 동유럽 나라들을 해방하고 난 후, 자국의 안전 보장을 위해 이 나라들에 공산당 정권을 만들고 자국의 영향 아래에 두었습니다.

그해 9월, 이탈리아가 항복했습니다. 그러자 11월에 미국 대통령 **루스벨트**, 영국 총리 **처칠**(202쪽), 소련 서기장 **스탈린**이 테헤란 회담을 갖고 독일에 대한 공동 작전을 협의했습니다. 이듬해 1944년 6월, 미국 군인 **아이젠하워**의 지휘 아래 연합군은 노르망디 지방에 상륙하는 **노르망디 상륙 작전**을 결행했습니다. 작전은 성공했고, 연합군은 파리를 해방했습니다.

뒤이어 1945년 2월, 크림반도에서 미국, 영국, 소련 세 나라 수뇌가 참석한 **얄타 회담**이 열렸습니다. 이 회담에서는 독일의 전후 처리, 동유럽의 민주화, 그리고 연합국에 의한 국제 질서 구축 등

이 의제가 되었습니다. 또한 **소련의 대일 참전**이 결정된 것도 이때였습니다. 소련은 대일 참전의 대가로 남사할린과 쿠릴 열도의 영유를 인정받았습니다.

그리고 1945년 4월, 연합군의 맹렬한 진격으로 독일은 꼼짝없이 수도 **베를린이 함락**되었습니다. 5월 7일, 독일은 **무조건 항복**을 하게 됩니다.

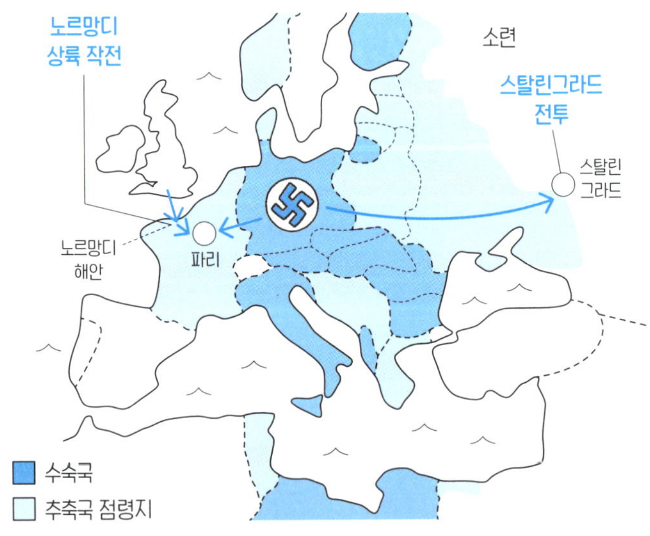

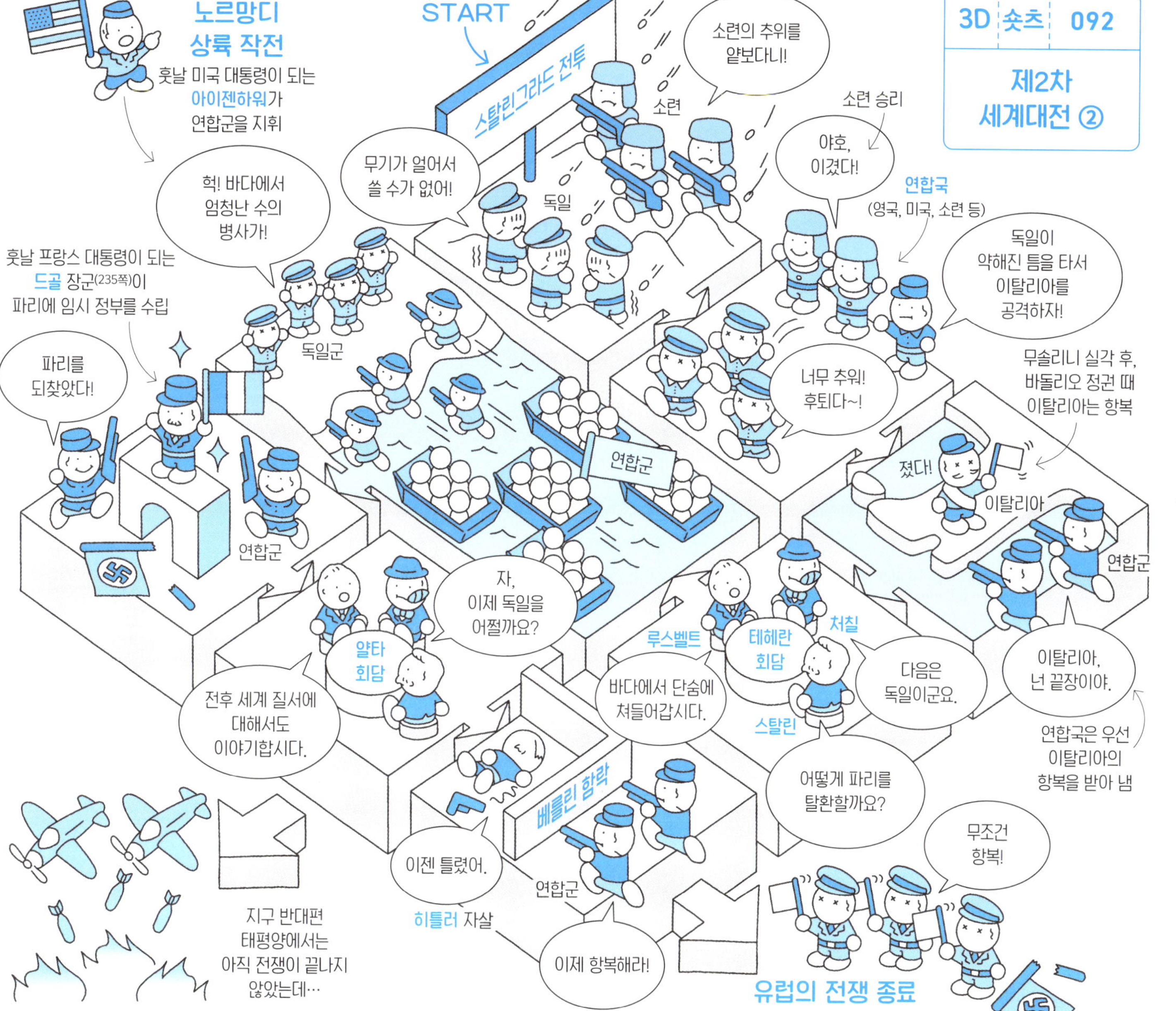
노르망디
상륙 작전
훗날 미국 대통령이 되는
아이젠하워가
연합군을 지휘
START
스탈린그라드 전투
소련의 추위를
얕보다니!
소련
소련 승리
야호,
이겼다!
연합국
(영국, 미국, 소련 등)
무기가 얼어서
쓸 수가 없어!
독일
헉! 바다에서
엄청난 수의
병사가!
독일이
약해진 틈을 타서
이탈리아를
공격하자!
훗날 프랑스 대통령이 되는
드골 장군(235쪽)이
파리에 임시 정부를 수립
독일군
너무 추워!
후퇴다~!
파리를
되찾았다!
무솔리니 실각 후,
바돌리오 정권 때
이탈리아는 항복
졌다!
연합군
연합군
이탈리아
자,
이제 독일을
어쩔까요?
얄타
회담
처칠
루스벨트
테헤란
회담
이탈리아,
넌 끝장이야.
전후 세계 질서에
대해서도
이야기합시다.
바다에서 단숨에
쳐들어갑시다.
다음은
독일이군요.
스탈린
연합국은 우선
이탈리아의
항복을 받아 냄
어떻게 파리를
탈환할까요?
베를린 함락
이젠 틀렸어.
무조건
항복!
지구 반대편
태평양에서는
아직 전쟁이 끝나지
않았는데…
히틀러 자살
연합군
이제 항복해라!
유럽의 전쟁 종료

205

093

제2차 세계대전 ③

태평양 전쟁

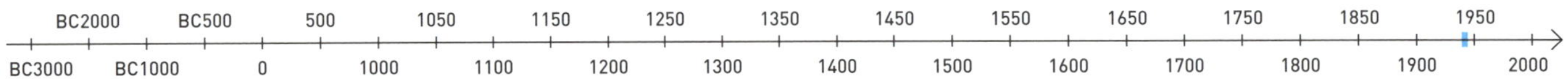

제2차 세계대전 개시 이듬해인 1940년 9월, 일본은 프랑스령 인도차이나 북부에 진군하고, 같은 달에 **삼국 방공 협정**(196쪽)을 **독일·이탈리아·일본 삼국 동맹**(1940)으로 발전시켰습니다. 이듬해 1941년 7월, 일본군은 프랑스령 인도차이나 남부에도 진주합니다. 그러자 중국과 동남아시아에 이권과 식민지를 보유한 미국과 영국은 일본에 **석유 수출 전면 금지**라는 카드를 들고 압박을 가했습니다(**대일 석유 수출 금지령**, 1941). 12월에 미국과 일본의 화해를 위해 열린 **미일 교섭**이 교착 상태에 빠지자, 무력 해결을 주장하던 일본 군부가 영국령 말레이반도 점령과 미국의 하와이주 **진주만 공격**(1941)을 동시에 감행했습니다. 이렇게 해서 **태평양 전쟁**(1941~45)이 시작되었습니다.

태평양 전쟁을 계기로 제2차 세계대전은, **미국, 영국, 중국, 소련**을 중심으로 하는 **연합국**과 **독일, 이탈리아, 일본**을 주축으로 하는 **추축국**의 대결이라는 구도가 완성되었습니다.

일본군은 한때 동남아시아 전역을 점령할 정도로 기세등등했지만, 1942년의 **미드웨이 해전**(1942), 그리고 뒤이은 뉴기니의 **과달카날섬 전투**에서 대패를 당하며 패색이 짙어졌습니다. 그리고 1944년의 **사이판 함락**으로 일본은 태평양의 절대 국방권(絕對國防圈)을 잃고 **본토 공습**을 허락하게 됩니다.

1945년에는 **도쿄 대공습**, 히로시마·나가사키에 **원자 폭탄 투하**, 그에 더해 **소련의 대일 참전**(204쪽)이 이루어졌습니다. 이러한 사태 속에서 8월 14일 일본은 **무조건 항복**(**포츠담 선언**, 1945)을 받아들이고, **제2차 세계대전은 종언**을 고합니다. 동시에 **중일 전쟁**(208쪽) 또한 끝났습니다.

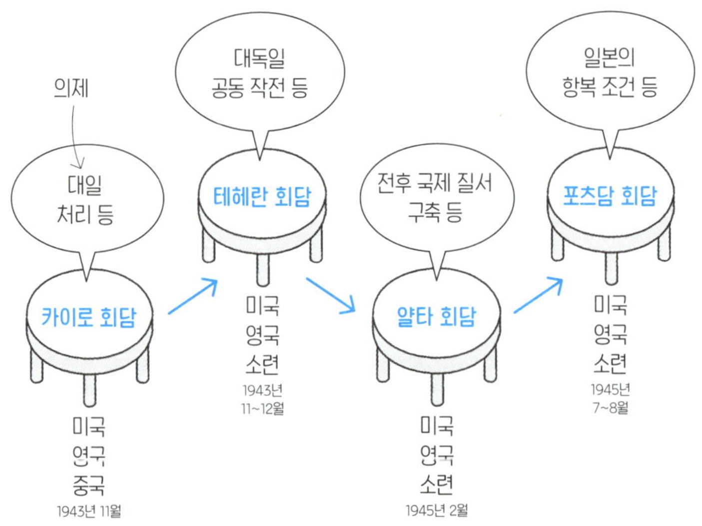

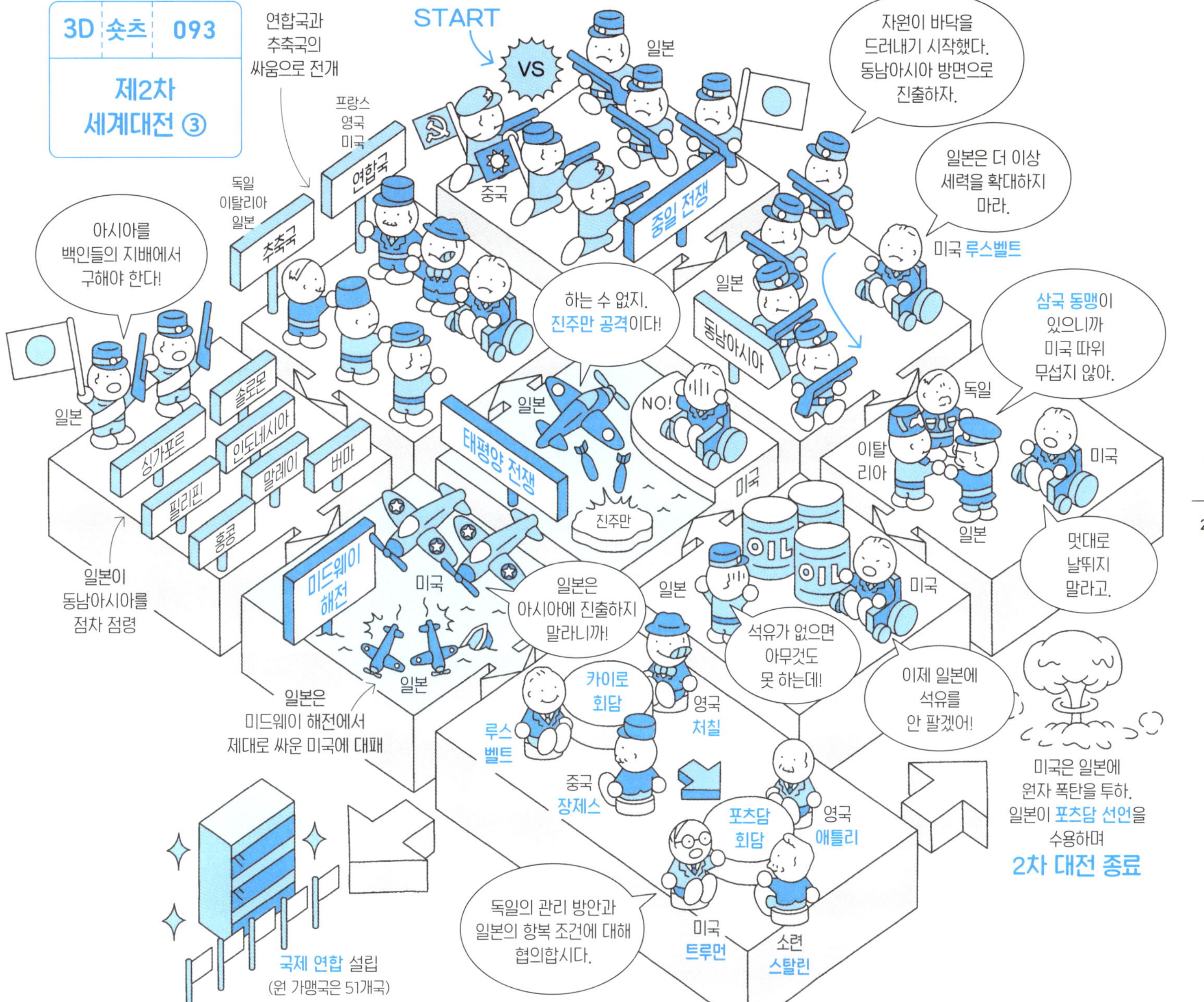
연합국과 추축국의 싸움으로 전개
START
VS
일본
자원이 바닥을 드러내기 시작했다. 동남아시아 방면으로 진출하자.
프랑스 영국 미국
연합국
독일 이탈리아 일본
추축국
중국
중일 전쟁
일본은 더 이상 세력을 확대하지 마라.
미국 루스벨트
아시아를 백인들의 지배에서 구해야 한다!
삼국 동맹이 있으니까 미국 따위 무섭지 않아.
하는 수 없지. 진주만 공격이다!
일본
동남아시아
독일
이탈리아
미국
일본
일본
싱가포르
솔로몬
인도네시아
버마
필리핀
말레이
홍콩
일본이 동남아시아를 점차 점령
일본
태평양 전쟁
NO!
미국
진주만
멋대로 날뛰지 말라고.
미드웨이 해전
미국
일본은 아시아에 진출하지 말라니까!
일본
오일
오일
일본
미국
석유가 없으면 아무것도 못 하는데!
이제 일본에 석유를 안 팔겠어!
일본은 미드웨이 해전에서 제대로 싸운 미국에 대패
카이로 회담
루스벨트
영국 처칠
중국 장제스
미국은 일본에 원자 폭탄을 투하. 일본이 포츠담 선언을 수용하며
2차 대전 종료
포츠담 회담
영국 애틀리
국제 연합 설립
(원 가맹국은 51개국)
독일의 관리 방안과 일본의 항복 조건에 대해 협의합시다.
미국 트루먼
소련 스탈린

094 중국의 동향 ①

국공 합작의 시대

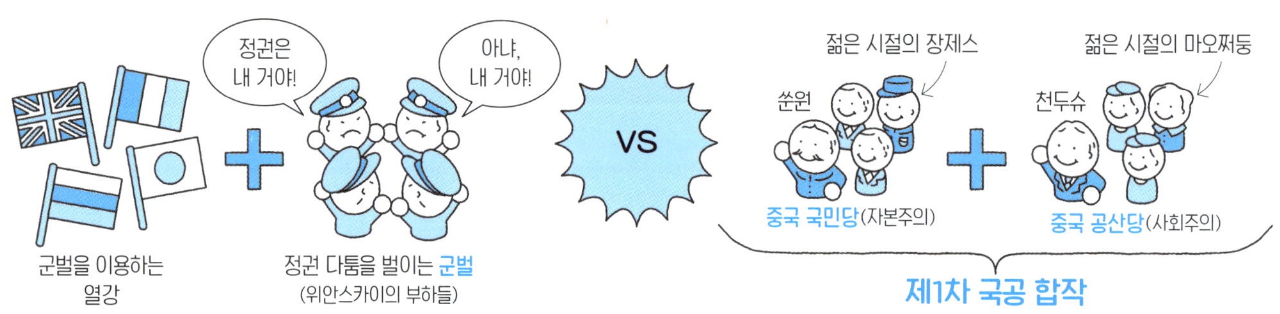

1912년, **신해혁명**(172쪽)을 계기로 **중화민국**(172쪽)이 수립되었습니다. 하지만 **위안스카이**(172쪽) 사후, **군벌**(172쪽)이라 불리는 군인 권력자들이 사병(私兵)을 조직하여 정치를 움직이고 있었습니다(**군벌 정권**). 1916~28 그런 가운데 수도 베이징의 **군벌 정권**을 타도하기 위해 **국민 혁명**이 일어났습니다. 소련의 원조를 받은 **쑨원**(172쪽)이 이끄는 **중국 국민당**과 **코민테른**(공산주의 인터내셔널)의 지부인 **중국 공산당**이 제휴 1919 1921 해서 **북벌**(북부 군벌과의 싸움)을 시작한 것입니다(**제1차 국공 합작**). 그 1926~28 1924~27 무렵 쑨원은 간암으로 급사하고 말았지만, **중국 국민당**의 새로운 지도자 **장제스**의 주도로 북벌은 개시되었습니다.

북벌은 순조롭게 진행되었습니다. 하지만 **중국 공산당** 세력이 두려워진 장제스는 **상하이 쿠데타**를 일으켜 눈에 불을 켜고 공산당을 1927

탄압했습니다. 이로써 **국공 합작**은 붕괴하고(**국공 분열**), 중국은 내전 1927 상태에 돌입합니다. 공격받은 공산당은 새로운 지도자 **마오쩌둥**의 1893~1976 주도로 **대장정**(대이동)을 개시, 옌안으로 거점을 옮겼습니다. 장제스 1934~36 는 난징에 **국민 정부**를 세웠습니다. 1927

한편 일본은 옛 **청 왕조**의 마지막 황제였던 **선통제 푸이**(172쪽)를 집정으로 내세워 **만주국**을 세웠습니다. 이렇게 해서 중일 관계는 1932~45 악화했습니다. 1937년 7월, 베이징 교외에서 **루거우차오 사건**(루 1937 거우차오 부근에서 일어난 중일 양국의 군사 충돌 사건)이 일어나 **중일 전쟁** 1937~45 이 시작됩니다. 그러자 국민당과 공산당은 내전을 멈추고 **항일**(일본군에 대항) 체제를 취하기로 합의했습니다(**제2차 국공 합작**). 이리하 1937.9 여 **국공 합작군**이 일본을 상대로 싸우게 되었습니다.

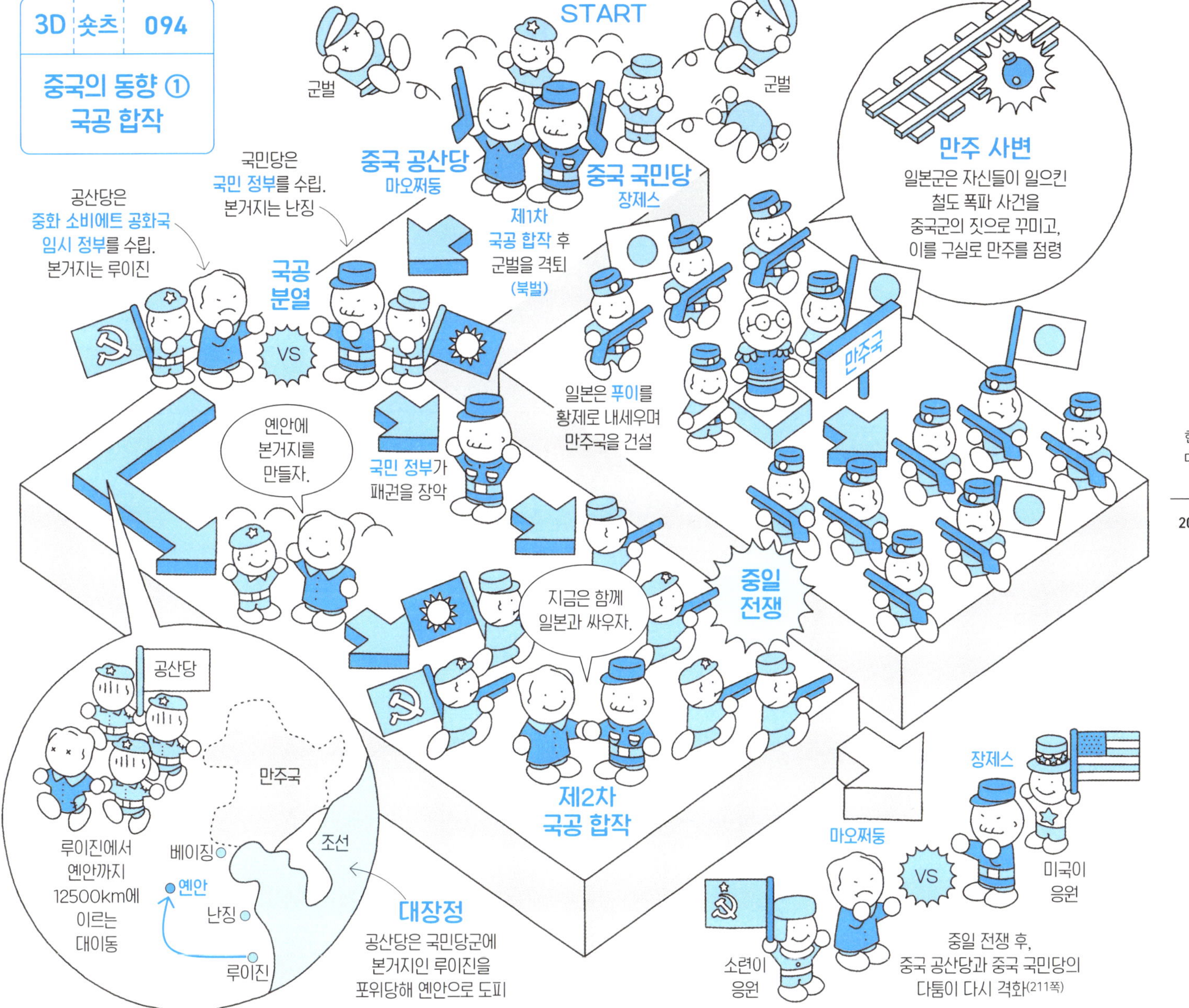

3D 숏츠 094
중국의 동향 ①
국공 합작

군벌
START
군벌

중국 공산당
마오쩌둥

중국 국민당
장제스

만주 사변
일본군은 자신들이 일으킨
철도 폭파 사건을
중국군의 짓으로 꾸미고,
이를 구실로 만주를 점령

국민당은
국민 정부를 수립.
본거지는 난징

공산당은
중화 소비에트 공화국
임시 정부를 수립.
본거지는 루이진

국공
분열

제1차
국공 합작 후
군벌을 격퇴
(북벌)

VS

일본은 푸이를
황제로 내세우며
만주국을 건설

만주국

예안에
본거지를
만들자.

국민 정부가
패권을 장악

지금은 함께
일본과 싸우자.

중일
전쟁

제2차
국공 합작

공산당

만주국

베이징

조선

루이진에서
옌안까지
12500km에
이르는
대이동

옌안

난징

루이진

대장정
공산당은 국민당군에
본거지인 루이진을
포위당해 옌안으로 도피

장제스

마오쩌둥

VS

미국이
응원

소련이
응원

중일 전쟁 후,
중국 공산당과 중국 국민당의
다툼이 다시 격화(211쪽)

현대

209

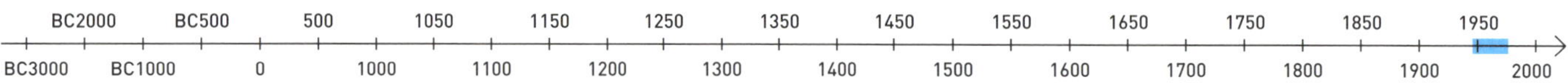

현대

210

중일 전쟁(208쪽)이 끝나자, **국민당**과 **공산당**은 다시 내전(국공 내전)을 개시했습니다.
1946

내전에서 승리한 **공산당**은 1949년 마오쩌둥(208쪽)을 **국가주석**(대통령에 해당)으로 하는 중화 인민 공화국의 수립을 선언하고, 수도를 베
1949
이징으로 정했습니다. 그리고 공산당 일당 독재 체제로 이행했습니다. 패한 **국민당**의 장제스(208쪽)는 대만으로 이동해 이곳에서 중화 민국 정부를 유지했습니다. '두 개의 중국'이 탄생한 것입니다.

마오쩌둥은 토지와 회사 등 사유 재산을 몰수하고 인민공사라는
1958
사회주의 제도를 강행했습니다. 인민공사란 생산, 행정, 국방, 교육(중국 공산당의 사상 교육 등)을 지역별로 나눈 자치체(=공사)를 말합니다. 하지만 경제 안정도, 근대화도 충분하지 않은 상태에서 이 정책이 제대로 돌아갈 리는 없었습니다. '대약진'이라는 구호만을 내세우며 강행한 정책은, 자연재해까지 겹쳐 수많은 아사자를 내고 말았습니다. 마오쩌둥은 이 대약진 운동의 실패로 인해 실각합니다.

그 후 마오쩌둥은 프롤레타리아 문화 대혁명(문화 대혁명)이란 운동
1966~77
을 통해 재집권했습니다. 문화 대혁명은 사회주의 전신문화를 구축한다는 명목으로 시작되었습니다. 그러나 실상은 마오쩌둥과 그 측근들이 마오쩌둥에게 충성을 맹세한 학생들을 중심으로 조직한 홍위병이라는 집단이 온건파 간부와 지식인을 공격하는 것이었습니다. 문화 대혁명은 사회와 경제에 큰 혼란을 불러일으켰습니다.

이런 가운데 미국 대통령 닉슨(218쪽)이 중화 인민 공화국을 방문했습니다(닉슨-마오쩌둥 회담). **베트남 전쟁**(218쪽)에서 고전하며 외교 정책을 재검토할 필요성을 느낀 미국이 중국 공산당과의 관계 정상화를 추진하기 위해 움직인 것입니다. 이 흐름에 일본도 가세합니다.

이런 상황을 적절히 활용한 것이 마오쩌둥 사망 후 지도자가 된 덩
1904~97
샤오핑입니다. 이후 중국은 미국과 일본의 원조를 받아 자본주의 경제를 도입하며 **'개혁·개방'** 노선에 따른 시장 경제 체제를 구축했습니다.

한편, 대만의 **중화민국**에서는 장제스의 개인 통치가 계속되었습니다. 다만 경제 정책으로는 공업화 노선을 취하며, 한국, 홍콩과 함께 **신흥 공업 경제 지역**(NIES)으로 주목받게 되었습니다.

중국의 동향 ② 문화 대혁명

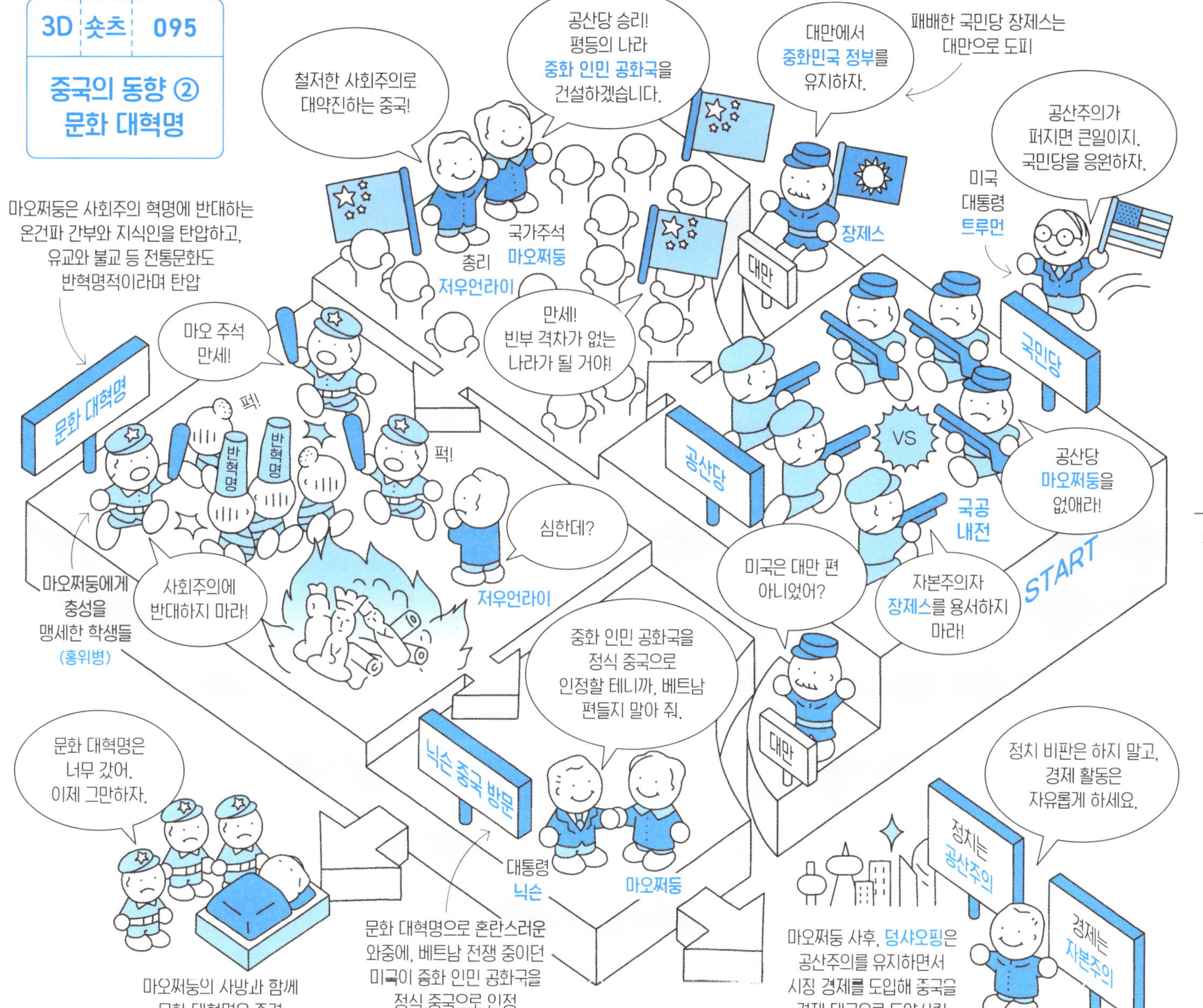

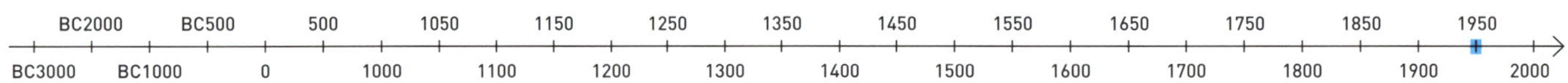

제2차 세계대전 후인 1946년 3월, 영국의 **처칠**(202쪽)은 미국에서 연설을 통해, 발트해부터 아드리아해까지 온 유럽에 '**철의 장막**'이 드리워 있다고 주장했습니다. 이 표현은 소련 전체주의의 지배 아래에 있는 동유럽 국가들의 정보가 차단된 상황을 빗댄 것이었습니다.

이듬해인 1947년 3월, 미국 대통령 **트루먼**은 소련의 정치적 영
재임 1945~53
향력이 지중해로부터 번지는 것을 경계해, 내전 상태였던 그리스, 그리고 소련과 대립 중이던 튀르키예에 대한 경제 원조를 발표했습니다(**트루먼 독트린**). 공산권에 대한 **봉쇄 정책**을 개시한 것입니
1947
다. 그에 더해 미국은 유럽 전체의 경제 부흥을 위한 **무상 원조 계**
1947
획(**마셜 플랜**)을 밝혔습니다.

이에 대항하여 소련 공산당 서기장 **스탈린**(204쪽)은 동유럽 여섯 나라, 그리고 프랑스와 이탈리아의 공산당을 모아 **코민포름**(공산당 정
1947
보국)을 결성했습니다. 이후로 직접적인 군사 충돌은 일어나지 않으면서, **냉전**이라 불리는 긴장 상태가 서방과 동방 사이에서 계속되었습니다.

이어서 소련은 체코슬로바키아 공산당을 지원하여 **쿠데타**를 일
1948
으키고, 체코슬로바키아에 공산당 일당 독재 정권을 세웠습니다.

위협을 느낀 서유럽 국가들은 미국과 함께 **북대서양 조약 기구**
1949
(**NATO**)를 결성했습니다.

이후 **중소 우호 동맹 상호 원조 조약**, 소련과 동유럽의 군사 동맹인
1950
바르샤바 조약 기구 발족, 그리고 소련의 원자 폭탄 보유 등은 냉
1955
전이 정치적 대립에서 군사적 대립으로 변할 수도 있다는 우려를 계속해서 키웠습니다. 이사이에 일어난 **한국 전쟁**(214쪽)은 이를 상징하는 사건이었습니다. '철의 장막'을 경계로 세계는 동서로 분단되고 말았습니다.

서방 국가들과 동방 국가들의 분단은
미국, 영국, 소련이 진행한 **얄타 회담**에서
독일과 폴란드의 전후 처리를 논의한 데서 기원

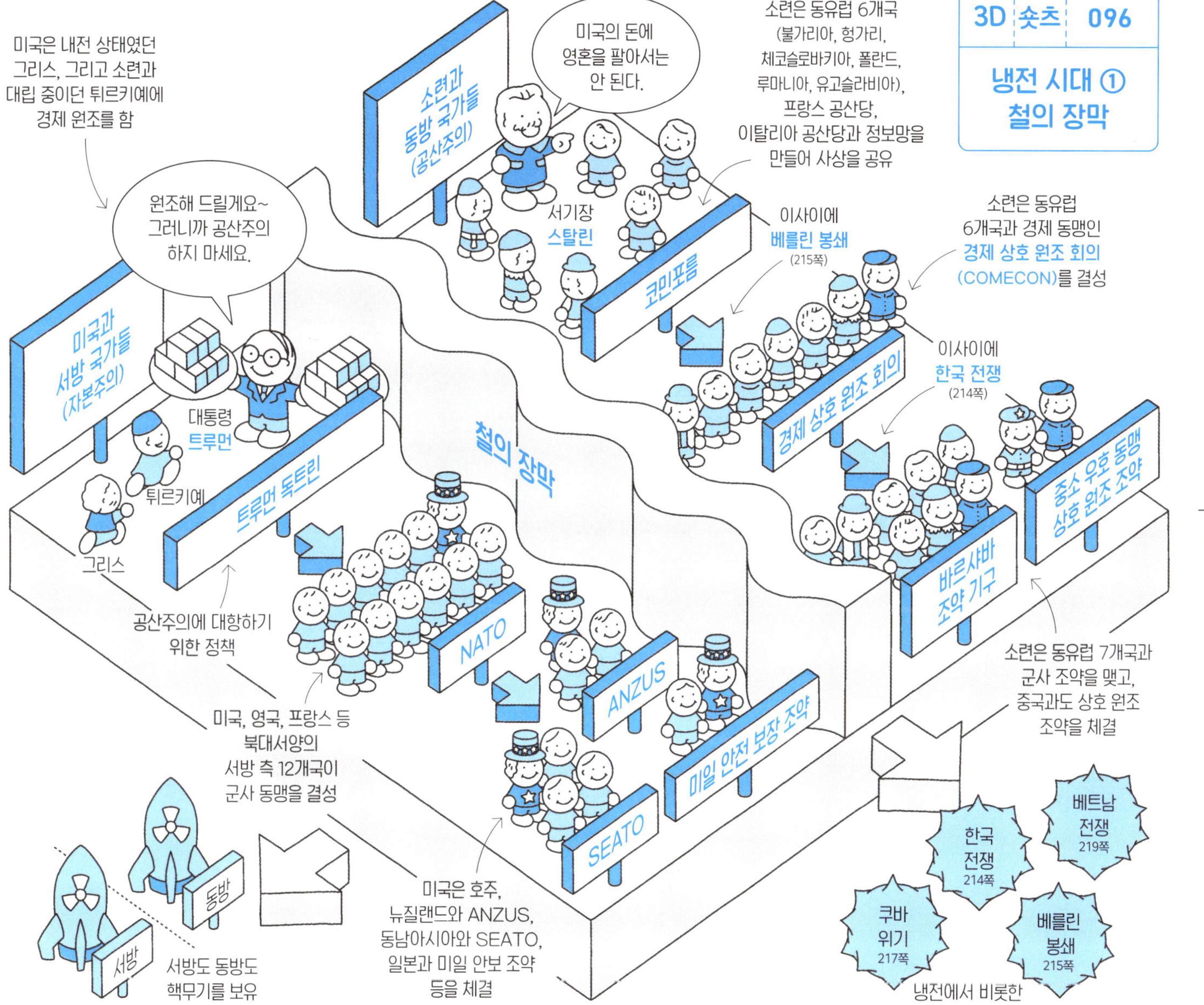
미국은 내전 상태였던 그리스, 그리고 소련과 대립 중이던 튀르키예에 경제 원조를 함
소련과 동방 국가들 (공산주의)
미국의 돈에 영혼을 팔아서는 안 된다.
소련은 동유럽 6개국 (불가리아, 헝가리, 체코슬로바키아, 폴란드, 루마니아, 유고슬라비아), 프랑스 공산당, 이탈리아 공산당과 정보망을 만들어 사상을 공유
원조해 드릴게요~ 그러니까 공산주의 하지 마세요.
미국과 서방 국가들 (자본주의)
서기장 스탈린
이사이에 베를린 봉쇄 (215쪽)
코민포름
소련은 동유럽 6개국과 경제 동맹인 경제 상호 원조 회의 (COMECON)를 결성
대통령 트루먼
철의 장막
경제 상호 원조 회의
이사이에 한국 전쟁 (214쪽)
튀르키예
트루먼 독트린
중소 우호 동맹 상호 원조 조약
그리스
공산주의에 대항하기 위한 정책
NATO
바르샤바 조약 기구
소련은 동유럽 7개국과 군사 조약을 맺고, 중국과도 상호 원조 조약을 체결
미국, 영국, 프랑스 등 북대서양의 서방 측 12개국이 군사 동맹을 결성
ANZUS
미일 안전 보장 조약
SEATO
동방
서방
서방도 동방도 핵무기를 보유
미국은 호주, 뉴질랜드와 ANZUS, 동남아시아와 SEATO, 일본과 미일 안보 조약 등을 체결
한국 전쟁 214쪽
베트남 전쟁 219쪽
쿠바 위기 217쪽
베를린 봉쇄 215쪽
냉전에서 비롯한 많은 문제가 발생

097

냉전 시대 ②

베를린 봉쇄와 한국 전쟁

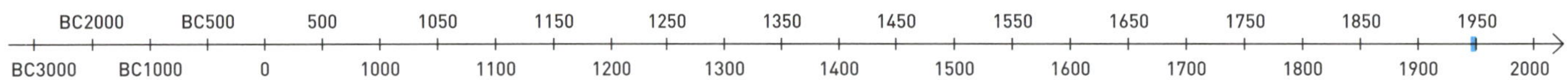

제2차 세계대전이 끝난 후, **독일** 서쪽(서독)은 미국, 영국, 프랑스가 점령하고, 동쪽(동독)은 소련이 점령했습니다(**독일 4개국의 분할 점령** 1945). 그리고 독일의 민주개혁을 논의하기 위한 공동 관리 이사회는 동쪽에 있는 수도 **베를린**에 설치되었습니다. 이 때문에 지리적으로 동독에 있는 수도 베를린 또한 서쪽은 미국, 영국, 프랑스가, 동쪽은 소련이 점령하게 되었습니다(**베를린 분할 관리**).

독일의 민주개혁은 **포츠담 협정**에 따라 '하나의 독일'로서 4개국이 함께 진행하기로 되어 있었습니다. 그런데 소련은 동독에서 토지 개혁을 실시하며 사회주의화를 추진했습니다. 이렇게 소련이 포츠담 협정을 위반하자, 미국, 영국, 프랑스는 강한 불신을 품게 되었습니다.

1948년 6월, 소련은 동독 단독으로 화폐 개혁을 실시한다고 선언했습니다. 이에 따라 서독에서도 화폐 개혁이 실행되었습니다. 그러자 소련은 서독과 서베를린을 잇는 철도와 도로를 차단하여 **베를린 봉쇄** 1948를 단행했습니다. 서베를린의 생명줄이 끊어지면서 시민들의 생활이 위험에 처했습니다.

이에 미국과 영국은 비행기로 서베를린에 생활 물자를 수송하기 시작했습니다(**베를린 공수 작전**). 비행기가 밤낮을 가리지 않고 1분 간격으로 서베를린 공항에서 발착한다는 믿기 힘든 상황이 펼쳐졌습니다. 소련의 봉쇄 작전은 1년 뒤에 끝났지만, 독일은 **독일 연방 공화국**(서독) 1949과 **독일 민주 공화국**(동독) 1949이라는 두 나라로 **분열**되고 말았습니다. 1949

전후의 **한반도** 또한 미소 양국이 나누어 점령했습니다. 1948년, 남쪽에서는 미국의 지원을 받은 **대한민국**(한국) 1948, 북쪽에서는 소련의 지원을 받은 **조선 민주주의 인민 공화국**(북한) 1948이 분리 독립 했습니다. 1950년, 북한이 남북통일을 목표로 경계선인 **북위 38도선** 1945을 넘어 침공했습니다. 국제 연합 안전 보장 이사회(이때 소련은 결석)는 이것을 침략으로 규정하고 한국에 유엔군을 파견했습니다. 그러자 소련과 제휴한 중국이 북한에 의용군을 파병했습니다. 냉전은 아시아에서 열전으로 뒤바뀌었습니다.

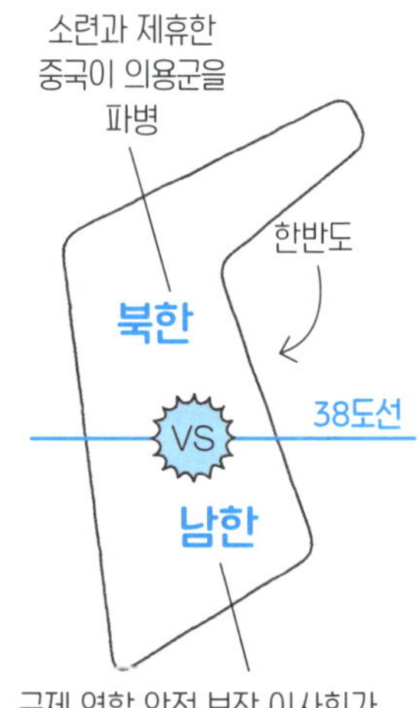

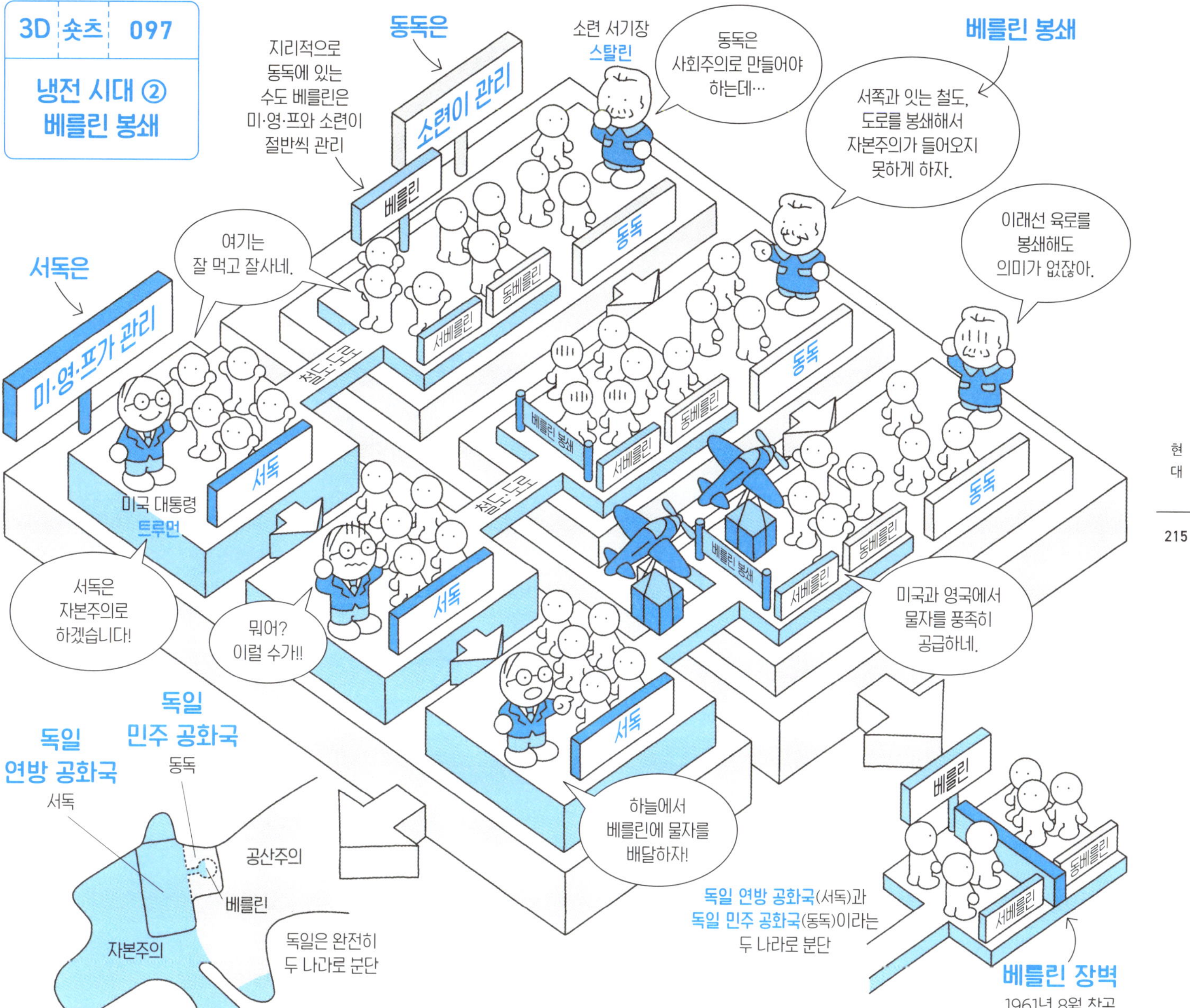
지리적으로 동독에 있는 수도 베를린은 미·영·프와 소련이 절반씩 관리
동독은
소련 서기장 스탈린
동독은 사회주의로 만들어야 하는데…
베를린 봉쇄
서쪽과 잇는 철도, 도로를 봉쇄해서 자본주의가 들어오지 못하게 하자.
소련이 관리
베를린
동독
이래선 육로를 봉쇄해도 의미가 없잖아.
서베를린
동베를린
서독은
여기는 잘 먹고 잘사네.
미·영·프가 관리
철도 도로
동독
베를린 봉쇄
서베를린
동베를린
동독
서독
미국 대통령 트루먼
철도 도로
베를린 봉쇄
미국과 영국에서 물자를 풍족히 공급하네.
서독은 자본주의로 하겠습니다!
뭐어? 이럴 수가!!
서독
서베를린
동베를린
독일 연방 공화국
서독
독일 민주 공화국
동독
공산주의
베를린
자본주의
독일은 완전히 두 나라로 분단
서독
하늘에서 베를린에 물자를 배달하자!
독일 연방 공화국(서독)과 독일 민주 공화국(동독)이라는 두 나라로 분단
베를린
서베를린
동베를린
베를린 장벽
1961년 8월 착공

098

냉전 시대 ③

쿠바 위기

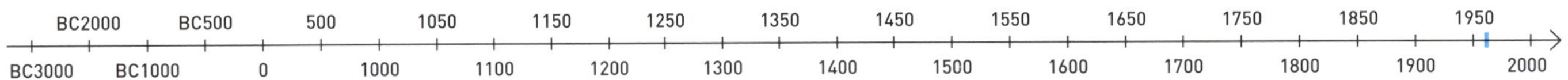

스탈린(204쪽)이 죽고 나서 소련의 최고 지도자로 흐루쇼프가 취임했습니다. 그 후 흐루쇼프의 **방미**를 계기로 미국과 소련의 '**평화 공존**' 외교가 전개됩니다. **냉전**의 긴장 완화(데탕트)는 '**해빙**'이라고 불렀습니다.

한편 1959년, 카리브해의 섬나라 **쿠바**에서 친미파인 **바티스타** 정권이 무너졌습니다(쿠바 혁명). 총리가 된 **카스트로**는 1961년 쿠바의 **사회주의화**를 선언했습니다. 이듬해 소련은 미국에 대한 군사적 우위를 점하기 위해 쿠바에 미사일 기지를 건설했습니다.

이 사실을 알게 된 미국 대통령 **케네디**는 전쟁도 불사할 기세로 쿠바의 미사일 기지를 철거하라고 요구했습니다. 소련도 동베를린에 군대를 집결해 서베를린을 침공할 태세를 취했습니다. '해빙'은 이내 제3차 세계대전이 일어날 것만 같은 분위기로 일변했습니다(쿠바 위기). 하지만 마지막에 흐루쇼프가 양보하여, 소련이 미사일 기지를 철거했습니다. 이렇게 해서 핵전쟁은 피했습니다. 1963년에는 미국과 소련의 평화 공존이 부활했음을 상징하는 **부분적 핵 실험 금지 조약**을 맺었습니다.

그런데 세 달 후, 케네디는 암살당하고 맙니다. 후임으로는 부통령 **존슨**(218쪽)이 취임했습니다.

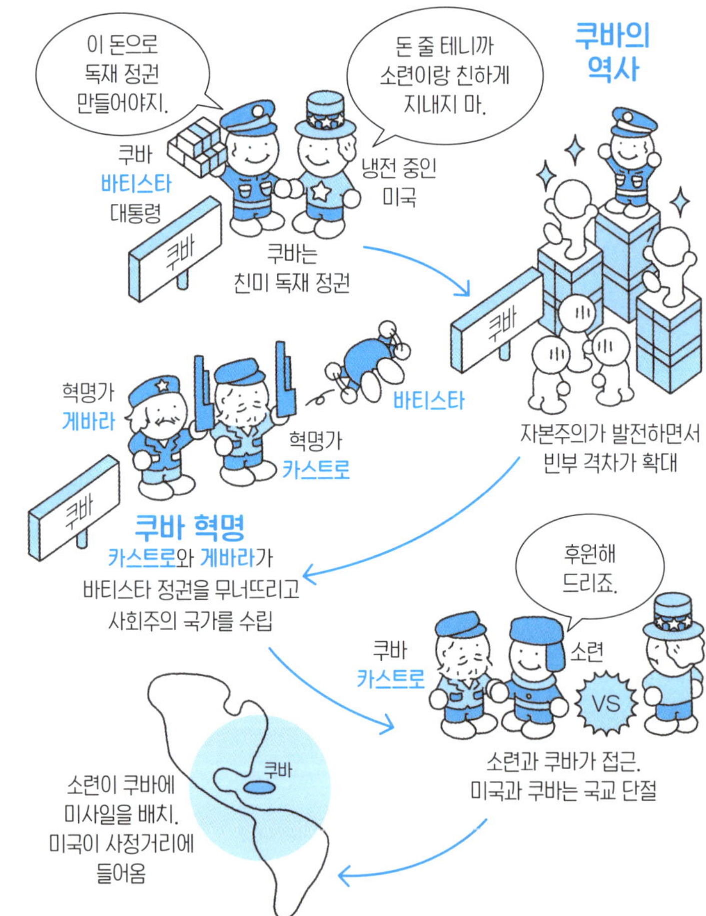

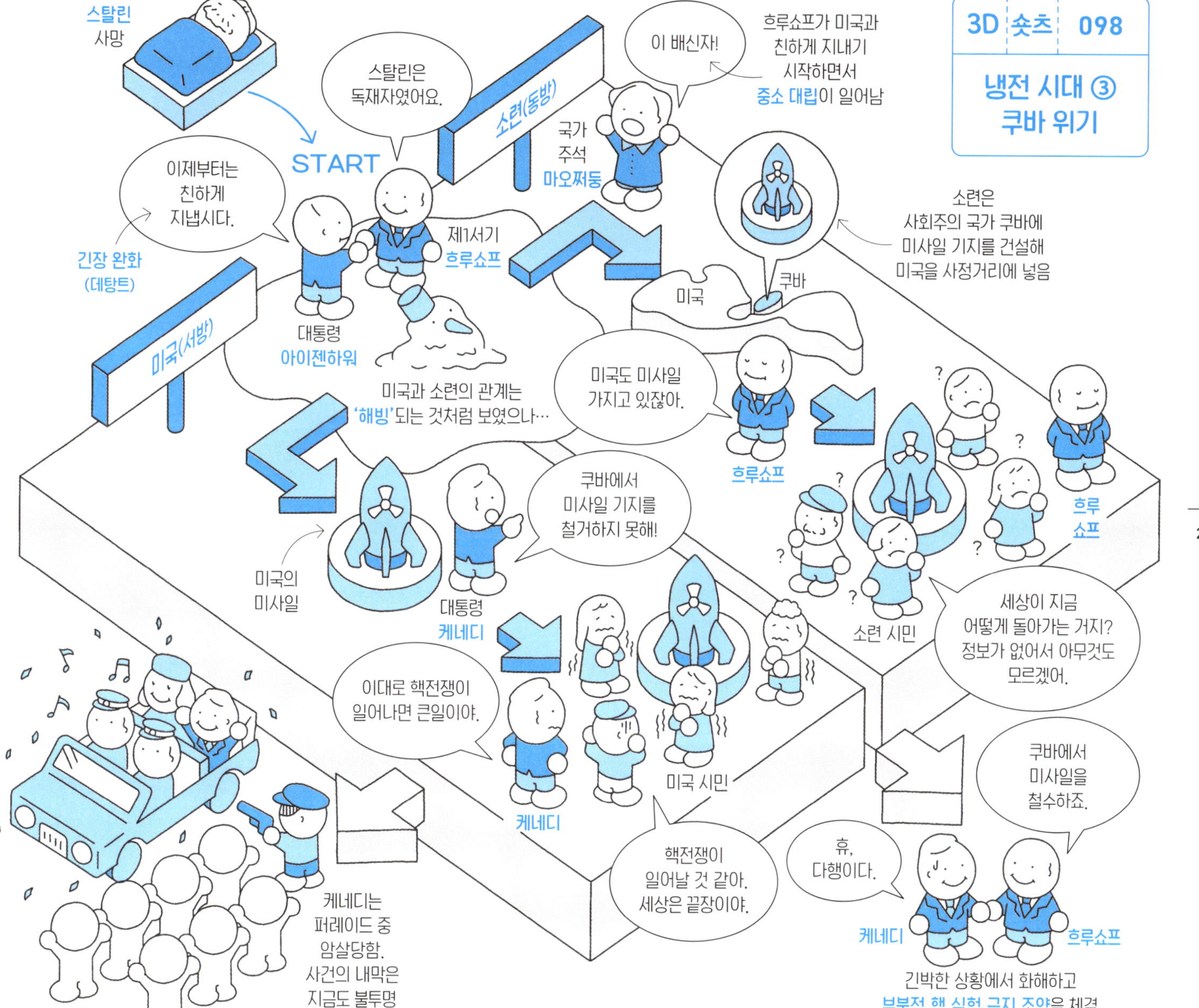
스탈린 사망
스탈린은 독재자였어요.
이제부터는 친하게 지냅시다.
긴장 완화 (데탕트)
START
소련(동방)
국가 주석 마오쩌둥
이 배신자!
흐루쇼프가 미국과 친하게 지내기 시작하면서 중소 대립이 일어남
제1서기 흐루쇼프
대통령 아이젠하워
미국(서방)
미국과 소련의 관계는 '해빙'되는 것처럼 보였으나…
소련은 사회주의 국가 쿠바에 미사일 기지를 건설해 미국을 사정거리에 넣음
미국
쿠바
미국도 미사일 가지고 있잖아.
흐루쇼프
미국의 미사일
쿠바에서 미사일 기지를 철거하지 못해!
대통령 케네디
소련 시민
흐루쇼프
세상이 지금 어떻게 돌아가는 거지? 정보가 없어서 아무것도 모르겠어.
이대로 핵전쟁이 일어나면 큰일이야.
케네디
미국 시민
핵전쟁이 일어날 것 같아. 세상은 끝장이야.
휴, 다행이다.
쿠바에서 미사일을 철수하죠.
케네디
흐루쇼프
케네디는 퍼레이드 중 암살당함. 사건의 내막은 지금도 불투명
긴박한 상황에서 화해하고 부분적 핵 실험 금지 조약을 체결

099

냉전 시대 ④

베트남 전쟁

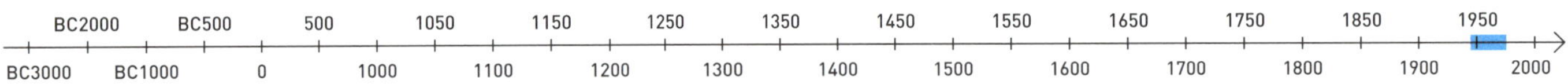

제2차 세계대전 종결 후, **프랑스령 인도차이나**(166쪽)에서는 독립 운동의 지도자 **호찌민**(1890~1969)이 프랑스 지배에서 벗어나 **베트남 민주 공화국(북베트남)**(1945~76) 수립을 선언했습니다. 프랑스는 이 독립을 인정하지 않고, 남부에 있는 사이공에 **베트남국**(1949~55)을 세워 베트남 민주 공화국과 **인도차이나 전쟁**(1946~54)을 계속했습니다. 하지만 프랑스는 패배하고 인도차이나에서 철수합니다.

인도차이나 전쟁 종결 후, **북위 17도선** 남쪽에 미국의 지원을 받은 **베트남 공화국(남베트남)**(1955~75)이 건국되었습니다. 그런데 남베트남에서 남북베트남의 통일을 바라는 사회주의 세력 **남베트남 민족 해방 전선**(1960)이 결성되고, 1960년에 **베트남 전쟁**(1960~75)이 시작되었습니다. 미국 대통령 **존슨**(재임 1963~69)은 '사회주의 통일 국가 베트남이 탄생하면 그 영향이 동남아시아 전역으로 확대될 것'이라고 생각해 이 움직임을 경계했습니다. 이리하여 미국은 1965년 베트남 전쟁에 개입해 **북베트남 폭격(북폭)**(1965~68)을 강행했습니다. 전쟁은 점차 수렁으로 빠져들었습니다. 매일매일 비참한 뉴스 영상이 미디어에 소개되었습니다. 게다가 당시 미국에서는 **킹 목사**(1929~68)를 필두로 한 흑인 차별 반대 운동(**공민권 운동**)과 소수자 차별 반대 운동이 한창이었습니다. 이러한 정부 비판의 목소리들이 **베트남 반전 운동**의 열기를 더욱 북돋았습니다.

존슨을 이어 미국 대통령에 취임한 **닉슨**(210쪽)(재임 1969~74)은 **파리(베트남) 평화 협정**(1973)을 맺고 **미국군의 베트남 철수**를 실현했습니다. 그리고 1975년, 북베트남군이 민족 해방 전선과 함께 남베트남 수도 사이공(지금의 호찌민시)을 점령함으로써 베트남 전쟁은 종결되었습니다(**사이공 함락**)(1975). 이듬해인 1976년에 남북베트남은 통일되고, **베트남 사회주의 공화국**(1976)이 탄생했습니다.

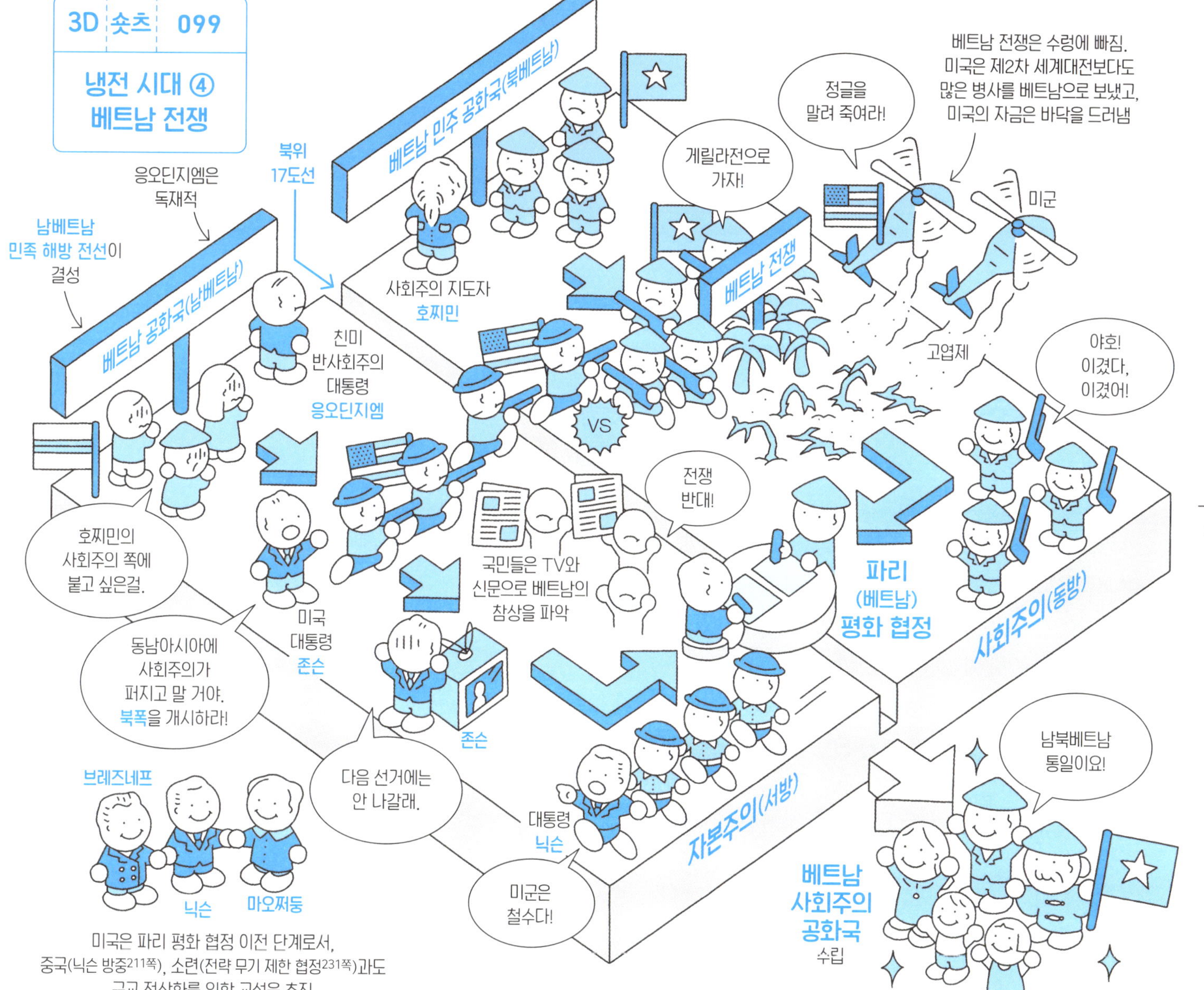

3D 숏츠 099
냉전 시대 ④ 베트남 전쟁

응오딘지엠은 독재적
남베트남 민족 해방 전선이 결성
북위 17도선
베트남 민주 공화국(북베트남)
베트남 공화국(남베트남)
사회주의 지도자 호찌민
친미 반사회주의 대통령 응오딘지엠
게릴라전으로 가자!
정글을 말려 죽여라!
베트남 전쟁은 수렁에 빠짐. 미국은 제2차 세계대전보다도 많은 병사를 베트남으로 보냈고, 미국의 자금은 바닥을 드러냄
미군
베트남 전쟁
고엽제
야호! 이겼다, 이겼어!
VS
호찌민의 사회주의 쪽에 붙고 싶은걸.
동남아시아에 사회주의가 퍼지고 말 거야. 북폭을 개시하라!
미국 대통령 존슨
국민들은 TV와 신문으로 베트남의 참상을 파악
전쟁 반대!
파리 (베트남) 평화 협정
사회주의(동방)
존슨
브레즈네프
닉슨
마오쩌둥
다음 선거에는 안 나갈래.
대통령 닉슨
미군은 철수다!
자본주의(서방)
남북베트남 통일이요!
베트남 사회주의 공화국 수립
미국은 파리 평화 협정 이전 단계로서, 중국(닉슨 방중211쪽), 소련(전략 무기 제한 협정231쪽)과도 국교 정상화를 위한 교섭을 추진
현대

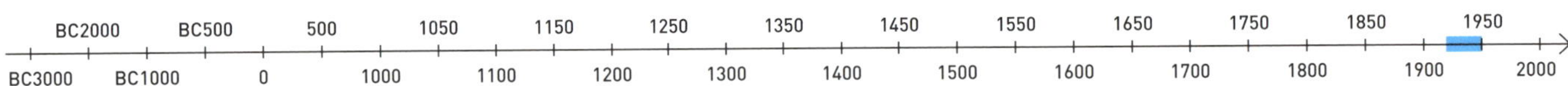

제1차 세계대전(180쪽) 중, 영국은 '자신들과 함께 싸우면 전후에 자치를 인정해 주겠다'는 조약을 식민지 인도와 맺었습니다. 하지만 전쟁이 끝난 후 영국이 내민 **롤럿법**은 자치를 인정하는 대신, 재판도 영장도 없이 영국인이 인도인을 체포, 투옥할 수 있다는 법률이었습니다.

인도인은 롤럿법에 맹렬하게 반발했습니다. 하지만 영국군이 인도인 항의 집회에 발포를 하여 수많은 사상자가 나왔습니다.

이런 가운데 등장한 인물이 **비폭력·불복종(사탸그라하)**을 외치는 민중의 지도자 **간디**였습니다. 아무리 탄압당해도 폭력을 쓰지 않고 저항을 계속하는 간디의 모습은 사람들의 공감을 자아냈습니다.

당시 인도에서는 힌두교도를 중심으로 한 **인도 국민 회의**(지도자는 **네루**)와, 이슬람교도를 중심으로 한 **전 인도 무슬림 연맹**(지도자는 **진나**)이라는 두 조직이 대립하고 있었습니다. 하지만 간디의 운동에는 힌두교, 이슬람교를 가리지 않고 수많은 인도인이 참여했습니다(간디 자신은 힌두교도). 인도를 지지하는 목소리가 전 세계에 퍼지면서 결국 영국은 인도의 자치를 인정했습니다.

제2차 세계대전 후, 미침내 인도는 영국으로부터 정식으로 독립했습니다. 하지만 힌두교도 **네루**와 이슬람교도 **진나**의 생각은 마지막까지 일치하지 않았고, 결국 네루는 **인도 연방**을, 진나는 **파키스탄**을 각자 건국했습니다. 힌두교와 이슬람교의 대립은 건국 후에도 이어졌으며, 인도 통일을 바랐던 간디는 같은 힌두교도에게 암살당하고 말았습니다.

이후 **인도 연방**에서는 **인도 헌법**이 시행되면서 오늘날의 **인도 공화국**이 되었습니다. 하지만 인도와 파키스탄의 긴장 상태는 서로 핵무기를 겨눈 채 지금도 계속되고 있습니다.

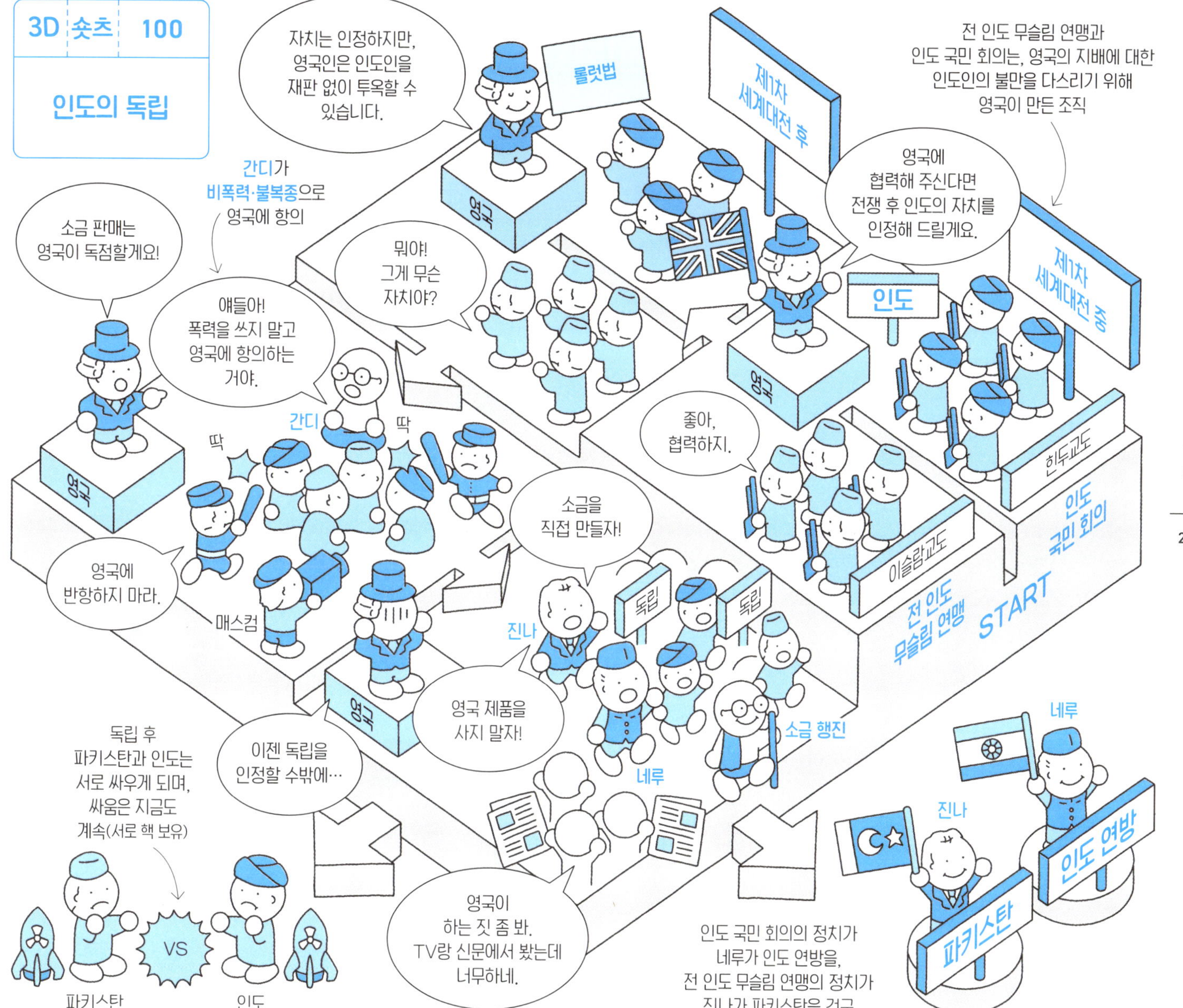

3D 숏츠 100
인도의 독립
자치는 인정하지만, 영국인은 인도인을 재판 없이 투옥할 수 있습니다.
롤럿법
영국
제1차 세계대전 후
전 인도 무슬림 연맹과 인도 국민 회의는, 영국의 지배에 대한 인도인의 불만을 다스리기 위해 영국이 만든 조직
영국에 협력해 주신다면 전쟁 후 인도의 자치를 인정해 드릴게요.
인도
제1차 세계대전 중
간디가 비폭력·불복종으로 영국에 항의
소금 판매는 영국이 독점할게요!
얘들아! 폭력을 쓰지 말고 영국에 항의하는 거야.
뭐야! 그게 무슨 자치야?
영국
좋아, 협력하지.
영국
영국에 반항하지 마라.
간디
딱
딱
매스컴
소금을 직접 만들자!
히두교도
이슬람교도
인도 국민 회의
전 인도 무슬림 연맹
START
진나
독립
독립
영국 제품을 사지 말자!
네루
소금 행진
독립 후 파키스탄과 인도는 서로 싸우게 되며, 싸움은 지금도 계속(서로 핵 보유)
이젠 독립을 인정할 수밖에…
영국이 하는 짓 좀 봐. TV랑 신문에서 봤는데 너무하네.
인도 국민 회의의 정치가 네루가 인도 연방을, 전 인도 무슬림 연맹의 정치가 진나가 파키스탄을 건국
네루
진나
인도 연방
파키스탄
파키스탄
VS
인도

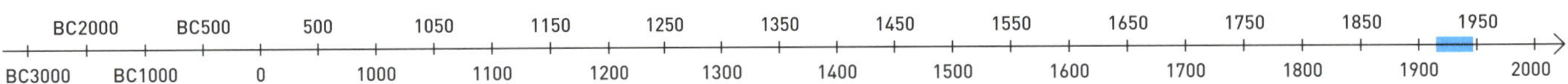

현대

222

해결하기 어려운 국제 문제 중 하나로 팔레스타인 문제가 있습니다. 원인을 찾아보면 제1차 세계대전(180쪽) 시기로 거슬러 올라가게 됩니다.

대전 중 영국은 적국인 오스만 제국군의 공격으로부터 영국 번영의 생명줄인 수에즈 운하를 지키기 위해, 팔레스타인 지방을 완충 지대(국가 간 다툼을 피하기 위해 중간에 설치한 중립 지대)로 삼았습니다.

그리고 영국은 1915년, 오스만 제국 내 아랍인이 오스만 제국군과 싸우는 것을 조건으로 아랍인의 독립을 지지했습니다(맥마흔 선언). 1915 최종 합의에서 팔레스타인은 아랍인의 독립 지역에서 제외되었습니다.

이듬해인 1916년, 팔레스타인은 영국, 프랑스, 러시아 3개국의 합의 아래 영국 영토가 되었습니다(사이크스·피코 협정). 1916 또한 영국은 유대인 재벌로부터 전쟁 자금을 얻기 위해, 팔레스타인에 유대인의 민족적 고향(national home)을 건설하는 것을 인정했습니다(밸푸어 선언). 1917 이 같은 외교에서 비롯된 팔레스타인에 대한 견해 차이가, 아랍인과 유대인이 대립과 충돌을 거듭하는 전후 중동 문제를 낳고 말았습니다(중동 전쟁224쪽).

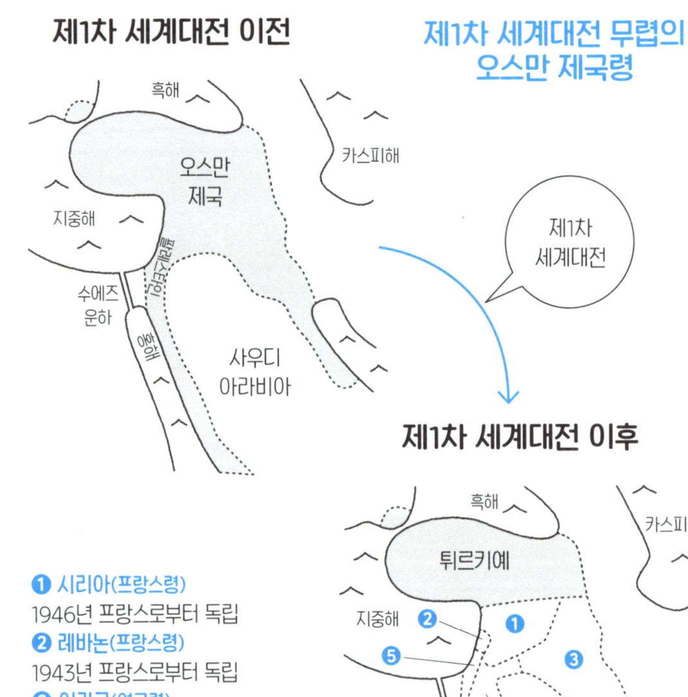

❶ 시리아(프랑스령)
1946년 프랑스로부터 독립
❷ 레바논(프랑스령)
1943년 프랑스로부터 독립
❸ 이라크(영국령)
1932년 영국으로부터 독립
❹ 요르단(영국령)
1946년 영국으로부터 독립
❺ 팔레스타인(영국령)
1948년 국제 연합의 지원 아래
유대인 국가 이스라엘 건국(224쪽)

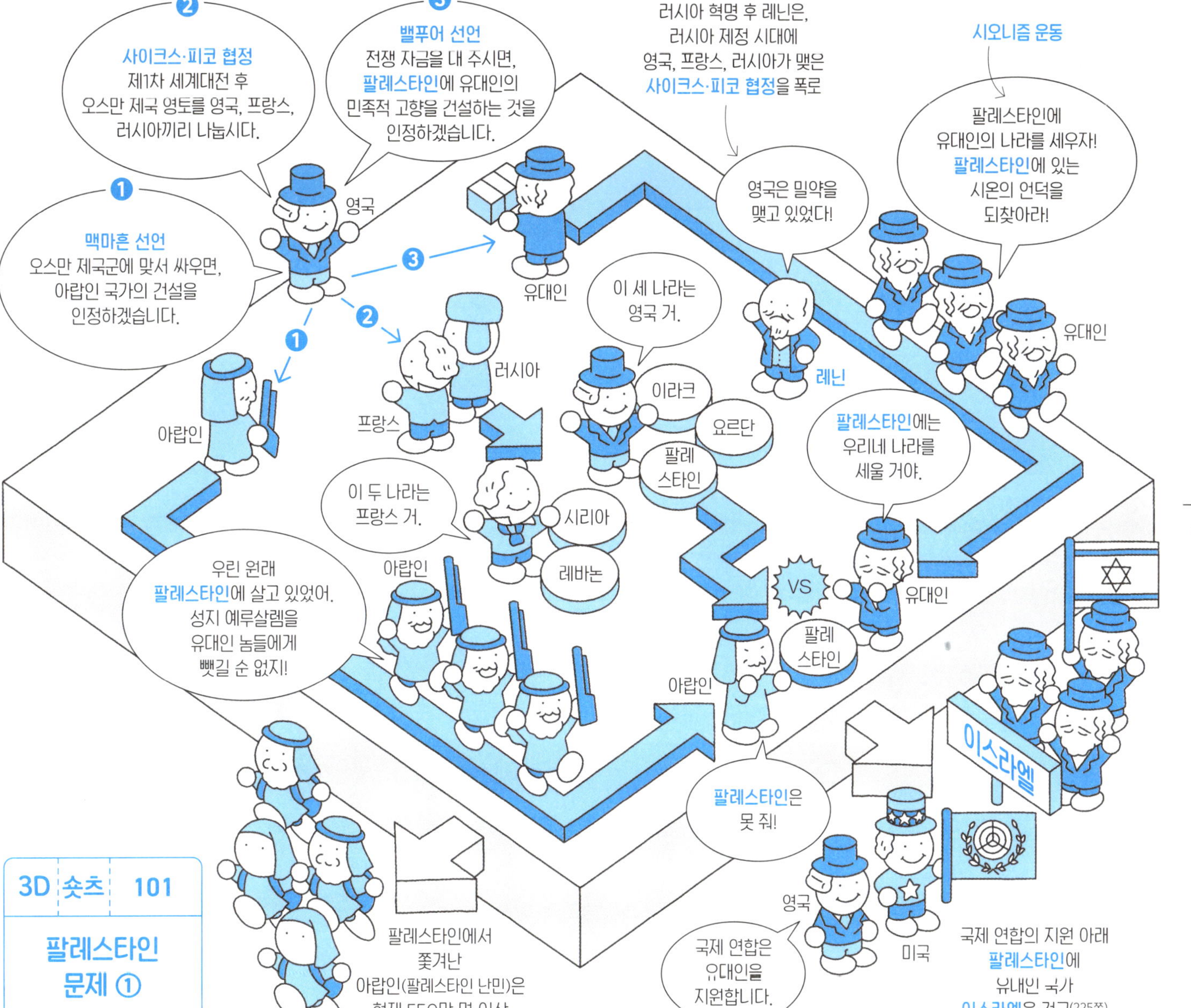

②
사이크스·피코 협정
제1차 세계대전 후
오스만 제국 영토를 영국, 프랑스,
러시아끼리 나눕시다.

③
밸푸어 선언
전쟁 자금을 내 주시면,
팔레스타인에 유대인의
민족적 고향을 건설하는 것을
인정하겠습니다.

러시아 혁명 후 레닌은,
러시아 제정 시대에
영국, 프랑스, 러시아가 맺은
사이크스·피코 협정을 폭로

시오니즘 운동

팔레스타인에
유대인의 나라를 세우자!
팔레스타인에 있는
시온의 언덕을
되찾아라!

①
맥마흔 선언
오스만 제국군에 맞서 싸우면,
아랍인 국가의 건설을
인정하겠습니다.

영국

유대인

영국은 밀약을
맺고 있었다!

이 세 나라는
영국 거.

레닌

유대인

①
②
③

아랍인

프랑스

러시아

이라크

요르단

팔레
스타인

팔레스타인에는
우리네 나라를
세울 거야.

이 두 나라는
프랑스 거.

시리아

레바논

아랍인

유대인

우린 원래
팔레스타인에 살고 있었어.
성지 예루살렘을
유대인 놈들에게
뺏길 순 없지!

VS

팔레
스타인

아랍인

팔레스타인은
못 줘!

이스라엘

국제 연합은
유대인을
지원합니다.

영국

미국

3D 숏츠 101

팔레스타인
문제 ①

팔레스타인에서
쫓겨난
아랍인(팔레스타인 난민)은
현재 550만 명 이상

국제 연합의 지원 아래
팔레스타인에
유대인 국가
이스라엘을 건국(225쪽)

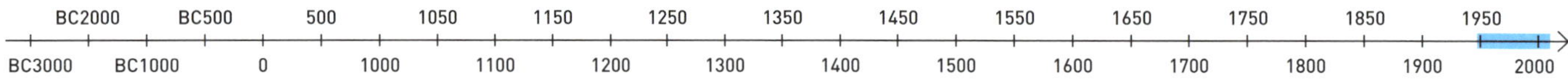

제2차 세계대전 후 국제 연합(영국, 미국 등)은 **팔레스타인**의 절반 이상을 유대인 거주 구역으로 지정했습니다. 그리고 이 땅에 **이스라엘**이 건국되었습니다[222쪽]. 이에 팔레스타인에 살던 아랍인뿐만 아니라 아랍 국가들도 반발하며, 총 네 차례에 걸친 **중동 전쟁**이 시작되었습니다.

제1차 중동 전쟁에서 **제3차 중동 전쟁**에 이르기까지 이스라엘은 점령지를 넓혀 갔습니다. 그와 함께 많은 아랍인이 팔레스타인에서 내쫓기면서 **팔레스타인 난민**이 생겨났습니다. 팔레스타인 난민은 **PLO**(팔레스타인 해방 기구)를 결성하고 **아라파트** 의장을 지도자로 삼아 이스라엘에 대항했습니다.

또한 아랍의 석유 수출국인 이집트, 사우디아라비아, 쿠웨이트 등은 **OAPEC**(아랍 석유 수출국 기구)을 결성하고, **제4차 중동 전쟁**이 터지자 이스라엘에 우호적인 서방 국가들을 대상으로 석유 수출을 중단하거나 제한하는 전략을 펼쳤습니다. 이런 석유 전략으로 인해 전 세계는 커다란 타격을 입었습니다(**석유 파동**).

이후에도 아랍 국가들과 이스라엘의 화해는 좀처럼 이루어지지 못했습니다. 그러다가 1993년 가까스로 미국의 중재로 **아라파트** 의장과 이스라엘의 **라빈** 총리가 **팔레스타인 잠정 자치 협정**(오슬로 합의)을 맺었습니다.

그런데 라빈 총리가 유대교 광신자 청년에게 암살되면서 평화 문제는 다시 원점으로 돌아가, 현재에 이르고 있습니다.

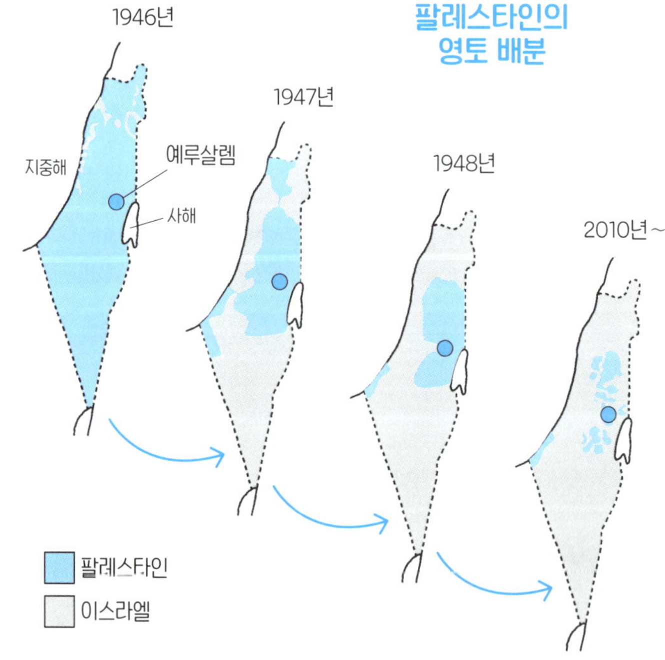

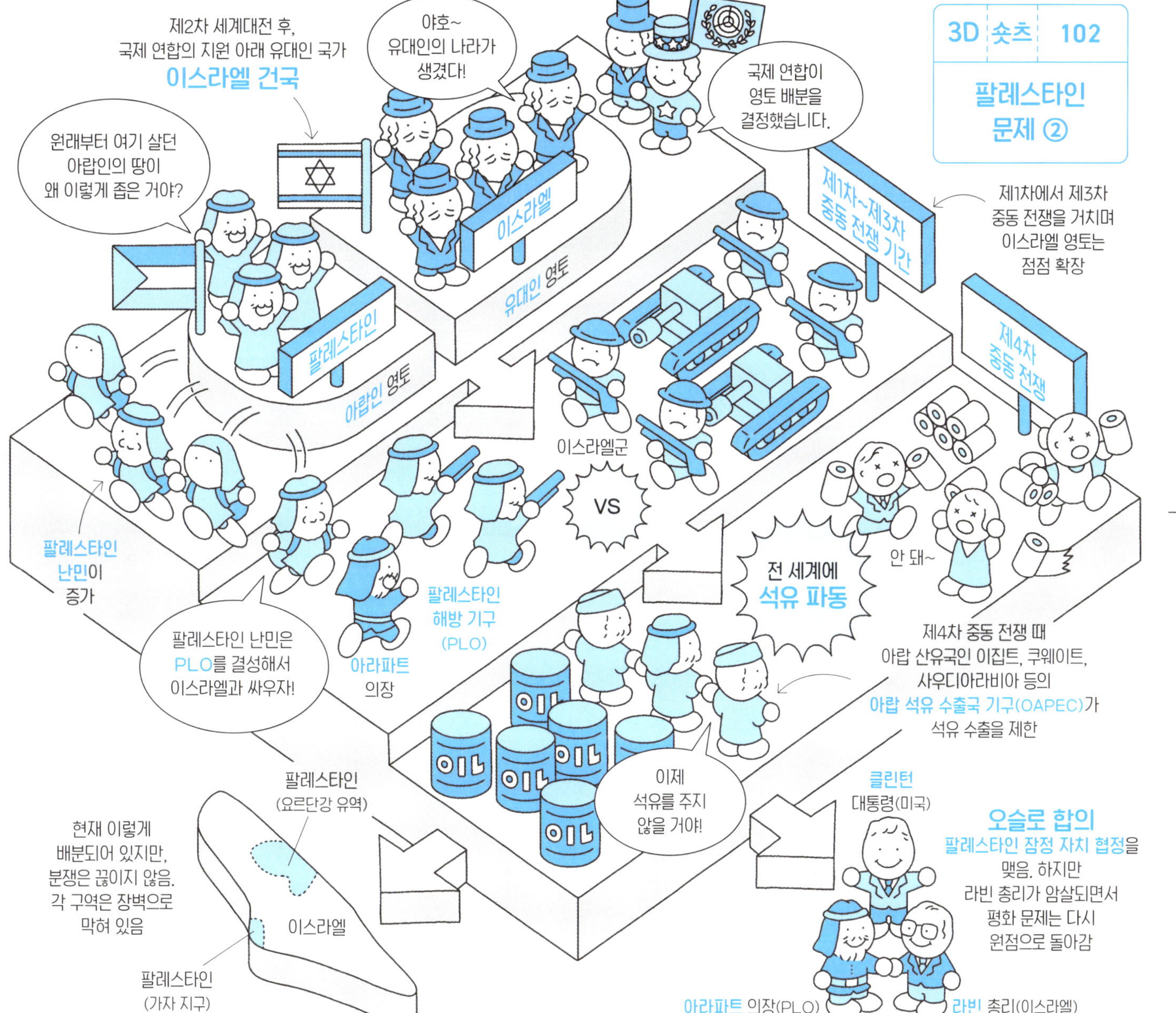
제2차 세계대전 후, 국제 연합의 지원 아래 유대인 국가 이스라엘 건국
야호~ 유대인의 나라가 생겼다!
국제 연합이 영토 배분을 결정했습니다.
원래부터 여기 살던 아랍인의 땅이 왜 이렇게 좁은 거야?
이스라엘
유대인 영토
제1차~제3차 중동 전쟁 기간
제1차에서 제3차 중동 전쟁을 거치며 이스라엘 영토는 점점 확장
팔레스타인
아랍인 영토
제4차 중동 전쟁
이스라엘군
VS
팔레스타인 난민이 증가
팔레스타인 난민은 PLO를 결성해서 이스라엘과 싸우자!
팔레스타인 해방 기구 (PLO)
아라파트 의장
전 세계에 석유 파동
안 돼~
제4차 중동 전쟁 때 아랍 산유국인 이집트, 쿠웨이트, 사우디아라비아 등의 아랍 석유 수출국 기구(OAPEC)가 석유 수출을 제한
OIL
이제 석유를 주지 않을 거야!
현재 이렇게 배분되어 있지만, 분쟁은 끊이지 않음. 각 구역은 장벽으로 막혀 있음
팔레스타인 (요르단강 유역)
이스라엘
팔레스타인 (가자 지구)
클린턴 대통령(미국)
오슬로 합의
팔레스타인 잠정 자치 협정을 맺음. 하지만 라빈 총리가 암살되면서 평화 문제는 다시 원점으로 돌아감
아라파트 의장(PLO)
라빈 총리(이스라엘)

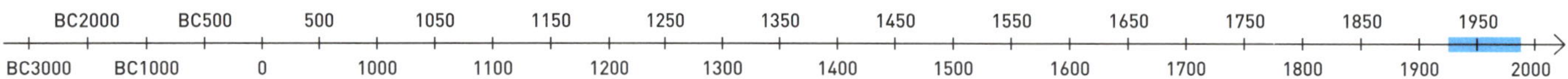

이슬람 문화권 속에서 성장한 **이란**(유럽 측 호칭은 **페르시아**)에는 16 세기에 이슬람교 **시아파**를 국교로 하는 **사파비 왕조**가 들어섰습 니다.
1501~1736

그런데 19세기, **카자르 왕조**(사파비 왕조 멸망 후 이란을 통일한 왕조)가,
1796~1925
침공해 온 러시아와의 싸움에서 패했습니다. 그 결과 그루지야(오 늘날의 조지아), 아제르바이잔, 아르메니아를 러시아에 할양하고, 이란에 사는 러시아인의 치외 법권을 인정하게 되었습니다(**투르크** **만차이 조약**).
1828

영국도 카자르 왕조에게서 이익을 얻고자 했습니다. 영국은 이란 에서 **담배 독점 판매권**을 따내려고 했습니다. 하지만 이 시도는 이란인들의 **담배 불매 운동**을 야기하며, 이란인의 민족의식을 일
1891~92
깨우는 계기가 되었습니다.

이 무렵 약해진 이란의 기사회생을 꾀한 인물이 **쿠데타**로 국군 사 령관 자리에 오른 **레자 칸**이었습니다. 레자 칸은 1925년 카자르
1878~1944
왕조를 무너뜨린 후 **팔레비 왕조**를 세우고 **레자 샤**로서 황제가 되
1925~79   재위 1925~41
었습니다.

제2대인 **팔레비 2세**는 **백색 혁명**이라 불리는 근대화 정책을 추
재위 1941~79   1963
진했습니다. 하지만 빈부 격차가 사회 문제로 대두되어 1979년

에 **이란 혁명**이 발발했습니다. 이슬람주의로의 회귀를 주장하는
1979
호메이니(시아파)가 지도자가 되었죠. 이리하여 현재까지 이르는
1902~89
이란 이슬람 공화국이 탄생합니다.

이때 옆 나라 이라크의 대통령 **후세인**(수니파)이 이란의 **'시아파**
재임 1979~2003
혁명 수출'을 경계했습니다. 후세인이 선수를 쳐 이란을 침공하면 서 **이란·이라크 전쟁**이 시작되었습니다. 하지만 이 전쟁으로 이
1980~88
라크는 경제난에 빠졌습니다. **국제 연합 안전 보장 이사회**의 정 전 결의에 따라 이 전쟁은 종결되었습니다.

시아파

이슬람교의 창시자 무함마드의 정통 후계자의 자손만을 지도자로 여기는 종파. 이슬람교도 중 약 10%이지만, 이란에서는 인구의 약 90%, 이라크에서는 약 60%를 차지

수니파

세습이 아니라 무함마드의 언행(하디스)에 따르는 것을 중시하는 종파. 이슬람교도 중 약 90%를 차지

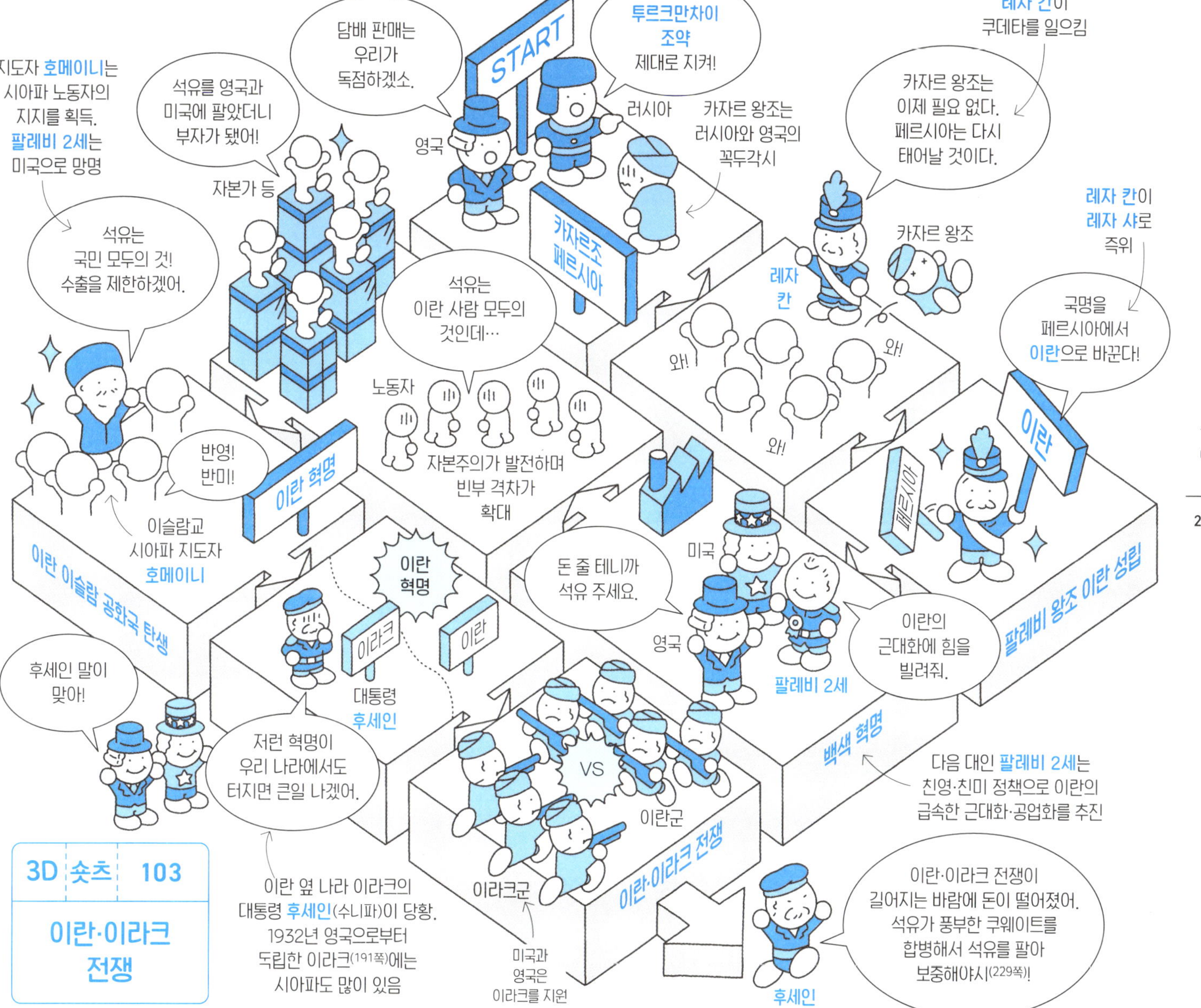

START
투르크만차이 조약 제대로 지켜!
러시아
카자르 왕조는 러시아와 영국의 꼭두각시
레자 칸이 쿠데타를 일으킴
카자르 왕조는 이제 필요 없다. 페르시아는 다시 태어날 것이다.
레자 칸이 레자 샤로 즉위
담배 판매는 우리가 독점하겠소.
영국
석유를 영국과 미국에 팔았더니 부자가 됐어!
국명을 페르시아에서 이란으로 바꾼다!
지도자 호메이니는 시아파 노동자의 지지를 획득. 팔레비 2세는 미국으로 망명
자본가 등
카자르조 페르시아
레자 칸
카자르 왕조
와!
와!
와!
이란
현대
227
석유는 국민 모두의 것! 수출을 제한하겠어.
석유는 이란 사람 모두의 것인데…
노동자
자본주의가 발전하며 빈부 격차가 확대
이란 혁명
반영! 반미!
이슬람교 시아파 지도자 호메이니
이란 이슬람 공화국 탄생
이란 혁명
이라크
이란
대통령 후세인
돈 줄 테니까 석유 주세요.
미국
영국
팔레비 2세
이란의 근대화에 힘을 빌려줘.
페르시아
이란
팔레비 왕조 이란 성립
후세인 말이 맞아!
저런 혁명이 우리 나라에서도 터지면 큰일 나겠어.
VS
이란군
백색 혁명
다음 대인 팔레비 2세는 친영·친미 정책으로 이란의 급속한 근대화·공업화를 추진
3D 숏츠 103
이란·이라크 전쟁
이란 옆 나라 이라크의 대통령 후세인(수니파)이 당황. 1932년 영국으로부터 독립한 이라크(191쪽)에는 시아파도 많이 있음
이라크군
미국과 영국은 이라크를 지원
이란·이라크 전쟁
이란·이라크 전쟁이 길어지는 바람에 돈이 떨어졌어. 석유가 풍부한 쿠웨이트를 합병해서 석유를 팔아 보충해야지(229쪽)!
후세인

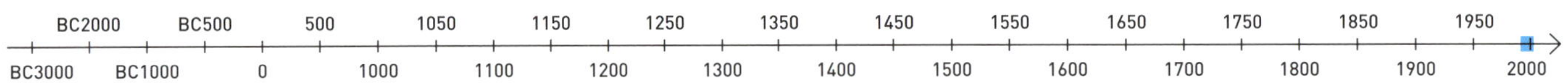

현대

228

이라크 대통령 **후세인**(226쪽)은 **이란·이라크 전쟁**(226쪽) 때문에 진 빚을 석유를 팔아서 갚고자 했습니다. 그는 석유가 풍부한 **쿠웨이트**를 침공하여 합병을 꾀했습니다.

이에 미국 대통령 부시(아버지)는 후세인의 세력 확대를 경계했습니다. 부시(아버지)는 국제 연합의 결의를 얻어 다국적군을 조직했습니다. 그리고 이라크를 공습하여 걸프 전쟁을 일으켰죠. 걸프 전쟁에서는 미국이 승리하고, 후세인은 쿠웨이트에서 철수했습니다. 하지만 후세인 정권은 그대로 유지되었습니다.

2001년 9월 11일, 미국에 9·11 테러가 일어났습니다. 당시 대통령 부시(아들)는 테러를 일으킨 자를 이슬람 급진파 조직 **알카에다**로 단정했습니다. 그리고 '아프가니스탄의 탈레반 정권이 알카에다를 숨겨 주고 있다'면서 아프가니스탄을 공습, 탈레반 정권을 붕괴시켰습니다.

이후 부시(아들)는 이라크 대통령 후세인이 '알카에다를 지원하며 대량 살상 무기를 보유하고 있다'면서 국제 연합의 결의도 얻지 않은 채 이라크를 공격했습니다(이라크 전쟁). 그 결과 후세인 정권은 무너졌지만, 대량 살상 무기는 발견되지 않았고 후세인이 알카에다를 지원했다는 증거 또한 찾을 수 없었습니다. 어쨌든, **쿠르드인**(쿠르드어를 모국어로 하는 민족)과 **시아파**(226쪽)를 탄압하던 후세인의 독재 정권은 이렇게 종말을 맞았습니다.

변해 가는 이라크 전쟁의 명분

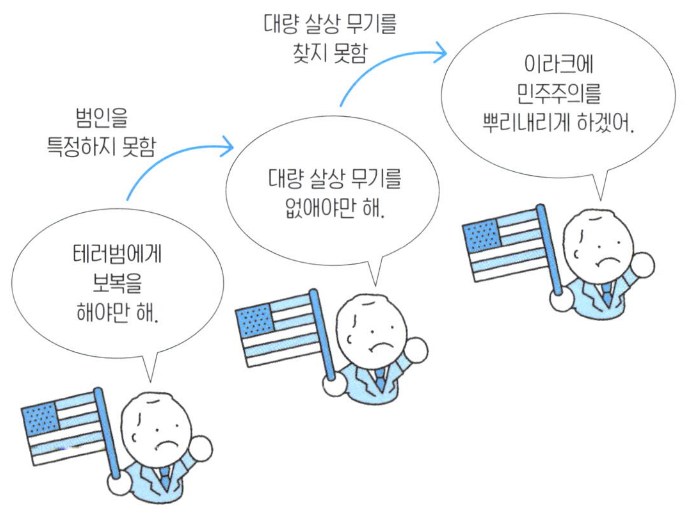

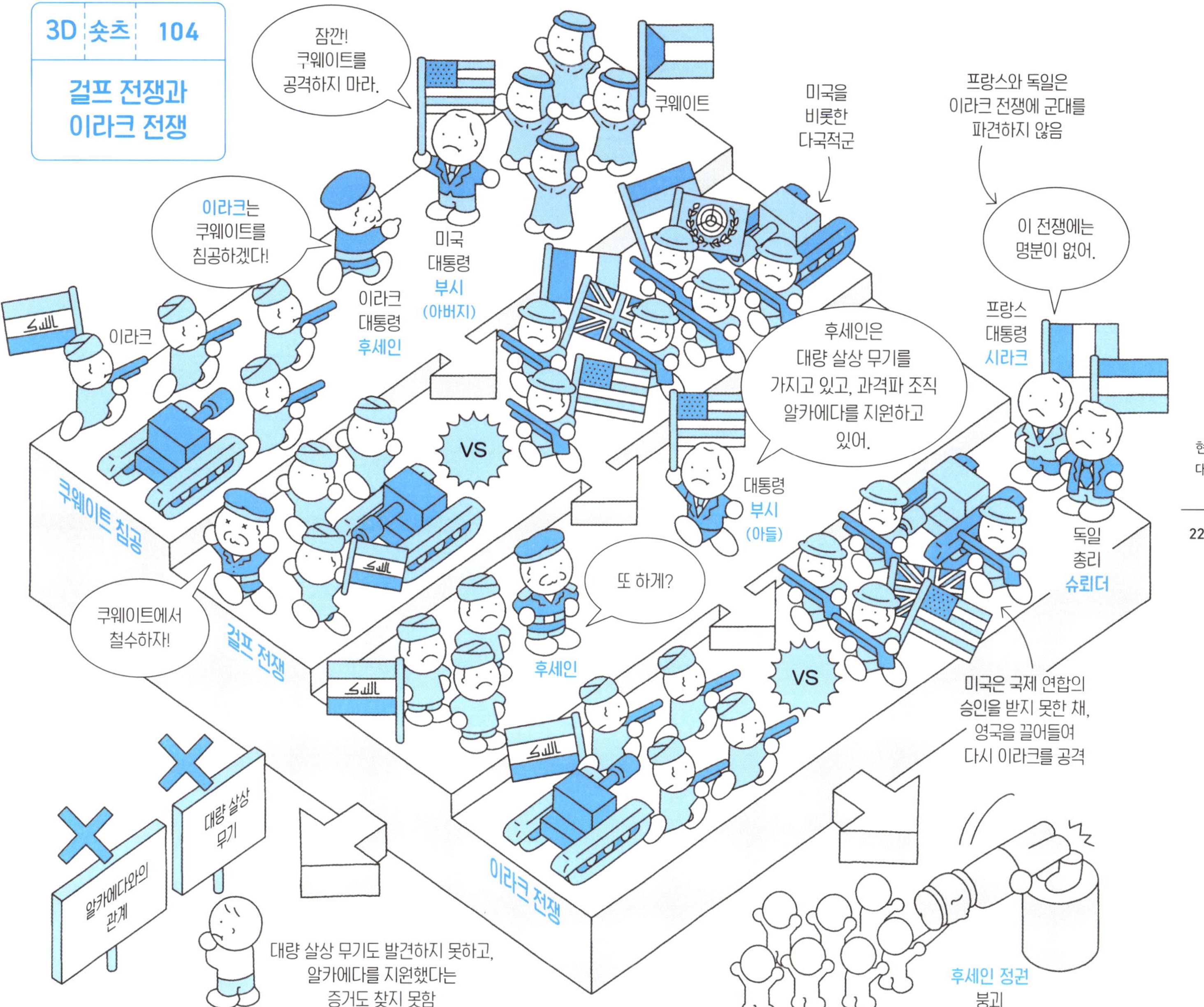
잠깐!
쿠웨이트를
공격하지 마라.

쿠웨이트

미국을
비롯한
다국적군

프랑스와 독일은
이라크 전쟁에 군대를
파견하지 않음

이라크는
쿠웨이트를
침공하겠다!

이라크
대통령
후세인

미국
대통령
부시
(아버지)

이 전쟁에는
명분이 없어.

이라크

후세인은
대량 살상 무기를
가지고 있고, 과격파 조직
알카에다를 지원하고
있어.

프랑스
대통령
시라크

쿠웨이트 침공

VS

대통령
부시
(아들)

독일
총리
슈뢰더

쿠웨이트에서
철수하자!

걸프 전쟁

또 하게?

후세인

미국은 국제 연합의
승인을 받지 못한 채,
영국을 끌어들여
다시 이라크를 공격

알카에다와의
관계

대량 살상
무기

이라크 전쟁

대량 살상 무기도 발견하지 못하고,
알카에다를 지원했다는
증거도 찾지 못함

후세인 정권
붕괴

소련의 해체 ①

페레스트로이카와 냉전의 종식

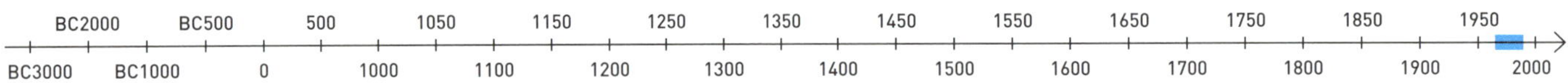

소련에서는 **흐루쇼프**(216쪽)가 실각하고, **브레즈네프**가 공산당 서기장에 취임했습니다. 미국과 소련의 협조 관계는 유지되었고, 국제 연합 총회에서는 **핵 확산 방지 조약(NPT)**(현재 190개국이 가입)이 채택되었습니다. **데탕트(긴장 완화)**(216쪽)는 국제 정치의 주류가 되어, 미국과 소련은 군축을 위한 **제1차 전략 무기 제한 협정(제1차 SALT)**에 합의했습니다.

이 무렵 체코슬로바키아에서는 공산당 서기장 **둡체크**가 **프라하의 봄**이라 불리는 민주개혁을 추진했습니다. 그러자 다른 동유럽 나라에 끼칠 영향을 우려한 소련은 **바르샤바 조약 기구군**을 동원하여 이 개혁을 진압했습니다**(체코 사건)**. 이듬해에는 우수리강에서 중국과 소련 사이에 **중소 국경 분쟁**이 발생했습니다.

들쑥날쑥한 사회주의 국가들의 사정에 소련은 골머리를 앓았습니다. 그래서 서방과의 데탕트는 소련에게 환영할 만한 일이었습니다. 그런 가운데 서방과의 데탕트는 더욱 진전됩니다. **유럽 안보 협력 회의(CSCE)**(35개국 참가)가 핀란드에서 열렸고, 여기서 채택된 **헬싱키 선언**에는 '무력으로 인권을 제압하지 않는다' 등의 내용이 담겼습니다.

그러나 소련의 **아프가니스탄 침공**으로 인해 상황은 순식간에 뒤집혔습니다. 미국은 소련을 비난하고, 1980년에 개최된 **모스크바 올림픽** 참가를 보이콧했습니다. 소련 또한 **로스앤젤레스 올림픽**을 보이콧했습니다. 이 두 올림픽은 '반쪽짜리 올림픽'이라 불렸습니다.

하지만 소련 공산당 서기장에 **고르바초프**가 취임하자, **페레스트로이카**(재건)를 골자로 한 정치와 경제의 전면 개혁이 시작되었습니다. 또한 **체르노빌 원자력 발전소 사고**의 보고가 은폐된 것 때문에 피해가 더 커진 것을 심각하게 받아들인 고르바초프는 **글라스노스트**(정보 공개)를 추진했습니다. 이로써 언론의 자유화도 이루어졌습니다.

소련이 의회제 민주주의와 시장 경제로 이행할 구상을 하는 가운데, 냉전을 해소하기 위한 노력이 계속되었습니다. 1989년 소련군은 **아프가니스탄에서 철수**했고, 그해에 고르바초프와 미국 대통령 **부시(아버지)**(228쪽)는 **몰타 회담**에서 **냉전 종식**을 선언했습니다.

몰타 회담

얄타 회담(204쪽)에서 시작된 미소 냉전의 종식은 '얄타에서 몰타로'라고 표현

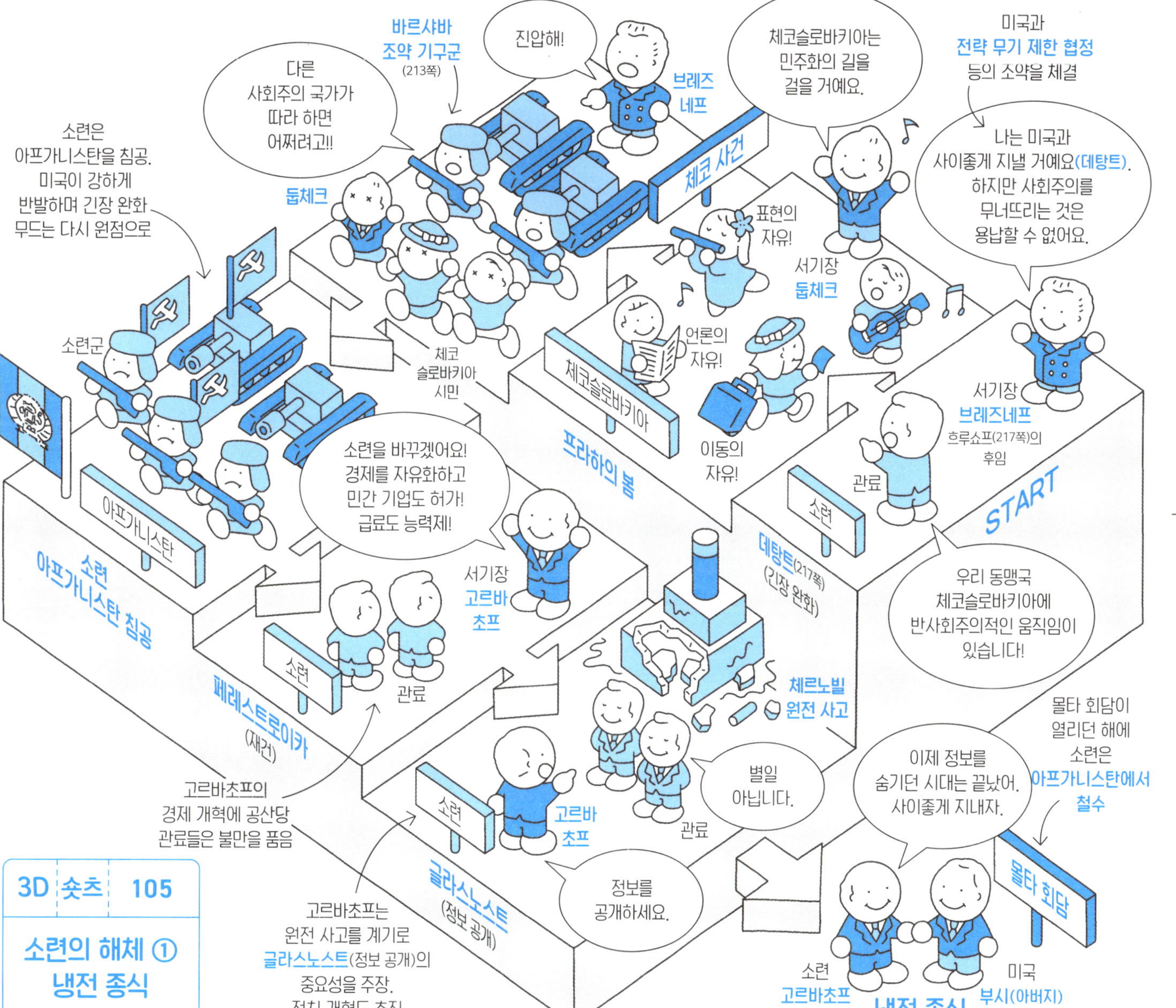
소련은 아프가니스탄을 침공. 미국이 강하게 반발하며 긴장 완화 무드는 다시 원점으로
다른 사회주의 국가가 따라 하면 어쩌려고!!
바르샤바 조약 기구군 (213쪽)
진압해!
브레즈네프
체코슬로바키아는 민주화의 길을 걸을 거예요.
미국과 전략 무기 제한 협정 등의 소약을 체결
나는 미국과 사이좋게 지낼 거예요(데탕트). 하지만 사회주의를 무너뜨리는 것은 용납할 수 없어요.
둡체크
소련군
체코 사건
표현의 자유!
서기장 둡체크
체코 슬로바키아 시민
언론의 자유!
체코슬로바키아
이동의 자유!
서기장 브레즈네프 흐루쇼프(217쪽)의 후임
아프가니스탄
소련을 바꾸겠어요! 경제를 자유화하고 민간 기업도 허가! 급료도 능력제!
프라하의 봄
관료
소련
START
소련 아프가니스탄 침공
서기장 고르바초프
데탕트(217쪽) (긴장 완화)
우리 동맹국 체코슬로바키아에 반사회주의적인 움직임이 있습니다!
소련
관료
체르노빌 원전 사고
페레스트로이카 (재건)
몰타 회담이 열리던 해에 소련은 아프가니스탄에서 철수
고르바초프의 경제 개혁에 공산당 관료들은 불만을 품음
소련
고르바 초프
별일 아닙니다.
이제 정보를 숨기던 시대는 끝났어. 사이좋게 지내자.
관료
3D 숏츠 105
소련의 해체 ① 냉전 종식
고르바초프는 원전 사고를 계기로 글라스노스트(정보 공개)의 중요성을 주장. 정치 개혁도 추진
글라스노스트 (정보 공개)
정보를 공개하세요.
소련 고르바초프
냉전 종식
미국 부시(아버지)
몰타 회담

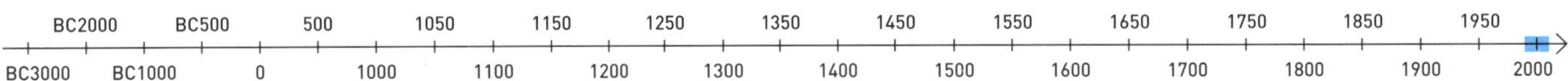

1989년은 **냉전 종식**(230쪽)의 해였습니다. 하지만 냉전 종식은 서방과의 관계에만 국한된 문제가 아니었습니다. 소련의 **고르바초프**(230쪽)가 추진하던 유연한 '**신사고 외교**'(협조 외교)는 동유럽 국가들에도 영향을 미쳤습니다.

고르바초프는 1988년, 동유럽에 대한 '소련의 지도성'을 부정했습니다. 이 영향은 이듬해 1989년, 동유럽 사회주의권의 붕괴로 나타났습니다. 우선 폴란드에서 민주적인 총선거를 치렀는데, 자주 관리 노동조합 '**연대**'가 큰 승리를 거뒀습니다. 동유럽에서 처음으로 비공산당 정권이 탄생한 것입니다.

11월에는 **베를린 장벽이 붕괴**했습니다. 뒤이어 체코슬로바키아에서는 '**벨벳 혁명**'이라 불리는, 공산당 정권의 평화적 퇴진이 실현되었습니다.

체코슬로바키아와는 대조적이었던 것이, 독재자로 군림하던 대통령 **차우셰스쿠**의 처형으로 끝난 **루마니아 혁명**이었습니다. 그리고 이듬해인 1990년, **독일 통일**이 이루어졌습니다(**독일 연방 공화국** 214쪽으로 통일).

고르바초프는 공산당 독재의 폐지, 시장 경제의 도입 등 잇따라 개혁을 단행했습니다. 하지만 이 같은 급속한 개혁은 사회 경제의 혼란을 불러왔고, 급기야 공산당 보수파의 **반고르바초프 쿠데타**가 일어났습니다.

하지만 반고르바초프 쿠데타는 군대를 이끌고 온 **러시아 공화국** 대통령 **옐친**에게 진압당하며 실패로 끝나고 말았습니다. 그리하여 1991년 12월, **소련은 해체**의 시기를 맞이합니다.

옐친 이후, '강한 러시아'를 과시하는 대통령 **푸틴**은 **우크라이나 공화국령 크림반도**를 합병한 후, 우크라이나 전면 침공을 개시했습니다. 또한 내정에서도 독재적인 체제를 구축하고 있습니다.

소련의 해체 ② 러시아의 부활

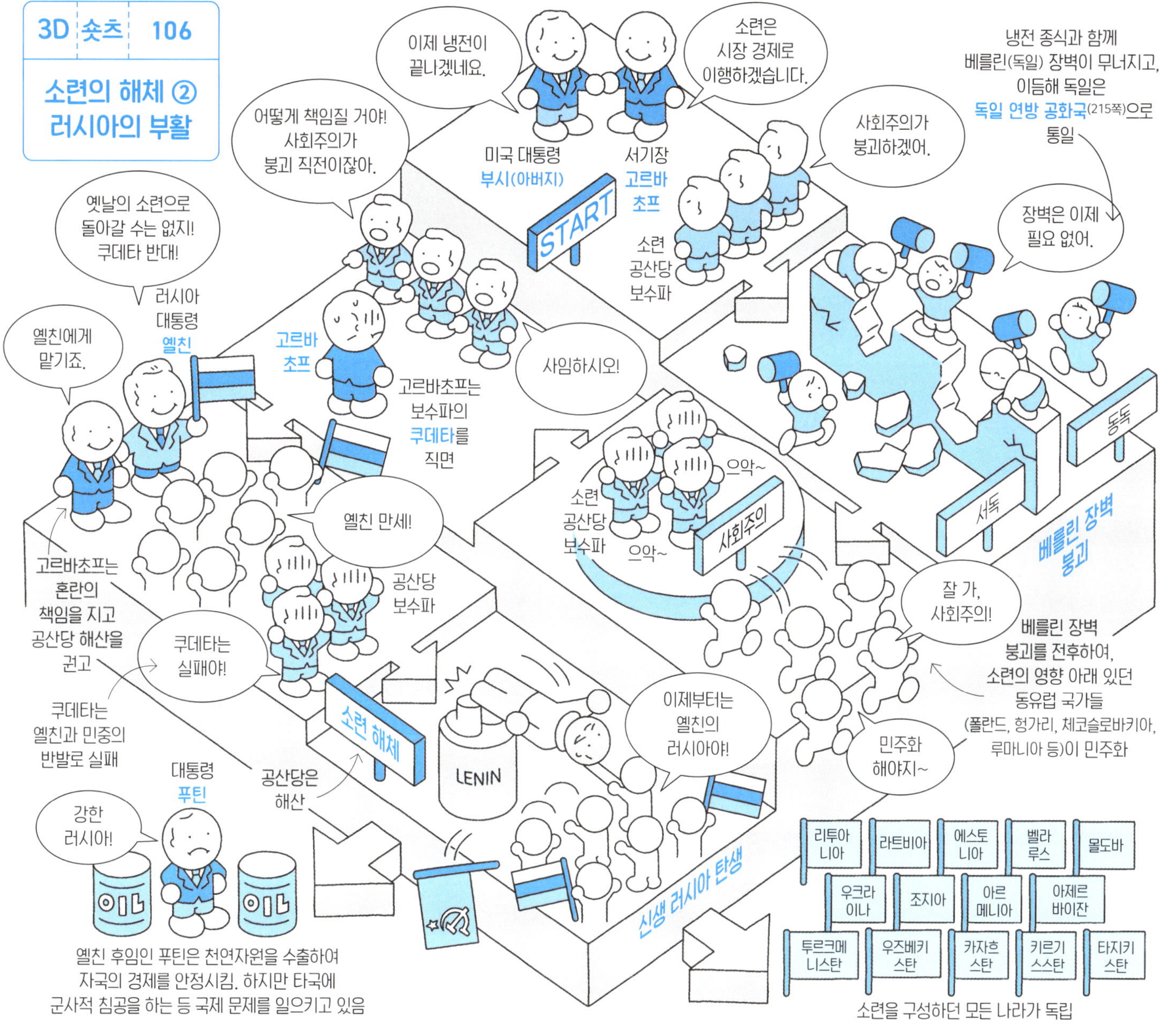

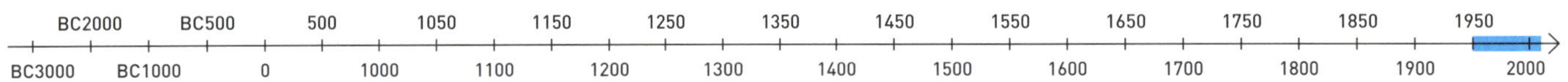

제2차 세계대전 후, '독일과 프랑스의 관계가 회복되지 않는 한 유럽에 번영과 평화는 찾아오지 않을 것'이라는 생각들을 하게 되었습니다.

그래서 프랑스 외무 장관 **쉬망**(1886~1963)이 '라인강은 공업 자원의 보고다. 철강 생산과 석탄 관리를 독일과 프랑스가 공동으로 하자'는 **쉬망 플랜**(1950)을 발표했습니다.

그러나 정계 실력자이자 훗날 프랑스 대통령이 되는 **드골**(202쪽)이 이 플랜을 프랑스의 입장이 너무 약하다며 반대했습니다. 영국 또한 프랑스와 독일이 힘을 합쳐 공업 자원을 차지하면, 국제 정치의 세력 균형이 무너지리라고 여겼습니다. 하지만 쉬망의 제안에 주변 베네룩스 3국과 이탈리아가 참가를 표명했습니다. 이리하여 1952년, 프랑스, 서독, 이탈리아, 벨기에, 네덜란드, 룩셈부르크, 6개 나라로 구성된 **유럽 석탄 철강 공동체(ECSC)**(1952)가 탄생합니다.

이후 **유럽 원자력 공동체(EURATOM)**(1958), **유럽 경제 공동체(EEC)**(1958)가 발족하고, 조직 계통의 일원화가 추진되면서 세 공동체는 **유럽 공동체(EC)**(1967)로 한데 묶였습니다. 이것은 각 회원국이 무역의 자유화, 노동자의 이동 자유 등을 인정받는 단일 경제 체제로 자리 잡았습니다. 1973년에는 영국, 아일랜드, 덴마크가 가입하며 '**확대**(1973) EC'의 시대를 맞이합니다.

그리고 1992년 EC 각국은 **마스트리흐트 조약**(1992)을 맺고, 이듬해인 1993년 **유럽 연합(EU)**(1993)을 발족했습니다. 단일 통화인 **유로**를 발행하고, '하나의 유럽 합중국'을 목표로 삼게 된 것이죠.

EU 회원국은 28개국까지 늘어났습니다. 하지만 나라 간의 경제 격차와 난민 수용 문제 등을 둘러싸고 회원국 간의 입장 차이가 점차 두드러졌습니다. **영국의 EU 탈퇴**(2020)는 이러한 상황에서 일어난 일입니다.

더욱이 구소련 국가들의 가입을 두고 EU와 러시아의 관계 또한 점점 악화되고 있습니다.

EU의 이후 행보가 주목됩니다.

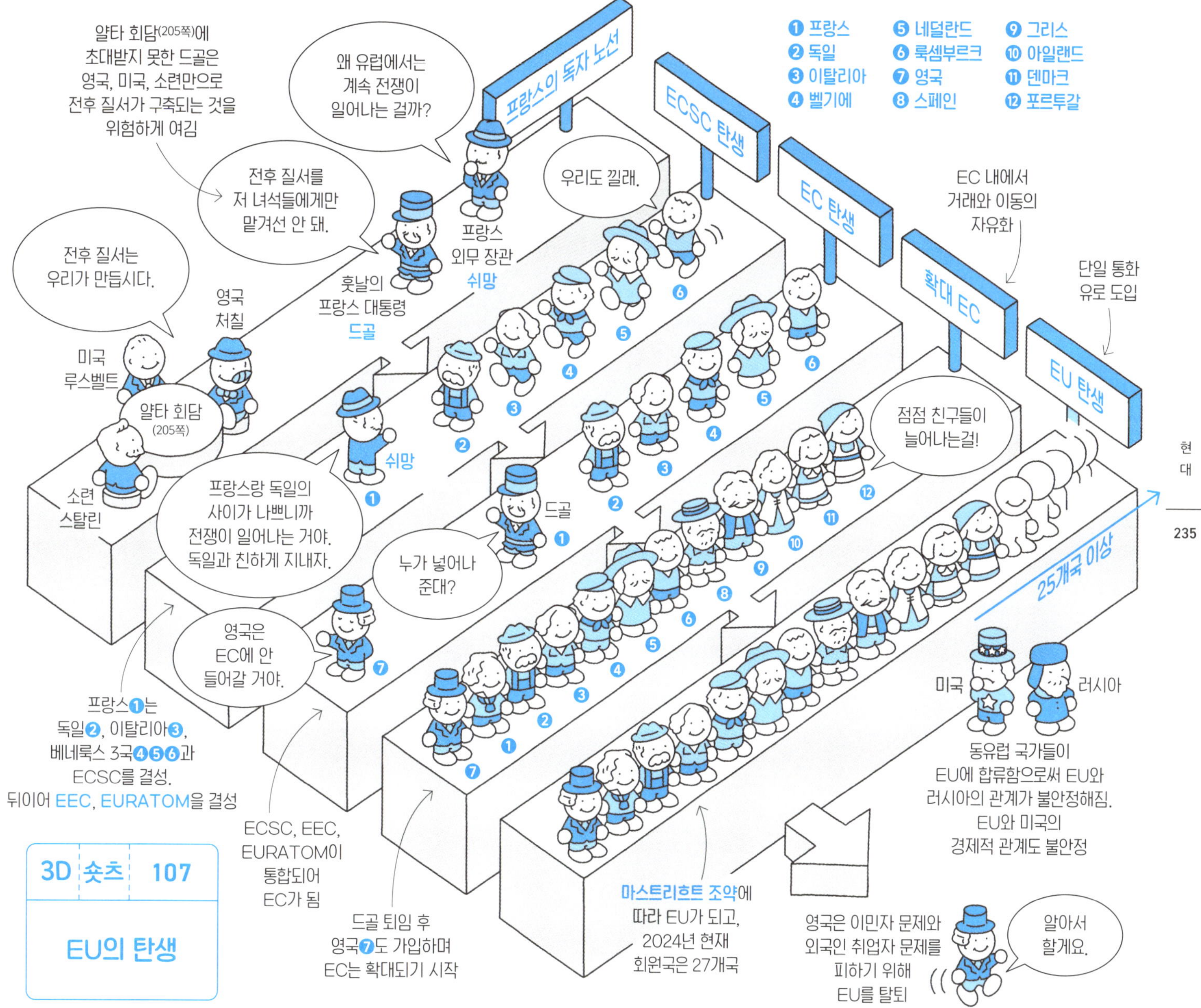

3D 숏츠 107
EU의 탄생

얄타 회담(205쪽)에 초대받지 못한 드골은 영국, 미국, 소련만으로 전후 질서가 구축되는 것을 위험하게 여김
왜 유럽에서는 계속 전쟁이 일어나는 걸까?
프랑스의 독자 노선
ECSC 탄생
EC 탄생
EC 내에서 거래와 이동의 자유화
확대 EC
단일 통화 유로 도입
EU 탄생

전후 질서를 저 녀석들에게만 맡겨선 안 돼.
우리도 낄래.
프랑스 외무 장관 쉬망
훗날의 프랑스 대통령 드골

전후 질서는 우리가 만듭시다.
영국 처칠
미국 루스벨트
얄타 회담 (205쪽)
소련 스탈린

1 프랑스
2 독일
3 이탈리아
4 벨기에
5 네덜란드
6 룩셈부르크
7 영국
8 스페인
9 그리스
10 아일랜드
11 덴마크
12 포르투갈

프랑스랑 독일의 사이가 나쁘니까 전쟁이 일어나는 거야. 독일과 친하게 지내자.
누가 넣어나 준대?
쉬망
드골
점점 친구들이 늘어나는걸!

영국은 EC에 안 들어갈 거야.

프랑스1는 독일2, 이탈리아3, 베네룩스 3국456과 ECSC를 결성. 뒤이어 EEC, EURATOM을 결성

ECSC, EEC, EURATOM이 통합되어 EC가 됨

드골 퇴임 후 영국7도 가입하며 EC는 확대되기 시작

마스트리흐트 조약에 따라 EU가 되고, 2024년 현재 회원국은 27개국

25개국 이상

미국
러시아
동유럽 국가들이 EU에 합류함으로써 EU와 러시아의 관계가 불안정해짐. EU와 미국의 경제적 관계도 불안정

영국은 이민자 문제와 외국인 취업자 문제를 피하기 위해 EU를 탈퇴
알아서 할게요.

현대
235

찾아보기